이제 모든 것을 다시 발명해야 한다

# 이제 모든 것을 다시 발명해야 한다

The Philosophy of Antonio Negri : Resistance in Practice

지은이 세르지오 볼로냐·닉 다이어-위데포드 외

엮은이 티모시 머피·압둘-카림 무스타파

옮긴이 윤영광·강서진

펴낸이 조정환·장민성

책임운영 신은주 편집부 김정연 오정민 마케팅 정성용

펴낸곳 도서출판 갈무리 등록일 1994. 3. 3. 등록번호 제17-0161호

초판인쇄 2010년 9월 19일 초판발행 2010년 9월 29일

주소 서울 마포구 서교동 375-13호 성지빌딩 302호

전화 02-325-1485 팩스 02-325-1407

website http://galmuri.co.kr e-mail galmuri@galmuri.co.kr

ISBN 978-89-6195-028-2 / 978-89-6195-003-9 (세트)

도서분류 1. 사회과학 2. 정치학 3. 사회학 4. 경제학 5. 역사학 6. 철학 7. 외교학 8. 사회사상

값 19,000원

이 도서의 국립중앙도서관 출판시도서목록(CIP)은 e-CIP 홈페이지(http://www.nl.go.kr/ecip)에서 이용하실 수 있습니다.(CIP제어번호: CIP2010003365)

# 이제 모든 것을 다시 발명해야 한다

The Philosophy of Antonio Negri :
Resistance in Practice

제국에 저항하는 네그리의 정치철학

세르지오 볼로냐, 알리사 델 레, 스티브 라이트,
케이시 윅스, 닉 다이어-위데포드, 호세 라바싸,
케네스 수린 지음

티모시 S. 머피, 압둘-카림 무스타파 엮음

윤영광, 강서진 옮김

옮긴이 일러두기

1. 이 책은 Sergio Bologna, Alisa Del Re, Steve Wright, Kathi Weeks, Nick Dyer-Witheford, José Rabasa, Kenneth Surin, *The Philosophy of Antonio Negri : Resistance in Practice*, Timothy Murphy, Abdul-Karim Mustafa(eds.), Pluto Press, 2005 를 완역한 것이다.
2. 옮긴이 주의 경우 [옮긴이]로 별도 표시하였고, 편집자 주의 경우 [편집자]로 별도 표시하였다.
3. 본문에 들어있는 [ ]안의 내용은 별도의 표시가 없는 경우 옮긴이가 읽는 이의 이해를 돕기 위해 덧붙인 것이다.
4. 단행본, 전집, 정기간행물에는 겹낫표(『 』)를, 논문, 논설, 기고문, 단편, 성명서 등에는 홑낫표(「 」)를, 단체명, 행사명, 영상, 전시, 공연물, 법률에는 가랑이표(< >) 를 사용하였다.

# 차례

AUTONOMIA
OPERAIA

# 옮긴이 서문

영어판 편집자인 티모시 S. 머피와 압둘-카림 무스타파는 이 책을 출간하는 목적이 "현재 영어권에서 유행하고 있는 몇 안 되는 텍스트들을 넘어서 네그리의 저술과 전투성 전반을 좀더 폭넓게 다루는 비판적 평가를 제공"하는 것이라 말한다. 이는 『제국』 출간 이후 영어권 독자들에게 널리 알려진 네그리의 사유가 운동과 담론 지형 모두에서 활발한 논쟁을 불러일으켰지만, 네그리를 비판적으로 평가하려는 시도들이 네그리의 작업 전반과 그를 낳은 이딸리아 사회운동의 맥락을 간과하여 결국에는 허약하고 소모적인 것이 되고 말았다는 인식에 기반한다. 이들이 보기에 지금까지 좌파 담론 전통에 너무나 많은 흔적을 남겨온 그러한 상호파괴적인 말싸움은 그것이 단지 네그리의 작업에 대한 오해와 오독을 낳기 때문이 아니라, '현재의 상황을 폐지하는 실제적 운동'의 역량을 해치는 역할을 하기 때문에 단호히 단절해야 한다.

하지만 그러한 단절의 시도로 기획된 『이제 모든 것을 다시 발명해야 한다』는 네그리 사유에 대한 오해를 해명하거나 비판에 대한 반비판에 열중하는 부정적이고 소극적인 방식을 취하지 않는다. 오히려 편집자들은 네그리 사유의 중요한 준거점이자 그의 작업이 시작된 지평인 1960~70년대 이딸리아 대항문화의 맥락을 풍부하게 보여주고, 그러한 맥락에서 네그리의 개념과 사상이 점한 위치와 의미를 가늠케 해 주는 비판적 논문들을 한데 모음으로써, 네그리의 작업과 창조적으로 공명(즉, 네그리의 작업을 "연장하고, 확장하고, 다른 위치로 가져가고, 재가공하고, 강화")하는 긍정적이고 적극적인 방식을 택한다. 이는 그 자체가 특정한 사유와의 창조적이고 특이한 마주침을 보여준다는 점에서, 그리고 이를 통해 네그리의 이론이 끊임없이 호흡해 온 구체적이고 역사적인 실재적 운동의 지평에 대한 이해를 돕고, 여기에서 발견할 수 있는 네그리 사유의 역동성과 힘을 오늘날의 혁명적 흐름으로 다시 가져올 계기를 마련해 준다는 점에서 코뮤니즘적이라 할 수 있다. 이 책이 택한 방식을 따라가다 보면, 아래로부터 역사적 운동 및 주체성의 변화를 늘 치열하게 뒤따라가거나 때로는 앞서가며 사유하고 행동한 혁명적 사상가이자 정력적 실천가로서의 네그리의 면모를 만날 수 있다는 점에서 더욱 그러하다.

그러나 역사적으로 시효를 다했다고 보이는 1970년대 이딸리아 대항문화와 이미 지나간 네그리 사유의 궤적을 담은(그것도 네그리에 대한 일정한 비판을 수행하고 있는) 글들을 읽는 것이 새로운 세기에 지리적으로 멀리 떨어진 이곳에서 살아가는 우리에게 과연 어떤 의미가 있을까? 이 질문에 대한 부분적인 응답은 네그리의 이론이 우리 사회 좌파담론과 실천운동에 도입되어 영향을 미쳐 온 맥락과 역사를 간략히 살펴보는 것에서 주어질 수 있을 것 같다. 이 책의 편집자들이 비판적으로 논한 네그리 수용사는 영어권에 한정된 것이었지만, 『제국』의 출간이 우리 사회에 가져온 효과도 그와 크게 다르지는 않았던 것으로 기억한다. 출간 이후 『제국』의 주요 개념과 테제를 둘러싼 수많은 논쟁과 비판들이 이루어졌고, 한국 맑스주의자들의 커다란 토론의 장인 맑스 코뮤날레에서는 첫 두 회 대회에 걸쳐 자율주의를 둘러싼 쟁점들이 중점적으로 논의되기도 했다. 그러나 안타깝게도 논쟁의 양상은 영어권에서와 마찬가지로, 네그리의 혁명 이론이 발전해 온 정치적·운동사적 맥락과, 그것이 현실의 혁명적 운동과 맺고 있는 긴밀한 관계에 대한 충분한 이해가 부재한 상태에서 이루어지게 되었으며, 그만큼 생산적인 논쟁과는 거리가 멀었다. 그러나 대체로 부정적이고 파괴적이었을지언정 그토록 많은 비난과 비판이 쏟아져 나와 담론 지형이 술렁였다는 것은, 거꾸로 네그리의 이론이 가진 실재적 힘을 입증해 주는 것이기도 했다.

이러한 힘이 긍정적으로 입증된 것은 오랜 기간에 걸쳐 논쟁이 지속된 이론 지평에서가 아니라, 오히려 실천의 영역에서였다. 2008년 5월 수백 명의 청소년들을 중심으로 시작된 '촛불'이 연일 가두시위의 규모를 갱신하며 서울 도심의 교통과 이명박 정부의 일방주의적 국정 운영을 치명적으로 마비시키고 있을 때, 정부와 기존 좌파 담론은 이전의 사회운동들과 판이하게 다른 방식과 모습으로 움직이는 촛불운동의 성격과 그것의 주체를 파악하는 데 실패하고 있었다. 그 때 주류 언론을 비롯한 다수의 분석적 논평에서 이 새로운 주체를 '다중'이라 명명하고 그 특질을 탐구하는 작업들이 나타나기 시작했다. 촛불의 주체를 '다중'이라 부르는 경향은 촛불운동이 지속될수록 더욱 강해졌다. 또한 좌파진영이 촛불운동을 분석하고 거기에 잘 결합하고자 노려하는 가운데, 네그리의 개념, 사유, 현실분석이 자연스럽게 받아들여지는 경우도 이전보다 훨씬 더 늘어났다.

　물론 촛불운동의 주체들이 네그리의 개념을 명시적으로 받아들여 사용하거나, 네그리가 제안한 정치적 요구를 채택한 것은 아니었다. 한국의 자율주의자들이 촛불 운동을 배후에서 조직했다거나, 알게 모르게 네그리의 주장과 명제들을 받아들이고서 촛불 운동에 대한 분석을 시작한 좌파 이론가들이 네그리 사상의 핵심을 온전히 파악하고 수용했다고 할 수도 없을 것이다. 하지만 이는 어떤 면에서 보면 그리 중요한 문제가 아니다. 네그리와 하트가『다중』의 한국어판 서문에서 한국의 낯선 독자들에게 썼듯, 우리가 "동일한 형태의 지배 및 억압과 대면"하고 있고 "동일한 지평의 해방과 민주주의를 열망"하고 있다면, 실상 우리는 "여행의 동행자"이고 시간과 공간의 거리를 넘어 서로의 코뮤니즘적 실천에 영감과 활력을 불어넣어주는 코뮤니스트 동지이기 때문이다.[1] 중요한 것은 혁명을 향한 우리의 여정에 네그리의 이론이 훌륭한 안내자이자 친구가 되어주고 있다는 것이다. 우리 옮긴이들은『이제 모든 것을 다시 발명해야 한다』가 오늘날 바로 지금 이 곳에서 수행해야 할 혁명적 실천을 구상하고 조직할 때 주요한 참조점이자 실천적 힘이 되어줄 네그리의 면모를 재발견하고 재평가하는, 그리하여 지금까지의 무익하고 때로는 악의적이었던 비난들을 걷어내고 혁명적 투사이자 유물론적 사상가로서의 네그리를 만나는 계기가 되었으면 한다.

　본래 이 책의 1장에 수록되어 있던 마이클 하트의 글「공장 안으로 : 네그리의 레닌과 주체론적 휴지休止」Into the Factory : Negri's Lenin and the Subjective Caesura는 앞서 다른 책에 수록되어, 본서에는 싣지 못하였다. 1960~70년대 이딸리아 사회운동과 네그리 이론의 관계를 조망한 총론 격의 글인 만큼 이 글이 수록된『네그리 사상의 진화』(정남영·박서현 옮김, 갈무

---

1. 안토니오 네그리·마이클 하트, 『다중』, 조정환·정남영·서창현 옮김, 세종서적, 2008, 9쪽.

리, 2008) 2장을 참조할 것을 권한다. 한국어판에서는 제일 첫머리에 오게 된 세르지오 볼로냐의 글 「네그리의 『프롤레타리아와 국가』: 하나의 비판」은 네그리가 1976년에 쓴 『프롤레타리아와 국가』에 대한 논평문이다. 이 글에는 당시 네그리가 여성, 학생, 비정규직 노동자, 실업자 등 새로이 등장한 사회적 주체에 주목하면서 산업 노동자의 헤게모니와 당, 조합의 매개적 역할을 부정적으로 평가한데 대한 볼로냐의 날카로운 비판이 담겨있다. 이 글을 통해 우리는 당시 이딸리아 아우또노미아 운동 내 논쟁의 치열함과 함께, 거꾸로 네그리가 자신의 이론과 실천적 활동을 역사적으로 출현한 새로운 운동 및 주체에 집중하여 변화시켜 온 과정의 단면을 읽어낼 수 있을 것이다. 두 번째로 수록된 알리사 델 레의 인터뷰는 1969년에 시작된 이딸리아의 뜨거운 가을 이후 사회운동의 거센 물결의 한 가운데서 행한 실천의 경험을 회고한 것으로, 당시 운동의 한계와 의의, 그리고 그것이 진행되어 온 과정을 구체적으로 전달해준다. 또한 운동의 현장에 존재했던 젠더적 문제에 대한 이야기, 오늘날 변혁의 전망에 대한 구체적이고 페미니즘적인 분석을 언급한 부분은 현재의 사회운동에 내재한 문제들과도 직접적인 연관성을 갖는다는 점에서 현재적 의의를 지니고 있다. 세 번째 장인 스티브 라이트의 글 「자율당?」은 1970년대 이딸리아 아우또노미아 운동 분파들 사이에서 당이라는 주제를 둘러싸고 벌어졌던 논쟁과 갈등을 구체적으로 나열하여 보여준다. 당 형태라는 이슈는 아우또노미아 운동이 1979년 4월 국가의 대대적인 탄압에 의해 표면적으로 종결되기까지의 과정을 꿰어 서술하는 하나의 가닥일 뿐이지만, 생소한 이딸리아 사회운동에 대한 우리의 이해를 보다 폭넓게 하고 더불어 새로운 사회적 요구를 들고 출현한 새로운 주체성, 새로운 운동과 맞닥뜨린 좌파의 태도와 그것이 전체 운동에 미치는 효과에 대해서 숙고해 볼만한 지점들을 던져준다.

이상 세 편의 글이 실린 1부가 구체적인 1970년대 이딸리아 대항문화의 맥락과 직접적으로 관련된 글이라면, 2부에 수록된 글들은 그러한 구체적이고 역사적인 사회운동의 흐름 속에서 네그리와 동료들이 함께 고안한 개념들을 오늘날 운동의 맥락으로 가져와 그 의의와 실천적 힘을 가늠하고 벼리는 비판적 작업을 수행하고 있다. 케이시 웍스의 「요구와 지평으로서의 노동거부」는 사회화된 노동자가 현실 변혁의 주체로 생산되는 시기에 '노동거부'라는 개념(이자 슬로건)이 혁명적 요구로서 가지는 의의를 탐구한다. 다섯 번째 글 「싸이버 네그리 : 일반지성과 비물질적 노동」은 네그리가 전지구적 자본주의 시대에 생산의 헤게모니적 형태로 되고 있다고 주장하는 비물질적 노동 개념을 비판적으로 검토한다. 위데포드는 네그리의 비물질적 노동 개념이 전지구적 '북'에 편중되어 있는 극소수 지성적 노동자의 노동 형태에 주목한 나머지 현재의 자본주의가 점점 더 많이 양산할 수밖에 없는 지극히 물질적이고 궁핍한 노동 형태를 적절하게 설명하지 못하는 문제를 안게 되었다고 진단한다. 그러나 그는 비물질적 노동 개념 자체를 기각하기보다 네그리의 이론을 보완하는 새로운 개념을 제시하여, 비물질적 노동 개념을 창조적으로 수용하는 한 가지 방식을 보여준다. 호세 라바싸가 쓴 「싸빠따로 네그리 읽기 : 구성[제헌]권력constituent power[이하 '구성권력'으로 표기]과 자율의 한계」는 네그리의 구성권력 개념을 멕시코의 싸빠띠스따 운동과 연결시키면서 원주민 자율 운동이 서구/비서구의 변증법적 이분법을 넘어 네그리를 비롯한 서구의 혁명적 정치 이론과 만날 수 있는 가능성을 제시한다. 마지막으로 케네스 수린은 「이제 모든 것을 다시 발명해야 한다 : 네그리와 혁명」에서 금융자본주의가 초래한 전지구적 경제구조의 재편을 분석한다. 이를 기반으로 금융주도 성장체제의 산물인 전지구적 경제 양극화 속에서 상대적으로 금융자본주의 논리의 바깥에 있는 저개발국가들이 사미르 아민Samir Amin이 제안한 '절연' 전략을 채택하여 민족운동의 연대를 조직하고, 자본주의 너머로 나아가는 운동을 추동할 가능성을 탐색한다. 2부에 수록된 글에서 탐구되거나 제안된 정치적 요구와 슬로건들은 글이 작성된 지 5년에서 많게는 8여년의 시간이 흘렀음에도 불구하고 오늘날의 혁명을 사유하는 데 풍부한 영감을 제공해 줄 것이다.

역서든 저서든 서문이나 후기가 이런저런 이름들을 나열하면서 읽는 사람에게는 별 의미가 없을 감사 인사를 늘어놓는 자리는 아닐 것이다. 개인적으로 조용히 하면 될 일인 인사를 저자, 역자, 독자의 공통의 자리가 되어야할 지면을 통해 하는 것은 어딘지 모르게 겸연쩍고 불편한 일이다. 하지만 인사치레가 아니라 '역자'라는 형식적인 이름 뒤에 숨어있는 협력의 선들을 확인하고 기억하고 기록하는 일이라면 독자와 (지금은 종이가 되어있는) 나무들에게 조금은 덜 미안한 일이 되지 않을까 싶다. 무엇보다 역자들에게 이 책의 번역을 권하고 약속된 출간기한을 연기하면서까지 늦어지는 번역 작업을 기다려준 갈무리 출판사가 우리 두 사람보다 책의 출간에 기여한 바가 적다고 이야기할 수는 없을 것 같다. 운동으로서의 출판활동에 우호적일리가 없는 부르주아적 출판 환경 속에서 오랜 시간 한결같이 좋은 책을 만들기 위해 노력하고 있는 갈무리에 마음을 담은 지지를 보내며, 언제고 다시 기회가 생긴다면 기쁜 협력을 통해 이 세계를 조금이라도 나아지게 할 수 있는 책을 함께 만들 수 있게 되기를 희망한다. 작년 10월에 문을 연 <연구공간 L>의 동료 연구회원들은 또 다른 '역자'라 해도 과언이 아니다. 조야한 상태의 초고를 읽고 해준 논평 등의 직접적인 도움뿐 아니라 지난 1년 여간 함께 생각하고 느끼고 행동했던 시간들 자체가 큰 힘이 되었음은 물론이다. 앞으로 함께 하며 이루어갈 일들이 더 많을 것이라 믿어 의심치 않는다. 마지막으로 우리에게 삶이라는 기쁨을 선사해 주신 분들을 기억하고 싶다. 부패한 공동체인 가족이 아직도 조금이나마 공통적인 것의 힘을 유지할 수 있도록 해 주는 것이 있다면 그것은 바로 당신들께서 보여주신 사랑의 순간들일 것이다. 평생을 프롤레타리아이자 빈자 다중으로 살아오신 그 분들께 이 책이 작은 기쁨이 될 수 있기를 소망한다.

2010년 9월
<연구공간 L>에서
강서진 · 윤영광

# 서문 : 실재적 운동과 현재의 상황

티모시 S. 머피 · 압둘-카림 무스타파

2000년 『제국』의 출간은 영어권의 많은 이들로 하여금 이딸리아의 철학자이자 투사인 안또니오 네그리의 작업을 처음으로 주목하도록 만들었다. 맑스와 엥겔스가 "현재의 상황"the present state of things(Marx and Engels 1970 : 57)이라고 불렀을 법한 것에 대한 종합적인 고찰인 저 책은 지구화를 둘러싸고 점차 성장하고 있는 투쟁의 많은 활동가들에게 근본적인 준거점이 되었을 뿐만 아니라 우파와 좌파 모두로부터 집중적인 비판을 받아왔다. 중앙집중적이고 민족국가적인 제국주의적 확장·병합 프로그램이 탈집중적이고 초국적인 생산·통치 체제에 길을 내어주었다는 『제국』의 기본적인 주장을 둘러싼 비판적 논쟁의 규모와 강도는 그 명제와 그것의 귀결을 분석하는 데 바쳐진 최근의 수많은 잡지와 책들로 미루어 짐작할 수 있다(*Rethinking Marxism* 2001; *Strategies* 2003; Balakris-hnan 2003; Passavant and Dean 2004). 그러나 (독자적인 작업으로 표현되거나 협력적 방식으로 표현된) 네그리의 사유를 평가하려는 이러한 최근의 시도들 중 다수는 『제국』과 그것의 주장들을 네그리의 작업 전반과 그를 낳은 이딸리아의 문화적 환경이라는 좀더 넓은 맥락에 위치시키지 못함으로써 매우 허약한 것이 되었다. 많은 비판가들은 "현재의 상황"을 이론화하려고 서두르다 그러한 상황을 폐지하려 하는 관념과 행동주의의 '실재적 운동'real movement을 간과한다.

지난 반세기 동안 네그리는 놀라우리만큼 넓은 범위의 주제들에 대해 수백편의 논문을 썼고, 40권이 넘는 책을 혼자 혹은 공동으로 쓰거나 편집했다. 뿐만 아니라 그는 유럽 지성사에서 가장 중요한 정기간행물과 총서 가운데 몇몇에 결정적인 편집상의 영향력을 행사하기도 했다.[1] 또한 그 시간들 중 상당 부분 동안 그는 이딸리아 비의회좌파의 여러 대중운동들에 전투적 교사, 전략가, 조직가로서 활발히 참여했다(가장 주목할 만한 사례로는 <노동자의 힘>Potere Operaio과 <노동자 아우또노미아> Autonomia Operaia가 있다). 서구 맑스주의자들 가운데 아마도 안또니오 그람시Antonio Gramsci와 게오르그 루카치Georg Lukács 정도만이 비견될 수 있을, 정교한 이론과 광범위한 실천의 이러한 독특한 결합은 네그리의 전全 저작에 스며들어 있지만, 그의 비판자들은 너무 자주 그것의 의미를 간과한다. 본서의 목적은 현재 영어권에서 유행하고 있는 몇 안 되는 텍스트들을 넘어서 네그리의 저술과 전투성 전반을 좀더 폭넓게 다루는 비판적 평가를 제공하는 것이다. 본서의 기고자들 모두는 『제국』이 출간되기 훨씬 전부터 네그리의 급진적인 철학적 그리고/혹은 전투적 활동과 관

---

1. 맑스, 스피노자, 레닌, 국가형태, 노동자 현상학, 포스트모더니즘, 지구화 등에 관한 잘 알려진 저작들 외에도, 네그리는 성서의 욥기, 이딸리아 낭만주의 시인 지아코모 레오빠르디(Giacomo Leopardi), 수학적 파국이론, 축구 등에 관해서도 책이나 에세이를 썼다. 그는 *Il Progresso Veneto*, *Quaderni Rossi*, *Classe Operaia*, *Contropiano*, *Potere Operaio*, *Rosso*, *Critica del Diritto*, *Futur antérieur*, *Multitudes*, *Posse* 등과 같은 정기간행물의 편집자이거나 편집부의 주요 구성원이었다.

 이제 모든 것을 다시 발명해야 한다

계해 왔다. 일부 논자가 『제국』을 매우 주의 깊고 날카롭게 분석하기는 하지만, 『제국』에 다른 저작들에 비해 특별히 우선적인 지위를 부여하지는 않는다. 각각의 논문들은 네그리의 작업을 그것의 '실재적 운동'의 완전한 개념적·역사적 밀도 속에서 이해하는 데 필요한 연구의 깊이와 폭을 반영하고 있다.

이 책의 1부는 이딸리아 대항문화의 맥락 속에서 네그리가 점하고 있는 위치에 초점을 맞추고 있다. 우리는 이딸리아 대항문화에 '장기 68년'the long '68이라는 표찰을 붙였는데, 이는 그것이 프랑스 등지에서 벌어진 1968년의 사건들과 기원에 있어서 유사하지만 그 외연과 강도에 있어서는 다르다는 점을 나타내기 위한 것이다. 유럽의 다른 지역과 미국에서는 1968이 1969년 이전에 사실상 종료된 반면, 이딸리아에서 1968은 1977년에 이르기까지 끝나지 않았다. 10년 이상 네그리의 주된 협력자로 활동해온 마이클 하트Michael Hardt는 네그리가 레닌의 사유와 맺고 있는 복합적인 관계와 더불어 장기 1968년의 맥락에서 성장한 이딸리아 신좌파 내부에서 그것이 어떻게 적용되었는지를 정확하게 설명할 뿐만 아니라, 네그리의 작업을 루이 알뛰세Louis Althusser, 질 들뢰즈Gilles Deleuze, 미셸 푸코Michel Foucault 등과 같이 그에 필적할 만한 프랑스의 주요인물들의 작업과 예리하게 비교한다.[2] 하트의 논문에 이어 1970년대 네그리의 주요한 동료이자 대화상대자였던 세르지오 볼로냐Sergio Bologna와 알리사 델 레Alisa del re의 글이 수록되어 있다. 네그리의 『프롤레타리아와 국가』 Proletarians and the State에 대해 볼로냐가 1976년에 작성한 논평은 1970년대 운

---

2. [옮긴이] 1부의 첫 번째 글인 마이클 하트의 'Into the Factory : Negri's Lenin and the Subjective Caesura(1968~73)'에 대한 언급인데, 이미 다른 책에 국역되어 있는 관계로 본 역서에는 포함되지 않았다. 국역본으로는 『네그리 사상의 진화』(마이클 하트, 정남영/박서현 옮김, 갈무리, 2008) 2장 참조.

동 내부의 지적이고 조직적인 역동성의 특징이었던 독창적이고 강렬한 비판의 좋은 예를 보여준다. 한편 델 레의 최근 인터뷰는 당시 선도적 인물이었던 네그리의 역할을 강조하면서, 운동의 역사적인 강점과 약점들, 그리고 그것의 지속적인 영향력에 대한 주요한 페미니스트로서의 평가를 제공한다. 1부의 마지막은 자율운동의 다양한 부문들에서 당 형태를 둘러싸고 벌어졌던 논쟁에 대한 스티브 라이트Steve Wright의 포괄적인 분석이다. 그는 당시 출현했던 정치적 입장들을 전범위에 걸쳐 살펴봄으로써 이 논쟁에 대한 네그리의 (또한 볼로냐의) 기여가 어떠한 위치에 있는지를 논하고 그것을 비판한다.

2부는 네그리의 작업에서 현재의 급진적인 투쟁과 관련성을 갖는 지점들을 끄집어내려는 일군의 비판적 시도들로 이루어져있다. 캐시 윅스Kathi Weeks는 오늘날 전지구적 형태의 노동자 저항에 점점 더 큰 영향력을 미치고 있는, 맑스주의 내의 반反주류적이고 반反생산주의적인 유산을 확인하기 위해 폴 라파르그Paul LaFargue에서 네그리에 이르는 노동거부의 계보학을 추적한다. 닉 다이어-위데포드Nick Dyer-Witheford는 전지구적 생산 체제에서 비물질적 노동(즉, 지적이고 기호적인 노동 그리고/혹은 정동적인 노동)이 갖고 있는 중심성을 둘러싼 논쟁을 다시 무대에 올리고, 이에 기반하여 하트와 네그리의 비물질적 노동 개념이 갖고 있는 맹점을 보완할 하나의 방법으로 유적 존재 개념의 비판적 만회를 제안한다. 이 책에서 가장 광범위하고 복합적인 논의를 전개하고 있는 것으로 보이는 논문에서 호세 라바싸José Rabasa는 네그리의 철학 범주들과 개념적 도구들이 라틴아메리카의 국지적이고 지역적인 투쟁 프로그램들에 대해 갖는 적실성을 고찰한다. 그는 네그리의 작업에서 탈식민주의적 비판의 관습적 전략과 역사적 언어를 대신하고, 탈식민주의적 저항이 해체론으로부터 물려받은 구속적 아포리아들로부터 벗어나기 시작하게 해줄 수도 있을 수단들을 발견한다. 마지막 논문에서 케네스 수린Kenneth Surin은 지구화의 가장 근본적으로 비물질적인 영역이며, 따라서 전투적 실천을 통해 싸우기가 가장 어려워 보이는 영역, 즉 국제금융자본 체제와 대결함으로써 네그리의 혁명이론을 확장하고 강화하려 한다. 그는 다른 기고자들과 마찬가지로 '네그리를 넘어선 네그리'를 취하는 방식으로 네그리의 사유를 정교하게 확장하고 보완하며, 그리하여 반동적인 전지구적 금융세계를 현재의 저항적 실천들의 사정거리 안으로 끌고 온다.

이 책이 담고 있는 개입들은 이론적인 측면과 조직적인 측면 모두에서 좌파 담론에 계속해서 너무나 많은 흔적을 남기고 있는 유감스러운 상호파괴적인 말싸움의 전통과 거리낌 없이 단절하려 한다. 이 책의 논문들은 무력한 좌파 정통성에 대한 타협이나 거부를 선언함으로써가 아니라 네그리의 흥미롭고 도발적인 작업이 보여주는 전반적인 운동과 공명함으로써 — 그것을 연장하고, 확장하고, 다른 위치로 가져가고, 재가공하고, 강화함으로써 — '현재의 상황을 폐지하는 실재적 운동'에 동참하고자 노력하고 있으며, 우리 편집자들은 이것이야말로 진정으로 코뮤니즘적인 방식이라고 생각한다. 이 논문들, 그리고 우리는 오직 이러한 방식, 즉 차이화, 의견불일치, 실험, 협력으로 이어지는 과정을 통해서만 다중의 포용적인 논리의 편에서 분파주의와 민족주의의 배타적이고 반동적인 범주들을 폐기하는 진정으로 전지구적이고 민주적인 좌파의 구성에 기여할 수 있다.

# 감사의 말

이 책이 나오기까지는, 관계된 이들이 처음 작업을 시작했을 때 예상했던 것보다 훨씬 더 오랜 시간이 걸렸다. 그리고 책이 마침내 출간되었다는 사실에 그들 중 몇몇은 틀림없이 놀랄 것이다. 우리 편집자들은 많은 사람들의 도움 덕택에 이러한 놀라운 일이 가능했다고 생각한다. 나와 압둘-카림 무스타파의 협력이 온라인을 통해 이루어졌기 때문에, 우리가 감사를 전해야 할 사람들은 부분적으로만 겹친다.

우선, 스티브 라이트에게 진 큰 신세에 대해 감사를 표하고 싶다. 그는 기고자로서의 역할에 만족하지 않고 내가 그에게 기대할 수 있는 여타의 모든 일들 — 심사위원, 중개인, 든든한 친구, 소개자, 그리고 뭐라 이름 붙이기 어렵지만 없어서는 안 될 그 밖의 일들 — 을 기꺼이 떠맡아주었다. 다음으로 감사의 말을 전해야 할 이들은 역자인 아리안나 보브Arianna Bove와 에드 에머리Ed Emery이다. 그들은 다른 어떤 관련자보다도 촉박했을 마감시한을 지켜주었다. 플루토 출판사Pluto Press의 이번 기획에 대해 논평

해준 익명의 논평자들과 엔다 브로피Enda Brophy, 이다 도미냔니Ida Dominijanni에게도 감사의 말을 전한다. 그들의 중요한 제안이 이 책을 한층 더 훌륭하게 만들어 주었다. 또한 무엇보다 기고자들의 인내심에 감사를 드려야 하지 않을까 싶다. 그들 중 일부는 자신의 글이 인쇄되어 나오는 것을 보기까지 4년 이상을 기다렸다. 마지막으로 공동편집자인 압둘-카림 무스타파에게 감사의 마음을 전한다. 그는 이번 기획을 최초로 구상하고 초고를 수집했으며 내가 파트너로 참여할 수 있도록 해 주었다. 이곳 집에서 이번 작업이 진행되는 내내 그리고 그 밖의 많은 시간들에도 내가 쥴리Julie와 블래키Blackie를 사랑해 왔고 그들에게 의지했음을 이야기하고 싶다.

티모시 S. 머피

이 기획의 시작부터 자료의 제공과 지원을 아끼지 않은 마이클 타우시그Michael Taussig, 짐 플레밍Jim Fleming, 피터 램본 윌슨Peter Lamborn Wilson, 브라이언 마쑤미Brian Massumi에게 고맙다는 말을 전한다. 헤아릴 수 없는 지식과 우정을 선물해 주었을 뿐만 아니라 네그리에 관한 많은 정보를 제공해준 빠리의 『다중』*Multitudes* 그룹의 구성원들―얀 물리에 부땅Yan Moulier-Boutang, 브뤼노 카르센티Bruno Karsenti, 마우리찌오 랏짜라또Maurizio Lazzarato, 안또넬라 코르사니Antonella Corsani, 안느 퀴에리언Anne Querrien, 찰스 울프Charles Wolfe, 프랑수아 마트롱François Matheron, 에드 에머리, 그리고 브라질에 있는 쥐세페 꼭꼬Giussepe Cocco―에게도 감사를 표현하고 싶다. 또한 이 책에 등장하지는 않지만 얼마간 네그리 본인 그리고 그의 사유와 더불어 작업해 온 이들―가브리엘 알비악Gabriel Albiac, 크리스티안 미랏찌Christian Marazzi, 산티아고 로페즈 페티트Santiago Lopez-Petit, 프레드릭 제임슨Fredric Jameson―역시 우리의 기획에 시간과 지혜를 제공해 주었다. 진실과 사랑이 없는 학문은 결코 온전치 못하다. 그러한 점에서 나는 질 배론Jill E. Baron, 로빈 가렐Robin Garrell, 프랑수아 라뤼엘François Laruelle, 호세 라바싸, 캐서린 듀란드Catherine Durand에게 감사의 마음을 전한다. 한 번도 직접 만날 기회를 갖지 못했던 공동편집자 티모시 머피에게도 지면을 통해 고맙다는 말을 전한다. 그의 인내심과 결단력, 네그리에 대한 신뢰는 비할 데가 없다.

압둘-카림 무스타파

세르지오 볼로냐의 기고문은 원래 『5월 1일』*Primo Maggio* 제7호(1976)에 이딸리아어로 실렸던 글인데, 저자의 허락 하에 본서에 번역·수록하였다.

알리사 델 레와의 인터뷰는 본래 구이도 보리오Guido Borio, 프란체스카 포찌Francesca Pozzi, 지지 로게로Gigi Roggero가 편집한 『전前미래. '붉은 노트'로부터 전지구적 운동으로 : 이딸리아 노동자주의의 힘과 한계』*Futuro antérieure. Dai 'Quaderni rossi' ai movimenti globali: ricchezze e limiti dell'operaismo italiano*(Rome : DeriveApprodi, 2002)에 딸린 CD에 이딸리아어로 수록되어 있던 것이다. 편집자들의 허락 하에 본서에 번역 수록한다.

# 1부 이딸리아의 장기 68년

# 1장

# 네그리의 『프롤레타리아와 국가』: 하나의 비판

세르지오 볼로냐

세르지오 볼로냐는 이딸리아 노동자주의(operaismo) 경향이 시작된 40여 년 전부터 그 경향의 중심적 인물이었다. 독일좌파 역사의 전문가였던 그는 친구인 프랑코 포르티니(Franco Fortini)와 함께, 초기 이딸리아 신좌파의 핵심 저널인 『붉은 노트』의 편집자들 가운데 한 사람으로 활동했다. 1964년 안또니오 네그리, 마리오 뜨론띠(Mario Tronti)와 함께 『붉은 노트』를 떠난 후에, 1969년 '뜨거운 가을'(Hot Autumn) 이전의 몇 해 동안 그는 『노동자 계급』(*Classe Operaia*)에 일련의 중요한 글들을 기고했다. 처음부터 그의 작업은 노동계급의 역사를 검토하고 당대 계급정치 내부의 발전을 기록하는 데에 지대한 관심을 드러냈다. '노동자평의회운동의 기원에서의 계급구성과 당 이론'에 관한 볼로냐의 1967년 논문은 역사서술에 대한 초기 노동자주의의 성찰을 위한 관점을 설정하였으며, 올리베티(Olivetti)에서 일한 그 자신의 경험은 (프란체스코 치아팔로니 (Francesco Ciafaloni)와 함께 쓴) 기술자와 계급투쟁에 관한 중요한 논문에 영감을 불어넣어주었다. 볼로냐는 또한 지아리오 다기니(Giario Daghini)와 함께 1968년 5월에 프랑스에서 일어난 사건들을 통찰력 있게 직접적으로 설명하는 글을 『꽈데르니 피아첸티니』(*Quaderni Piacentini*)에 썼으며, 1960년대 후반 부활한 노동자주의 서클에서 활동하면서 『계급』(*La Classe*), 『대중노선』(*Linea di Massa*), 『노동자의 힘』(*Potere Operaio*) 등의 저널에 중요한 논문들을 기고했다.

아래의 글이 처음 실린 『5월 1일』은 1970년대 이딸리아의 혁명적 좌파 내부에서 벌어졌던 논쟁들을 이해하기 위한 결정적 참조점이었다. 볼로냐가 <노동자의 힘>에 속했던 사람들과 함께 만든 이 잡지는 프롤레타리아의 역사로부터 배우려는 열의와 변화하는 계급갈등 지형에 대한 논평을 결합했다. 후자와 관련하여 특히 새로운 것은, 계급적 적대자를 재구조화하기 위한 자본의 노력에 있어서 통화정책이 점하고 있는 위치에 대해 볼로냐와 다른 편집자들이 기울였던 관심이었다.

그 무렵 네그리와 같은 대학 학부의 교수였던 볼로냐는 계속해서 오랜 동료들과 함께 여러 가지 기획들을 진행했으며, 그 중에서도 특히 펠트리넬리(Feltrinelli) 출판사의 '맑스주의 자료'(Materiali Marxisti) 총서가 중요하다. 그러나 1976년에 작성한 『프롤레타리아와 국가』에 대한 논평이 보여 주듯이, 네그리를 비롯한 <노동자의 힘>의 성원들이 볼셰비키적 감성을 공식적으로 용인한 이후 볼로냐로 하여금 그들과 결별하게끔 만들었던 정치적 판단에 있어서의 차이들은 1970년대 중반까지도 좁혀지지 않았다. <노동자 아우또노미아>의 새로운 운동이 이딸리아 급진좌파 전체에 대한 (잠시 동안의) 헤게모니를 쥘 태세를 갖추게 됨에 따라, 그 운동의 투사들 중 거의 아무도 볼로냐가 자신들의 지도적 이론가에게 제기했던 어려운 문제들에 주의를 기울이지 않게 되었다.

— 스티브 라이트

『프롤레타리아와 국가』의 부제는 '노동자 자율과 역사적 타협the Historic Compromise에 관한 논의를 위하여'이다.[1] 논의에 초대받았으므로, 응답하기 위해 노력할 만한 가치가 있다고 생각한다. 나는 1번 테제와 2번 테제의 기본적인 내용에 동의한다. 현재의 위기 속에서 이윤율을 회복하기 위해 실질적인 역경향countertendency을 만들어 낼 수 있는 위치에 있지 않음에도 불구하고, 자본은 노동계급 전체에 충격을 가하고 그것의 계급 구성을 변형시키는 일련의 재구조화 작업을 밀어붙이고 있다. 나는 이러한 변형이 c[불변자본]와 v[가변자본] 사이의 관계와 관련된 양적인 것이 아니라 본성상 아주 다른 것이라는 점에 동의한다. 이 변형은 투쟁이 강제한 것이며, 생산력의 부정적 구성요소로 나타난다. 다시 말해 그것은 노동가치의 감소로 나타나는데, 이는 다른 형태의 기술이 부과됨으로써라기보다는 노동계급이 다른 노동의 질을 강제했다는 사실에 의해 초래된 것이다. 나는 또한 화폐자본의 기능에 대한 규정에 동의하는데, 네그

---

1. [편집자] 이 글은 네그리가 1976년에 쓴 소책자 *Proletari e stato : Per una discussione su autonomia operaia e compromesso storico* (Negri 1976b)에 대한 논평이다. 네그리 소책자의 영역 본은 *Books for Burning* (London : Verso, 2005)에 실릴 예정이다[『프롤레타리아와 국가』의 영역본이 실린 언급된 책은 예정대로 2005년에 발간되었다].

리가 이야기했듯이, 그것은 무엇보다 『5월 1일』 동지들이 이미 개진했던 주제들의 종합을 나타낸다.

그러나 적어도, 이윤에 대한 국가의 지원이 언제나 이딸리아의 상황을 특징지어 왔다는 것, 공적 산업자금지원 조직과 좀더 접근이 용이한 신용기관 모두 '이윤율 저하'를 상존하는 준거틀이자 생산력의 영속적인 측면으로 당연시해 왔으며, 이 모든 것을 역사적으로 뒤쳐진 부분을 벌충하는 경제 지원으로 위장했다는 것은 이야기될 필요가 있다. 이는 이딸리아라는 국가가 '역경향'을 자신의 구성요소들 가운데 하나로 만들었기 때문에 이윤율 저하를 해결하기 위한 조치를 취하는 쪽으로 이미 기울어져 있음을 의미한다. 그러나 이딸리아가 그러한 쪽으로 기울어졌다는 것을 받아들이지 않는다 하더라도, 적어도 우리는 지난 30여 년간 이루어진 이윤에 대한 지원의 누적이 이딸리아에 매우 특수한 자본의 유기적 구성을 만들어냈다는 것은 인정해야 한다. 게다가 위기는 상황을 정상적인 범위 내로 되돌리는 데 기여하지 못했다. 오히려 위기는 이윤에 대한 정치적·국가적 지원을 강화했다.

국가조직은 '역경향'의 법률적 제정과 사실상 동의어가 되었다. 이처럼 역경향이 하나의 제도적 사실이 된 상황에서, 문제는 그것이 유효한지 아닌지를 묻는 것이 아니라 역사적 타협 이후의 <이딸리아 공산당>PCI 2이 그것과 관련하여 어떤 입장을 취할 것인가를 묻는 것이다.

---

2. [편집자] PCI는 <이딸리아 공산당>(Italian Communist Party)의 약자이다. 그리고 역사적 타협은 <이딸리아 공산당>과 중도우파 집권당인 <기독민주당>(Christian Democrats, DC) 사이의 정치연합 프로그램이었다. <기독민주당>은 공산당에게 통치연합에 동참하기 위해서는 그것의 구성요소들 사이에 규제와 질서를 확립하라고 요구했다. 이는 사실상 <노동자 아우또노미아>, <계속투쟁>(Lotta continua)을 비롯한 이딸리아 좌파의 비공산당 부문들의 운동에 대한 단속을 의미했다. 역사적 타협은 <이딸리아 공산당>이 결코 공식적으로 통치연합에 속한 것으로 인정된 적이 없었다는 점에서는 실패한 것이지만, 이딸리아 좌파를 위계적이고 국가주의적인 개혁주의 노선을 택

이윤에 대한 국가지원과 더불어 위기에 대처하는 과도기적 방법으로 사용되고 있는 실업기금의 임금 지원[3]까지 검토해 보면, 우리는 오늘날 경제의 '비생산적 영역들'을 비판하고 보조금 없는 자본주의를 재건하는 데 열심인 사람들이 '국가기관의 파열'을 지지하는 유일한 사람으로 보이는 것을 감수하고 있다는 사실을 알게 될 것이다. 국가의 연속성을 파괴하고 복지개입을 제거하는 것과 국가의 연속성을 보존하고 <기독민주당>과의 관계 — 다시 말해, 그것의 후견주의적 본성 및 '복지'정책들과의 관계 — 에 특권을 부여하는 것 사이에서 선택해야만 한다면 공산당이 어떤 태도를 취할 것인지에 대해 생각해 보자. 더욱이 노동계급의 투쟁이 강제한 보장임금을 공격하지 않고, 즉 임금과 관련한 노동계급의 이해에 맞서는 입장을 취하지 않고 '비생산적 부문들'을 공격하는 것이 오늘날 어떻게 가능할 수 있겠는가? 이데올로기는 중요하지 않으며 중요한 것은 오히려 '자본이 위기를 극복하는 정치적 형식'이라고 말한 점에서 네그리는 옳다. 그는 또한 이렇게 말한다.

노동자 자율의 대규모 행동을 다시 한 번 언급하는 것만으로도 그 가정은 이미 심각하게 훼손된다. 양적 측면과 질적 측면 모두에서 일어나는 노동력의 전반적 경직화와 연결된 행동은 …… 사회주의라는 정치적 형태 내에서 경향적으로 무궁무진하다.(p. 22)

그러나 이 모든 것은 또 다른 모순 — <이딸리아 공산당>이 아닌 노동

---

한 진영(공산당과 그 동맹자들)과 탈중심화된 문화혁명 노선을 택한 다른 진영(신좌파 운동들)으로 분열시킨 정도만큼은 성공적이었다.

3. [편집자] 이딸리아어로 'Cassa Integrazione'라 하는데, 이것은 국가가 사기업의 재정적 부담을 덜어주기 위해 해고노동자들이 받던 임금의 90% 정도를 대략 1회계연도 동안 지불하는 이딸리아 고유의 실업보상금 형태를 가리키는 말이다. Ginsborg 1990 : 353 과 Wright 2002 : 168~9를 보라.

자 자율의 모순 — 에 대해서는 아무것도 말하지 않는다. '자율적' 행동들이 끊이지 않는다는 사실에도 불구하고 왜 오늘날 노동계급은, 설사 짧은 기간이라 하더라도, 여전히 개혁주의의 정치적 헤게모니에 종속되어 있는가? 네그리는 **미래에** 이것이 역사적 타협의 모순이 될 것이라고 말하지만, 나는 왜 **오늘날** 혁명적 좌파와 계급 사이에 그러한 모순이 존재하는지를 알고 싶다. 계급구성의 구조적 변화라는 관점에서 설명하는 것은 설득력이 없다. 가사노동자, 서비스화, 이주의 종말4, 새로운 종류의 실업 등에 관한 이야기는 대개 변명에 지나지 않는다. 더구나, 네그리의 텍스트를 좀더 면밀하게 분석할 때 보게 되겠지만, 위와 같은 설명은 다른 사회적 주체에 대한 추구를 함의하며, 이는 착취로부터의 해방 과정이 귀속될 수 있는 또 하나의 사회적 형상을 구축하고 때로는 발명하는 것을 의미한다. 이론적 성찰의 층위에서 이것은 노동계급 좌파, 특히 네그리가 조직적 의미에서도 관여해 왔던 좌파가 최근 몇 년간 했던 일에 대해 완전히 침묵하는 것이나 다름없다. 그것의 오류와 성취 모두에 대해 말이다. 이 지점에 이론을 새롭게 정초하는 것은 단지 과거를 묻어버리는 은밀한 작업이 될 뿐이다.

테제 5 '정치적인 것의 자율성에 관하여 : 오늘날의 국가'는, 때로 뜨론띠(Tronti c.1975/c.1962)에 대한 반론으로 읽히는 부분이 없는 것은 아니지만, 이 소책자 안에서 비교적 명쾌한 부분들 가운데 하나이다. 거기서 제기된 문제는 국가와 역사적 타협 간의 관계다. 만약 국가가 사회의

---

4. [옮긴이] 1950년대부터 시작된 이딸리아의 "경제 기적"은 북부지역의 공업기반을 팽창시켰고, 그 결과 1950년대 중반부터 1970년대 초 사이에 또리노, 밀라노, 제노바의 "공업 삼각지대"를 중심으로 약 9백여만 명에 달하는 대규모 인구 이동이 일어났다. 이러한 맥락에서 본문의 "이주의 종말"이라는 표현은 생산에서 공업의 중심성이 감소하고 그 자리를 서비스 산업이 차지함으로써 야기된 변화를 논하기 위해 사용된 것으로 보인다.

모든 마디를 자신 안으로 흡수하여 축적을 위한 명령으로 재조직한다면, 만약 국가가 생산한다면, 만약 국가가 위기를 생산한다면, 만약 국가가 수입을 생산한다면, 만약 국가가 사회적 계급들을 생산한다면, 그렇다면 매개적으로, 대안적으로, 혹은 사회주의적으로 사용될 수 있는 공간은 명백히 남아있지 않게 될 것이다. 따라서 우리는 역사적 타협이 그 자체로 이러한 국가기능의 기관이라고 말하거나, 혹은 그것이 실제로는 존재하지 않는다고 말해야 한다. 나는 위와 같은 주장에 동의한다. 그리고 나는 이것에 두 가지 측면, 즉 고전적이고 카우츠키적인 측면과 좀더 심각하고 관리자적인 측면이 존재한다는 것에 동의한다.

그러나 불행히도 문제는 여기서 끝나지 않는다. 분리된 영역들(축적의 영역, 당-국가의 영역, 관료적-억압적 기구의 영역, 시민사회의 영역)이 맺고 있는 변증법적 관계로 이해된 '정치적인 것의 자율성'이 더 이상 고전적인 사회민주주의적 의미 혹은 그람시적 의미에서는 존재하지 않는다 하더라도, <이딸리아 공산당>이 — 예컨대, 권력의 탈집중화와 직접 민주주의 등을 통해 '일반이해利害의 표현으로서의 공적 기능을 재건'하고자 할 때 — 이러한 변증법적 관계가 존재하지 않는 곳에서 그것을 재구성하려 하고 있다는 사실을 생각한다면 우리는 좀더 판단에 신중을 기해야 한다. '그림자 국가'로서의 <이딸리아 공산당>은 분명히 존재하고, 때때로 그것이 실제 국가보다 훨씬 더 효과적일지도 모른다. 그러나 또 어떤 때에 그것은 다른 국가, 즉 공식적 국가가 표현하지 않는 '대중적' 내용을 표현한다. 그러므로 공산당은 뭔가 다른 것 — 그 안에서 매개적 기능들이 중요성을 되찾을지도 모르는 국가의 제안 — 으로 나타날 뿐만 아니라 이미 다른 것**이다.** 공산당은 이미 그러한 것으로 존재하고, 어떤 측면에서는 30년 동안 그러한 것으로 존재해 왔다. 만약 정치적인 것의 자율성이 주어져 있지 않다는 것을 알지만 개혁주의의 역사적 기능이 정당화되기 위해서는 그것을 창조해야만 한다는 것 또한 알고 의식적으로 그것을 '구축'해 온 당이 있다면, 그리고 만약 이 당이 여전히 이딸리아 노동자들 중 다수의 목소리를 대변한다면, 우리는 세계시장의 법칙과 관계없이 그리고 사회적 자본의 성숙도와 관계없이 정치적인 것의 자율성이 존재한다고 결론 내려야만 한다. 정치적인 것의 자율성은 '구축'되었기 때문에 존재한다. 그것은 처음에는 <기독민주당>의 국가가 가지고 있는 결함을 보완하기 위한 수단으로 존재했고, 그 후에는 통합으로 존재했으며, 오늘날에는 선형상화로서 존재한다. 그리고 오늘날 공산당이 특히 젊은 이들과 공장 노동자들 사이에서 역사적 타협의 노선을 지지하는 구성원들을 충원하고 있는 것은 바로 이와 같은 지평 — 국가의 '다른' 기능을 표현할 수 있는 통치 시스템의 건설이라는 지평 — 안에서이다.

그러나 이것이 진정 <이딸리아 공산당>만의 특권인가? 정치적인 것의 자율성은 사회적 이해관계들의 신비화된 표현인 당의 존재를 정당화해 주는 개념이다. 설사 그러한 정당화가 낡은 제도들을 사회에 짐 지우고, 당들은 계속해서 100년 전의 모습을 유지하고, **이윤율이 저하**되는 것을 의미한다 할지라도, 이러한 정당화가 당에게 — 아마도 축적과정에 대한 보장을 정당화하는 것보다 한층 더 — 필수적이라는 바로 그 이유 때문에 당은 정치적인 것의 자율성을 '생산'해 낸다. 그러므로 정치적인 것의 자율성을 제거하려는 자본과 노동계급 모두의 주기적인 노력에도 불구하고 그것은 존재한다.

정치적인 것의 자율성을 너무 성급하게 폐기하는 것은 또한 오늘날 존재하는 다른 문제들을 다룰 수 없게 만든다. 하나만 언급해 보자. 좌파 정부와 관료적 국가기구 간의 관계는 무엇인가? 오늘날 <이딸리아 공산당>의 입장은 다음과 같다. 국가의 연속성을 보장하고, 정부가 설정한 새로운 한계가 무엇이건 간에 그것에 따라 국가기구가 기능하도록 해라. 다시 말해, 그것은 레게 레알레Legge Reale가 통과되는 것을 가능케 했던 태도와 동일한 것인데, 이는 여하튼 이후에 좌파의 존재가 더욱 강력해지면 그 법안은 제대로 기능할 수 없게끔 될 것이라는 생각에서 취해진 것이다.5 이러한 의미에서 '정치적인 것의 우위'는, **국가체제의 파괴** — 즉 살인자 국가, 도둑 국가, 관리자 국가 등등의 발본적인 근절 — 라는 문제를 제기할 생각조차 하지 않는다는 점에서 위험한 망상으로 드러난다. 이 지점에서 나는 네그리가 눈을 크게 뜨고 나를 바라보는 것을 상상할 수 있다. "그렇지만 분명 당신이 정말로 그렇게 생각하는 것은 아닐 텐데요?" 그렇다, 나는 정말로 그렇게 생각하는 것은 아니다. 내가 루치오 마그리Lucio Magri와 같은 인물들이 법무장관의 일반적 숙청작업에 착수할 것이라는 암시를 던지고 있다고 생각하지 않길 바란다. 나는 단지 위기국가와 노동계급의 사이에 서서 정치적인 것의 자율성을 구성하는 다른 모든 것들을 제거하고(설사 그것이 낡은 찌꺼기 따위에 불과할지라도), 위기국가와 노동계급의 관계에만 초점을 맞추는 것은 틀림없이 현재의 정치적 계급구성과의 관계 속에서 역사적 타협의 특수성을 이해하는 일을 어렵게 만들 것이라고 말하고 있는 것이다.

테제 7과 8은 역사적 타협에 대한 네그리의 입장을 이해하는 데 결정적으로 중요하다. 여기서 그는 새롭고 매혹적이지만, 바로 그 때문에 그가 당혹스러운 접근법을 택하게 된 지대로 과감히 들어선다. 노동자의

---

5. [편집자] 레게 레알레는 테러리스트들의 활동에 대한 조사와 기소를 용이하게 할 목적으로 1975년에 통과된 '긴급'조치였다. 그것은 영장 없이 '일시적인' 체포와 수색을 할 수 있는 권한과 테러리즘과 관련된 범죄 혐의를 받고 있는 용의자를 재판 없이 한 번에 몇 년씩 '예방적 구금'에 처할 수 있는 권한을 경찰에게 주었다. 이러한 법(그리고 이와 유사한 다른 법률들)은 '4월 7일' 사건 동안 네그리와 (알리사 델 레를 포함한) 그의 많은 동료들에게 적용되었다.

자율을 위한 강령에서 '생산적 노동의 의무'obbligo al lavoro procuttivo에 대한 그의 언급(테제 11)을 읽은 사람이라면 혹시 인쇄상의 오류가 아닌가 생각할지도 모른다. 그러나 저 문구에 특별히 놀랄만한 것은 없다. 왜냐하면 네그리는 단 한 번도 노동거부의 이론가였던 적이 없기 때문이다. 사실 그는 항상 노동거부라는 개념이 힘의 강령을 표현할 수 없다고 비판해 왔다. 그리고 나는 이 '오식'誤植에 대한 설명을 테제 7과 8, 특히 테제 8에서 발견할 수 있다고 생각한다.

테제 7과 8의 논의는 어떤 노동이 자본에 **맞설** 것인가 — 자본 없는 노동, 자본으로부터 자유로운 노동 — 에 관한 가설을 세우려는 맑스의 노력이 나타나있는 『정치경제학비판 요강』*Grundrisse*[이하 『요강』]의 다양한 부분들을 다룬다. 맑스는 그것을 순수한 창안, 창조력, 교환가치에 대한 사용가치의 우위로 규정한다. 네그리는 이것을 자신의 출발점으로 삼아, 새로운 정치적 계급구성이 어떠한 모습을 띨 것인가를 규명하는 일에 착수한다. 그는 우리가 '욕구의 체계'에서 '투쟁의 체계'로 이행하고 있다고, 다시 말해 '사회화된' 노동자가 자신의 욕구를 양적인 요구로 전환시킨다는 점에서 여전히 교환가치를 이용하는 국면에서, 욕구의 요구가 무엇보다도 자신의 노동, 자신의 노동의 사용가치의 재전유를 통해 일어나는 국면으로 이행하고 있다고 말한다.

그러나 나는 내가 네그리의 주장을 제대로 이해했는지 확신할 수 없으며, 때문에 기본적으로 명확한 설명을 요구하고 있는 것이다. 나는 우리가 '노동조합' 국면으로부터 욕구하는 것을 전유하는 국면으로, 즉 협상하는 국면에서 힘을 행사하는 국면으로 이행해 왔다는 것은 이해할 수 있다. 여기서 도식적인 사례를 하나 들어보자. 만약 상황이 그러하다면, 가사노동에 대한 임금을 요구하는 여성들은 자신의 몸에 대한 자주적인 관리를 조직하는 데 주로 관심을 갖고 있는 여성들에 비해 후진적인 단계를 나타내는가? 보장임금을 요구하는 노동자들은 파르가스Fargas 6에 대한 지역적 통제를 추진하는 노동자들에 비해 뒤떨어져 있는가? 나는 네그리 역시 두 가지가 밀접하게 상호 연관되어 있다는 데 동의하고, 예컨대, 보장소득에 대한 요구를 투쟁력 향상을 위해 자금을 조달하는 문제로 이해할 것이라고 생각한다. 내가 보기에 그는 '거부'보다는 '구성'의 계기, '요구'보다는 '힘'의 계기를 특권화해야 한다고 말하는 것 같다.

사회적 프롤레타리아트의 통일성이 건설되고, 자본주의 재구조화의 공범으로서 계급을 분할하고 탈구시키는 역사적 타협이 패배하게 되는 것은 바로 그러한 조건 위에서라는 것이다. 위기, 그리고 재구조화 자체는 이미 정치적 재구성의 객관적 메커니즘들을 작동시켰고, 기대했던 것과 정반대의 결과를 얻게 될 것이었다. 하나의 현실인 프롤레타리아의 이 새로운 정치적 통일성은 사용가치의 재전유, 힘의 행사 그리고 권력과의 화해에 대한 거부 — 나는 이것들을 자주관리autogestione라고 말하고 싶은 유혹을 느낀다 — 라는 앞서 살펴본 노선들에 따라 당으로 조직되어야 한다는 것이 네그리의 생각이다.

한편으로 나는 이것이 운동에 있어 진행 중인 경향이라는 것에 동의하지만, 우리는 또한 다른 방향으로 가고 있는 또 다른 것들이 존재한다는 사실을 덧붙여야 한다. 지난 2년간 얼마나 많은 노동자와 공장들이 공장폐쇄라는 현실과 맞닥뜨려야 했는가! 그리고 노동력의 교환가치로부터 독립적인 소득의 방어와 생산적 협력 사이의 선택을 둘러싸고 얼마나 많은 싸움이 벌어졌던가! 보장임금 또는 자주관리, 공장폐쇄 또는 산업

---

6. [편집자] 이딸리아의 가스 설비 제조회사. 이 회사의 밀라노 공장 노동자들은 당대의 가장 전투적인 투사들이었다(Blaestrini 2001에 실려 있는 *La violenza illustrata*의 마지막 페이지를 보라).

전환과 재구조화의 수용. 이러한 사례들에서 혁명적 좌파는 대안을 제시하지 못하는 무능을 드러내거나, 최선의 경우에도 문제가 잘못 제기되었고 따라서 전적으로 거부되어야 한다고 말하는 데 그쳤다. 혁명적 좌파가 기껏 할 수 있었던 것은 노동력으로서의 공장노동자가 파괴되는 것은 좋은 일이며, 이는 전위를 더 쉽게 선별하고 모집할 수 있도록 해 줄 것이라고 말하는 것이었다. 정말 많은 (크고) 작은 싸움들이 있었다. 그러나 그러한 싸움의 와중에 이딸리아 공장 내의 정치적 계급구성은 네그리가 제안한 것과는 다른 방향으로 크게 변화했다. 사실, 실제로 일어난 일은 그가 주장한 바의 반대, 더 큰 통일성의 반대였다. 공장과 사회 사이에서가 아니라 공장 그 자체의 내부에서 ─ 노동계급 좌파와 노동계급 우파 사이에 ─ 더 깊은 분열이 생겨났다. 요컨대 개혁주의의 헤게모니가 공장들에게로 확대되었다. 그것은 잔인했고, 어떠한 제약도 없이 단호하게 노동계급 좌파를 뿌리 뽑아 공장 밖으로 쫓아냈다. 공산당은 노동조합을 희생시키면서까지 자신의 길을 고집했다. 이러한 것들은 일시적인 현상일 뿐인가? 아마 그럴지도 모른다. 그러나 그 이름에도 불구하고 역사적 타협은 어차피 중단기적인 것일 뿐이다. 그리고 노동자의 자율이, 문을 닫고 있는 수백 개의 공장들과 그러한 상황에 처해있는 수십 명의 혁명적 투사들에게 투쟁과 슬로건의 형태를 갖춘 대안을 제시하지 못하는 한, 또는 알 수 없는 곳 ─ '벌거벗은 임금'Re Nodo 페스티벌, 테러리즘, 여성들의 행진, 히피 숄더백 따위의 제작 ─ 을 피난처로 삼는 대신, 생산위기의 지대는 적에게 넘어간 패배한 지대라는 사실을 숨김없이 인정하지 않는 한, 다시 말해 2년간의 위기 이후의 공장의 정치적 구성에 대한 현실적으로 정확한 평가를 내릴 용기를 보여주지 못하는 한, 다수를 위한 강령, 대중강령 등과 같은 강령에 대한 모든 이야기들은 쓸모없는 것으로 ─ 네그리의 주장만큼이나 쓸모없는 것으로 — 남게 될 것이다. 그리고 새로운 당은 마치 폭스바겐처럼 더 이상 앞(전위)이 아니라 뒤에 엔진을 갖고 있다고 말하는 것은 그러한 강령을 소생시키는 데 별 도움이 되지 않는다.

테제 9와 10은 사실상 노동자 주체성과 당의 영역으로 — 임금투쟁에서 무장투쟁에 이르는 계급행동의 모든 가능한 형태들을 아주 세심히 고려하면서 — 나아가기 시작한다. 당은 대중의 통일성 내에 있어야 하지만, 공격의 기능을 무시해서는 안 된다. 당은 욕구의 체계 내에 있는 동시에 투쟁의 체계의 동력이 되어야 한다. 당은 존재해야 하지만, 또한 존재하지 않아야만 한다.

솔직히, 이 지점에서 나는 이러한 종류의 논의전개는 받아들이기 어렵다는 것을 깨닫기 시작한다. 여기서 네그리가 (a) 과거의 것이든 현재의 것이든 간에 일체의 선재하는 조직화 모델 개념에 대한 전반적인 거부를 표현하고, (b) 공식화된 조직 없이 투쟁에 표현을 부여할 수 있는 '자율적' 행동을 해석할 수 있는 방법을 찾으며, (c) 모든 가능한 해법들에 대해 열려있기 위해 애쓰고 있다는 것을 이해함에도 불구하고 말이다. 신중함으로 남지 못하고 결국 혼란스러움이 되어버린 이러한 극도의 신중함 — 이것은 모든 것을 말할 뿐만 아니라 그 모든 것의 반대 또한 말한다 — 은 그가 스스로를 '집단적 지식인'으로서, 이론의 기초를 다시 세우려는 사람으로서 내세우는 방식과 전적으로 모순되는 것처럼 보인다. 네그리는 봉기의 이론화(1971)로부터 당 소멸의 이론화(1973)로, 극단적인 볼세비키적 입장으로부터 투쟁들의 순수 객관주의의 입장으로 나아갔다. 말하자면, 자신의 입장을 180도 바꾼 것이다. 오늘날 그의 신중함은 기회주의의 결과가 아니라, 운동이 표현하고 있는 것 위에 경향적 도식을 포개는 것에 대한 거부이다. 그러나 이를 통해 그가 얻어낸 귀결은 정치적 계급구성과 조직화의 관계라는 문제를 부정적인 관점에서 설명하는 것일 뿐이다. 그리고 이는 다시 한 번 매개의 영역에 대한 거부를 나타내는데, 여기서 그것은 '**매개라는 주제에 대한 근본적인 재평가**'(강조는 네그리)라는 과장스러운 어투로 표현되고 있다. 다시 말해 똑같은 낡은 난센스의 반복이다. 또한 정치적 실천에서 매개를 주장했던 사람들은 언제나 결국 그것을 부정하게 되었기 때문이다. 왜냐하면 이 지점에서 매개는 전복적 활력의 조직된(따라서 매개된) 표현, 계급구성으로부터 분리된 당 형태, 정치적 영역의 투쟁들로부터의 자율성, 자율성을 패배시키는 조직 따위를 의미하기 때문이다.

따라서 만약 우리가 당이라는 문제를 낡은 공식의 반복 너머로 가져 갈 수 없고 우리의 최선이 프롤레타리아 행동주의라는 것이 사실이라면, 또한 운동으로부터 소외되는 것이 두려워 전진할 어떠한 **의지**도 없는 것 이 사실이라면, 어째서 이데올로기를 만들어 내야 하는지, 혹은 더 정확히 말하자면 실제로는 낡은 것들의 재탕일 뿐인 것을 일종의 신비화된 '일반 이론'으로 제시하는 일이 왜 필요한지를 나는 정말로 이해할 수 없다.

다르게 접근하는 것이 가능할까? 나는 그렇다고 생각한다. 우선, '자율성의 영역'이라는 말로 우리가 의미하는 바를 정확하고 구체적인 용어로 표현하는 것이 가능하다. 만약 그것이 우리가 지금 다루고 있는 부문이라면 말이다. 그렇게 하는 것은 유용할 터인데, 왜냐하면 그것은 언제나 추상적으로 이야기하고, 모든 것을 과도하게 개념화하며, 무엇이, 누가 그리고 어디가 언급되고 있는지를 결코 분명히 하지 않는 일을 피함을 의미할 것이기 때문이다. 나는 이것이 법률적-철학적 접근보다 역사주의적 접근을 선호하는 문제라고 생각하지 않는다. 그것은 단지 어떤 주제에 대해 누군가 말하고 쓰는 것을 수많은 사람들이 잠여하는 일정한 논쟁에 대한 개입으로 간주하는 문제일 뿐이다. 나는 오늘날 스스로를 종합의 조직자로서 내세우는 것은 시대에 뒤떨어진 소명이라고 — 사실상 지속될 수 없는 소명이라고 — 말하고 싶다. 때문에 나는 '원년에서 시작하기', 이론의 기초를 다시 세우기, 이론의 기초를 다시 세우는 저널을 만들기 등에 관한 제안을 매우 싫어한다. 나는 투쟁의 부문적, 분파적 성격에 개입하는 것을 선호하는데, 그것은 바로 오늘날 우리가 대면하고 있는 것이, 각각이 혁명적 기획의 한 부문을 가리키고 있는 투쟁들의 부분성partiality이기 때문이다. 결국 (그 어느 때보다) 오늘날 새로운 당에 관한 이론적 작업을 수행하는 사람이라면 누구나 현실적인 힘의 균형을 받아들여야 하고, 혁명적 좌파의 공간 내에서 구체적으로 할 수 있는 일들과 관계해야 한다. 네그리는 '자율성의 영역'을 말한다. 나는 그러한 운동 부문과 친숙하지 않고, 심지어 '영역'이라는 용어 자체를 정말로 좋아하지 않는다. 그것이 영토적 용어로서 게토, 보호구역, '급진적'gauchiste 소수자주의 등의 냄새를 풍기기 때문이다. 그러나 부족한대로 내가 조금 아는 바에 따르면, 그 영역 안에서 다소 새로운 조직화 모델을 중심으로 소집단 결집 과정이 진행되고 있다. 이 부문을 동질적인 것으로 표현하려는 시도를 계속하는 것은 이데올로기 공장의 또 다른 작업이다. 무엇보다 이러한 결집 과정이 말 그대로 긍정적이고 투명한 요소이기 때문에, 또한 적어도 그룹들이 자신이 지지하는 것과 관련하여 다시 한 번 분명한 태도를 나타내기 시작하고 있기 때문에 그러하다. "나는 아나키스트이며, 직접행동을 지지한다!" 좋다…… 나는 이해한다……. 혹은 "나는 무장한 노동자주의자이며, 전위적인 노동계급 분파를 지지한다." 좋다…… 나는 이해한다…….

이것은 엘비오 파치넬리Elvio Fachinelli 7가 품었을지도 모를 당에 대한

---

7. [편집자] 파치넬리(1928~89)는 1968년 이후의 대중 청년 운동과 정치적 반체제 행동을 집중적으로 연구한 좌파 정신분석학자였다.

희망과 관련하여 일보 후퇴하는 것인가? 상관없다, 그는 계속해서 희망할 것이다.

그리하여, 테제 13과 14에서 네그리가 노동자의 자율에 대한 탐구를 제안할 때, 마침내 싫은 마음은 짜증으로 변한다. 그가 말한 바와 같이, 이것이 **"진행 중인 당 과정의 가능한 의식성을 실천적 관점에서 서술하는 것"**(강조는 네그리)을 수반한다면 말이다. 나는 자문해본다. 이러한 종류의 작업이 대중운동의 조직된 기관들 간의 현존하는 역관계 — 다시 말해, 당, 그룹, 운동의 비-소집단적 영역 사이에 현존하는 관계 — 에 대한 탐구를 배제함으로써 시작한다면, 그것이 어떻게 타당한 것으로 생각될 수 있겠는가? 만약 그러한 작업이 1968년부터 오늘날까지 무슨 일들이 일어났으며 사태가 어떻게 운동해 왔는가에 대한 탐구를 보류하는 것을 뜻한다면, 그것이 어떻게 타당할 수 있겠는가? 이는 다음과 같은 질문들을 던지는 것과 같다. 왜 몇몇 그룹들은 노동계급 내부의 논쟁보다 '좌파의 삶을 사는 것'에 더 많은 자리를 내어주었는가? 왜 그들은 주변화를 자율의 유일한 형태로 이론화해 왔는가? 그들은 왜 (한 가지만 예를 들자면) 사실상 공장 정치 전체를 개혁주의자들에게 넘겨주었는가? 등등. 그리고 정치적인 것의 자율성의 폐기가 다름 아닌 과거의 주체적 경험들을 버리는 것으로, 그 경험들 전체가 오늘날 현실적인 정치적 계급구성의 얼마나 많은 부분을 이루고 있는가를 잊어버리는 것으로 이어지고 있는 것은 아닌가하는 의심이 이어진다. 우리는 어떤 '원년'에 있는 것이 아니다. 현재의 시기는 1960년 '신좌파'의 재각성과 동일하지 않다. 우리는 심지어 대중 노동자와 다른 사회적 형상을 규정할 지점에 있지도 않다. 그럼에도 불구하고, 만약 '사회화된' 노동자와 당의 관계가 다르다는 것이 사실이라면, 시민사회가 더 이상 존재하지 않는 것이 사실이라면, 의식성의 이론이 다르다는 것이 사실이라면, 그렇다면 왜 계속해서 이론가 혹은 이데올로그라는 낡아빠진 일을 하고 있는가? 이러한 형태의 정치적 담론은 한물갔다. 천년왕국설과 같은 이러한 말들은 너무나 화를 북돋운다. 우리는 정확히 '일반이론'에 대한 거부로서 이러한 이론가의 자율성과 싸워야 한다. 나는 『프롤레타리아와 국가』의 부제 속에서 제안된 논의를 수행할 가치가 있다는 말로 이 글을 시작했다. 이제 나는 이러한 지형에 대한 논의는 가능하지 않다는 말로 글을 마무리하려 한다. 그것은 무의미하다. 우리는 새로운 지형을 찾아야 한다. 분명 **"하늘 아래 엄청난 무질서가 있다. 그러므로 상황은 훌륭하다"**[8](강조는 볼로냐).

---

8. [편집자] 네그리가 소책자의 결론에서 인용한 마오쩌둥의 유명한 경구이다.

# 2장

# 페미니즘과 자율 : 투쟁의 여정

2000년 7월 26일 알리사 델 레와의 인터뷰

당신의 문화적, 정치적 발전 과정은 어떠했습니까? 당신의 발전 과정에서 중요한 사람들이나 준거점이 있었습니까?

나는 1960년대에 이곳 빠도바Padua에서 정치학을 공부했습니다. 1967년에 나는 네그리의 생각들에 강한 의구심을 나타냈고, 그러한 이의 제기를 열렬히 환영하는 사람이었던 네그리는 1968년에 내가 졸업하자마자 처음에는 장학금을 받는 대학원생으로, 후에는 연구조교로 나를 자신의 곁에 두었습니다. 나의 문화적 준거점은 엄밀한 의미에서 '노동자주의'보다 더 넓은 범위에 걸쳐 있습니다. 자본-노동관계에 대해 아무것도 모른 채, 당시 다른 많은 사람들처럼 공장으로부터 무언가를 알아가고, 내가 항상 높이 평가했던 노동자 조사worker enquiry라는 방법 — 이것은 또한 내가 당신들의 작업을 좋아하는 이유이기도 합니다 — 을 통해서 이전에는 무시했던 착취관계를 겨우 이해했다는 의미에서 나의 정치적 발전은 학생운동의 외부, 주로는 마르게라Marghera 1에서 이루어졌음에도 불구하고 말이죠. 어떤 책들은 나중에서야 읽었습니다. 그 순서를 말해 보자면, 처음에는 뜨론띠, 그 다음엔 『자본론』, 마지막으로 『요강』을 읽었습니다. 따라서 솔직히 말하자면 가장 중요한 준거점은 세계를 이해할 수 있도록 만들어주었던 이러한 환경, 이딸리아 전역에서 마치 하나처럼 움직였던 집단주의였다고 생각합니다. 그 후 곧바로 구이도 비안치니Guido Bianchini, 루치아노Luciano(페라리 브라보Ferrari Bravo), 네그리 등과 같은 <노동자의 힘> 동료들과 함께 모임과 회의들을 돌아다니기 시작했으니까요. 이해하려고 노력하지 않는 것은 생각할 수도 없는 일이었습니다. 내 말은, 지적 엘리트주의 — 그것의 가장 분명한 표현은 "너는 멍청이야"라는 뜻으로 사용되었던 '동지, 솔직히 나는 당신을 이해할 수 없습니다.'라는 문장으로 요약될 수 있습니다 — 가 너무나도 만연해 있어서 뒤떨어진다는 느낌을 받지 않기 위해 밤을 새워 공부해야만 했다는 것입니다. 그와 동시에 현장에서, 즉 아무튼 그렇게 명확하지는 않았던 사회적 관계들의 만만치 않은 현실을 가르쳐주었던 노동자 간부들 — 내가 생각하기에 다소 악명이 높은 이딸로 스브로지오Italo Sbrogiò를 비롯한 마르게라의 노동자 간부들 — 에게서 배우는 길도 있었습니다. 따라서 내 경우에는 스승이 먼저 있고 그 후에 정치적 실천이 뒤따른 것은 아니라고 말해야 할 것 같습니다. 생각건대, 모든 것은 거의 동시에 움직이기 시작했고, 그 모든 것의 기원에는 나에게는 절실한 것이었던 세련되지 못한 반권위주의의 형식, 즉 후에 개인 차원의 아나키즘적 표현 따위의 형태가 아니라 좀더 유용하고

---

1. [편집자] 베니스에 인접해 있는 포르토 마르게라(Porto Marghera)는 이딸리아 최대의 석유화학단지이자 초기 신좌파의 조직과 선동이 이루어진 주요한 장소였다. 1963년에 네그리와 마씨모 카치아리(Massimo Cacciari)가 그곳 노동자들 사이에서 『자본론』 읽기 모임을 조직했고, 그들 중 많은 사람들이 후에 <노동자의 힘>에 참여했다. Wright 2002 : 110~14를 보라.

생산적인 방향으로, 진지한 정치적 활동으로 흘러갔다는 의미에서 스스로를 표현할 적절한 장소와 시기를 발견했던 개인적 반란의 형식이 놓여 있었습니다. 일상생활에 있어서는 네그리와의 관계가 유일한 것은 아니었습니다. 그와 달리 경제학을 전공했음에도 불구하고 졸업 후 곧바로 연구소에서 함께 연구하기 시작하기는 했습니다. 그러나 사실상 매우 많은 부분에서 그에게 지적으로 의존한 것이 사실이기는 하지만, 그가 교육에 있어서 나의 스승이었다고 말할 수는 없습니다. 일상생활에서는 네그리를 제외하고도, 연구소에 같이 들어왔으며 정치적인 활동뿐만 아니라 연구프로젝트, 세미나 조직 등의 활동을 함께 했던 구이도 비안치니와 산드로 세라피니Sandro Serafini가 있었습니다.[2] 나는 이들과 매일, 끊임없이 접촉했습니다. 집단적인 삶의 방식이었죠. 잘 모르겠지만 요즘은 그런 모습을 찾아보기 어려운 것 같아요. 내 나이 때문일지도 모르겠군요. 어쨌든 뒤돌아보면 우리는 함께 살아가는 날들이 지금보다 훨씬 더 많았습니다.

이제 <노동자의 힘> 시기에 대한 이야기를 해 보죠.

<노동자의 힘> 시기는 사람들이 말하는 것만큼 그렇게 동질적이지 않았습니다. 크게 확장하는 순간들이 있었는가 하면 작은 지역들로 축소되는 순간들도 있었습니다. 특히 이곳 베네또Veneto에서 그러하였는데, 틀림없이 다른 사람들이 인터뷰에서 이미 이야기했겠지만, 그것은 운동

---

2. [편집자] 네그리가 지도했던 빠도바의 정치사회연구소. 델 레가 언급한 사람들 중 대부분 — 세르지오 볼로냐와 페루치오 감비노(Ferrucio Gambino)뿐만 아니라 페라리 브라보, 비안치니, 세라피니, 마랏찌, 달라 코스타 — 은 연구소의 구성원이었다. 그들 중 대부분이 1979년 4월 7일에 네그리와 함께 체포되었다. 네그리는 *Trentatre lezioni su Lenin* (Negri 2004 : 9~12)에 붙인 2003년 서문에서 연구소에 대해 회상한다.

에 대해, 다시 말해 전통적인 공장의 주체들과는 다른 주체들과 학생들에 대해 열려있으려는 생각으로 인한 것이었습니다. 그것은 아마도 우리가 대중 노동자라는 관념으로 이론화했던 것보다 더 커다란 전망이었던 것 같습니다. 이미 노동자 형태와의 결별을 의미하고 있었는지도 모르죠. 하지만 나는 맑스와 관련된 전통이 더 순수하게 보존되고 있던 지역에 머물러있었고, 이것은 때때로 우리가 전국적 차원에서 볼 때 어떤 고립을 겪었음을 의미합니다. 내가 특히『노동자의 힘』지誌에 편집위원으로 참여하고 있었고, 정치집단들 사이에서『선언』*Il Manifesto* 지와의 통합 논의가 불거져 나왔을 때, 뽀르데노네Pordenone와 꼬네글리아노Conegliano 3, 렉스Rex와 조빠스Zoppas에 매우 자율적으로 개입해서『선언』의 동지들과 처음으로 정치집단을 구성했다는 것을 이야기해야겠군요. 나는 그렇게 종파적이지 않고, 이름표나 과도하게 엄격한 멤버십을 좋아하지도 않았습니다. 그 때문에 나는 그러한 경험을 할 수 있었고, 또 그것이 재미있다고 생각했습니다. 세력이 부족했던 그 지역에서는 그것이 유일한 가능성이기도 했습니다. 그러나 우리는 정말로 좋은 사람들, 기술자, 예외적인 학생, 당대 노동자들의 지성과 함께, 지역 공장들에서 오랫동안 운영되고 있던 정치위원회(또는 정치집단, 뭐라고 불렀는지 기억이 나질 않는군요)를 한데 모았습니다. 이러한 일은 내가 무척 좋아했던 지역적 조직형태의 실험이라는 맥락에서 이루어졌습니다. 그러한 실험은 우리로 하여금 분산된 공장들, 소小공장들, 그리고 대공장을 상대적으로 독립적인 소기업 — '독립적인'이라는 말은 대공장에 의존적인 소공장들과 구별하기 위해 쓴 것입니다 — 으로 변형시킬 가능성과 함께, (비록 명확히 의식적인 형태로는 아니었지만) 북동부 지역의 미래를 예견할 수 있도록 해 주었습

---

3. [편집자] 빠도바와 베니스 북동쪽의 베네또에 있는 마을들이다.

니다. 내가 보기에 이러한 종류의 지역적 조직은 그 지역에 매우 잘 들어 맞는 것 같았습니다. 조직이 잘 작동하고, 뽀르데노네와 꼬네글리아노 주변에 있는 많은 마을의 간부들(그 당시 그들은 그렇게 불렸습니다)을 불러 모을 수 있었던 것은 바로 그 때문이 아닌가 생각합니다. 그 간부들은 그 후에도 오랫동안 노동자 좌파로 남아 있었습니다.

당신은 <노동자의 힘> 이후에 어떤 방향으로 움직였습니까?

<노동자의 힘>이 나를 흥미롭게 했던 특권들과 피페르노<sup>Piperno</sup>가 제안한 아이디어를 잃어버리고, 조직을 강조하면서 <노동자의 힘>을 당으로 전환시키자고 주장하는 로마 사람들이 주도권을 잡았던 로솔리나<sup>Rosolina</sup> 회의 때부터 나는 이미 위기를 겪고 있었습니다. 나는 이미 페미니즘에 관심을 갖고 있었고, 때문에 <노동자 아우또노미아>에 참여하지 않고 <노동자의 힘>을 떠났습니다. 여전히 명확히 가까운 관계를 유지하기는 했지만 결코 공식적으로 가담한 적은 없다는 의미에서 말이죠. 나는 자율적으로 운영되는 최초의 페미니스트 그룹들을 구성하기 시작했습니다. 이 일은 여성의 삶 전체에서 자율적인 차원과 시간을 회복하는 것과 관련한 논의를 통해 이루어졌습니다. 나는, 결국 비슷한 점이 없는 것은 아니었음에도 불구하고, 임금에 관해 마리아로싸 달라 코스타<sup>Mariarosa Dalla Costa</sup>가 주장한 내용과 어느 정도 대립하는, 사회적 서비스와 시간 되찾기에 관한 주장을 펼쳤습니다. 임금이라는 이슈가 좀더 '혁명적'이었을 수는 있습니다. 그러나 로싸가 지지했던 정치적 실천으로부터는 누가, 언제 임금을 요구하고 있는지를 이해하기가 어려웠습니다. 말도 안 되는 소리입니다만, 아마도 당시에는 내가 제기한 문제가 훨씬 더 개혁주의적인 것이었을 겁니다. 보육원 설립을 요구하고 '가사노동으로

부터의 해방'의 구체적 형태들을 제시하면서 지방정부 회의장을 점거했을 때 몇몇 사람들을 괴롭힌 것이 사실이기는 하지만 말이죠. 아무튼 나는 그러한 것들이 필요했습니다. 이제 막 임신을 한 상태였고, 내가 즉각적으로 필요로 하는 것을 요구하는 것은 매우 정당한 일이라고 느꼈기 때문입니다. 당신이 원한다면, 이것이 마르게라에서의 노동자주의 이론을 번역한 것이라고 생각해도 좋습니다. 사람들이 "당장 5천 리라를 내놓아라"라고 요구했을 때 모든 이들이 "하지만 그것은 혁명적이지 않다"라고 말하곤 했습니다. 이에 노동자들은 "혁명적이지 않을지도 모르지만 우리는 5천 리라를 마다하진 않는다!"고 대답했지요. 그 당시 돈은 좀 다른 문제였고, 이는 보육원의 경우도 마찬가지입니다. 혁명적이지 않을지도 모르지만, 아무튼 나는 아이를 어딘가에 맡겨야 했습니다! 이후에 나는 이 문제들을 『가사노동을 넘어서』*Oltre il lavoro domestico*(Del Re 1979)에서 이론적으로 다루었는데, 왜냐하면 그것들은 나에게 의미가 있는 문제였기 때문입니다. 나는 1977년 운동을 주변부에서 경험했습니다. 주변적인 것들이 더 흥미롭다는 것을 깨달았기 때문이지요. 나는 이곳 빠도바에서 <셔우드 라디오>*Radio Sherwood*를 만드는 일을 도왔습니다. 내가 보기에 라디오는 의미 있고, 훌륭하고, 지성적이고, 필요한 정보순환과 소통의 형태였기 때문입니다. 반면 빠도바의 정치집단들이 만든 좀더 군사적인 조직 형태들을 나는 전혀 좋아하지 않았습니다. 그것들은 심각한 전투에 더 관심을 갖고 있었고, 때문에 더 이상 어떻게 세상을 바꿀 것인가에 관한 나의 생각의 일부가 될 수 없었습니다. "왜 나를?"이라는 생각 이외에, 체포 당시 생각했던 것들 가운데 하나는 우리가 승리하지 않아서 기쁘다는 것이었습니다! 고약한 방식으로 이런 생각을 한 것은 아니었습니다. 솔직히 말해, 어떤 입장들은 정말로 나를 당혹스럽게 했었기 때문입니다.

하지만 체포된 이후에는 일종의 동일시가 존재했습니다. 설사 내가 그 일부가 아니었다 하더라도, 체포되는 그 순간에 무슨 말을 할 수 있었겠습니까? 나와 아무런 관련이 없다고요? 나를 방어하기 위해 판사 앞에서 그렇게 말할 수는 있었을 겁니다. 하지만 그뿐이었습니다.

당시 나에게는 두 아이가 있었고(한 명은 1974년에, 다른 한 명은 1976년에 태어났습니다), 결혼을 한 상태였으며, 이 곳 빠도바에 살고 있었습니다. 이딸리아를 그렇게 많이 돌아다니지도 않았습니다. 사실 나는 거의 아무것도 하지 않았고, 따라서 운동과 조직형태, 정치적 표현에 관해서는 이곳의 정치집단들로부터 유래한 매우 제한된 시야만을 갖고 있었습니다. 나는 네그리와 구이도가 이야기해 준 것들을 렌즈 삼아 정치 집단들의 글을 읽었습니다. 정치사회연구소는 여전히 계속해서 이론 생산의 중심으로 기능하고 있었고 그 시기에 나는 이딸리아의 공기업에 관한 책을 출판했습니다. 나는 무언가를 하고 있었고 세상의 바깥에 있지 않았지만, 몇 년 간은 1960년대와 1970년대 초와 같이 직접적으로(그리고 '좀더 만족스럽게'라고도 말해야 할 것 같습니다) 참여하지는 않았습니다. 내가 이 엄청나게 풍요로웠던 시기를 그리워한다는 것을 이야기해야겠군요. 그 시기는 나 자신에게도 생산적이었지만, 사회적 장 안에서 상황이 계속해서 움직이고 있었고, 우리가 권력을 장악해서 상황을 변화시킬 수도 있다는 인상을 주고 있었습니다. 다시 말해, 우리들 각자가 우리 자신의 운명과 서로의 운명에 영향을 미칠 수 있을 것 같았습니다. 사사롭고 제한적이며 유토피아적인 것이었을지도 모르지만, 그러한 느낌은 집단적으로 느껴졌을 뿐 아니라 매우 명확하고 손에 잡힐 것 같았기 때문에, 그 이후로도 나는 항상 그것을 그리워해 왔습니다. 그리고 그 이후에 다가올 감정들이 고독, 고립, 어떤 길 혹은 어떤 구석에 자리 잡고자 하는 것과 관련되어 있었다는 것을 나는 이제 압니다. 오레스떼 Oreste[Scalzone]가 이에 대해 무슨 말을 했는지 알 수 없지만, 1982년에 빠리로 간 이후 망명자들의 공통적 정체성을 재구성하려는 시도가 있었고 그로 인해 얼마간 사람들이 모이기도 했지만, 그마저도 1970년대 말에 우리가 내면화했던 차이들 때문에 언제나 실패로 끝나고 말았습니다. 우리 모두가 매우 중요한 초기의 공통 요소를 공유하고 있었다는 사실, 즉 공통된 문제와 이슈들로 인해 해외로 추방당했다는 사실에도 불구하고, 1980년대 초 빠리에서는 끔찍한 만남들이 이루어졌고 우리는 결코 함께하지 못 했습니다. 그러므로 만약 내가 그 시간들을 그리워한다면, 그것은 그때 이후로 그와 같은 일종의 공동체적인 느낌과 힘을 보지 못 했기 때문일 것입니다. 주체적으로나 개인적으로는 지금의 내가 나의 삶과 삶에 관한 결정에 있어서 예전보다 훨씬 더 큰 힘을 갖고 있음에도 불구하고 말이지요. 하지만 이것은 매우 고독한 것입니다.

지금 이야기되고 있는 주제를 조금 더 다뤄보죠. 당신이 보기에 1960년대 말에서 1970년대 사이에 얼마간 조직화된 운동과 생각들 속에서 표현된 가능성, 그리고 — 더 중요하게는 — 한계는 무엇이었습니까?

이것이 한계였는지는 잘 모르겠지만, 내 생각은 이렇습니다. 적어도 나의 경험과 회상 속에서 그것은 강한 개혁주의적 효과를 낳은 운동이었습니다. 혁명적이었던 것은 오직 우리의 의지뿐이었습니다. 돌이켜보건대, 예측 가능한 유일한 결과는 정말로 개혁주의적인 것들이었습니다. 실제로 개혁이 이루어졌고, 내가 보기에 그것은 전반적인 운동이 사회에 미친 강력한 영향력의 결과로만 설명될 수 있습니다. 낙태, 이혼, 가족권 family rights 등에 관한 법률은 말할 것도 없고, 노동법, 보육시설에 대한 국가계획, 1977년의 기회균등법equal opportunity laws 등이 그렇습니다. 문제는 무엇이었을까요? 바로 우리가 그러한 과정의 진정한 원인을 설명하지 못했다는 사실입니다. 우리는 혁명, 급진적 변화란 중단 없는 급속한 과정이라고 생각했습니다. 그러나 우리를 패배로 이끈 것은 아마도 혁명 대신 찾아온 개혁들, 투쟁의 직접적인 결과들이었을 것입니다. 내가 언제나 이야기하는 것은 1970년대의 대중운동입니다. <붉은 여단>Red Brigades, <최전선>Prima Linea 등과 같은 비밀무장조직들은 사회전체를 움직이고 있었던 강력한 힘들로부터 벗어난 비정상적인 계기들이었습니다. 30년의 세월이 지나고서야 이런 말을 하게 되네요. 그 때의 나라면 이렇게 말하지 않았을 겁니다. 하지만 만약 내가 앞서 말한 좋은 개혁주의적 과정에 대해 충분히 알고 있었다면 사정은 달랐을 겁니다. 나는 다른 유럽 국가들과 비교할 때 이딸리아의 출발점은 정말로 최소의 것이었다는 의미에서 '좋은 개혁'을 이야기하는 것입니다. 1968년에 학생과 노동자 모두가 참여한 엄청난 운동이 일어났던 프랑스를 예로 들어보죠. 프랑스가 이룩한 개혁이 프랑스를 행복한 나라로 만들어 준 것은 아닙니다. 그러나 덕분에 프랑스는 적어도 프롤레타리아들의 기대를 좀더 만족스럽게 충족시켜 주었고 지금도 그렇게 하고 있는 나라가 되었습니다. 물론 확고하거나 특별한 것은 없습니다. 그러나 우리로서는 여전히 꿈도 꾸기 어려운 최소보장임금이나 어떤 형태로든 존재하는 갖가지 소득들을 생각해 본다면, 설사 그것들이 시민소득이라고 불리지는 않는다 하더라도, 일정한 방식으로 사람들을 지원해 주는 **배당금**의 형태들이 존재한다고 할 수 있습니다. 이딸리아 사람들에게는 놀랍게 들리겠지만, 전체 프랑스 가구 중 1970~80% 정도는 기본적인 세금을 내지 않습니다. 많은 아이들이 있지만 그 아이들이 6살에서 7살이 될 때까지는 그럭저럭 살아갈 수 있을 만한 **배당금**을 받는 이주여성들을 생각해 보죠. 우리가 그 배당금을 시민소득이라고 부르기를 거부하고 있고, 또 그것이 매우 통제된 방식으로 지급되는 것은 사실입니다. 그러나 그들은 적어도 그만큼의 돈은 가질 수 있게 되며, 그것을 통해 다른 싸움을 시작할 수 있게 됩니다. 만약 우리가 개혁을 향해 가고 있다는 것을 알았다면 아마 우리는 우리가 했던 모든 것을 하지 않았을 것입니다. 재밌는 일입니다. 가끔 나는 우리가 참여했던 거대한 운동이 가져올 결과를 알지 못했던 것이 결국 우리로 하여금 좋은 개혁주의를 이루어내도록 했다는 생각을 합니다. 그러한 운동 덕분에 제도적 기관들은, 우리의 압력이 없었다면 생각하지 않았을 더 좋은 변화들을 고안해 내야만 했습니다. 사실 나는, 그때와 같이 겉보기에 불합리해 보이는 압력이 더 이상 존재하지 않고 사회에 운동의 물결이 출렁이지 않기 때문에 이제 이딸리아에서 개혁을 추진하는 것은 불가능하다는 인상을 갖고 있습니다. 선출된 관료들은 (우리가 그들을 국회의원이라고 부르건 정치적 관리자라고 부르건 간에) 대체로 거기서 거기라고 생각합니다. 이름은 다를지 모르지만, 그들은 똑같은 지능과 똑같은 능력을 가지고 있습니다. 하지만 지금 이딸리아에서는 단 하나의 의미 있는 개혁도 이루어지지 않고 있습니다. 그러나 교육개혁은 좀더 주의 깊게 살펴보아야 합니다. 나는 교육이 많은 것들을 변화시킨다는 것을 깨닫고 있고, 교육에 대해 더 많은 것을 알고 싶습니다. 특히 이딸리아에서(내가 조금 아는 바에 따르면 다른 나라의 상황은 이딸리아보다는 낫습니다) 지금 우리가 겪고 있는 가장 심각한 문제는 이 나라가 시민사회와의 어떠한 대화도, 관계도 갖지 못한 상태에서 '근대적인' 특징조차도 보이고 있지 못하다는 것입니다. 이는 국가가 보여주고 있는 심각한 청각장애, 분리, 소통의 단절, 그리고 시민사회 측의 혐오감과 거부감으로 인한 것입니다. 지금 나는 엄청난 혁명적 변화를 이야기하는 것이 아닙니다. 더욱 심각한 문제는 대화나 소통 — 이 또한 투쟁이 될 수는 있겠지만, 지금 그런 이야기를 하는 것은 아닙니다 — 을 추구하는 태도가 쉽게 잊혀진다는 것입니다. 사회센터에의 참여를 비롯한 일반적인 젊은이들의 개입을 예로 들어보죠. 나는 지난 1년간 <녹색연합>The Greens과 함께 일해 왔는데, 좋은 생각이었는지는 잘 모르겠습니다. 국가 고문으로 일하고 있는데, 그만두고 싶은 걸 보면 일을 맡은 것이 실수였던 것 같습니다. 우리가 하는 일은 사회센터와 관련되어 있는데, 나의 결정은 아니었습니다. 내가 결정할 수 있었다면 사회센터를 끌어들이지는 않았을 겁니다. 지금 사회센터가 하고 있는 일은 <비오노바>Bionova, <떼비오>Tebio를 비롯한 모든 주제넘은 적극적 참여자들의 간섭을 받고 있고, 뻬꼬라로 스까니오Pecoraro Scanio 같은 인물과의 제도적인 사이비 대화 속으로 흡수되고 있습니다. 이러한 일들은 어떤 것에 맞서 투쟁하거나, 혹은 거부라도 할 수 있는 새로운 힘을 만들어 내지 못합니다. 유통되고 있는 생각이 거의 없고, 그나마 있는 것은 즉시 무언가를 하는 데 이용되는 것처럼 보입니다. 변수가 다른 곳에 놓여있고 유럽, 국제, 세계, 전지구적 층위에서 이미 결정되어 있어서 할 수 있는 것이 거의 없기 때문입니다. 아무도 움직일 수 없고 거의 아무것도 할 수 없을 정도입니다.

나에게 있어 가능성이란 미래에 있을 수 있는 능력, 일어나고 있는 변화를 파악할 수 있는 위대한 능력이었습니다. 처음에, 대중 노동자가 사회의 중심이라는 분석은 시대를 앞서 가는 것처럼 보였습니다. 그러나 생산양식의 층위에서 일어난 사건과 변화들은 너무나 빠른 속도로 우리를 앞서갔습니다. 하지만 여성들이 노동일 및 그것의 관계적 형태relational form의 전지구적 요소들을 파악할 수 있는 능력을 가지고 있다는 사실은 인정해야 합니다. 물론 여성들이 그것을 명확하게 설명할 수 있을 정도로 파악한 것은 아닐 겁니다. 그러나 여성들은 자신이 감지한 것을 일상의 경험과 연결시킴으로써 후에 노동 전체에서 일어난 변화들을 이해하기 위한 굉장한 도구를 만들어 냈습니다. 요즘 노동의 여성화, 정동적 노동 혹은 비물질적 노동에 관한 이야기를 들으면 나는 웃습니다. 그런 것들은 1970년대에 우리가 항상 이야기했던 것들인데 이제와 그런 이야기를 하는 것이 농담처럼 들리기 때문입니다. 그 때 우리는 계산될 수도, 측정될 수도 없지만 우리로 하여금 노동력을 재생산할 수 있도록 해 주고 물질적 생산이 이루어질 수 있도록 해 주는 노동 형태, 즉 그것 없이는 물질적 생산이 가능하지 않은 무언가가 존재한다고 생각했습니다. 이러한 노동 형태가 출현하고 있을 때 운동이 그것과 관련된 이슈들을 결코 자신의 것으로 삼지 않았다는 사실이, 우리가 지금 뒤쫓고 있는 엄청난 이점을 자본주의적 생산구조에 허락해 주었습니다. 비물질적 노동, 그리고 주장건대 생산에 있어서의 정동성affectivity(네그리가 바로 이러한 용어를 씁니다. '정동'이라고 하기도 하지만요)을 둘러싸고 현재 이루어지고 있는 모든 논의들은 자본이 이미 작동시킨 것들입니다. 이러한 논의와 관련하여 여성들이 오랫동안 주장해 왔고, 내가 보기에 비물질적 노동에 관한 분석이 갖고 있는 문제를 이론적 견지에서 교정해 줄 수 있는 또 다른 이슈가 있는데, 그것은 바로 몸이라는 문제입니다. 몸에 대해 이야기한다는 것은 "우리는 건강해야 하기 때문에 잘 돌봐야 하는 몸을 갖고 있다. 우리는 우리의 몸에 만족하지 않는다" 등과 같은 이야기를 하는 것과 다릅니다. 그것은 자본이 이미 하고 있는 이야기들이죠. 우리의 주장은, 생산은 분명히 비물질적이지만 그것의 현실화는 몸으로부터 독립적으로 이루어질 수 없다는 것입니다. 상품의 가치화 과정 전체를 추적하는 것이 불가능했기 때문에 우리(1970년대 페미니스트들)는 가사노동(우리는 그것을 가사domestic라고 불렀습니다)의 측정 불가능성을 이야기했습니다. 저들은 마음, 관계적 환경, 심리적·정서적 안정과 같은 것들이 측정될 수 없기는 하지만, 상품은 다름 아닌 노동자의 몸이라고 말하곤 했습니다. 그러나 노동자의 관점에서 볼 때 잘 살고 싶은 열망은 의미가 있는 것이었고(나는 <계속투쟁>Lotta continua이 삶의 질을 이야기하곤 했던 것을 떠올립니다. 그것은 좋거나 나쁜 질을 의미한다기보다는 잘 사는 것living well을 의미했습니다), 그것은 정치적으로 중요한 유일한 열망이었습니다. 어떤 정치담론이 나쁜 삶을 살아야 한다고 말할 수 있었을까요? 심지어 프로테스탄트라도 말입니다. 페미니스트들은 이 주제를 우리에 대한 착취라는 문제로 전환시켰습니다. 사람들, 노동자들, 동지들, 그리고 그 누구든 간에 잘 살지는 못하더라도 어떻게든 살아가도록 만들어 주는 것이 바로 우리라는 의미에서 말이죠. 만약 이 문제가 당시에 집단적 열망일 수 있었다면 그것의 중요성은 더 커졌을 것이고 적어도 이후 십년간 사실상 자본에 의해 이루어진 변화를 따라갈 수는 있었을 것입니다. 세상은 느리게 돌아가지 않았고, 이러한 변화들이 일어나는데, 다시 말해 오늘날 종합적으로, 다소 부정확하게 포스트포드주의라고 불리고 있는 현상이 발생하는 데 100년도 걸리지 않았기 때문입니다. 그러므로 나는 당시에 파악하지 못했던 일련의 분석적 특질을 페미니스트 운동이 제기했던 것으로 여겨도 좋다고 생각합니다. 그러나 페미니즘 자체는 그러한 문제의 더욱 보편적인 가치를 파악하는 데 실패했던 것 같습니다. 이런 점에서 페미니즘의 문제 가운데 하나는 앞서와 같은 문제를 이야기할 때 여성들에게만 밑을 걸고 세계에 관한 젠더적 관점을 제시하지는 못했다는 것입니다. 그렇게 했다면 상황은 크게 달라졌을 텐데 말이죠. 하지만 오해가 일반적으로 발생하고 생각이 부정확하게 교환되거나 소통되곤 했습니다. 사실 거의 분리라고 할 만한 것이 존재했습니다. 돌아보면 당시 사람들은 반으로 나누어져서 부분적으로는 세계 속에서 정치투쟁을 하고 또 다른 한편으로는 페미니스트로 지냈습니다. 그 두 세계는 결코 만나는 법이 없었지요. 다른 관점을 가지고서라도 공통의 언어를 공유해볼 기회가 전혀 없었습니다. 공통의 언어가 동질적일 필요는 없었습니다. 하지만 그런 것이 있었다면, 나에게는 1980년대 말에야 비로소 현실적인 것이 되었던 문제를 제기해 볼 수는 있었을 것입니다.

복합적인 상황에서 일정 기간 동안 투사였던 여성들, 그리고 처음에는 전혀 투사가 아니었지만 페미니즘 운동에 관심을 보이고 참여하기 시작했던 여성들이 매우 짧은 시간 안에 변해서 지금은 당시 페미니스트들 가운데 소수만이 여전히 같은 문제에 대해 생각하고 운동을 지속하고 있다는 사실을 어떻게 해석할 수 있을까요? 아마 그 소수를 제외한 다른 사람들은 당시의 경험을 자신의 삶과 자녀 교육에 이용하려고 노력했을 것입니다. 그러나 그것은 사적인 영역에서 이루어진 일일 뿐이며 현재 정치 현장에서 그들의 모습은 사라진 것 같습니다.

당신은 지금 나에게 두 가지 질문을 하고 있는 셈입니다. 하나는 '이중의 투쟁', 즉 당, 정치집단과 페미니즘의 관계에 관한 문제이고, 다른 하나는 페미니즘에서 나타나는 카르스트적 경향[4]과 관계된 것입니다. 이중의 투쟁은 어려운 문제입니다. 그것은 어떤 이의 속성을 분열시키기 때문입니다. 예컨대 나는 비의회 정치집단에서 활동하고 있으며 동시에

---

4. [옮긴이] 나타났다가 잠복하고 잠복했다가 또다시 나타나는 페미니즘 운동의 경향을, 하천이 지하로 흐르는 것을 가장 큰 특징으로 하는 카르스트 지형에 빗댄 표현이다.

페미니스트이기도 한 여성들을 만난 적이 있습니다. 그녀들은 극적인 결정을 해야만 하는 상황에 직면해 있었습니다. 페미니즘이 그녀들로 하여금 극적인 개인적 선택을 하도록 만들고 있었습니다. 적은 종종 집안에 있었습니다. 일종의 개인적 자율성을 획득하고, 좌파이며 따라서 사회를 바꾸는 것에 관해 많은 생각을 나눌 수 있는 애인, 친구, 남편, 아버지 등의 남자들과 관계를 맺고자 했던 여성들은 심한 불쾌감을 느끼곤 했습니다. 나는 당시 마르게라 노동자들의 극단적인 성차별적 태도에 대해 생각하고 있습니다. 그들은 우리의 외모를 노골적으로 평가해댔습니다. 아침 여섯 시에 선전물을 배포하러 나갈 때 정말 죽을 것 같은 심정을 느끼곤 했던 가슴이 큰 가엾은 여성들에 대해서는 말할 것도 없지요. 이처럼 그것은 매우 개인적인 정체성과 삶의 선택에 연결된 퍽이나 복잡한 문제였습니다. 항상 남편들을 쫓아낼 수는 없는 노릇이었습니다. 어떤 결혼들이 실패한 것은 사실이지만, 남자들의 모든 입장이 틀린 것은 아니었기 때문입니다. 여성들이 내려야 했던 결정은 너무나 끔찍하고 폭력적인 것이어서, 나는 왜 어떤 사람들이 공개적으로는 정치적 동지로 활동하면서도 페미니스트로서는 숨어 지냈는지를 이해할 수 있습니다. 당에 오면 상황은 더 복잡해집니다. 공산당을 어린 아이들의 요구를 어떻게든 받아주려 하는 자상한 아버지로 생각하는 여성들이 늘 있었기 때문입니다. 그러나 이딸리아에서 페미니스트 그룹이 제기한 문제를 수용한 당은 단한 개도 없었습니다. 적어도 1970년대에는 말이죠. 공산당에서 투쟁은 대개 가족적 전통의 문제였습니다. 나는 구성원 모두가 공산당원인 많은 가족들(어머니들, 할머니들 그리고 딸들)을 만났고, 그것은 괴로운 일이었습니나. 문제는 역사적인 영향이었고, 따라서 바꾸기 어려운 것이었기 때문입니다. <이딸리아 여성조합>(UDI, 원래 공산당에 소속되어 있었음)은 페미니즘 운동과 이혼 찬성 운동에 지독히 적대적이었습니다. 그러나 1976년 공산당이 세베소Seveso 사례(다이옥신에 감염되어 괴물을 낳을까봐 두려워 낙태를 원했던 임신한 여성의 사례) 이후 낙태권에 찬성하는 가두시위에 당원들이 참석하는 것을 막았을 때 <이딸리아 여성조합>은 공산당과 결별했습니다. 그 때 많은 투사들이 당을 떠나 페미니즘 운동에 합류했습니다. 이후에 루이사 무라로Luisa Muraro와 리아 치가리니 Lia Cigarini가 주창한 차이이론theory of difference이 등장했습니다. 뛰어난 지성과 능력에도 불구하고 내 생각에 그녀들은 페미니즘 운동에 있어서 하나의 비극이었습니다. 틀린 말을 했기 때문이 아니라 터무니없는 실천을 선동했기 때문입니다. 이 여성들은 1987년에 리비아 뚜르꼬Livia Turco가 제안한 협약인 <순회헌장>Carta Itinerante에 찬성했으며 이 협약을 당 안팎에서 지지했습니다. 이 협약은 차이이론들 가운데 하나인 의존이론에 기초하고 있었습니다. 문제가 되었던 것은 여성들이 늘 강한 남성에게 의존한다는 사실이었습니다. 참고문헌을 적을 때 여성 필자들은 남성 이론가를 참조하고 인용하곤 했는데, 이 비판가들에 따르면 여성들은 여성 이론가를 참조해야만 했습니다. 여성은 강한 남성이 아닌 강한 여성에게 의존해야 한다는 것이 이유였습니다. 그리하여 이 이론을 운동과 당의 관계에다 옮겨 놓음으로써, 당에 있는 여성들은 페미니즘 진영의 여성들로부터 정당성을 부여받게 되고, 반대로 페미니즘 진영의 여성들은 당에 있는 여성들과의 관계를 통해 제도권 기관들을 상대하는 특권적 통로를 갖게 되었습니다. 이처럼 정서적이고 강제적이었던 — 매듭을 풀기 어렵다는 의미에서 강제적이었던 — 이중 투쟁의 첫 번째 사례 이후에 여성들은 스스로를 제도로부터 분리시켰지만, 결국 1987년 <순회헌장>을 수단으로 삼은 리비아 뚜르꼬를 비롯한 차이의 여성들에 의해 제자리로 되돌아오게 되었습니다. 내가 말하고자 하는 바는 당과 집단을 통한 정치적 요구의 구조화와 페미니즘 사이의 관계는, 다른 나라에서와 마찬가지로 이딸리아에서도 불안정하고 우연과 유행에 크게 의존하고 있다는 사실입니다.

어째서 페미니즘 운동이 카르스트적 경향을 따랐는지, 즉 왜 나타났다 사라지고 또다시 나타나기를 반복했는지에 대해서는 잘 모르겠습니다. 내가 아는 것은 페미니즘이 전유럽적 수준과 이딸리아적 수준 모두에서 특정한 목표들에 있어서는 확실히 대중적으로 확산되었다는 점입니다. 이혼, 낙태, 피임, 가족상담 등에 관한 페미니즘 운동이 곳곳에서 펼쳐졌습니다. 피와 힘든 결정을 대가로 한 개인적 행동과 삶의 경험에 더 밀착된 운동도 존재했습니다. 그러한 운동은 대중적 수준에서는 거의 표현되지 않았고 분명한 요구나 조직적 형태를 취하기보다는 행동 형태의 수준에서 표현되곤 했습니다. 우리는 언제나 10만 명의 사람들을 거리로 나서게 했던 페미니즘에 대해 생각합니다. 그러면서 우리는, 예컨대 페미니즘이 존재하지 않는 것 같았던 1980년대의 이딸리아에서 대략 300여개의 '<여성의 집>'Casa delle Donne이 세워졌다는 것과 같은 사실들은 간과합니다. <여성의 집>은 지역기관들과의 협의 하에 여성들이 세운 반폭력 센터입니다. 또리노에는 <여성의 집>이 많았습니다. 그리고 로마에는 <선한 목자>Buon Pastore가 있었습니다. 심지어 (불가능해 보이는) 이곳 빠도바에도 <여성의 집>이 있습니다. 일부 여성들의 표현 형식들도 이야기해 볼 수 있습니다. 지금 여성의 표현 형식을 말함에 있어서 나는 반전운동이나 '검은 옷을 입은 여성들'Donne in Nero과 같은 운동에 여성들이 참여한 사례는 고려하지 않았습니다. 우리는 1970년대에 거리를 점거했던 많은 사람들이 1980년대에 볼로냐에서 여성기록센터를 운영하거나 1990년대에 검은 옷을 입고 거리에 나서는 사건들이 바로 그러한 운동을 구성한다는 사실을 잊는 경향이 있습니다. 그러므로 내가 생각하기에는 불변의 운동(이는 어리석은 것입니다)이 존재한다기보다는, 일종의 뿌리로서의 사회에 대한 젠더적 인식이 다양한 요소들에서 언제나 분명하고 명백하게 나타난다고 말해야 합니다. 이는 1970년대의 페미니즘에서뿐만 아니라, 예컨대 이딸리아에서 여성들이 사회적 교류, 노동, 소득에 점점 더 많이 노출되어 왔으며 이것이 그들을 사회의 나머지 부분과 사회구조로부터 더욱 자율적일 수 있도록 해 주었다는 사실, 그리고 그 이후의 단계에서 노동시장에 참여함에 있어서 여성들이 가장 비전형적인 구조에 자리잡는 경향이 있다는 사실 등에서도 나타납니다. 사실, 우리가 더 고찰해봐야 할 것은 (서비스 기업 등과 같이) 비전형적인 시간표로 돌아가는 기업이 있는 곳, 그리고 분산된 생산성, 영세 기업 등의 비전형적 형태들이 존재하는 곳이면 어디서나 많은 여성들을 찾아볼 수 있다는 사실입니다. 그러한 장소들에서 여성이 다수를 차지한다는 말을 하는 것은 아닙니다. 다만 그러한 현장에 여성들의 출현이 증가하고 있다는 것입니다. 교육이라는 일반적인 이슈는 말할 것도 없고 말이죠. 교육에 대해서는 모든 논문들이 한 마디씩 하고 있으니 반복하지는 않겠습니다.

당신의 성장 과정에서 특별히 중요한 사람, 멘토는 누구였습니까?

틀림없이 많은 사람들을 빠뜨리게 될 것 같지만 한번 이야기해 보겠습니다. 분명 첫 번째는 맑스입니다. 뜨론띠의 『노동자와 자본』*Operai e Capitale*도 저에게는 매우 중요했습니다. 네그리의 초기 저작들은 언급하고 싶지 않습니다. 맹세컨대 그의 글을 전혀 이해하지 못했고 크게 관심을 갖고 있지도 않았기 때문입니다. 요새 그가 쓰는 글은 좀 나은 편이긴 하지만요. 그러나 마치 혁명이 일어나고 있는 것처럼 행동해야 한다는 것을 주장하고 납득시키는 그의 근접성과 능력은 나에게 매우 중요했습니다. 그것은 사건을, 마치 그것이 이미 일어나고 있는 것처럼 경험하는 방식이었고, 이는 사건을 내부로부터 결정하게끔 도와주었습니다. 정치에 있어서 좀더 명확해지기 위해서는, 그리고 아마도 좀더 진부해지기 위해서는 의지의 낙관주의가 중요하다고 생각합니다. 분명 그의 글에서도 이러한 요소들을 찾아볼 수 있었을 것입니다. 그러나 나에게 결정적인 요소는 주로 네그리의 정치적 능력과 열정, 그리고 요즘이라면 잠재적인 것이라고 부를 수도 있을 테지만 실제로는 의지에 의해 결정된 것으로서의 현실을 구성함에 있어서 그가 보여주는 이 미친듯한 명료함이었습니다. 사태는 있는 그대로 존재하는 것이 아닙니다. 우리의 공통감각이 그렇지 않다고, 사태는 우리가 욕망하는 것이라고 말하기 때문입니다. 나는 이것이 바로 누군가로 하여금 정치를 하도록 만드는 예외적인 것이라고 생각합니다. 그것이 없다면 정치를 하지 않을 무언가 말이죠. 나는 이것이 그립습니다. 분명 다른 많은 사람들이 오늘날의 나에게도 여전히 중요한 것들을 말하고 썼습니다. 그러나 내가 가장 그리워하고 또 가장 중요하다고 여기는 것은 우리가 1970년대에 가동했던, 그리고 이제는 더 이상 찾아볼 수 없게 된 이 집단지성입니다. 나는 지금 하고 있는 일들에서 집단지성을 재구축하기 위해 애쓰고 있지만 많은 노력이 필요합니다. 소중하고 지적인 사람들과 국제적인 연구집단을 만들었지만 예전과 같은 분위기는 나지 않더군요. 1970년대의 것과 같은 지성, 실천 속에서 함께 만들어 낸 이러한 사유의 힘을 결코 다시 볼 수 없었습니다. 그것이 너무나 많이 그립군요. 루치이노 페라리 브라보, 구이도, 알베르토 마그나기 그리고 내가 만난 모든 비범한 사람들 — 예컨대 연구소에서 만난, 지역적 수준이 아닌 전국적 수준의 지성이었던 로마노 알꽈띠Romano Alquati 같은 사람들 — 에게 진 빚도 빼놓을 수 없습니다. 그 때 사람들은 거의 서로의 자리를 대신할 수 있을 정도의 방식으로 움직였습니다. 각각이 특별한 표현능력과 교육능력을 갖고 있었는데도 말입니다.

오늘날 현실과 현실의 변화를 읽어내고 분석하는 데 있어 가장 유용하다고 생각하는 저자들은 누구입니까?

요즘 나는 좋은 사람들보다는 좋은 책들을 더 많이 발견합니다. 우리는 늘 죽은 사람들에 대해서 좋게 이야기하곤 하죠. 그런 맥락에서 루치아노 페라리 브라보가 나를 비롯하여 빠도바에 있었던 이들에게 아주 중요한 사람이었다고 말하고 싶군요. 그는 이제 막 생겨나고 있는 사유의 형태에 귀 기울이고, 그것의 진가를 알아보고, 또 그것에 말을 걸 줄 아는 사람이었습니다. 그를 제외한다면, 나는 정말로 내가 현재 속해 있는 흐름 가운데 있는 많은 사람들이 중요하다는 인상을 갖고 있습니다. 예컨대 빠리에는 노예제에 대해 탁월한 책을 쓴 얀 물리에 부땅이 있습니다. 예전에 나의 학생이었고 지금은 전방위적인 지성으로 떠오르고 있는 마우리찌오 랏짜라또도 있습니다. 타르드Tarde 5에 대한 그의 재발견은 중요한 것 같습니다. 크리스티안 마랏찌와 그의 저작들이 중요하다는 것은 말할 것도 없습니다. 앞서 언급한 사람들에 비해 발전과정에서 나와 좀 더 거리가 있었던, 비포[프랑코 베라르디Franco Berardi]를 비롯한 여타의 사람들도 빼놓을 수 없겠지요. 이러한 이론적 흐름에는 지금도 흥미로운 저작을 생산해 내고 있는 많은 사람들이 있습니다. 그러나 나는 지금 당

---

5. [옮긴이] Jean-Gabriel de Tarde, 1843.3.12~1904.5.13. 프랑스의 사회학자이자 범죄학자이다. '심리학적 사회학'이라는 방법론을 확립하였다. 『모방의 법칙』, 『사회법칙』 등의 저서가 있다.[출처 : 두산백과사전]

장의 좀더 직접적이고 구체적인 관심들 때문에, 책에서는 더 이상 찾을
수 없는 어떤 해결책들을 현실에서 모색하고 연구하는 이들과 함께 하고
싶습니다. 따라서 현재 나의 욕구는 찾기 쉽지 않은 어떤 해답을 위한 장
을 탐색하기 위해 내가 국제적인 수준에서 함께 작업하고 있는 사람들과
일하는 것입니다. 오만하게 굴고자 하는 것이 아닙니다. 오히려 오늘날
많은 대답들이 존재하지 않으며 따라서 모색되어야만 한다고 생각하기
때문입니다. 위대한 질문이나 이론이 출현하거나 만들어지고 있는 것처
럼 보이지 않기에, 우리 모두가 능동적인 성찰의 순간을 통과해야 한다
고 생각하는 것입니다. 나는 이론적 입장으로 구성하기 어려운 젠더적
전망에 관여하고 있기 때문에 스스로를 좀더 엄밀하고 한계 지어진 공간
에 한정해 왔습니다. 국제적인 수준에서 매우 유능하고 능력 있는 사람
들과 함께 그러한 작업을 하고 있죠. 하지만 그 때문에, 최신의 것을 놓치
지 않으려고 노력함에도 불구하고 질문하신 문제에 대한 전반적인 관점
을 갖고 있지 못할지도 모릅니다. 그러므로 지금 당장 언급하기에는 너
무 많은 사람들이 존재하기 때문에 중요한 것은 이름을 나열하는 것이
아닙니다. 오히려 나는 신발을 신고 걸어 다니면서 현재의 상황이 어떤
지 살펴보고 싶은 욕구를 갖고 있습니다. 무엇이 계속되고 있는지를 이
해할 뿐만 아니라 너무나 빨리 일어나고 있어서, 내가 생각하기에는, 너
무나 매력적이고 결정적인 것으로 보이는 많은 분석들조차도 따라잡지
못한 변화들을 어떻게 대면할 것인가를 이해하기 위해서 말입니다. 예컨
대 나는 제국에 관한 네그리의 이야기가 그렇게 최신의 것이라고 확신할
수 없습니다. 제국은 네그리가 그것에 관해 쓸 때쯤에 이미 끝났습니다.
클린턴은 캠프 데이비드가 제 구실을 하도록 만들 수 없있고, 이는 세계
속의 미국 경찰에 관한 이야기가 어떤 점에서는 진실이었을 수도 있기

때문에 분명하다고 할 수 있습니다만, 지금도 그러한가요? 여하튼 그것은 올바른 전망이 아니었습니다. 문제는 중국, 일본 그리고 한국이 무엇을 할 것인가를 이해하는 것이기 때문입니다. 그러므로 내가 생각하기에는 현재의 변화를 효과적으로 이해하기 위해서는 직접 가서 그 변화를 봐야 합니다. 빠른 시일 내에 시대에 뒤떨어진 것이 되지는 않겠지만, (내가 직접 읽어서 알게 되었거나 읽은 책을 통해 간접적으로 접하게 된 얼마 안 되는 이론들처럼) 그렇다고 의미 있는 경향을 입증해 내는 것도 아닌 이론들을 만들어 내기보다는 말입니다.

자본주의적 발전과정 및 변화와 관련하여, 거시담론을 넘어서 연구와 분석이 초점을 맞추어야 하는 특수성과 영역은 무엇이라고 생각하십니까?

현재 나는 미시지역적 수준에서 일어나고 있는 일에 많은 관심을 갖고 있습니다. 나는 지역적 층위에서 상호관계, 인물, 비판, 질문 등의 형식을 이해하고 창조하는 것이 국가적 수준에서뿐만 아니라 전지구적 수준에서 무슨 일이 일어나고 있는지를 이해할 수 있는 한 가지 방식이라고 생각합니다. 이렇게 생각하는 것은, 상이한 수준, 즉 미시적 수준과 전지구적 수준에서 그렇게 다른 일들이 일어나고 있는 것은 아니라는 인상을 갖고 있기 때문이기도 합니다. 나는 또한 이러한 시각을 갖추지 못한 사람은 이야기를 나눌 사람이 없어질 위험을 감수해야 할 것이라고 생각합니다. 지금 나에게 특히 중요한 것은(이는 아마 나의 나이 때문일 텐데) 누구를 비판해야 하는가, 누구를 반대해야 하는가 그리고 누구와 함께 일련의 과정들을 함께 해야 하는가를 아는 것입니다. 이러한 것들이 다른 것보다 더 중요하다고 말할 수는 없을 것입니다. 그러나 내가 누구와 함께 하고 있는가를 아는 것은 내가 누구를 반대하고 있는가, 구체적인 변화에 영향을 미칠 뿐 아니라 정확한 요구들을 실현하고 조직화할 수 있는 가능성은 무엇인가를 이해하는 일만큼이나 중요하다고 말하고 싶습니다. 시애틀이나 제노바의 떼비오 같은 곳에서 일어난 일들을 놀라운 눈으로 바라보면서도, 나는 그 뒤에 진정한 집단화와 운동의 형태가 존재하는지를 자문해 봅니다. 프랑스에서 10만 여명의 사람들을 자신이 살던 마을로 운집시켰던 보베Bové 재판은 분명 시애틀, 떼비오 등에서 진행된 과정들과 연결되어 있습니다. 그러나 우리는 보베가 자신의 마을에서 재판을 받았고, 자신의 마을에 있는 맥도널드를 공격한 그곳의 농부라는 사실을 기억해야만 합니다. 또한 정치적 태도의 지역적 구체성은 시애틀이나 떼비오보다 더 지속적인 집단화 형태를 만들어내는 것 같습니다. 예컨대 흥미롭게도 이곳, 이 도시의 바로 이 지구地區에는 안테나[전파송수신시설]에 반대하는 위원회가 있습니다. 대학교수 등과 같은 사람들이 살고 있는 이 반半부르주아적 지구에는 너무나 많은 결연한 사람들이 있어서 만약 의회가 지금 건설하고 있는 안테나를 제거하지 않는다면 그들은 언젠가 의회로 행진을 할 것입니다! 똑같은 일이 라르첼라Larcella에서도 일어나고 있습니다. 지역을 망칠 것이라는 이유로 70여대의 차가 주차할 수 있는 지하주차장 건설에 반대하는 지역위원회가 있죠. 분명 비정상적이고 겉만 그럴싸한 집단화 형태이긴 하지만(주차장 반대 모임에는 심지어 백작부인, 장군 부인, 확실한 우익, 왕정주의자로 보이는 사람들까지 있습니다), 나는 그것들에 주목합니다. 이 위원회에 속한 사람들은 그들의 삶과 나의 삶 모두와 관계된 일에 관해 구체적으로 이야기 나눌 수 있는 사람들입니다. 그들은 명확한 목표와 분명한 대화상대자를 가진 정확하고 실질적인 집단화 형태를 만들어내고, 결국에는 지역 혹은 도시의 정치적 구성을 실제로 변화시킵니다. 하지만 다른 일에 대해서는 잘 모르겠습니다. 예컨대, 비오노바Bionova와 이곳에서 일어났던 일은 부인할 수 없는 중요성을 갖고 있지만, 신문기사 4개 이상의 것을 만들어내지는 못했습니다. 어머니를 병원에 모시고 가면 의사가 나에게 와서 이렇게 말합니다. "아, 부인, 안테나에 반대하는 위원회에서 부인을 봤습니다. 제가 살고 있는 곳에도 안테나가 있거든요. 의회가 거기에도 안테나를 만들지 뭡니까." 나쁠 건 없습니다. 하지만 이런 일이 무엇으로 이어지게 될까요? 나는 잘 모르겠습니다. 지금 곳곳에 안테나가 만들어지고 있고, 때문에 이런 일들을 찾아보기는 어렵지 않습니다. 하지만 이전에도 쭉 일련의 위원회들이 있어왔다는 것 역시 사실입니다. 예를 들어 종합병원의 어린이병동에는 이런 문제가 있습니다. 나도 전에는 한 번도 생각해 보지 못한 문제인데요. 아픈 아이들이 있는 곳에는 그곳에 함께 있어야만 하는 부모들 또한 있습니다. 그런데 그들이 어디에 머물러야 하는지, 그들이 거기서 어떻게 잠을 잘 수 있는지, 돈은 얼마나 필요한지를 아는 사람은 아무도 없습니다. 그래서 (대학과도 연결되어 있는) 기존의 어린이병동을 부모에게 편안한 장소로 바꾸기 위해 일련의 모임들이 만들어졌습니다. 이런 일이 혁명은 아니겠지요. 그러나 나는 이러한 일들로부터 시작해서 어떤 진정한 집단화가 이루어진다고 생각합니다. 제도적 균형 및 당들 간의 연합을 깨뜨리고, 우리 지역에서 어떻게 살아가야 하는가에 대한 생각을 변화시킬 수 있는 시민운동과 함께 말이죠. 나는 같은 지역에 사는 모든 사람들과 함께 내가 올바르고 정당하고 의미 있다고 생각하는 목표에 관한 토론에 참여하는 일이 좋습니다. 나는 다른 곳이 아닌 바로 이곳에 살고 있으니까요. 이것이 새로운 형태의 정치인지는 잘 모르겠습니다. 하지만 이것이야말로 시민사회를 (지역적 층위에서) 움직이는 것이기 때문에 나는 그곳에 주목합니다. 매년 5월 1일에 공장노동자들을 봐도 별다른 느낌을 받지 못한다는 이야기를 해야 할 것 같네요. 그들은 "나는 가족이 있으므로 임금을 올려 달라"고 적힌 깃발을 들고 다닙니다. 마치 오늘날에도 여전히 가족이라는 것이 있다는 듯이 말이죠. 그것은 진실이 아닙니다. 임금, 소득을 좋아하는 사람들이 있지만, 가족을 갖고 있다는 것이 그것에 대한 정당화가 될 수는 없습니다. 그들은 나에게 구시대적인 괴물처럼 보입니다. 대학교수, 3류 변호사 등을 비롯한 이곳에 살고 있는 다른 모든 사람들이 더 의미 있는 일을 하는 것 같습니다. 이러한 직업군에 속하는 사람들과 공장노동자들 사이의 임금 격차가 여전히 존재하는 것은 분명하지만, 그러한 직업들의 프롤레타리아화 과정이 상당히 진행되어서 이제 지위에 있어서의 차이는 미미합니다. 이 계급들이 비록 개인적 이익을 위해서일지라도 그들이 살고 있는 지역의 삶을 더 좋게 만드는 일에 참여해야 한다고 느낀다는 사실이 매우 중요하다고 생각합니다. 이런 이야기를 하는 것은 내가 다양한 사례들 가운데 하나일 수 있는, 노동계급 거주 지역인 라르첼라에 살고 있지만, 그곳에도 위원회들이 존재하기 때문입니다. 지난 선거에서 위원회들은 선거의 흐름을 바꾼 요소였습니다. <빠도바를 위해 다함께>Together for Padua(이들이 승리했습니다)가 모든 안테나를 제거하겠다고 약속했고, 위원회들은 (<전진 이딸리아당>Forza Italia 출신 우파인) 데스뜨로Destro에게 투표했으며, 결과적으로 이 자가 새로운 시장이 되었습니다. 좌파민주당 소속 시장이었던 제노나또Zenonato는 5백표차로 낙선했죠. 이것은 제도적 관점에서는 결국 이러한 이슈들이 꽤 중요하다는 것을 보여줍니다.

최근, 계급 문제에 관한 논의가 나타났습니다. 아직도 계급에 관해 이야기할 수 있는가, 계급은 어떻게 변화했는가(예컨대, 앞서 당신은 장

기간의 프롤레타리아화 과정을 간단하게 언급했습니다), 프롤레타리아
내부에 중심적인 주체를 향한 경향이 존재하는가(예를 들어 비포는 최근
에 '코그니타리아트'cognitariat라는 신조어를 만들어냈습니다) 등의 문제들
말입니다. 이처럼 복잡한 상황을 거시적 차원에서 어떻게 분석하십니까?

　이것은 계급구성의 문제입니다. 엄밀한 맑스주의적 관점에서, 나는
상품 생산과 가치 창조에 대한 분석이 다시 이루어져야 하는 것과 마찬
가지로 계급 문제 역시 다시 다루어져야 한다고 생각합니다. 그러나 만
약 우리가 계급이라는 말로, 그것이 무엇이건 간에 상품의 생산에 물리
적으로 참여하는 것을 의미한다면, 그리고 현재 나타나고 있는 모든 노
동의 변화를 그러한 생산에 포함시킬 수 있다면, 계급 개념은 훨씬 더 포
괄적이어야 할 것입니다. 뜨론띠에 따르면 계급은, (사회의 나머지 부분
에 비하면 명백히 축소된) 어떤 종류의 생산구조와 연결되어 있다는 의
미에서 일종의 추진 기관이었을 뿐만 아니라, 일반적인 사회적 이해利害
를 구성할 수 있는 요소가 되었으며, 계급이 제기하는 요구의 만족은 일
반적인 사회적 이해의 만족이 되었습니다. 오늘날 이는 정반대의 방식으
로 작동합니다. 상품(소통적 상품, 가장 비물질적인 상품까지도 포함하
는 모든 종류의 상품)의 생산이 사회의 관계적 구조 전체에 걸쳐 이루어
진다면, 계급은 시민권과 동일시되거나, 더 심하게는 시민, 합법적·불
법적 이민자들, 이해하고 의지할 수 있는 저 모든 개인들과 같은 것이 됩
니다. 이는, 오늘날 일체의 사회적이고 관계적인 행위가 생산적 행위가
되었다면, 계급의 정의는 좀더 확대되어야 한다고 말하는 것과 같습니다.
어떤 것이 계급이 아니라고 할 수 있을지 나는 잘 모르겠습니다. 그러므
로 의심의 여지없이 계급개념이 그토록 확장된다면 그것은 중심적이어야
합니다. 그러한 경우에 오직 금융자본, 다시 말해 절대적 비물질성만이

존재하게 될 것입니다. 이 점에 관해서는 잠시 다른 얘기를 해야겠습니다. 마르게라에는, 이전에는 공장이었지만 이제는 다른 상품(오락)이 생산되는 빠도바의 주변지역과 마찬가지로, 이전에 공장들이 있던 산업지역 한가운데에 춤을 출 수 있는 믿을 수 없는 장소들이 있습니다. 생산되는 것은 여가시간과 그것의 만족입니다. 그러나 공장은 여전히 그곳에 있습니다. 가장 기묘한 것은, 전환이 너무나 빨리 일어나서 저 두 가지를 담고 있는 것은 바뀌지 않았고 생산되는 것은 여전히 하나의 상품이라는 사실입니다. 그래서 나는 자문해 보았습니다. 이 장소들(절반은 댄스강좌, 절반은 나이트클럽)의 관리인과 댄스강사, 그들은 무엇인가? 그들은 오늘날의 노동계급인가? 잘 모르겠습니다. 노동계급에 속하기는 하지만 예외적인 특성을 갖고 있다고 말해야 할지도 모르겠습니다. 그들은 상품을 생산하기 위해 계속해서 훈련을 해야 하고 유행에 주의를 기울여야 합니다. 이것은 새로운 노동계급인가요? 이것은 계급인가요? 솔직히, 마르게라 산업지역 한가운데 있는 댄스학교의 관리인이 어떤 계급의식을 가지고 있는지 잘 모르겠습니다. 하지만 그것은 틀림없이 이러한 방식이어야 할 것입니다. 물리적 공간의 변화는 너무나 제한되어 있어서 당신도 알다시피 무언가가 일어나고 있어야만 합니다. 이것은 매우 비물질적인 상품입니다. 그러나 이 상품들 가운데 어느 것도 공짜가 아니기 때문에 그것은 일반적 등가물의 예외적인 순환을 야기합니다. 그것으로 먹고 사는 사람들이 있고, 그러한 상품들이 사고 팔립니다. 놀라운 것은 이러한 물리적 접촉입니다.

계급 개념의 이러한 확장은, 예컨대 옛 1970년대 모델에 따라 지도할 수 있는 주체들을 만들어 내는 데 어려움을 발생시킵니다. 그때 당시에는 공장 노동자들이 혁명과정과 함께 자본주의적 발전과정도 이끌었습니다. 오늘날에는 그러한 중요성을 가지는 주체를 하나로 묶어내는 것이 쉽지 않습니다. 불행히도 역시 지금은 세상을 떠나고 없는 구이도 비안치니가 살아있다면, 이러한 식으로 주체를 하나로 묶어내는 작업은 겨울궁전, 즉 다시 한 번 프롤레타리아 독재와 레닌주의적 모델을 제안하려는 다소 낡은 시도라는 의미에서 거꾸로 선 피라미드를 닮은 혁명 모델을 만들어낼 수 있을 뿐이라고 말했을 것입니다. 아마도 어떤 점에서는 이러한 진단이 옳을지도 모릅니다. 그러나 주체를 확인하지 못하는 것은 분명한 조직적 결함, 조직적 빈곤 그리고 활동의 비생산적인 불연속을 수반합니다. 나는 여성들과 그들의 행위 가운데서 선도적인 주체를 확인하고자 하는 편입니다. 그러나 감사하게도 여성들은 동질적인 행위를 보이지 않습니다. 개혁주의적인 여성이 있는가 하면, 혁명적인 여성도 있고, 보수적인 여성도 있습니다. 그러므로 나는 결코 여성들을 그 자체로 하나의 주체인 것처럼 말하지 않습니다. 그러나 정치적 실천에 있어서 젠더 문제에 대한 올바른 평가는 분명 '혁명적인' 변화의 원천입니다. 사회관계에 대한 생산주의적 관점을 제거하고 그에 대한 대안을 제공하기 때문입니다. 젠더적 관점은, 사회주의적으로 그리고 좋은 면만 강조해서 자유를 가능하게 하는 부의 분배로 이해되었던 진보, 생산성, 생산 등의 문제와 관련하여, 생산성의 이용, 생산의 이용, 부의 이용과 좀더 관련된 문제틀, 그리하여 관계적이고 개인적인 발전, 웰빙 등과 결부된 문제들을 제시합니다. 우리는 여기에서 엄청난 변화의 원천을 발견할 수 있습니다.

항상 걱정해 왔던 것이 있습니다. 나는 우리가 1970년대에 분석하고, 이해하고, 발전시켰던 모든 요소들(대중 노동자, 자본주의적 계획의 파열 등)이 본질적으로는 옳았다고 생각합니다. 그러나 자본은 우리를 앞질렀고, 따라서 매우 온당하게 말하자면 그 요소들은 오직 우리가 승리했을 경우에만 옳은 것이 되었을 것입니다. 오늘날에도 똑같은 일이 일어나고 있는 것처럼 보입니다. 우리는 필요를 움켜쥐기 위해 변화를 시도하고 이해합니다. 예컨대, 여성들은 시간, 유연성의 문제, 즉 생산과 재생산이 충돌하거나 이중노동의 형태를 만들어내지 않으면서 그 둘을 동시에 수행할 필요의 문제를 제기했습니다. 정확히 이러한 문제를 기초로 해서 짜여진 생산형태를 보면, 유일한 차이는 승자는 이러한 노동 형태를 조직하고 있는 사람들이지 우리가 아니라는 것입니다. 나는 — 아이디어를 가지고 있는 것은 우리였는데 — 왜 이런 일이 일어나는지를 정말로 이해할 수 없습니다. 무슨 일이 일어난 걸까요? 왜 우리는 항상 뒤늦게 오거나 지기만 하는 걸까요? 이 질문에 답을 할 수는 없습니다. 하지만 분석에 응해볼 수는 있을 것 같습니다. 나는 유럽의 연구기획들을 평가하고 그것들을 살펴보기 위해 종종 브뤼셀에 갑니다. 나는 유럽위원회에서 일하는 사람들을 알고 있는데, 그들은 나에게 자신들이 하는 일을 이야기해줍니다. 그들은 나와 나의 여성친구들이 2~3년 전에 먼저 생각했던 것들을 실행에 옮깁니다. 하지만 우리를 위해 그렇게 하는 것은 아니지요. 우리는 말합니다. "아침에 직장에 가야하고 아이들을 학교에 데려다줘야 하는 불쌍한 여성들을 좀 봐. 학교시간표가 직장시간표와 충돌하는 게 문제야. 장은 또 언제 본담?" 시시한 일들이지만, 우리는 실제로 이러한 문제들을 연구합니다. 그리고 2년 뒤에 유럽위원회가 가사노동과 임금노동이 양립할 수 있도록 하는 엄청난 기획을 내놓습니다. 이것은 커다란 패배입니다. 우리는 양자가 양립할 수 있게 해 달라고 요구한 것이 아니었으며, 저 기획은 단지 하나를 먼저하고 다른 하나를 나중에 하는 것을 의미할 뿐이기 때문입니다. 삶은 그런 식으로는 더 편해지지 않습니다! 이처럼 우리가 요구한 어떤 것이 일종의 오해일까요? 우리를 향한 적의敵意의 형식일까요? 잘은 모르겠습니다. 우리가 문제를 한 가지 방식으로만 생각했을 수는 있습니다. 우리는 문제를 표현했고, 그들은 그것을 자신들의 방식으로 해석한 것이죠. 확실한 것은 우리가 졌다는 것입니다. 제도에 속한 모든 여성, 내가 제도적 페미니즘이라고 부르는 것을 구성하는 여성들이 잘못 해석된 요구를 지체 없이 그리고 부지런히 실행에 옮기고, 그 실행의 결과가 우리에게 전혀 도움이 되지 않는 상황을 목격할 수 있기 때문입니다. 왜 이런 일이 계속되는지 모르겠습니다.

1970년대의 페미니즘은 좁은 의미의 여성해방보다는 혁명적 해방의 프로그램을 추진했습니다. 그것도 무력과 얼마간의 폭력을 통해서 말이죠. 시간이 흐른 지금, 세월의 힘을 이겨낸 것처럼 보이는 것은 (앞서 당신이 이야기했던 것처럼) 제도적 수준에서 효과적으로 지켜진 좁은 의미의 여성해방 과정에 관한 담론뿐입니다. 많은 여성들이 자율적 노동을 선택하고 사회적 지위를 획득하며, 그들 중 일부는 협동조합에서 지도적인 위치를 차지하여 페미니스트로서의 과거를 활용하기도 하니 말입니다. 그러나 이러한 역할들을 똑같은 방식으로 남성들이 차지하지 않았다 뿐이지, 결국 여성들도 동일한 시스템에 대해 기능적으로 움직이는 것은 마찬가지입니다. 이러한 여성들의 실천에서 혁명적 해방이라는 문제는 완전히 사라진 것처럼 보입니다.

나는 그러한 문제제기에 대해 의구심을 갖고 있습니다. 어떤 여성이 그녀 자신에 대해 주관적으로 이야기하는 것과, 이전에는 남성적 능력만이 허용되던 체계에 다른 몸과 연결된 능력이 삽입될 때 객관적으로 일어나는 일은 다르기 때문입니다. 나는 결코 여성이 남성과 다른 일을 하도록 되어있는 생물학적 운명이 있다고 생각하지 않습니다. 그러나 나는 여성과 남성 사이에 존재하는 역사적·사회적 발전과 경험의 차이는 인정합니다. 로마의 노예들이 자유민들과는 다른 경험, 태도 그리고 사회 문화적·관계적 배경을 갖고 있었듯 말입니다. 이처럼 다른 경험을 가진 다른 몸이 삽입될 때, 그것은 이전에 행해지던 것과 같은 일을 하지 않고, 또 생산구조나 사회구조의 요구에 항상 기능적으로 움직이지도 않습니다. 지금까지는 이 문제에 관한 연구가 없었지만, 현재 내가 유럽위원회로부터 3년간의 재정적 지원을 받아 젠더적이고 지역적인 변화의 관리에 대한 연구 프로젝트를 진행하고 있습니다. 이 프로젝트의 목적은 소수의 선출된 여성들이 지역정책의 구조와 형식, 내용을 변화시키는 실천과 경험을 가져오고 있는지를 살펴보는 것입니다. 연구는 7개의 유럽국가에서 수행되고 있습니다. 많은 경우, 우리가 알아보고 싶었던 것은 이전의 연구들에 의해 이미 확인된 바 있습니다. 그리고 이곳 이딸리아에서, 적어도 우리가 수행한 세 건의 인터뷰(우리는 베네또, 에밀리아 로마냐, 칼라브리아에서 작업합니다)를 가지고 판단해 보건대, 여성들이 무의식적으로 결코 혁명적이지 않은 실천들을 행하고 있기는 하지만, 그럼에도 불구하고 그 실천들은 이전의 것과는 다릅니다. 그들이 자신의 행위가 갖는 차이를 알지 못하더라도 말입니다. 예컨대 지역정치에서는 시민의 의무에 대한 더 큰 자각과 시간의 좀더 합리적인 사용, 회의시간의 감소 등이 이루어졌습니다. 지역의회에 들어간 여성의원들은 시민과 기관 간의 관계를 가능한 한 부드럽게 만들고, 자신의 사무실 운영을 합리적으로 개선하는 등 시민들과의 관계에 더 큰 관심을 나타냅니다. 뿐만 아니라 도시 삶의 재생산, 나이 들고 몸이 불편한 사람들, 자전거 이용자, 보육원 등에 더 큰 관심이 주어집니다. 이러한 것들이 우리가 목격할 수 있었던 변화의 지표입니다. 이러한 변화는 예컨대 지역의회 당 연합의 변화나 시장의 교체와는 아무런 관련이 없으며, 젠더의 변화와 관계된 것입니다. 여성이 남성의 자리를 대신할 때 일어나는 변화라는 말이지요. 종종 좀더 섬세하다는 이유로 여성의원으로 하여금 교육부나 사회복지부를 이끌도록 하는 여성시장의 주관적 인식 때문에 이러한 변화가 일어나기도 하지만, 일반적으로 변화는 이러한 인식의 존재 여부와 관계없이 발생했습니다.

당신의 질문으로 돌아가자면, 나는 이러한 여성화 과정이 과연 고통이 없는 중립적인 과정인지에 관한 연구가 이루어지는 것을 보고 싶습니다. 왜냐하면 만약 불특정 다수의 영역이 아니라 미리 규정된 사회적 영역에서 여성의 숫자가 증가한다면, 또 그 숫자가 네덜란드의 사회학자인 드루드 댈러럽Drude Dalerup이 말한 문턱인 40%까지 갈 수 있다면, 분명히 여성들이 10%일 때보다 더 자발적이고 자연스러운 개인적 · 주체적 행동 형식을 획득하게 될 것이라고 생각하기 때문입니다(영국의 정치학자인 앤 필립스Ann Philips의 생각도 같습니다). 이는, 지금까지는 10%의 여성 기업가와 시장들이 당신이 말한 바와 같이 남성과 크게 다르지 않은 행동을 해 왔다고 말하는 것과 같습니다(내가 언제나 여성들이 자신에 관해 말하는 것을 그저 듣기만 하기보다는 그들이 행하는 것을 직접 가서 봄에도 불구하고 그렇습니다). 그러나 감지할 수 있는 변화가 일어나지 않은 것은, 이 경우 소수집단인 여성들이 미리 규정된 행위 형식을 받아들이고 그것과 같아지려는 경향을 갖고 있기 때문입니다. 그렇게 하는 것이 가장 편하기 때문이죠. 집단에 속하게 된 개인은 누구나 그 집단의 기존 구성원들처럼 행동합니다. 그 집단은 그러한 일단의 행위들을 통해서 유지되어 왔기 때문입니다. 원한다면 이것을 인종학적이고 로렌츠적인 분석이라고 생각해도 좋습니다. 하지만 여성들이 40%라는 문턱을 넘어선다면, 개인은 좀더 자유롭게 행동하기 시작할 것이고, 더 이상 지배적인 집단에 순응할 필요가 없을 것이며, 따라서 그때서야 비로소 우리는 여성들이 진정으로 다른 무언가를 할 수 있는지 아닌지를 알 수 있을 것입니다. 다양한 사회계층, 생산부문 등에서 더 많은 여성들이 활동하는 경향이 실현된다면, 아마도 우리는 방금 내가 한 말이 사실인지를 확인할 수 있을 것이며, 사회구조와 행위구조, 그리고 특히 관계구조에서의 변화 또한 목격하게 될 것입니다. 나는 이것을 절대적으로 확신합니다. 이와 다르게 생각하는 것은, 공장 노동자 중 40%가 이주노동자인 경우에도 자본이 생산을 강제하는 방식은 같기 때문에 그 이주노동자들 역시 그전과 똑같은 방식으로 생산할 것이라고 생각하는 것과 다를 바 없기 때문입니다. 그러한 일은 노동자들 중 10%만이 이민자일 때에만 사실일 수 있습니다. 그러나 40%라면, 특히 그들이 문화적으로 동질적이고 스스로를 하나의 집단으로 표현할 수 있다면 무언가가 일어날 것이라고 생각합니다. 나는 항상 그리고 필연적으로 생산 모델에 기능적이지는 않은, 혁명적이진 않지만 혁신적인 요소들을 여성들이 도입할 수 있다고 생각합니다. 물론 무한한 것처럼 보이고 언제나 더 빨리 움직이는 자본의 적응력 또한 존재합니다. 그러나 여성들은 분명 직접적으로 기능적이지 않고 단순히 기능적이기만 한 것도 아닙니다. 누군가는 무언가를 포기해야 하겠지만, 이런 관점에서 볼 때 나는 그 누군가가 여성일 것이라고 생각하지 않습니다. 지금까지 여성들은 남성적 행위에 동화하는 태도를 보여주었지만, 선택권을 갖게 된다면 더 이상 그렇게 행동하지 않을 것입니다. 예를 들어볼까요. 파트타임이나 단기계약 노동을 선택하는 여성들에 대한 분석을 보면 다들 이렇게 말합니다. "그럼 그렇지. 여자들은 아이와 함께 집에 있기 위해 파트타임으로 일하는 걸 더 좋아한다니까."

그러나 아이가 있는 여성들은 아이를 키울 돈이 필요하기 때문에 전일제로 일을 합니다. 그들은 더 적게 버는 쪽을 선택하지 않습니다! 파트타임을 선호하는 사람들은 지압을 받거나 춤추러 가고 싶어 하는 젊은 여성들입니다. 이처럼 (먹여 살려야 하는 아이들이 있고 다른 선택의 여지가 없는 경우) 돈을 벌어야만 하는 강제와 나란히, 사회적 규칙에 대한 존중이 결여된 태도가 존재합니다. 내가 본 몇몇 조사들에 따르면 이렇게 사회적 규칙을 경시하는 태도는 남성보다는 여성에게서, 특히 젊은 여성에게서 보다 분명하게 나타납니다. 이것은, 우리가 노동계급이 권력을 잡으면 놀라운 일을 해 낼 것이라고 말했을 때 걸었던 내기와 유사한 내기이기도 합니다.

일단 40%라는 문턱을 넘어서면 여성들이 도입한 행위에 있어서의 변화가 그 자체로 체제와 양립할 수 없는 방향으로 나아갈 것이라고 생각하시는 건가요?

네, 그렇게 생각합니다. 체제가 최근의 경우에서만큼 빠르게 적응과정을 통과하지 않는다면 말입니다. 그러나 일반적으로 말해도, 여성들이 초래한 변화가 오늘날 요구되고 있는 종류의 생산성과 썩 잘 어울린다고는 생각하지 않습니다. 물론 미래에 대해서는 잘 알지 못하지만요. 나는 우리가 너무나도 급속한 변화 과정에 직면해 있다고 생각합니다. 그래서 솔직히 가끔은 그러한 변화 과정을 파악하기가 어렵다고 느끼기도 합니다. 믿을 수 없는 속도로 한 글쓰기 방식에서 다른 글쓰기 방식으로 이행해 온 지난 15년간의 과정을 생각해 보면, 나 역시 그러한 변화와 깊이 관련되어 있습니다. 과거에는 하나의 글쓰기 방식에서 다른 글쓰기 방식으로 넘어가는 데 여러 문화들을 거치고 수세기의 시간을 보내야 했지만,

오늘날의 세계는 15년 만에 그 일을 해냈습니다. 15년이라고 이야기했지만, 조금 더 시간이 걸렸는지도 모르겠습니다. 나는 1984년 혹은 1985년 정도에 컴퓨터를 사용하기 시작했고, 처음 컴퓨터를 사용한 사람들 중 한 명이었습니다. 이제는 컴퓨터 없이는 살 수 없고, 가지고 다니면서 컴퓨터에 연결해서 사용하는 주변기기들도 필수품이 되었죠. 나는 이제 이런 의사소통 체계 안에 살고 있는 겁니다('글쓰기 방식'이라고 말할 때 사실 내가 더 염두에 두고 있는 것은 의사소통 체계입니다). 아마 1986년 아니면 1987년이었을 텐데(내가 나이를 먹기는 했네요. 그렇다고 그렇게 늙은 건 아니지만 말이에요), 처음으로 팩스 보내는 것을 보았을 때가 생각나네요. 빠리에 있는 네그리에게 글을 보내는 이 종이 한 장을 보면서 눈물을 흘렸지요(나는 방금 이딸리아로 돌아온 상태였습니다). 그리고 이렇게 말했습니다. "그들은 거기서 이걸 바로 보게 되겠지. 종이로 말이야." 이곳 대학에 팩스기가 설치되었을 때 나는 정말로 눈물을 흘렸고, 네그리에게 보낸 글은 내가 처음으로 보낸 팩스들 중 하나였습니다. 세상이 믿을 수 없을 정도로 빠르게 변하고 있어서 "여성들이 오면 분명히 모든 것을 변화시킬 것이다"라고 말하기는 어렵습니다. 여성들이 노동시장에서 원하는 것을 하게 될 수는 있지만, 자본은 이미 자신의 욕구를 변화시켰습니다. 심지어 여성들이 변화의 특권적 주체가 될지도 잘 모르겠습니다. 다만 내가 생각하는 것은, 여성들은 정말로 생산에서 재생산(아이들에 대해 많은 이야기를 하지는 않았지만, 이 때 재생산은 아이 뿐만 아니라 여성 자신의 재생산도 의미합니다)으로 빠르게 옮겨갈 수 있는 주체들이라는 것, 그리고 특히 자신을 생산의 세계와 반드시 동일시하지는 않으며 그것으로부터 벗어날 수 있는 것이 바로 여성이라는 사실입니다(그리고 이런 점에서 여성은 특권적 주체입니다). 나는 조국을 떠나 살면서 어떻게 살고 무엇을 해야 할지를 창안해야만 하는, 뿌리가 없는 망명자와 비슷한 것을 생각하고 있습니다. 이러한 의미에서 나는 이민자뿐만 아니라 여성도 그러한 주체로 봅니다. 다시 말해, 여성은 분명 기억이 없고, 역사가 없으며, 따라서 아무것도 잃을 것이 없는 주체입니다. 노동조합이 계급의 새로운 조직 형태가 될 수 있느냐고 묻는다면 아니라고 대답하고 싶습니다. 노동조합이 무언가 잃을 것을 갖고 있기 때문이 아니라 이미 패배했기 때문입니다. 아마도 남은 과제는 역시 주체를 구성하는 것이겠지만, 새로운 주체가 노동조합일 수는 없습니다. 내가 보기에는 젊은이들이 내가 생각하는 새로운 주체의 아이디어를 잘 구현하고 있는 것 같습니다. 나는 그것이 여성이라고 말했지만, 반드시 그래야만 하는 것은 아닙니다. 새로운 주체는 젠더 의식이 있는 주체, 즉 어떻게 해서든 서로 얽히게 해서 하나로 만들거나, 둘을 유지하되 상호교환 가능한 것으로 만들어야 하는 서로 다른 사회적 역사를 가진 두 개의 젠더로 세계가 이루어져 있다는 것을 알고 있는 주체입니다. 그러나 이것은 중요하지 않습니다. 그와 동시에 나에게 여성은 쉽게 움직이고 경계를 횡단하는 주체를 나타냅니다. 설사 여성이 장소를 갖고 있다 하더라도, 그것은 관념적인 장소가 아닌 명확한 장소입니다. 여성에게는 조국과 같은 것이 없으며 모든 곳을 어느 정도는 고향처럼 여깁니다. 이것이, 아무것도 잃을 것이 없을 뿐만 아니라 모든 곳에 삽입될 수 있으며 소통할 때 편안함을 느끼고 비판적인 방식으로 적응할 수 있는 망명자의 관념입니다. 이것이 통상적인 망명자의 조건이고, 나는 여성들이 노동할 때, 심지어 전통적인 노동을 할 때조차도 그들 안에서 그러한 망명자의 조건을 봅니다. 여성들은 남성들보다 덜 참여적입니다. 이것은 아마도 내가 수행한 조사들보다는 내가 알 수 있는 개인적이고 몸적인 지식과 더 관련된 이

야기일 겁니다. 이러한 행위 형식들이 조직 형테를 어느 정도까지 생산
할 수 있을지는 잘 모르겠습니다. 지금껏 정치에서 사용되었던 모든 조
직형태들, 즉 당형태 그 자체를 비롯한 현존했던 당들, 정치집단에서 운
동에 이르는 모든 것을 만들어내는 바로 그 당에 관해 엄청난 당혹감을
갖고 있기 때문입니다. 매우 분명한 목적을 갖고 강력한 참여도를 보여
주는 일시적인 형태들(앞서 언급했듯이 이러한 형태들로는 위원회가 있
으며, 많은 상이한 목적들이 있을 수 있습니다)을 제외한다면, 나머지 조
직형태들은 내가 이 지역에서 목격한 강력한 집단적 이해와 참여를 조직
하는 데 실패할 수밖에 없는 것처럼 보입니다(사람이란 언제나 거기서
거기기 때문에, 밀라노의 사정은 더 나았을지도 모른다고 말할 수는 없
습니다. 그러나 내가 이야기하는 것은 일단 빠도바입니다). 인터넷과 버
추얼virtual한 조직들을 지대한 호기심을 갖고 관찰하고 있지만, 확신이 서
지는 않습니다. 나는 그러한 조직들 내부에 있기보다는 메일링리스트와
인터넷을 통한 의사소통에 수동적으로 참여하고 있습니다. 나는 『다중』
*Multitudes*誌의 편집위원이어서 메일링리스트(Multitudes-info)에 가입되
어 있지만, 어떤 메일들은 열어보지도 않습니다. 시간이 그렇게 많지 않
으니, 어떤 것이 정말로 흥미롭지 않다면 읽어보지 않는 것이지요. 때문
에 나는 이것들이 새로운 형태인지 정말 잘 모르겠습니다. 비포는 그렇
게 믿지만, 나는 그 정도로 확신하지는 않습니다. 내가 그러한 형태들에
관계해온 방식으로부터 알 수 있듯이, 어떤 지점에서 몸들이 드러나지
않으면 믿을 수 없다는 의미에서 나는 버추얼한 참여 형식들을 믿지 않
기 때문입니다.

방금 거론된 주제에 관해 이야기해 보죠. 페미니즘 운동의 전투적인
실천들, 예컨대 자기의식의 형태나 조직 모델을 겨냥한 비판이 얼마나

남아있습니까?

　문제는 당신이 이야기하고 있는 페미니즘이 — 예컨대 이딸리아에서 — 2~3년도 안 되는 매우 짧은 시간 동안만 지속되었던 페미니즘이라는 점입니다. 자기의식 형태에 관해 말하자면, 이것은 페미니즘 안에서 본질적으로 엘리트주의적인 사건이었습니다. 의식 고양의 기간은 거의 존재하지 않았습니다. 조직형태 비판과 관련하여 남아있는 것은 당시의 조직형태들이 사라지고 없다는 사실입니다. 만약 거기에 어떤 인과관계가 존재한다면, 조직형태 비판은 매우 효과적인 비판이었다고 할 수 있고, 따라서 옳은 비판이었습니다. 내가 보기에 운동이 영구적인 대안 조직형태를 생산하지 않는 것은 정상적인 일입니다. 어떤 운동들은 제도화되었고, 지역기관들과 관계를 맺었습니다. 현재 운영되고 있는 이 모든 <여성의 집>들 말이죠. 우리가 그곳에 자주 가지 않기 때문에 깨닫지 못할 뿐이지 그것들은 분명히 존재합니다. 운동이 한층 더 다양한 조직형태들을 갖고 있었다는 것 역시 사실입니다. 그렇지 않았다고 말하는 것은 잘못된 것이죠. 그룹들, 저널들, 문서보관소들, 반전운동과 같은 정치적 표현형태 등을 생각해 보기만 해도 됩니다. 좀더 현대적이고 최근의 것으로 보이는 흥미로운 이슈는 자원봉사와 연결된 운동에 여성들이 활발하게 참여하고 있다는 사실입니다. 그리고 이런 의미에서, 여성의 행동과 매우 밀접하게 연결되어 있는, 좀더 구체적이고 어떤 자기노출self-exposure적 측면을 갖고 있는 정치적 실천에 관한 담론이 존재한다는 사실을 언급하지 않고 지나가서는 안 됩니다. 예컨대, 어떤 여성이 자원봉사가가 되어 이민자들을 돌본다면, 그녀는 자신이 저녁때까지 50명의 이민자들에게 수프 50그릇을 나눠주었다는 것을 알게 됩니다. 혹은 또 어떤 여성이 성매매 여성들을 돌본다면, 그녀는 자신이 밤에 돌아다니면서 콘돔을 나눠주거나 성매매 여성들에게 도움이나 조언 같은 것들이 필요한지를 물어보는 팀의 일원이라는 것을 알게 됩니다. 그것은 정치적 실천입니다. 페미니즘이라는 용어의 전통적인 의미에서 엄밀히 말해 페미니즘적이라고 할 수 없을지는 모르지만, 매우 많은 여성들이 그러한 실천에 참여하고 있습니다. 나는 그것을 페미니스트라고 불리지 않는 여성들의 새로운 실천들 가운데 하나라고 생각합니다. 그 사람들을 인터뷰해 보면, 그들이 자선가이며 스스로도 자선가로서 다른 여성들을 돌보고 있다는 사실을 알고 있는 여성들이라는 것이 분명하기 때문입니다. 매우 흥미로워 보이는 그들의 노동을 식별케 해 주는 목표 또한 존재합니다. 이 새로운 정치적 실천은 하나의 혼합물입니다. 그것은 프로젝트에 필요한 자금지원을 받기 위해 자주 제도적 기관들에 의존합니다. 그러나 스스로의 힘으로 절대적으로 자율적인 공간을 창조하고, 많은 경우 제도 기관들이 하도록 되어있거나 잘 해내지 못하고 있는 것을 대신하기도 합니다. 이 모든 것은 제도적 기관의 정책들에 대한 매우 합리적인 태도와 함께 이루어집니다. 그것은 각 가족의 어머니들로 하여금 가족의 시간, 성격, 나쁜 감정들을 다른 방식으로 조직하고, 함께 살아가면서도 대부분의 경우에 어떻게든 자멸하지 않고 유지되는 사회 집단을 만들어 낼 수 있도록 해 주는 매우 여성적인 관계의 실천들과 관련되어 있습니다. 이 관계적 실천은 정치를 하는 새로운 방식이 되며, 혁신적인 변화들을 나타냅니다. 나는 얼마 전부터 <미모사>Mimosa(지금은 <웰컴>Welcome으로 이름을 바꾸었습니다. 내부적인 문제가 있었는데 중요한 것은 아닙니다.)라는 단체를 따라다니고 있습니다. 한 명의 목사와 두 명의 소년이 있기는 하지만 이 단체는 사실상 여성들에 의해 만들어졌습니다. 의대생과 간호사들로 이루어진 이 여성들은 밤에 조를 짜서 돌아다니면서 성매매 여성들과 이야기하고, 건강 프로젝트를 진행하고, 콘돔을 나누어 주는 등의 일을 합니다. 그들은 종종 미성년 여성들을 성매매 현장에서 빼내고, 경찰과 협력하여 포주를 고발합니다. 경찰은 그 여성들을 6개월간 보호해 주고, 그들은 <여성의 집>에 자리잡게 되죠. 이 외에도 여러 가지 일들이 있습니다. 나라면 그러한 문제들을 어떻게 다루어야할지 몰랐을 텐데, 그들은 시민적 생활에 매우 적합하고 고유한 해결책들을 찾아냅니다. 우리는 자신들의 지역에 있는 복장도착자와 성매매 여성들에 반대하는 시위를 벌이는 시민단체들을 알고 있습니다(당신은 또리노에서 있었던 끔찍한 일들을 떠올려야 합니다). <미모사>는 인근 지역에서 거리를 둘로 나누고 성매매 여성들에게 길 위쪽 어딘가에 일할 공간을 마련해줌으로써 소위 선량한 시민들이 중재 형식을 받아들이도록 납득시켰으며, 폭발해서 격한 갈등으로 이어질 뻔했던 상황을 진정시켰습니다. 또 다른 지역에서는 성매매 여성들이 슈퍼마켓과 학교 근처에서 일을 하곤 했습니다. 우리도 알다시피 낮 동안에는 사람들로 가득한 건물들이 밤에는 텅 비기 때문에 성매매 여성들이 손님과 함께 건물을 찾았고 도처에 콘돔들이 널려 있게 된 것이죠. 그래서 <미모사>는 지방경찰에게 아이들을 학교에 데려다주는 엄마들이 깨끗한 길을 볼 수 있도록 뚜껑이 있는 쓰레기통을 설치해달라고 요구했고, 성매매 여성들에게 가서는 모든 것을 그 쓰레기통 안에 넣으라고 가르쳤습니다. 그리하여 그들은 어떤 종류의 균형을 만들어 냈고, 그 지역에서는 아무도 살해당하거나 린치를 당하지 않았습니다. 이러한 일은 큰 이슈들에 비해서는 사소한 것입니다. 그러나 이것은 제도적 기관들이 창조할 수 없고(보안관을 요구하는 사람들이 사는 이곳에서 그러한 일을 한다고 생각해 보세요), 오직 반란의 형태만을 상상할 수 있는 시민들 또한 만들어낼 수 없는 실천입니다. 여성들이 만든 이러한 구조들은 사회와 지역의 관계를 더욱 유동적으로 만듭니다. 우리는 그것들이 (체제에) 기능적이라고, 아마도 더 이상 반란을 일으키지 않을 것이라고 말할지도 모릅니다. 그러나 나는 성매매 여성들에 반대하는 어떤 다른 형태의 반란이 두렵습니다. 반란이 그 자체로 좋은 것은 아닙니다. 내가 이러한 종류의 정치적 실천들이 양식良識의 한계를 이룬다고 생각하는 것은 이 때문입니다. 그들은 페미니스트가 아닙니다. 그러나 꼭 여성적이지만은 않은 단체에 속해있음에도 불구하고 그들은 주체적으로는 페미니스트인데, 그것은 그들이 정말로 여성들과 함께 일하기 때문입니다. 또 다른 고무적인 결과(그리고 이것이 내가 이러한 행동들을 연구하고 싶은 이유입니다)는 이 사람들이 지역기관들과 달리 지역과 주체들에 대한 직접적인 지식을 갖고 있다는 사실입니다. 예컨대 나는 그들에게 나이지리아, 알바니아, 루마니아 여성들이 어떻게 행동하는지에 대해서는 이야기하지만, 감히 성매매 여성들에 대해서는 이야기하지 않습니다. 왜냐하면 각각의 문화(숫자가 그리 많지는 않기 때문에 민족성이라고 말하지는 않겠습니다)는 손님, 콘돔, 위생, 심지어 낙태, 보호자를 둘 것인지의 여부, 범죄, 마약거래 등에 대해 다른 태도를 갖고 있기 때문입니다. 이처럼 그들은 인상적인 지식을 갖고 있습니다. 이러한 경우에 정치를 하고 있는 것은 누구입니까? 치안국장인가요 아니면 이 여성단체들인가요? 누가 진정한 정치를 하고 있습니까? 누가 변화를 만들어 내고 있습니까? 누가 지역에서 뭔가 다른 것을 해내고 있습니까? 이것이 (체제에) 기능적인지 아닌지에 대해 너무 깊게 생각하지 맙시다. 나는 잘 모르겠습니다. 나는 이러한 일련의 질문들을 스스로에게 던집니다. 누가 페미니스트 그룹에 속해있는가를 아는 것보다는 그것이 훨씬 더 흥미로운 일이기 때문입니다. 나는 <여성의

집>에 속해있지만, 우리는 <여성의 집>을 사실상 그것을 운영하고 많은 모임을 조직하며 스스로 매우 즐거워하는 이민자 단체에게 맡겼습니다. 도서관을 운영하는 나이든 여성들의 단체도 있습니다. 우리는 더 이상 거기에 가지 않습니다. 우리는 우리 자신의 집을 좋아하는데 왜 거기에 가야합니까? 그들이 그것을 운영하는 것이 좋고, 나는 그 사람들이 <여성의 집>을 통해 무언가를 하는 것을 보는 것이 좋습니다. 우리는 그들을 초대해서 그들의 경험을 들었으며, 이것이 내가 그들을 만나는 방식입니다. 그들은 페미니스트 그룹이 되지 않았지만, 나에게 있어 그들의 문제는 젠더 문제, 예컨대 이 경우에는 성매매와 관련된 젠더 문제입니다.

대학 일반 그리고 (당신이 연구해 온) 지식의 생산 및 학문과 관련하여 어떤 변화들이 일어나고 있다고 보십니까?

복잡한 문제입니다. 우선 '3 플러스 1' 체계를 유럽의 졸업 기준에 적용함으로써 대학에 거대한 변화가 일어났습니다. 우리는 그것이 교육의 층위에서 무슨 일을 일으키게 될지 아직 알지 못합니다. 나는 이곳과 프랑스에서 학생들을 가르쳐 왔고 지금도 가르치고 있는데, 이딸리아의 교육 구조에 존재하는 명백한 경직성에 질렸습니다. 나는 이 개혁이 적어도 그것을 흔들어놓을 수 있기를 바랍니다. 교육과정들에 관해 일반적으로 말하자면, 그것들은 나에게 같은 것들입니다. 우리 자신의 행복을 위해서도 우리는 삶이 끊임없는 훈련의 과정이라는 사실에 익숙해져야 합니다. 예컨대, 1990년대에 시간의 정치와 관련하여 제안된 법률이 있었습니다. 그 법률은 시간을 노동시간, 휴식시간, 자유시간으로 나누지 않고 노동시간, 휴식시간, 자유시간 그리고 자기 자신을 위한 시간으로 나누었습니다. 자기 자신을 위한 시간이란 교육을 받고, 다른 언어를 공부하고, 스스로를 풍요롭게 하고, 미용실에 갈 수 있는 시간, 다시 말해 자기 자신을 변화시킴으로써 풍요롭게 할 수 있는 재생산 시간이었습니다. 이것은 현대적이고 지적이고 의미 있는 것으로 보였습니다. 우리는 이러한 관점에서 생각하는 법을 배울 필요가 있기 때문입니다. 자본이 이미 그러한 일을 하고 있으며, 국가보다 훨씬 더 잘 하고 있다는 것은 분명합니다. 자본은 정확하게도 교육과정을 투자과정으로 생각하기 때문입니다. 사립학교들을 이를 위해 존재하고, 국립학교들보다 확실히 더 낫습니다. 사립학교들은 투자를 위한 교육으로 여겨지기 때문입니다. 반대로 국가에게 학교는 종종 지출로, 지출사항으로 간주됩니다. 만약 우리가 국가적, 지역적 층위를 비롯한 공적 층위에서 이렇게 교육을 투자로 보는 태도를 만들어 내지 못한다면, 모든 것이 결국 자본과 사립학교들 — 많은 가톨릭 학교들이 이러한 방향으로 움직이고 있지만, 꼭 그것만을 이야기하는 것은 아닙니다 — 의 손아귀에 들어가게 될 것이라고 생각합니다. 어떠한 경우든 이 학교들은 내가 교육과 관련하여 좋아하는 것 — 배움은 결코 끝나는 법이 없고 기능적인 것이 아니기 때문에, 필연적으로 지속적이고 사태를 이해하고 앎으로 스스로를 풍요롭게 하는 즐거움과 연결되어 있다는 사실 — 이 아닌 자본주의적 필요에 맞게 기능하게 될 것입니다. 역사적으로 그리고 필연적으로 분명 지식은 사회적으로 생산적일 수 있습니다. 그러나 만약 지식을 자기 자신의 이익을 위해 기능하도록 만드는 사람만이 지식을 다룬다면, 그것은 자본에게 기능적인 것이 될 것입니다. 사태가 이렇게 될지 아닐지는 국가가 내려야만 하는 정치적 결정에 달린 것이지요. 현재 프랑스에서는 전체 인구의 80%가 중등교육까지 마치고 있으며, 나는 이것이 100%에 이르게 될 것이라고 생각합니다. 프랑스 정부는 사람들을 교육하고 훈련시키는 것이 국부國富의 창출을 의미한다는 생각을 따르고 있기 때문입니다. 이것이 자본주의에 기능적일지 아닐지는 잘 모르겠지만, 부의 창출은 또한 사람들에게 스스로를 풍부하게 만들 기회를 제공하기도 하는 것은 마찬가지입니다. 오늘날 자본은 분명히 교육받은 개인들을 필요로 하지만, 개인들 역시 교육을 필요로 합니다. 그리고 이것이 위험한 일로 생각되지는 않습니다. 내가 생각하기에 중요한 것은 어떻게, 어디서 그리고 어떤 주제에 관해 교육을 받을지를 선택할 수 있는 가능성입니다. 만약 사람들이 상품을 팔기위해 기능하는 학교에 가거나 마케팅을 공부하도록 강요받는다면(상품을 생산하는 것은 더 이상 그렇게 유용하지 않기 때문에), 정책결정자들은 교육을 자유를 성취하는 영역이 아닌 편파적인 것으로 만들 것이 분명한 이들의 손에 넘겨버린 것에 대해 책임을 져야할 것입니다. 다른 한편 나는 학교가 세뇌의 장소라고, 학교에 나가는 것은 쓸모없는 짓이라고(이곳 베네또에서 이런 논쟁은 흔합니다), 그리고 학교에 가지 않고도 생산하고 돈을 벌고 살아갈 수 있다고 말하는 사람들 — 이런 사람들이 꽤 있습니다 — 에 대해서도 단호히 반대합니다.

# 3장

# 자율당?[1]

스티브 라이트

이반 꼬나베레(Ivan Conabere, 1963~2002)를 추억하며

— <우리 중 하나>(Uno di noi)

<노동자 아우또노미아>는 현상적, 조직적, 구조적 관점에서 하나의 당이다.

— 삐에뜨로 깔로게로(Pietro Calogero)(La Repubblica 1979 : 120)

만약 그렇기만 하다면!

— 마리오 달마비바(Mario Dalmaviva), 루치아노 페라리 브라보, 안또니오 네그리, 오레스떼 스깔조네(Oreste Scalzone), 에밀리오 베스체(Emilio Vesce), 라우소 자가또(Lauso Zagato)(1979 : 23)

이 장은 1970년대 후반 노동자 아우또노미아[2] 그룹들 내부와 그 주

---

1. 이 논문을 미리 읽고 건설적으로 비판해 준 데 대해 티모시 머피, 크리스 라이트(Chris Wright), 닉(Nik), 엔다 브로피(Enda Brophy), 패트릭 커닝햄(Patrick Cuninghame), 아리안나 보브에게 감사를 전하고 싶다.
2. [옮긴이] 이 논문에서는 '자율'을 나타내는 말로 이딸리아어 autonomia와 영어 autonomy가 함께 사용되고 있는데, 양자 모두 대부분의 경우 원리, 태도, 가치로서의 자율이라는 추상적 의미를 나타내기보다는 1970년대 이딸리아에서 강력하게 출현했던 운동적 경향을 나타내는 말로 사용되고 있다. 운동을 가리키는 것이 확실한 경우 autonomia는 '아우또노미아'로 음역하고 autonomy는 '자율'로 옮기되, 원리나 가치로서

위에서 이루어졌던 당 형태를 둘러싼 논쟁을 비판적이기는 하지만 예비적인 방식으로 살펴보는 것을 목적으로 한다. 당시에 혁명정치의 저 영역[노동자 아우또노미아]은 일시적으로 이딸리아 극좌파 내에서 지배적인 세력이었다. 이딸리아의 자율주의자들은 1977년에 일어난 "이상한 학생들의 이상한 운동"(Lerner, Manconi and Sinibaldi 1978)의 초기단계에서 지도적인 역할을 수행했고, 그 덕에 정치조직의 의미와 목적을 둘러싼 그들의 논쟁은 많은 주목을 받았다. 논쟁이 진행됨에 따라, 그것은 조직된 아우또노미아Autonomia organizzata라는 표어를 함께 내세웠던 다양한 '미시분파들'microfractions(Scalzone 1978a)뿐만 아니라 '외부와 경계에 있던'(Martignoni and Morandini 1977) 비평가들까지도 참여하는 다방면에 걸친 논쟁이 되었다.

한 세대 전에 이루어진 저 논쟁은 몇 가지 이유에서 여전히 중요한 것으로 남아있다. 우선 그것은 당시 '자율당'party of autonomy의 장점과 단점에 관해 논쟁했던 이들 가운데 확실히 가장 잘 알려진 인물인 안또니오 네그리의 작업을 보다 잘 이해할 수 있도록 해 준다. 둘째, 1970년대 후반 이딸리아의 경험은, 우리와 그 당시 사이에 놓여있는 차이들에도 불구하고 오늘날 '현재의 상태'와 맞서고자 하는 이들과 중요한 측면들에서 공명한다. 아우또노미아의 기획은 새로운 종류의 혁명정당을 건설하려는 야망에도 불구하고 실패했는가, 아니면 바로 그것 때문에 실패했는가? 레닌과 레닌주의에 대한 어떤 새로운 독해가 오늘날 순환하는 다양한 투쟁들에 일관성을 부여해줄 것인가, 아니면 반대로 우리는 "죽은 자들로 하여금 자신의 시신을 묻게 하고"(Marx 1852 :106), 현대 계급구성의 형세에 적합한 반자본주의 조직의 형태를 모색해야 하는가?

---

의 자율을 나타내는 경우에는 구분 없이 모두 '자율'로 옮긴다.

아래에서 내 주장의 요점은 1970년대의 이딸리아가 전위주의적인 주장들을, 그것이 레닌주의적인 것이든 아니든 간에 완전히 종식시켰다는 것이다.[3] 여러 부문들 — 학생(이들 중 다수는 임금노동에도 몸담고 있었다), 소기업 노동자, 병원직원에서 사무원에 이르는 공공 근로자 — 에 확고하게 뿌리박고 있었던 소위 '1977년 운동'은 풍부한 무늬를 가진 대중적 반자본주의 실천들을 한데 모았다. 이전에는 페미니즘과 좌파 내 자유지상주의 써클에 한정되어 있었던 반권위주의[성상파괴주의iconoclasm]에 고취된 당시 운동은 공산당의 역사적 타협 기획뿐만 아니라 신좌파 집단들의 상식에도 도전했다(Bologna 1977a; Cuninghame 2002a; Lumley 1990; Wright 2002). 1970년대의 끝자락에 세르지오 볼로냐(1980 : 28~9)가 인정했듯이,

1977년의 운동은 삶과 정치를 이해하는 완전히 다른 방식이었을 뿐만 아니라, 정치적 기획의 의제로 단 한 번도 등장한 적이 없었던 일련의 내용과 가치들이었다. 겉보기에는 진공상태를 자신의 결과로 남겼으며(겉보기에는 결과적으로 진공상태를 낳았으며), 당 형태를 비롯한 정치형태들의 위기를 드러낸 것에 불과한 것처럼 보임에도 불구하고, 1977년은 최근의 정치적·사회적 삶의 형식과 내용의 가장 위대한 선취들 가운데 하나로 간주되어야만 한다. 저질러진 그 모든 오류들 — 그로 인해 여전히 많은 사람들이 혹독한 대가를 치르고 있다 — 에도 불구하고, 1977년 이전으로 되돌아가는 것은 불가능하다. 1977년은 문제들이 너무나 많고 복잡해서 그 모든 것을 적절하게 수용하고 조직할 수 있는 정치형태를 발견할 수 없었던 그런 해였다.

그러나 논의를 더 진전시키기에 앞서, '아우또노미아'를 말할 때 그것

---

3. 라이트(2002)는 노동자주의적 경향을 이러한 실패의 극단적인 사례로 탐구하려고 한다.

이 정확히 무엇을 의미하는지를 질문해 볼 필요가 있다. 이 과제와 관련된 어려움들 역시 볼로냐가 이야기한 바 있다. 이번에는 1995년의 인터뷰다.

이렇게 아우또노미아를 정치 엘리트$^{ceto\ politico}$로, 새로운 유형의 정치사상으로, 대중운동 규정 등으로 오해할 위험이 늘 존재합니다. 따라서 이것은 매우 어렵습니다. 어디서부터 시작할 수 있을까요? 나는 바로 본래적으로 다른 층위들 간의 이러한 차이를 분명하고 명확하게 이야기하는 것이 우리가 해야 할 첫 번째 일이라고 생각합니다. 결국 때때로 우리는 아우또노미아라는 말로 이 세 가지 혹은 네 가지 모두를 가리켜 왔던 셈입니다. 그러므로 우리는 이 '자율'이라는 말이 매우 복합적인 동시에 또한 꽤나 모호한 말이라는 것을 전제해야 합니다. 중요한 것은 이러한 모호성을 통해 어떤 주요한 모순들을 만들어 내지 않는 것입니다. 사실 조직된 아우또노미아의 사상, 특히 안또니오 네그리의 사상은 어떤 의미에서는 정확히 이 지점, 즉 정치 엘리트, 이데올로기, 운동 사이의 관계에 관한 모호성을 이론화한 사상체계라는 점을 염두에 두어야 합니다. 이것은 레닌주의를 거부하고, 본질적으로 오늘날의 정치형태들은 영속적인 것이 아니라 열리고 닫히는 역동적인 정치형태라고 말하려는 시도였습니다. 말하자면 그것은 분명 정치 엘리트와 운동 사이에 존재하는 변증법을 감추는 하나의 방식이었습니다.(Cuninghame 2001: 97~8)

위에서 이야기된 측면들 각각 ─ '정치 엘리트, 이데올로기 그리고 운동' ─ 을 차례로 간단하게 검토해 보자. 그들의 신념이 무엇인지와 관계없이 모든 정치적 집단들이 그러하듯이, 아우또노미아도 자신만의 정치 엘리트 ─ 운동이 일상적인 부침을 겪는 와중에도 지속될 수 있도록 노력하는 다층적인 활동가들 ─ 를 가지고 있었다.[4] 활동가들의 층은 계급적 위치,

이데올로기, 공유된 경험, 개인적·집단적 충실성 등과 같은 상이하긴 하지만 종종 서로 맞물리는 축들을 중심으로 구성되었다.[5] 10년에 걸쳐 운동이 차오르고 이지러짐에 따라 이러한 계층 내부의 상이한 층과 집단들의 다양한 운명 역시 그러할 것이었다. 정치 엘리트들의 궁극적 운명이 아우또노미아의 자기규정적인 '조직된' 구성부분에 묶여있었던 것은 사실이지만, 그 '영역'의 다른 부문들에서 발견되는 투사들의 중요한 네트워크를 고려한다면 단순히 후자로 환원될 수 있는 것은 아니다.

두 번째로 이데올로기의 문제가 있다. 아우또노미아 내의 다양한 세력들은 사태를 바라보는 방식을 폭넓은 전통으로부터 이끌어 냈다. 거기에는 '노동자주의'operaismo라는 이딸리아 특유의 맑스주의 경향(Wright 2002) 뿐만 아니라 종종 대립하기도 하는 다수의 다른 흐름들도 포함된다. 그럼에도 불구하고 운동 내부에서 공유된 신념들의 핵심을 확인하는 것이 가능한데, 루치아노 카스텔라노Luciano Castellano(1980c : 8~15)는 그

---

4. 나는 이딸리아어인 ceto politico를 그대로 사용하기로 했다. 이것이 (실현되든 그렇지 않든) 운동에 지도력을 제공하는 사명뿐만 아니라 운동 그리고/또는 계급 내부에 존재하는 계층이라는 관념도 환기시켜주기 때문이다. 모스(Moss 1989 : 2장)는 북부 이딸리아의 많은 지역에서 나타난 아우또노미아의 ceto politico의 계층화에 관한 몇 가지 흥미로운 통찰을 제공한다. 정치적인 동기에 의해 발생한 폭력이라는 문제에 집중함으로써 계층 내부에 존재하는 동역학의 다른 측면들이 걸러지는 경향이 있기는 하지만 말이다.['ceto'는 영어로 'class', 즉 계급을 의미한다. 그러므로 ceto politico는, 직역한다면 '정치계급' 정도로 옮길 수 있다.]

5. 투사/활동가들의 역할에 관한 모든 논의에서 가장 어려운 점들 가운데 하나는 일반적으로 공식적인 조직의 기획 및 그와 관련된 이데올로기와의 개인적인 동일시를 통해서 스스로를 규정하는 고유한 의미의 정치 엘리트(ceto politico)와 일정한 계급구성 내에서 조직된 '운동'에 반드시 속해있지는 않으면서도 노동계급 투쟁을 촉진시키는 보다 넓은 의미의 노동자 엘리트(ceto operaio) 간의 관계를 밝히는 일이다. 이 문제에 대한 간단한 언급을 보리오, 포찌, 료게료의 작업(Borio, Pozzi and Roggero 2002)에서 찾아볼 수 있다. 다닐로 몬딸디(Danilo Montaldi)(1971 : xii)는 노동자 엘리트에 관해 많은 시사점을 주는 고찰을 제공한다. 비록 그가 단호하게 그것은 '사회적 계층이 아니'라고 주장하고 있긴 하지만 말이다. 정치 활동가와 작업장 투사들 사이에 이루어진 분리의 한 가지 사례에 관한 논의로는 메이슨(Mason)(1979)을 보라.

것을 다음과 같이 요약했다. 노동거부(그 자체는 다양한 해석에 개방되어 있다), 시장의 논리에 맞선 노동계급 욕구의 방어와 확장, 자본을 사회적 권력관계로 읽어내기, 그리고 마지막으로, 바로 앞의 것의 귀결로서, 자본의 국가형태에 대한 정통 맑스주의의 사고방식과 상충되는 관념. 국가에 관해 말하자면, 네그리(1979b : 190)가 1979년의 초기 심문들 가운데 하나에서 이야기했듯이,

> '아우또노미아'에게, [국가권력 장악은 적어도 두 가지 이유에서 무의미한 말입니다. 하나는 어떠한 국가권력도 생산의 물질적인 조직화 외부에 존재하지 않기 때문이며, 다른 하나는 구성해가면서 부분적으로 실현하는 이행과정으로서의 혁명 외에는 그 어떤 다른 혁명도 존재하지 않기 때문입니다. 그러므로 '아우또노미아'가 국가기관들을 겨냥한 행동을 통해 국가에 '일격'을 가하려는 어떠한 생각도 거부한다는 것은 명백합니다. <붉은 여단>에게 있어서는, 국가권력구조가 공격받고 파괴되지 않는다면, 프롤레타리아 해방은 물론 어떠한 다른 노력이나 투쟁의 계기도 불가능합니다.

마지막으로 운동으로서의 아우또노미아가 있다. 커닝햄(2002a, 2002b)이 주의 깊게 기록했듯이, 사실 1970년대에는 다수의 '자율들'Autonomies (Borio, Pozzi and Roggero 2002)이 있었다. 앞의 경우와 마찬가지로 그것들이 어떤 지점에서는 서로 교차하기도 했지만 말이다.[6] 아래는 다양

---

6. 발레스트리니(Balestrini)(1989)는 이러한 교차를 선명하게 그리고 있다. 이딸리아 남부 아우또노미아의 역사는 다양한 '자율들' 중에서도 여전히 가장 덜 알려진 채로 남아있다. 이용가능한 자료 — 그 시기에 쓰여진 글들의 선집들(그 중에서도 Recupero 1978)에서부터 『황금 무더기』(*L'orda d'oro*)(Caminiti 1997) 신판(新版)의 일부, 그리고 패트릭 커닝햄이 쓴 논문(2002a)의 몇몇 장들에 이르기까지 — 가 얼마간 있기는 하지만, 로마를 비롯한 북부 지역의 집단들에 관한 자료의 범위에는 미치지 못한다.

한 '자율들'이 출현한 대강의 연대기적 순서이다.

   1. 운동이 처음 건설되는 데 영감을 불어넣었던 작업장 투사들의 네트워크
   2. 보다 폭넓은 '아우또노미아 영역' 내부와 그 너머에서 헤게모니를 장악하기 위해 노력했던, 지역에 기초한 '미시분파들'의 불편한 연합
   3. '조직된' 자율주의자들이 자주 환심을 사기 위해 노력했던, 독립적인 지역집단들의 '분산된' 집합
   4. 전복적 의사소통의 정치에 몰두했던 '창조적' 부분
   5. 마지막으로 언급되지만 앞의 것들 못지않게 중요한 것으로, 조직된 아우또노미아 혹은 분산된 아우또노미아로부터 — 가장 흔하게는 (이딸리아 좌파의 다른 조직들과 마찬가지로) 시위 때 경찰과 파시스트로부터 조직원을 보호하기 위해 형성된 사수대들로부터 — 나타난 소규모 비밀그룹들.[7]

   이 장은 운동 내부에서 당 형태를 둘러싼 논쟁에 참여했던 정도에 따라 다른 경우들에 눈을 돌리기도 하지만, 주로는 위에서 언급된 '자율'들 중 두 번째 것을 집중적으로 다룬다. 그리고 앞서 말했던 바와 같이, 당 기획이 정의상 국가권력을 추구하는 정치 엘리트들의 조직과 불가분한 것이라면,[8] '자율당'에 대한 가장 강력한 요구들이 다름 아닌 조직된 아우

---

7. 그와 같은 많은 집단들은 당시 '분산된 테러리즘'으로 알려진 사건들이 일어나는 데 기여하곤 했으며, 때로는 그 자체가 더 큰 규모의 무장단체로 가는 중간기착지이기도 했다. 1970년대와 1980년대 초에 활동했던 많은 무장조직들의 기원과 그것들 간의 관계에 대한 유용한 설명은 프로게또 메모리아(Progetto Memoria)(1994)에서 찾아볼 수 있다.
8. 존 홀러웨이(2002b : 157)의 말에 따르면, "당 형태는, 그것이 전위주의적인 것이든 의회적인 것이든 간에, 국가에 대한 지향을 전제하며 그것 없이는 거의 아무런 의미도 없다. 사실상 당은 계급투쟁에 규율을 부과하고, 다양한 형태의 계급투쟁을 국가에 대한 통제력의 획득이라는 최우선의 목표에 종속시키는 형태이다. 국가에 대한 환상이 투쟁 경험에 깊숙이 침투해서, 국가권력 장악에 기여하는 것으로 보이는 투쟁들을 특권

또노미아의 구성원들로부터 나오곤 했다는 것은 놀랄 만한 일이 아니다.

## 초기 자율주의 운동의 당에 대한 이해<sup>理解</sup>

대공장 노동자들은 현재의 계급구성 내에서 스스로를 절대적으로 헤게모니적인 정치적·이론적 **형상**으로 드러내는데, 그들은 사회적 계급통일의 최첨단(punta offensiva)으로서 그렇게 하는 것이다.

— 안또니오 네그리(1973a : 128)

우리는 아우또노미아의 초창기에 제기되었던 당에 관한 생각들을 검토함으로써 논의를 시작할 수 있을 것이다. 커닝햄(2002a, 2002b)이 "자율적인 노동자들의 운동"이라고 부르는 것은 부분적으로는, 1968년 이후 형성된 신좌파 그룹들의 당건설 실천에 대한 거부로 시작되었다.[9] 신좌파 그룹들은 점점 더 그들 자신의 조직적 발전에 집중하게 되어서 1970년대 초 경에는 1969년의 뜨거운 가을 전후에 조직원 모집의 원천이었던 작업장 투사들로부터, 다소 다른 종류의 기획으로 초점을 이동시켰다. <계속투쟁>의 경우 이것은, 오직 노동자들만이 발언할 수 있는 공장 중심적인 모임을 벗어나, 1972년 즈음에는 집권당인 <기독민주당>이 점점 더 권위주의적으로 퇴화되어 가는 것에 반대하는 가두시위를 강조하는 것으로 나타났다(Cazzullo 1998). 네그리를 비롯한 많은 저명한 노동자주의 지식인들이 만든 그룹의 사례를 들어보자면, 볼로냐(1979 : 11)가 일찍이 회상했듯이, 1971년에서 1972년 경 "<노동자의 힘>은 비의회 조직들의 정치 엘리트들을 자신의 준거점으로 선택했으

---

화하고, 그렇지 않은 투쟁 형태들에게는 부차적이거나 별 볼일 없는 역할을 부여한다."
9. 엘런 캔타로우(Ellen Cantarow)의 저작(1972, 1973)은 초기 자율주의의 배경에 관한 예리한 통찰들을 제공한다.

며, 그것에 대해 계속해서 군사화의 문제를 제기했다."

　　같은 시기에 급진적 작업장 투사들의 중요한 소수파가 "혁명적 좌파 그룹도, 노동조합의 통제에 압박당하는 [공장]평의회도" 상승하고 있는 노동계급 투쟁에 적합한 기관이 아니라는 것에 대해 (오랫동안 석유화학 산업분야에서 <노동자의 힘>의 버팀목이었던) <포르토 마르게라 자율의회>(Assemblea Autonoma di Porto Marghera 1972 : 24)에 동의하게 되었다. 1972년에 <마니페스토>Manifesto 10 그룹을 떠나기로 결정한 로마의 서비스부문 노동자 단체는, "혁명적 과정의 개시를 지도"할 새로운 당이 절실히 필요하다고 주장했다. 그러나 이것은 무엇보다도 먼저 공장과 사무실에서 건설되는 조직이어야 했으며, 그 안에서 작업장 투사들이, 일찍이 <노동자의 힘>을 비롯한 그 밖의 다른 그룹들이 행한 "노동계급"이 혁명정치를 "지도할 것"이라는 약속을 마침내 실현시킬 수 있는 조직이어야 했다. 1970년대 중반에 로마 사람들이 수집한 상당한 분량의 자율주의 텍스트 선집은 운동의 초창기에 그러한 관점이 우세했다는 충분한 증거자료를 제공한다. 1973년에 쓰여진 글을 보면, 밀라노 알파 로메오Alfa Romeo 공장의 투사들에게 "노동계급의 당이란, 노선을 제시한 뒤 그것을 수행할 전위를 찾아 공장으로 내려가는 지식인들"이 아닌 "다양한 자율적 운동들"의 직접적인 표현이어야만 했다. 1973년 자율주의 단체들의 첫 번째 전국적 모임에 제출된 개막 보고서에 따르면, 혁명적 당은 기존의 신좌파 그룹들이 아니라 오직 "대중 전위들의 아래로부터의

---

10. <마니페스토> 집단은 아마도 여러 해 동안 이딸리아 극좌파 가운데 영어권에 가장 잘 알려진 구성부분이었을 것이다. 지난 30년에 걸쳐 가장 저명한 <마니페스토>의 진현(前現) 멤비들(Magri, Rossanda, Castellina)이 저자이 종종 번역되곤 했다. 1960년 대 말에 <이딸리아 공산당>에서 축출당한 이후에, <마니페스토>는 공산당을 '좀더 왼쪽으로' 밀어붙이려는 노력과 주요한 신좌파 그룹들의 당 건설 운동에의 참여 사이에서 분열된 채로 남아있었다. 그것의 가장 오래 지속되고 있는 유산은 같은 이름의 일간 신문이다(http://www.ilmanifesto.it).

집중”을 통해서만 수립될 수 있었다(Comitati Autonomi Operai(CAO) 1976a : 23, 25, 42).

이처럼 혁명적 지도력과 대공장 노동자들이 동일시 — 이는 “미라피오리Mirafiori의 당”이라는 문구로 네그리(1973b)에 의해서 대중화되었다 — 되는 상황에서, 비노동자 활동가들은 초기 아우또노미아 내에서 언제나 특수한 역할을 맡도록 되어있었다. 물론 노동자들과 비노동자들이 나란히 행동할 수 있는 많은 투쟁들(Ramirez 1975) — 예컨대, 상승하는 공공시설 및 대중교통 이용요금의 “자율인하”와 주택점거를 지지하는 지역 캠페인 — 이 존재했다. 또한 비노동자들이 이후에 자본에 대항하는 보다 넓은 계급투쟁에 합류할 수 있도록 할 목적으로 우선은 “자기 자신의 욕구로부터 시작”하도록 장려되었던 (학교와 같은) 무대들도 있었다(Collettivo Politico del Berchet 1974 : 23). 그러나 그러한 경우에서조차도 자율은 “공장 조직체와 함께 하는 것, 각자의 노선을 따라 분열하기보다 강령을 기초로 해서 단결하는 것, 전문 정치인이 아닌 공장 조직체들의 중심성과 지도력을 긍정하는 것”을 의미했다(Collettivo Politico del Berchet 1974 : 23). 대공장을 중심으로 한 정치 활동에 관해 말하자면, 아우또노미아의 비노동자 구성원들은 보통 1960년대에 피아뜨 공장을 비롯한 여러 곳에서 ‘외부’ 활동가들이 담당했던 일종의 지원 역할을 할당받았다. 실제로, 네그리와 그의 가까운 동료들처럼 “노동계급은 그 자신의 운동의 집중화를 통해 당이 된다”(Potere Operaio 1973 : 211)고 주장했던 사람들은 곧 그러한 “공장 조직체들”과의 협력을 위해 <노동자의 힘> 조직원들을 저버렸다. 그러나 그러한 역할분담은, 베네또에서 채집된 다음과 같은 보고에서 분명하게 드러나듯이, 심각한 분노를 낳을 잠재성을 가지고 있었다.

이 지루하고 고된 논쟁 속에서, 한쪽은 산더미 같은 일을 떠맡았지만, 후에 그것이 아무런 가치도 없으며 쓰레기처럼 취급받았다는 것을 알게 되었다. 그들은 당신을 이용했지만, 누군가에게 문제가 생기면 당신을 집으로 보내버리곤 했다. 사람들은 먹지도 않고 매일 아침 선전물을 나눠주고 피켓팅을 하기 위해 나섰다. 그들은 정말로 스스로를 혹사했지만, 조직은 노동자 자율의회가 운영했다(Cuninghame 2002a : 72에서 인용).[11]

포드주의적 생산의 "대중 노동자"가 지역 계급구성의 가장 전형적인 구성요소가 아닌 곳에서 활동하고 있었기 때문에, 많은 베네또의 활동가들은 곧 이러한 역할을 다시 생각하게 되었다.

우리의 주장은, 조직이 포괄적이어야 한다는 것, 전략적 주장을 넘어서 우리 모두가 학생, 노동자들로 이루어진 …… 이 조직에 있다는 사실에 복잡성이 놓여있다는 것, 조직이 스스로를 (설사 '자율적'이라는 말을 덧붙인다 하더라도) 노동자들로 부르기보다는 포괄적인 조직으로 부른다면 더 좋을 것이라는 것이었다.(Cuninghame 2002a : 72에서 인용)

처음에 아우또노미아 내에서 우세했던 대공장 출신의 투사들은 1977년경에는 이전의 영향력을 거의 상실했다. 이렇게 된 데에는, 원래 작업장 활동가였던 이들 중 일부의 정치적 불만에서부터 1974년 이후 많은 혁명가들을 직접적 생산과정에서 추방한 산업 재구조화의 잔인한 충

---

11. 이러한 발언을 "자율적인 노동자들의 운동"의 초창기에 일부 공장 활동가들에 의해 이루어진, 신좌파 그룹에 속한 소위 "외부" 투사들에 대한 비판과 비교해 보는 것은 흥미로운 일이다. 예를 들면, 1971년 또리노 회의에서 제기된 다음과 같은 비판이 있다. "지금까지 마음대로 쓸 수 있는 더 많은 시간 동안 더 많은 준비를 해온 덕에 정치적 노선을 결정하고 그것을 여러 회합들에서 관철시켜 온 것은 언제나 전재"외부" 투사들 — 스티브 라이트였다. 노동자들은 혁명의 "별 볼일 없는 노동자"에 불과했다."(Wildcat n.d. : 2에서 인용)

격에 이르기까지 무수한 이유들이 있다. 아우또노미아의 '분산된' 집단들이 조직의 존속을 위해 많은 부분 의존했던 장소들, 즉 학교, 서비스 부문 혹은 소기업에 기초한 새로운 세대들이 운동의 이데올로기와 실천에 점점 더 많은 관심을 갖게 되었다는 것도 못지않게 중요한 사실이었다. 마지막으로 중요한 한 가지는, 갈수록 더 강하게 스스로를 조직된 아우또노미아로 묘사했던 다수의 정치 엘리트들이 전략적으로 재편성되었다는 사실이다. 운동의 사회적 기초가 변화하고 있다는 것을 알아차린 많은 정치 엘리트들은 베네또 집단들과 함께 스스로의 형상을 소규모 정치 조직으로 재편하는 것을 선택했다(Wright 2002 : 158~62). 이렇게 변화된 환경에서, 당을 둘러싼 자율주의의 논쟁은 새로우면서도 한편으로 묘하게 낡은 함의들을 띠게 될 것이었다.

## 조직된 자율의 당 건설자들

아직도 '소규모집단'(gruppiste)이 되도록 하는 유혹의 구체적인 위험이, 조직 노동자 아우또노미아가 결코 감수해서는 안 되는 위험이 존재한다.

(CAO 1974 : 242~3)

다른 곳에서는 아니라하더라도 적어도 조직된 아우또노미아 내에서 이루어진 당 형태를 둘러싼 논쟁은, 다양한 '미시분파들' 간의 이데올로기적 불일치와 재편성의 진행이라는 실천적 현실과 밀접하게 결부되어 종종 격렬하게 진행되었다. '조직된 자율' 내 대부분의 주요 그룹들에 의해 1977년 내내 발표된 공동성명들(로마의 <노동자 자율위원회>의 불참은 주목할 만하다)[12]은 얼핏 보면 전국적 단결의 시작을 보여주는 것처

---

12. 이 성명들 중 다수는 레쿠뻬로(Recupero)(1978)에서 찾아볼 수 있다.

럼 보일지도 모른다. 그러나 이것은 잘못된 인상이다. 그룹들의 다양한 관점을 예비적으로 조사해 보기만 해봐도 왜 '자율당'이 1970년대의 이 딸리아에서 진지하게 고려해볼 만한 가능성이 아니었는지를 알 수 있기 때문이다.

## 소비에트를 지지하는 당? — <노동자 자율위원회>

처음부터 자기 자신의 소멸의 전제를 포함해야만 하는 것은 …… 노동자 아우또노미아의 당이 아니라 …… 당기구[이다].

(CAO 1978c)

롬바르디아나 베네또에서 발견되는 것과 매우 다른 계급구성에 근거한 그 자신만의 궤적과 전통을 갖고 있었던 로마의 핵심적인 자율주의 집단이 당에 대해서 변별적인 관점을 견지했다는 것은 놀랄 일이 아니다. <마니페스토> 그룹(1971 : 433~4)은 자신의 정치를 분명히 하려는 첫 번째 시도에서, "코뮤니즘을 향한" 현재의 투쟁에서 대중운동이 스스로를 조직하는 방식이어야만 하는 "평의회"에 대해 간략하게 이야기했다.[13] 이와는 반대로, <노동자 자율위원회>Comitati Autonomi Operai, CAO [14] 에게 평의회에 대한 지지란 처음부터 정치적 조직화 및 사회변화에 대한 그들 자신의 이해의 핵심에 자리한 것이었다. 실제로, 1970년대 말에 가서는 자본의 '대의민주주의'에 맞선 노동계급의 '직접민주주의'에 대한 이러한 옹호가 볼스키 정치 이데올로기의 규정적 특징인 노동계급의 욕

---

13. 엔조 모두뇨(Enzo Modugno)(1981 : 242)는 1977년에 <마니페스토>의 주도적 인사들 중 일부가 피력한 "평의회주의적" 견해와 마주했을 때 폴 매틱이 느꼈던 당혹감을 회고한 바 있다.
14. <노동자 자율위원회>는 볼스키(Volsci)로— 반대자들에게는 '볼스체비키'(volscevichi)로— 널리 알려졌다. 그들의 본부가 볼스키로(路)에 있었는데, 볼스키로라는 이름은 로마인들과 전쟁을 벌였던 에트루리아족의 이름을 딴 것이기 때문이다.

구에 대한 공격적인 주장과 합치될 것이었다(CAO 1978c).

존속했던 기간 내내 <노동자 자율위원회>는 초기 자율주의 운동의 변별적 특징들 중 일부를 대부분의 '조직된 자율' 부문들보다 더 잘 유지했다. 그것의 기본단위는 특정 지역이나 작업장에서 구성된 집단(가장 유명한 것으로는 폴리끌리니꼬Policlinico 의과대학부속병원이 이었다(Stame and Pisarri 1977). 어떤 경우 이 집단들은 '조직된 자율' 외부의 투사들에게도 개방되어 있었다.[15] 이것은 보다 광범위한 "범汎도시의회"city-wide assembly와 결부되어 있었는데, 범도시의회 역시 <노동자 자율위원회> 외부 단체들의 참여에 개방되어 있었다(Del Bello 1997). 그러므로 당연히도 당형태를 이해하려는 <노동자 자율위원회>의 최초의 노력은 혁명적 조직이 갖는 의미에 대한 독창적인 해석을 통해 이러한 구조들을 반영하게 되었다.

1974년에 쓰여진 글에서 <노동자 자율위원회>는 러시아 혁명의 실패에 대해, 특히 평의회(소비에트)에서 조직된 노동자들의 권력이 "프롤레타리아트에 대한 당의 독재로 변형된" 과정에 대해 고찰했다.[16] 이러

---

15. "우리 폴리끌리니꼬 위원회는 노동자 아우또노미아를 하나의 정치구조로서 참조했다. 우리 동지들 대다수는 이 정치구조를 따랐지만, 모두가 그런 것은 아니었다."(Ciaccio 1982)

16. 이러한 태도를 고려한다면, 1978년을 전후해서 로마의 혁명적 좌파 내에서 일부 단체들에 의해 유통된, <노동자 자율위원회>가 브레즈네프의 소련을 지지한다는 의미에서 "친소련"적이라는 비난은 이해하기 어렵다. 당시의 상황을 알아보려 해도, 그러한 비난에 대한 이차적인 설명들만을 찾을 수 있을 뿐이다(Bocca 1980 : 96; 혹은 그러한 비난을 반복하고 있는 신문 기사를 아무런 논평 없이 발췌해 놓은 CAO 1980a를 보라). 어떤 팔레스타인 조직들과 함께 활동(볼스키의 지도적 구성원들 가운데 일부는 이로 인해 값비싼 대가를 치르게 된다 — CAO 1980a)하면서 (많은 이딸리아 좌파들과 마찬가지로) "친소련"적인 단체들과 접촉하게 되는 것은 충분히 있음직한 일이다. 그러나 이러한 정도를 넘어서 <노동자 자율위원회>가 친소련적인 지향을 갖고 있었다는 주장은, "부다페스트, 프라하, 바르샤바, 그리고 소련 제국주의가 저지른 최근의 침략행위로 점철된 20년간의 냉전"(CAO 1980b; CAO 1978a도 보라)에 대한 수많은 성명들뿐

한 과정에 맞서, 볼스키는 군사쿠데타 이전에 실업자를 비롯한 모든 계급부문을 한데 모으려 했던 평의회들cordones이 출현한 그 즈음의 칠레에서 벌어졌던 사건들에 큰 관심을 보였다. 로마의 자율주의자들은 코뮤니즘 운동이 물려준 전통적인 모델들을 거부하고, 이후 '오랜' 기간 동안, 소비에트와 당을 예견하는 것으로서의 목적과 수단이라는 이중적 특성을 유지하게 된다. 그러나 이것을 성취하기 위해서는 애초부터, 소비에트의 예견을 특징짓는 직접민주주의 및 자율의 특성과 당의 예견을 특징짓는 주체성, 시동모터motorino, 간부학교의 특성이 모두 필요했다(CAO 1976a : 68, 68~9). 이듬해 5월에 쓰여진 또 다른 문건은, 적어도 1977년 이전에는 꽤 많은 더욱 관습적인 레닌주의적 계율들이 로마 자율주의자들의 견해에 계속해서 스며들었음을 보여준다. "당은" 혁명의 목적이 아니라 수단으로서 "노동계급의 자율성을 대체해서는 안 되고 그것을 발전시켜야 한다"고 주장하면서도, 한편에서는 노동계급 의식의 "완전한 표현"은 "외부로부터"만 주어질 수 있다는 견해를 지지했다(CAO 1976a : 376). 그와 동시에, 어떤 대안적 틀로 이행할 기미도 이미 존재했다. <노동자 자율위원회>가 1976년에 펴낸 선집은 폴리끌리니꼬 병원에서 활동했던 한 저명한 볼스키 구성원과의 인터뷰로 끝난다. 다니엘레 피파노Daniele Pifano는, 이제 이딸리아 노동자들은 노동계급의 욕구를 방어하는 것을 넘어서 그러한 욕구를 사회 전체에 강제하는 정치 전략으로 나아가는 "질적인 도약"을 해야만 한다고 주장한다. 그는 이것이 당에게만 미뤄둘 수는 없는 과제라는 사실을 강조한다. 칠레의 사례를 언급하면서 피파노는

이러한 구조들[평의회 — 스티브 라이트]에 최대한의 추진력을 제공하는 데에 그치지 않고, 그것들의 범도시적, 지역적, 전국적 집중화를 촉진시

---

만 아니라 그 조직의 폭넓은 실천과도 부합하지 않는다.

키는 정치적·군사적 전략을 직접 만들어내고, 제한된 전문적 당 간부들을 넘어서 이 전략을 직접 책임지고 실천할 수 있는 능력을 대중들에게 되돌려주는 어떠한 혁명적 당이나 세력도(CAO 1976a : 384)

존재하지 않는다는 사실을 실망스러운 빛으로 언급한다.

1977년의 격변 속에서 <노동자 자율위원회>는 매우 두드러졌다. 조직된 아우또노미아의 다른 많은 구성부분들과 마찬가지로, <노동자 자율위원회> 역시 운동 회합들 내에서 가두시위에 대한 대결 지향적 접근을 통해 자신의 헤게모니를 강제하려 한다는 이유로 자주 정치적 라이벌들에 의해 비난받았다(Bernocchi 외 1979 : 38~42). 처음에 <노동자 자율위원회>는 투쟁의 새로운 주기가 다양한 "조직된 자율주의" 단체들을 "대중적 대항권력"이라는 보다 폭넓은 기획의 일부로서 다시 활성화시킬 것이라는 희망에 부풀어 있었다(CAO 1977 : 166). 그러나 1978년 초에 이딸리아 극좌파 내부의 주도권이 점점 더 <붉은 여단>과 그것의 비밀정치 강령으로 넘어감에 따라, <노동자 자율위원회>는 북쪽의 자율주의자들에게 책임을 돌렸다. 볼스키는, <노동자의 힘>의 붕괴와 더불어 처음 표명된 비판들에 기초하여(CAO 1979b), 저 단체의 구성원이었던 이들이 혁명적 전위의 구축을 대중 조직화로부터 필연적으로 분리된 것으로 보았을 뿐만 아니라 설상가상으로 전자를 후자에 대해 특권화했다고 비난했다(CAO 1978d : 13). <노동자 자율위원회>가 "프롤레타리아의 안정적 제도들"(CAO 1978e : 1)을 수립하는 것에 중점을 두었던 반면, 이전에 <노동자의 힘> 구성원이었던 이들 중 다수는 "경직된 레닌주의적 당 개념"을 고수한다는 비난을 받았다(CAO 1978f : 13). 볼스키는 계속해서, 대공장을 중심으로 진지하고 지속적인 작업을 해나가는 것이 아우또노미아의 본래적 근거였음에도 불구하고 "조직된 자율주의자들"이 이것에 실패했다는 사실이 문제의 심각성을 더한다고 비판했다 (CAO 1978b : 19). 아우또노미아 내부의 특정한 경향들을 살펴보면, 이 미 1976년에 "사회화된 노동자" 개념의 추상성으로 인해 비판받은 바 있 는(Wright 2002 : 171), 네그리가 주도하는 단체는, 이번에는 연계된 "운 동들"의 강령이 주의주의적이라는 이유로 비난받았다(CAO 1979a : 6). 이전에 과도하게 환원주의적인 분석으로 비판받았던(CAO 1976b) 오레 스떼 스깔조네의 오랜 동료들 다수는, 이번에는 조직된 아우또노미아 전 체를 정치적 실패로 깎아내렸다는 이유로 유사한 비난을 받았다(CAO 1979d).

9월에 열린 볼로냐 회의에서, 보다 광범위한 1977년 운동 내에서 조 직된 아우또노미아의 고립이 심화되고 있다는 것이 분명해진 후, <노동 자 자율위원회>는 자신만의 전국적 통합 기획을 제안했다. 그것은, 무엇 보다도 "분산된 아우또노미아"에 기초한 '노동자 자율운동'Movement of Workers' Autonomy, 이딸리아어 약자로 MAO이었다(CAO 1978c). <노동자 자율위 원회>가 작성한 문건은, 1977년의 운동은 자신의 "적대적 힘"을 "강령 적 언어"로 바꿀 능력이 없음이 드러났다고 주장하면서, 볼스키가 이중 권력의 대중적 형태들을 발전시키기 위해 오랫동안 헌신해 왔음을 되풀 이해서 강조했다. 프롤레타리아트의 주된 관심은 "당으로서 패배하기보 다 계급으로서 승리하는 것"이었기 때문에, 정치적 활동의 목적은 대항 권력의 기획 안에서 "계급단결의 대의적 표현"으로서의 소비에트를 창 조하기 위해 나아가는 것이었다. 여기서 당 조직은 — "혁명가들의 자주관 리로서, 그리고 코뮤니스트들 사이의 새로운 형태의 협력의 선형상화로서" — 핵심적인 역할을 수행해야 했다. 그러나 이 경우 그것의 기능은 계급의 외부로부터 의식성을 가져오는 것이 아니라, "자본주의 법칙에 대한 인 식은 프롤레타리아트의 계급적 행동에 직접적으로 주어지는 것이 아니기 때문에” 계급이 자기해방을 위한 자신의 투쟁 앞에 놓여 있는 장애물들을 제거할 수 있도록 돕는 것이었다. 계급의 어떠한 부문도 재구성의 지주支柱로 나타나지 않았던 시기에, 노동자 자율운동은 당 기능과 소비에트 기능 모두를 포괄하는 것으로서 의도되었다. 노동자 자율운동 내에 전일제 투사나 직업적 혁명가를 위한 공간은 없었다. 대신, 의사결정에 있어서 동등한 정치적 무게를 행사하는 가운데, “우리 각각이 당이고, 우리 모두가 함께 정치적 노선을 형성할 것이다.” 진정한 소비에트의 형성은 하나의 조직이나 하나의 이데올로기의 기획이 아니며, 오직 “다른 사회·정치적 세력들”과의 협력 속에서만 성취될 수 있는 것이었다.

결국 노동자 자율운동은 운동 내 볼스키의 고립을 타파하지 못하고 실패하고 말았다. 다른 한편, 그 기획은 조직된 아우또노미아의 일부 부문들이 어느 정도까지 자신의 역할을 재고再考할 준비를 해야 하는지에 대한 암시를 던져줬다. 이러한 측면에서, <노동자 자율위원회>가 당에 관해 행한 성찰에서 가장 흥미로운 측면은 조직적 구조 및 기능과 정치 엘리트들 사이에 만들어진 명백한 연결관계이다. 한 익명의 필자는『볼스키』I Volsci에서, 정치 엘리트들의 목표가 종종 “자기 자신의 보존” 그리고/혹은 영향력의 강화와 확장을 수반했던 것에 주목하면서, “외부의 전위”라는 지위를 자처하는 것과 사회분석에서 나타나는 이론적 경직성 사이의 연결관계를 제시했다. 참으로, <노동자 자율위원회>가 주장했던 바는, “정치 엘리트들이 사회적 주체에 대해 외부적이면 외부적일수록, 그것의 조직형태는 더욱 중앙집중화되고 위계적이며 분리적으로 된다”(CAO 1979c : 15)는 것이었다.

**“‘극단주의자’에서 혁명가까지” ― 오레스떼 스깔조네를 둘러싼 경향**

전략이 계급 내에, 그것의 재구성 과정 내에 **잠재적으로** 존재한다면, 그 전략은 **원대한 전술의** 단호한 진행을 통해 그것을 구체적으로 절합하고 결정하는 …… 당의 주체적 행동을 통해 현실화될 수 있다.

— 혁명적 코뮤니스트 위원회(1977 : 46)

지도적 구성원들의 레닌주의적 열정에도 불구하고, <노동자의 힘 코뮤니스트 위원회>와 그 후신인 <혁명적 코뮤니스트 위원회>는 분열과 재구성을 거듭한 무정형의 모임이었다. 결국 그것의 많은 간부들은 무장단체, 특히 <최전선>에 합류했다.(Stajano 1982; Progetto Memoria 1994). 그러나 처음에 <코뮤니스트 위원회>는 1975년 창간한 『중단 없이』*Senza Tregua*誌를 중심으로 한 롬바르디아 지역의 단체들을 재편성할 수 있었다. 이 때 합류한 사람들 중에는, <노동자의 힘>을 초기 자율주의 운동 속으로 해소하자는 네그리의 제안에 반대한 바 있는, <노동자의 힘> 출신의 오레스떼 스깔조네의 동료들뿐만 아니라 지역의 <계속투쟁>을 탈퇴한 많은 사람들이 포함되어 있었다. 후자의 경우는 특히, 작업장 재구조화를 통해 곧 심각한 실업에 직면하게 된 오래된 산업단지들의 '스탈린그라드'인 세스또 산 지오반니*Sesto San Giovanni*로부터의 합류가 많았다(Cazzullo 1998 : 238~9). <계속투쟁> 소속이었던 사람들 가운데는 마그네띠 마렐리 공장 출신의 탁월한 투사들이 많았는데, 그 공장에서 이루어진 <코뮤니스트 위원회>의 개입은, "노동자의 명령"the workers decree이라 불리운 것을 중심으로 조직화에 대한 특유의 접근법을 개척했다. 후에, 스깔조네와 루치아 마르띠니(Martini and Scalzone 1997 : 555)는 이러한 "사회적, 문화적, 정치적" 경험을 다음과 같이 회상했다.

> '노동자의 명령'에 관한 담론은, 지역과 사회 조직 전체에 대한 대항권력을 표현할 수 있는 혁명적 계급전위 네트워크의 능력과 [관련된 것이었

대. 노동시간 단축과 사회적 임금, 즉 삶에 대한 권리로서의 모두에 대한 보장소득이라는 두 가지 요구를 축으로 할 때, 필요한 것은 투쟁의 형태 속에서 그것들에 가까이 다가가는 것이었다. 기업명령, 공장훈육, 생산성 향상에 대항하는 투쟁, 그리고 가격, 운송요금, 집세에 대항하는 투쟁. 그것은 뭔가 다른 것, 1969년의 "우리는 모든 것을 원한다"보다 더 힘들고 격렬한 것이었다. 그것은 사회적 사태에 비가역적인 변화를 도입하는 일종의 새로운 시민권citoyenneté에 대한 긍정을 수반하는 것이었다.

덜 거창한 방식으로 이야기하자면, '명령'은 "권력을 행사할 수 있도록 자신의 힘을 조직하는" 노동자들로 이론화되며 작업장 관리에 있어서 요구들을 관철시키는 것을 수반했다. 그러한 행동은 작업장을 "**논쟁, 정치적 결정, 주도권, 투쟁의 특권적 장소**"(CC 1976 : 120)로 만든 저 "코뮤니즘적 노동계급 분파"(CAO 1976a : 108)의 강화에 있어서 결정적인 단계로 이해되었다. 결과적으로 <코뮤니스트 위원회>는 "현재의 갈등 상황에서" 당은, 공장 내에서 "노동계급 우파" 및 계급갈등을 가라앉히려는 그것의 기획과 맞서야 하는 이 계층에 대해 책임을 보여야 한다는 결론을 내렸다(CAO 1976a : 109, 108).

1977년 초 즈음에 <코뮤니스트 위원회>는 네그리의 '사회화된 노동자' 테제를 흉내내기 시작했다. 그러나 그때조차도 <코뮤니스트 위원회>는 계속해서 공장 투사들에게 전략적 역할을 할당했다. 오직 이 투사들만이 병원 노동자들처럼 새롭게 나타나고 있는 투사 부문과 재구조화에 의해 가장 심각하게 타격을 입은 '낡은' 계급구성 부분들 사이의 분할을 이어줄 수 있다고 『중단 없이』는 주장했다(CC 1977c : 73). 그해 3월에 배포한 커다란 인쇄물에서 <코뮤니스트 위원회>(1977a : 4)는, "전투와 강령의 코뮤니스트 조직인 혁명적 프롤레타리아 당을 **위해** 공식적 조직의 새로운 수준들을 안정화시킬 것"을 주장했다. 이것은, 1977년의 새로운 운동 속에서, 그 자체로 "최근 몇 달 동안 (작지만 결정적인 지형으로서) 자율적 투쟁과 재구조화에 대한 저항, 그리고 '사회적 협약'에 대한 반대의 최초의 형태들을 촉진시켰던 공장 코뮤니스트 전위들의 네트워크"(CC 1977b : 1)에 집중했던 아우또노미아의 기존 구조들을 침식하고 혁신함으로써 달성될 수 있었다.

곧 <최전선>으로 알려지게 된 『중단 없이』내 군사주의적 분파가 헤게모니[17]를 잡자 스깔조네를 비롯한 여타의 사람들은 <혁명적 코뮤니스트 위원회>를 설립하게 되었다. 1977년 볼로냐 회의를 위해 만들어진 팜플렛에서 <혁명적 코뮤니스트 위원회>는 당의 역할에 대한 자신들 특유의 견해를 상술했다. 그들은, 혁명가들이 직면한 문제는 노동계급 안에서 "다수 담론"을 장악하는 것이라고 직설적으로 이야기했다. 그러기 위해서 "조직된 자율주의자들"은 **"발본적인 교정과정"**에 참여해야 했다(Cocori 1977 : 1). <혁명적 코뮤니스트 위원회>는 "오늘날 우리가 코뮤니즘을 위한 '물질적 기초'가 실제로 존재한다는 사실을 특징으로 하는 '포스트 볼셰비키' 시대에 살고 있다"는 것은 인정했다. 그러나 이러한 상황이 당-국가가 지도하는 뚜렷한 "사회주의적" 단계를 불필요한 것으로 만들었다 하더라도(Cocori 1977 : 46), "계급의 외부에 있는 주체성"을 전제로 하는 조직에 대한 "신新레닌주의적" 접근의 필요까지 최소화하는 것은 아니었다. 볼스키와 달리 <혁명적 코뮤니스트 위원회>는 노동계급의 욕구 추구에 본래적으로 혁명적인 것은 아무것도 없다고 생각했다. 그것은 어쨌든 붕괴되어 "정신없는 바벨탑"이 될 위험을 품고 있는 것이었다. 오직 당만이 "욕구들의 우주 속에서" 적절한 "선택과 종합"을 보장

---

17. 이 "사병 쿠데타"sergeants' coup에 관해서는 그 지도자 중 한 명이 상술해 놓은 자료가 있다(Bocca 1985 : 189).

할 수 있었다(Cocori 1977 : 45, 44~5). 계급이 "후진적"이기 때문이 아니라, 자본 명령의 민첩함이, 자본 관계 안에서 그것에 맞서있는 프롤레타리아트의 투쟁에는 존재하지 않는 "[국개파괴를 위한 공격기법"을 보유한 당기구의 창설을 요구하기 때문이었다(Cocori 1977 : 44, 45). 동시에, <혁명적 코뮤니스트 위원회>는, 얄보듯이 "초소형당"이라고 명명한 것이 되지 않는 것은 물론이고, 재편성의 중심이 되지도 않겠다고 말했다. 그 대신 그것은, "혁명의 당"으로 가는 보다 광범위한 재활성화 과정에서 "코뮤니즘적 주도권의 중심"이 되는 것을 목표로 했다(Cocori 1977 : 1).

스칼조네는 1년 후에도 — 비록 더 어려운 맥락 속에서 그리고 한층 더 우울한 기분으로이기는 하지만 — 위 주장들 가운데 많은 것을 되풀이했다. <혁명적 코뮤니스트 위원회>는 이전에 『중단 없이』가 걸었던 궤적을 따랐고(Progetto Memoria 1994 : 89), 스칼조네의 관심은 『프리프린트』 *Pre-print* 소책자 시리즈와 『메트로폴리스』*Metropolis* 지를 포함하는 새로운 편집기획으로 이동했다. 스칼조네(1978a : 34, 35)는 "정치적 인물이라는 유산과 부를 제외하면, **아우또노미아는 끝났다**"는 갈바노 비냘레*Galvano Vignale*(1978a : 29)의 주장에 동의하면서, 최근의 사건들이 요구하고 있는 전략적 재고보다 경쟁적 정치 엘리트 구성부분으로서의 자신들의 기능이 지속되는 것을 더 우선시한다는 이유로 '조직된 자율주의자들'을 비난했다. 조직된 아우또노미아는 1977년 12월에 벌어진 금속 노동자들의 전국적인 시위로부터 분리되어, 물리적으로 세력을 과시하는 '전투적' 반파시즘 캠페인과 같이 1970년대 중반부터 '이미 유효성이 검증된' 상투적인 방식들에 의존했다.[18] 모로 납치 암살 사건에 직면하여, 아우또노미

---

18. <빠도바 코뮤니즘적 주도권의 중심>(Centro di Iniziativa Comunista Padovana)(n.d. : 121, 122)도 조직된 아우또노미아의 "우둔한 자기만족"에 관해 유사한 주장을 했다. 이 조직은, 그 이름이 시사하는 바와 같이 그리고 <포르게또 메모리아>(1994 : 90)가

아는 <혁명적 코뮤니스트 위원회>(1978)의 조언대로 <붉은 여단>과
정치적 논쟁을 벌이기는커녕 테러리즘 현상의 사회적 뿌리를 다루는 것
조차 거부했다. 대신 대부분의 아우또노미아 구성원들은 단지 상황을 개
탄하기만 하거나, 볼스키와 네그리의 그룹처럼, 계급투쟁의 군사화를 옹
호하는 이들을 악마로 여겼다.

당형태와 관련하여, 스칼조네(1978a : 49)는 현재와 같은 "'포스트 볼
셰비키적' 시대"로부터 도출되는 귀결들에 관한 <혁명적 코뮤니스트 위
원회>의 주장을 되풀이했다. 그는 "일반적 운동이 스스로를 현대의 '대
중적 레닌주의 주체'로 정립하는 경향이 있기" 때문에, 당의 특정 기능들
은 궁극적으로 쇠퇴할 것이라고 주장했다. 그러나 그러한 경향이 완전한
실현에 도달할 때까지는, 볼셰비즘에 대한 "잔여적 필요성"이 존재했다
(Scalzone 1978b : x x x iii). 여기서 당은 '데미우르고스'가 아니라, (a) 프
롤레타리아트가 혁명적 주체로 구성되는 것을 막으려는 자본의 노력을
"저지할" 수 있는, (b) "계급 주체성의 조직과정들을 **약화**시킬 수" 있는,
그리고 마지막으로 (c) 기존의 "사회적 상식"에 도전하는 정치 비판을 발
전시킬 수 있는 힘으로 간주되었다(Scalzone 1978a : 59). 아우또노미아의
비참한 상태를 고려할 때, 당장에는 단지 온건한 발걸음만이 가능했다.
스칼조네는 기껏해야 기존의 미시분파들을 한데 묶는 것에 불과한 '자율
당' 제안을 거부하고, 대신 혁명적 조직화에 헌신해온 이들이 직면한 "**장
기 연옥**"the long purgatory(Scalzone 1978a : 62)을 인정하면서 계급투쟁 내에
서 "부분적 종합의 요소들"을 고무시킬 수 있는 "주도권의 중심"을 주장
했다. 몇 달 후 국가가 아우또노미아에 대한 강력한 탄압을 시작했을 때,
칼로게로 판사와 그의 동료들은 이 말을 불쾌한 반어로 받아들였다.

---

암시하는 바처럼 스칼조네의 네트워크와 연관된 베네또 집단들로부터 갈라져 나온 작
은 분파였다.

### '무력의 합당한 사용?' — 베네또 정치집단

합법투쟁과 불법투쟁, 대중행동과 무력의 합당한 사용, 정치적 지도력 등을 비롯한 투쟁의 모든
형태들의 조합이 베네또 전역에 걸친 이 경험의 실제적인 헤게모니를 가능케 했다.

(Arsenale Sherwood 1997)

빠도바 대학에 네그리가 있다는 사실이 이딸리아 극좌파 내에서 중요
한 지적 준거점이긴 했지만, 베네또 지역의 유력한 자율주의 그룹은 네그
리와는 꽤 다른 길을 갔다. 구성원이었던 이들의 회상에 따르면, <노동자
의 힘 베네또 정치집단>Collettivi Politici Veneti per il potere operaio, CPV은 <노동
자의 힘> 지역조직 내에서 발전된 구조들을 유지하려 노력한 젊은 세대
활동가들로부터 시작되었다(M.U. 1980 : 11). 전국적인 수준에서 자신들
의 조직을 찢어놓은 분할에 당황한 젊은 활동가들은 네그리와 그의 동료
들이 기존의 작업장 집단을 지향하는 것에 거의 공감하지 않았다.

우리는 공장 자율의회들의 선택이 우리에게 무엇을 의미하는지 이해할
수 없었다. 우리는 거의 대부분이 학생이었고, 노동자 투쟁의 '지원자' 역
할로 우리 스스로를 환원시키는 것에서 어떠한 의미도 찾을 수 없었
다.(Fondazione Bruno Piciacchia e Libreria Calusca di Padova 1997 : 465에서
인용)

대신 베네또 그룹은 빠도바로부터 서서히 지역의 다른 중심들로
손을 뻗는 동시에, 대중교통, 생계비용, 전투적 반파시즘을 둘러싼 이
전의 기획들을 통해 세워진 네트워크들을 기반으로 하는 쪽을 택했다
(Fondazione Bruno Piciacchia e Libreria Calusca di Padova 1997 : 465~7;
Zagato 2001 : 8). 1973년 이후 얼마동안 "고전적으로 레닌주의적인" 성
격의 조직문화와 더불어 <노동자의 힘> 지역조직의 구조를 그대로 유

지하기로 한 결정(Benvegnú 2001 : 2)이 스칼조네 그룹과의 어떤 친연성을 시사함에도 불구하고, <베네또 정치집단>은 <코뮤니스트 위원회>와 일정한 거리를 유지했던 것으로 보인다(Ferrari Bravo 1984 : 194~5). 실제로 그들은 다시 한 번 스스로 독립하기 전인 1970년대 후반의 일정 기간 동안 <붉은색>Rosso과 연합하여 활동했다.『아우또노미아』지와 <라디오 셔우드> 운동방송국에서 네그리의 동료들 중 일부와 지속적으로 협력하기도 했지만 말이다.

<베네또 정치집단>은 완곡하게 "무력의 합당한 사용"이라고 이름 붙여진 실천으로도 유명해졌다. 그것은 사유재산에 대한 사보타지(Anonymous 1978a, 1978b)에서부터, 운동의 이데올로기적 적이라고 여겨지는 자들에 대한 물리적 위협(때로는 폭행)(Petter 1993)에까지 이르는 것이었다. 그러한 행동들 중 일부는 조직 외부에서 혐오감만을 불러일으켰지만, <베네또 정치집단>의 주창자들은 자신들이 그 일부였던 "대중적 불법행위"의 물결을 <붉은 여단>이나 <최전선> 같은 조직들이 지역 내에서 갖고 있는 영향력에 대한 "최선의 해독제"라고 정당화했다(Fondazione Bruno Piciacchia e Libreria Calusca di Padova 1997 : 468).

<베네또 정치집단>의 조직관은『아우또노미아』1979년 5월호에 수록된 문건에서 매우 자세하게 서술되었다. 전국적 수준에서 집중화된 자율주의 운동을 구축하려는 "불충분하고 수공업적인" 노력들을 통탄하는 논설에 이어서(Collecttivo editoriale di Autonomia 1979 : 3 ), <베네또 정치집단>(1979 : 18)은, 당 기획은 계급구성에 근거해야 함에도 불구하고 현재의 투쟁들은 가능성과 그 가능성의 실천적 현실화 사이의 심각하고 점증하는 분리를 품고 있다고 주장했다. 사회화된 노동자론의 다른 옹호자들과 달리, 그들은 사회화된 노동자를 무엇보다도 잠재적인 정치

적 기획으로, "당 조직" 없이는 결코 나타날 수 없는 정치적 기획으로 이해했다(Collettivi Politici Veneti 1979 : 18). 조직된 아우또노미아의 다른 많은 분파들과 달리, 베네또 그룹은 심지어 당시와 같은 상황에서도 "'무장단체'의 코뮤니스트 동지"들과 정치적 지평에 관해 대화하는 것이 가능하고 바람직하다고 생각했다(Collettivi Politici Veneti 1979 : 20). <베네또 정치집단>은 공산당의 리더십에 대한 무장단체들의 집착이 혁명 과정의 중심적 장애물이라고 비판하면서,[19] 비밀 실천과 "비밀스럽지 않은" 실천 사이의 적절한 관계를 다시 생각할 것을 주장했다. "운동은 무장하고 스스로를 강화하며 계급갈등의 모든 전선에서 자본주의와 대결을 벌이기 위해서 …… 복합적인 문제들로 자신을 풍부하게 할 필요가 있기" 때문이라는 것이었다(Collettivi Politici Veneti 1979 : 21). 이러한 주장과 더불어, 베네또 그룹은 아우또노미아 내의 다른 분파들에 일정한 혼란이 존재한다고 비판하고, "코뮤니즘적 주체와 자생적 운동 사이의 분리"의 필요성을 긍정하고자 했다.

하나는 달에, 다른 하나는 이곳 지구에 있다는 의미에서의 분리가 아니라, 자생적 하위운동들 안에서 다름 아닌 정치투쟁의 자율성과 하위운동 내의 비판을 수반하는 프롤레타리아 주도권을 지속적으로 조직할 수 있는 능력에 있어서의 분리.(Collettivi Politici Veneti 1979 : 21)

이어서 <베네또 정치집단>은, "정치적 노선"에 따라 스스로를 (보통 지역적 기반 위에서 출현했던) 다양한 대중운동들과 차별화했던 프롤레타리아 활동가들의 네트워크인 <조직된 코뮤니스트 운동>Organized

---

19. 공산당에 대한 그러한 평가는 1970년대 후반에 활동했던 다른 유명한 무장단체들(예컨대, <최전선>)보다는 <붉은 여단>에게서 좀더 전형적으로 나타났다.

Communist Movement, MCO이 그러한 지속성을 책임져야 한다고 주장했다. 결국, "지도하고 정치적·조직적 종합을 수행하며 당의 개념과 물질성을" 구현할 수 있는 **"중심적 구조"**가 '조직된 코뮤니스트 운동'의 지도부에 있어야 한다는 것이었다. 이러한 주장에 의심을 갖는 독자들은, 그러한 기획의 성공은 **"가능한 한 최대치의 단결과 규율"**을 필요로 한다는 사실을 상기하도록 권유받았다(Collettivi Politici Veneti 1979 : 22).

<베네또 정치집단>은 글의 마지막 부분에서 다른 자율주의적 "미시분파들"에 대한 비판을 통해 자신들의 관점을 더욱 구체화한다. 예컨대, 네그리의 그룹은 실천으로 옮겨지기에는 부족한 점이 많은 야심적인 강령을 전개한 것에 대해서 뿐만 아니라, 당 문제를 "전적으로 이데올로기적이고 일반적인 정치적 관점"에서 다루었다는 이유로 비난받았다. 한편 로마의 <노동자 자율위원회>는 집중화된 전국적 구조에 투여되어야 할 모든 노력을 계속해서 회피하면서 조직에 대한 "도구적이고 비전략적인" 이해를 고수한다는 이유로 비난의 대상이 되었다. 결국 <베네또 정치집단>의 결론은, 로마 자율주의자들의 노동자 자율운동은 "분산된 아우또노미아"의 주된 지지자들이 더욱 발전하는 데 장애가 되었을 뿐만 아니라, "모든 노동자 자율 조직"에 있어서의 일보후퇴를 나타낸다는 것이었다(Collettivi Politici Veneti 1979 : 24).


## '자율당' — 안또니오 네그리와 <노동자 정치집단>

가장 좋지 않은 것인 동시에 가장 오래된 오류는 조직에 대한 낡은 레닌주의적 도식(민주집중제, 지도자들의 전문화, 조직된 역할 분담)을 …… [가진] …… '그룹'을 구성하거나 재구축하는 것이다.

(『붉은색』 1975 : 235, 236)


아우또노미아에 대해 들어본 적이 있는 영어권 사람들은 안또니오 네그리에 대해서도 들어봤을 것이다. 네그리는 1970년대의 대부분을, 주로 밀라노와 그 주변에 근거를 두고 <노동자의 힘>과 <그람시 그룹>Gruppo Gramsci으로부터 초기 주요 구성원들을 충원했던 자율주의 단체인 <노동자 정치집단>(신문 발간 이후에는 때때로 <붉은색>으로 알려지기도 했다)의 조직원으로 지냈다(Wright 2002 : 153). 초기에 지역의 자동차 산업에서 확실한 존재감을 갖고 있었던 <노동자 정치집단>은 밀라노 근교의 "프롤레타리아 청년서클들"에 점점 더 큰 관심을 갖게 됨에 따라 10년에 걸쳐 서서히 지향을 이동시켰다.[20] 네그리라는 지식인과 『붉은색』이라는 신문(1970년대 중반에 이 신문을 중심으로 볼로냐의 프랑코 베라르디 서클 중 일부 및 볼스키와의 일종의 동맹이 이루어졌다)의 명망에 기댈 수 있었던 <노동자 정치집단>은 오랫동안 밀라노 극좌파 내 조직된 아우또노미아의 지도적 부분이었다. 그러나 『중단 없이』를 비롯한 다른 "조직된 자율주의" 그룹들과의 경쟁으로 인해(Moroni 1994), 결코 로마의 <노동자 자율위원회>나 베네또의 <베네또 정치집단>이 누렸던 바와 같은 지역적 헤게모니를 획득할 수는 없었다.

정치적 조직화에 대한 아우또노미아 내의 다른 접근들을 네그리는 어떻게 평가했는가? 이 문제와 관련하여 볼스키가 갖고 있는 관점에 대한 그의 평가에서 몇 가지 단서들을 찾아볼 수 있다. 네그리는 "직접민주주의"라는 볼스키 관점의 핵심을 "개인적 욕구와 자원 희소성 논리"(Negri 1976a : 134)에 지배당한 것으로 기각하면서, 아우또노미아 내

---

20. 사회센터 점거와 "1인칭" 정치의 초기 주창자였던 청년서클들은, 후에 1977년 운동에서 발견되는 주제들 가운데 많은 것들이 미리 드러나는 과정에서, 조직된 아우또노미아 외부에서 "분산된 자율주의" 집단들의 네트워크가 성장하는 데 자양분을 제공했다. P. Farnetti and P. Moroni(1984)를 보라.

에서 이루어진 조직에 관한 논쟁에 <노동자 정치집단>의 일부로 참여하는 가운데 로마 자율주의자들의 관점을 좀더 상세히 비판했다. 우선 그는 '소비에트적' 혁명모델을 생각할 수 있도록 해 주는 전제조건들 — 각각의 기업이 "권력의 한 계기"를 이루는 "분자적" 생산체계, 사회적으로 동질적인 노동계급 공동체, 그 기능들이 "즉각 대중들의 직접적 관리로 이양될 수 있는" 국가형태(Collettivi Politici Operai(CPO) 1976a : 10) — 이 이딸리아에는 존재하지 않는다고 이야기했다. 다른 한편, 노동계급 권력의 **"직접적이고 양도불가능한 성격"**을 암시하는 소비에트 모델은 훌륭한 동시에 현실적이라고 주장하기도 했다. 그러나 네그리의 그룹은 이 지점에서 그들 자신이 생각하는 대안을 구체적으로 제시하기보다는, 조직화에 대한 담론은 오직 "대중들의 구체적인 행위의 조직화 내부로부터"만 나올 수 있다는 주장을 전개했다. 그들의 결론은, 핵심적으로 기억해야 할 것은 "조직화 문제와 강령의 문제는 함께 발생한다"(CPO 1976a : 10)는 사실이라는 것이었다. 실천적 관점에서 이러한 주장이 의미하는 바는 『붉은색』 같은 호에 실린 다른 글에 상술되어 있는데, 그 글은 공장 투쟁에서부터 물가상승과 억압에 맞선 투쟁에까지 이르는 일련의 투쟁들의 "현재 목표들"obiettivo di fase이 우선적이라는 사실을 확인한다(CPO 1976b : 2).

반자본주의 강령을 구현할 수 있는 구체적 운동에 대한 이러한 강조가 많은 '조직된 자율주의자들'과 공명하는 데 실패했다 하더라도, 이딸리아 북부 소수파 맑스-레닌주의 조직들 중 하나의 강력한 지지를 얻는 데는 성공했다. 이미 1975년에 『프롤레타리아와 국가』에서 네그리(1976a : 1970)는 "맑스-레닌주의적 의미에서의 당 과정"을 따라야 할 길로 친양했다. 이리한 구애의 노력은 아우또노미아 전반, 특히 네그리의 작업에 대한 관심이 증가하는 것과 더불어 1976년 경부터 성과를 나타내기 시작했는데, 이는 <이딸리아 공산(맑스-레닌주의)당>Partito

Comunista(marxista-leninista) Italiano이 발행하는 『노동자의 목소리』*Voce Operaia* (Leonetti 1976)에서 분명하게 드러났다. 실제로 1976년 12월 즈음에는 <이딸리아 공산(맑스-레닌주의)당>이 <붉은색>과 함께 네 가지 핵심 요점 — 임금을 둘러싼 투쟁, 노동에 맞선 투쟁, 명령에 맞선 투쟁 그리고 국가에 맞선 투쟁 — 을 포함한 "강령"의 밑그림을 그리기도 했다(Recupero 1978 : 34~5).[21] 1년 뒤 이딸리아 공산(맑스-레닌주의)당은 사실상 조직된 아우또노미아의 또 다른 "미시분파"가 되었고, 1970년대 말의 어느 시점에 궁극적으로 해산하기 전까지 그러한 것으로 남았다.

당의 문제는 분명 1977년 내내 네그리의 주된 관심사였다. 그의 견해는 그 해『붉은색』에 실린 몇 편의 논문들과 더불어 특히 두 개의 핵심적인 텍스트, 즉『지배와 사보타지』*Dominio e sabotaggio*(Negri 1977b)와『국가형태』*La forma stato*(Negri 1977a)의 마지막 장에서 제시되었다. 네그리는 1월에 쓴『국가형태』의 첫 번째 장에서 이미 자신이 "근본적인 문제"라고 생각하는 것, 즉 "조직화의 문제, **무엇을 할 것인가의 문제**"를 제기했다(Negri 1977a : 24). 의미심장하게도,『국가형태』마지막 장의 제목("**좌익 코뮤니즘**Estremismo**으로부) 무엇을 할 것인가로**")은 가장 귀에 거슬리는 전위조직에 대한 레닌의 요구들을 다시 한 번 직접적으로 불러냈다. 자기가치화를 이야기하고 "정치적인 것의 자율성"을 부정했음도 불구하고, 네그리가 발전시킨 당에 관한 관념은 10년 전 마리오 뜨론띠의 견해를 강하게 상기시키는 것이었다. 네그리는 "**자본의 당**으로서의 **국가**라는 문제"를 제기한 뒤, "**노동계급의 국가**, 아니 반反국가, 노동자 권력으로서의 **당** 문제"를 다룬다(Negri 1977a : 334). 노동계급의 자기가치화 과정 — "열

---

21. <노동자 정치집단>과 <이딸리아 공산당>의 관계에 대한 간략한 언급을 레오네띠 (Leonetti 2001)의 책에서 찾아볼 수 있다. 결과적으로 네그리 그룹과의 제휴는 <이딸리아 공산당> 내에서 좀더 정통적인 견해를 가진 구성원들의 반발을 불러일으켰다 (Acerenza et al. 1977).

심히 일하지 않을 가능성, 더 나은 삶을 살 가능성, 임금을 보장받을 가능성" —
이 "자본의 내부와 외부" 모두에 걸쳐있기 때문에, 그 자체로는 계급사회
로부터 벗어날 수 없다는 것이 네그리의 생각이었다. 그러므로 필요한
것은 "자본 관계의 결정적 파열을 가속화하고 그것을 향해 이끌" 수 있
는, 계급의 "조직된 정치세력"이었다(Negri 1977a : 339). 1965년에 뜨론
띠(1971 : 236)가 "**자본의 사회와 노동자들의 당**은 자신들이 동일한 내용을
가진 두 가지 대립적인 형식이라는 것을 알게 된다"고 주장했던 것과 꼭
마찬가지로, 네그리는 1977년 초에 다음과 같이 주장했다.

> **따라서 당의 작업은 물질적 구성[헌법constitution]을 변형하는 자본의 작업
> 과 정확히 반대다.** 당은 하나에서부터 열까지 반국가이다. 대립적인 관점
> 이 계급구성의 이러한 이중적 성격에 작용한다. 행정과 착취의 과정을
> 다시 한 번 정당화하려는 자본주의적 의지, 그리고 국가를 공격하여 임
> 금체계를 파괴하는 지점까지 프롤레타리아의 독립성을 강제하려는 노
> 동계급의 의지. 평행하고 대립적이며 동등하고 반대되는 두 가지 힘이
> 계급구성에 작용한다.(Negri 1977a : 339)

이러한 렌즈를 통해 보면, 당의 의미는 구조에 관한 것이라기보다는
기능에 관한 것이 된다. 이것은 계급을 대변한다고 주장하는 당이 아니
었다. 오히려 그것의 목표는 자본주의적 지배의 탈구를 관리하는 것이었
다. 그것은 노동자들이 나아갈 길에 숨어있는 지뢰들을 앞서 제거해 주
는 문자 그대로의 전위였다. 그러나 당은 그 이상의 것이기도 했다. 즉 그
것은 참모參謀이기도 했다. 네그리(1977a : 342)가 『국가형태』에서 "위임
의 거부"라는 자율주의적 슬로건에 형식적으로 경의를 표하기는 했지만,
프롤레타리아 단결의 과정이 계급 내 전문화된 계층이 책임져야 할 일이
라는 데에는 의문의 여지가 없었다. 그의 말을 빌면, "[자본 명령의] 파괴

를 통한 이 재구성 작업은 전적으로 노동자 투쟁의 집합적 두뇌의 수중에서 이루어져야 한다.”(Negri 1977a : 342)

『붉은색』 6월호에 실린 논문은 1977년 운동의 전개를 검토하는 가운데, <노동자 정치집단>이 “봉기주의적”insurrectionalist 관점을 주장하는 이들과 점진주의적 관점에서 투쟁의 발전을 이해하는 이들 간의 위험스러운 양극화로 이해했던 것을 부각시켰다. “프롤레타리아 권력”에 있어서의 모든 진보가 “더 큰 무력”과 억압에 직면했기 때문에, “대중 노선”에 기초한 전략적 접근 내부로부터 이러한 악순환을 끊어내는 일은 “코뮤니스트 조직”의 몫이 되었다(Rosso 1977a : 169). 스스로를 “전투당”으로 선언하고 계급투쟁을 “상이하고 대립적인 ‘국가기구들’” 간의 전투로 이해하는 이들에 맞서, <붉은색>은 “내전을 조직하고 프롤레타리아 군대를 지휘할 당”의 필요성에 대해 이야기했다(Rosso 1977a : 170). 봉기주의적 감성과 점진주의적 감성 모두에 대한 거부는 볼로냐 회의를 위해 쓰여진 논문에서도 이어졌다. 이 논문은 <붉은 여단>의 전망을 군사주의라는 이유로 비판했다. <붉은 여단>의 군사주의는 “‘위대한 대중들’의 해방 과정”이 갖는 전략적 중요성을 이해하지 못했다는 것이었다.(Rosso 1977b : 176) 그렇지만 계급재구성과 억압 사이의 “악무한”을 파괴하려면, “전위조직”이라는 문제를 피해갈 수 없었다. 국가형태의 위기가 당형태의 위기를 야기하기는 했지만, 그럼에도 불구하고 “우리가 당이라고 부르기를 고집하는 정치적 기구의 구성이 실천적 층위에서 절대적으로 필요한 만큼이나 과학적 층위에서도 환영할 만한 것”이라는 것은 사실이었다(Rosso 1977b : 177). <붉은색>은, “안정적 조직”은 “관료제적-형식적 관점에서는” 수립될 수 없다고 주장하면서, 오직 연관된 일련의 운동들만이 투쟁을 통해 새로운 전국적 조직 — “사회적 전복의 집합적 조직자"(Rosso 1977b : 176, 177) — 이 만들어질 수 있는 토대를 제공할 수 있다는 자신의 일관된 견해를 반복함으로써 글을 마무리한다.

네그리는 1977년 9월초에 집필한 『지배와 사보타지』에서 이 "집합적 조직자"와 광범위한 "사회적 전복" 과정 간의 정확한 관계를 분명하게 서술했다. 중요한 것은, 네그리가 이 소책자에서 자신의 관점을 여러 가지 중요한 측면에서 다시 손질했다는 점이다. 우선 1977년 운동의 활력을 증언함에 있어서, 이제 자기가치화가 당을 대신하여 국가의 주요한 적대자, "'국가형태' 개념의 대립항"이 되면서 계급사회의 근본적인 변증법이 새로운 관점에서 서술된다(Negri 1977b : 15).[22] 8개월 전 자신의 입장과는 반대로, 여기서 네그리는 자기가치화가 자본관계를 파괴할 수 있는 능력을 실제로 구현해낸다고 역설한다. 왜냐하면 그것은 그 자체로 "교환가치로부터 벗어나는 힘forza이자 스스로를 사용가치 위에 정초할 수 있는 능력"이기 때문이다(Negri 1977b : 22, 38). 당에 관해서, 『지배와 사보타지』는 그러한 실체가 혁명적 기획에서 수행할 만한 쓸모있는 역할이 아직도 남아있는지를 직설적으로 질문한다. 네그리는 볼스키가 오랫동안 이야기해온 내용을 반복하면서, "폭력에 대한 당의 독점, 당이 국가형태의 명확한 반테제가 아니라 그것의 대응물이라는 사실"에서 굴락이 탄생한다고 주장한다. 그러나 그는 이어서 **"나는 당이라는 문제를 폐기할 수 있다고 생각하지 않는다"**(Negri 1977b : 61)고 말한다. 여기서 네그리는 18개월 전 『붉은색』에서 제기했던 주장으로 되돌아간다. 거기서 그는 "운동"을 특권화하는 사람들과 "'레닌주의적' 조직관"을 옹호하는 이들 사이의 모순은 "레닌주의적 모순이 아니"라고 주장했었다. 중앙집중화와 확장적 조직 네트워크는 상호 배제적인 것이 아니기 때문이라는 것이

---

22. 이 부분에서 나는 에드 에머리가 번역하고 티모시 S. 머피가 다시 손본 『지배와 사보타지』 번역본을 참조했다.

었다(CPO 1976c : 229). 『지배와 사보타지』에서 네그리는, "한편으로는 자기가치화의 실천에 뿌리박고 있고, 다른 한편으로는 공격의 기능과 결부되어 있는" 운동의 투사들이 조직화의 모순적인 문제를 실제로 살아낼 수 있을 뿐이라고 강조한다(Negri 1977b : 63). 이러한 전제 위에서 그는, 실로 당은 계급 재구성 과정에서 "프롤레타리아 독립의 최전방을 지키는 군대"의 역할을 수행할 수 있다고 결론짓는다. "그리고 당은 당연히 자기 가치화의 내적 관리에 관여해서도 안 되고 관여할 수도 없다"(Negri 1977b : 62).

『지배와 사보타지』를 쓰고 1979년 4월 체포되기까지의 기간 동안에는 위와 같은 생각들을 시험해 볼 기회가 거의 없었다. 언제나 극심하게 분열되어 있었던 밀라노와 그 근교의 아우또노미아 조직들은 모로 사건 이후 더욱 심하게 분열되어 갔다(Gaj 1980). 네그리는 곧 선동적인 『붉은색』을 떠나 『저장고』*Magazzino*의 성찰적인 분위기를 지지했지만, 체포되기 전의 기간 동안에도 그는 계속해서 다음과 같이 주장했다.

> 제3인터내셔널에 대한 가장 혹독한 비판조차도, 우리가 우리의 투쟁경험에서 발견한 저 본질적 긴급성, 즉 당 조직의 적절한 형태, 이 시기 계급을 위한 조직의 적절한 형태를 구축하는 문제의 긴급성을 부정할 수는 없다(Negri 1979a : 131).

## 경계에 서있는 비평가들

그러나 ─ 레닌주의적 바보짓으로 ─ 운동에 맞선 조작, 거친 억압, 정치적 술수로 점철된 한 해 동안의 실패를 불러온 것은 다름 아닌 "조직된 자율의 당"이다.

(Collegamenti 1979 : 7)

아우또노미아 자체 내에서, 당 형태에 가장 비판적이었던 서클은 볼로냐의 프랑코 베라르디('비포'Bifo)를 중심으로 결집했다. 그 서클은 볼로냐에서 『횡단』*A/traverso*이라는 이름의 저널과 운동 방송국 <라디오 알리체>Radio Alice를 만들었다. 『횡단』은 자본과 국가에 맞선 당대 운동들의 창조성을 강조하면서, 프롤레타리아의 자율은 "다수적인 사회적 경향으로" 인식되어야 하며, 그 경향 안에서 "혁명적 노선"은 "당 기획으로 환원"될 수 없다고 주장했다(A/traverso 1977a : 149). 이 "창조적 경향"은, 심지어 1977년 이전에도, "군사성과 당의 거부"에 관한 논의들을 대부분의 아우또노미아 분파들보다 더 진지하게 다룰 준비가 되어있었다(A/traverso 1977b). 그것은 군사적 투쟁과 당을 대신해서 두 가지 측면에서 실험을 진행하고자 했다. 첫 번째는 ("마오-다다"mao-dada를 통해 "음모를 꾸미는")[23] 혁명의 새로운 언어를 발전시키는 것이었고, 두 번째는 투쟁의 수평적 조직화를 (실시간으로!) 촉진시킬 수 있는 참여적 미디어를 발전시키려고 노력하는 것이었다(두 가지 모두, 전지구적 자본과 맞선 오늘날의 운동 내부에서 이루어지고 있는 논쟁들과 너무나 밀접하게 관련된 것들이다)(Bifo and Gomma 2002). 그러므로 1975년 말에 『붉은색』의 편집진이 <계속투쟁>의 조직원들과 함께 페미니스트들의 전국적인 시위를 방해한 볼스키 구성원들을 비판하지 못하자 베라르디와 그의 동료들이 『붉은색』과 공식적으로 결별을 선언한 것은 그리 놀랄만한 일이 아니다. 1년 뒤 『횡단』은,

---

23. 본질적으로 모순적인 관념인 마오-다다는 예술과 삶의 분리에 대한 다다이즘의 공격을, 대중들의 욕구와 자기 조직화를 특권화하는 혁명적 조직화에 대한 "부드러운 마오주의적" 관점과 결합하고자 했다. 그러한 경험의 한 가지 결과는 언어와 혁명에 관해 움베르토 에코와 벌인 흥미로운 논쟁이었다. 마오-다다의 힘과 한계에 대한 유용한 논의는 Balestrini and Moroni(1997 : 602 이하)에서 찾아볼 수 있다.

군사적 조직들과 함께 하거나 남성적 힘을 과시함으로써 문제를 해결하
려 하는 사람들

로 인해 1977년의 운동이 1975년과 유사한 문제들에 직면하게 될 것
이라고 경고했다.

군사적 대형을 이루고 있는 (대문자 **A**로 시작하는) 조직된 노동자 아우
또노미아Autonomia operaia organizzata 분파들의 태도, 동료들과 청년, 여성들
을 향한 군사적인 폭력과 공격 행위는 오늘날의 운동이 표현하는 새로운
요소들에 대한 심각한 몰이해를 나타낸다. 그러나 더욱 좋지 않은 것은,
오늘날 조직을 맹목적으로 수호하려는 소수파적 논리 — 그것이 군사주
의적인 것이든 노동자주의적인 것이든 간에 — 의 강제가 분명 중도적이
지 않은 운동의 분파들에게 중도주의적 입장을 강요할 위험을 품고 있다
는 사실이다.(A/traverso 1977c : 1)

아우또노미아의 경계에 서있는 비평가들을 찾는 일도 어렵지 않다.
『부정/행위』Neg/azione라는 작은 잡지에 실린 한 논문은 다음과 같이 주장
한다.

이 동지들(노동자 아우또노미아)은 혁명적 실재, 즉 프롤레타리아의 욕
구가 자율적으로 발전할 필요에서 출발하면서도, 다시 (전문적인) "혁명
적 투쟁성"과 당을 주장한다. 이는 그러한 혁명적 욕구를 자본주의적인
"정치"와 "이데올로기" 도식을 따라 흐르도록 하는 효과를 낳는다. 조직
된 노동자 아우또노미아는 반反수정주의적 전제(자율적 운동의 뇌관과
'의식성'으로서의 당에 대한 거부)로부터 출발하지만, 이내 창문을 통해
몰래 당을 다시 들여오고, 그 과정에서 다름 아닌 '자율'의 개념 그 자체를
관료화한다.

한편 한층 더 모진 의견들이『선동』*Provocazione*(Puzz 1976 : 142, 143)의 지면을 통해 표명되었다. 거기서 아우또노미아는 노동계급의 자기활동성을 길들이고자 하는 신좌파 그룹 출신 "불평분자들"을 위한 "주차장"으로 묘사되었다. 조금 더 안목있는 그림은 <반란>Insurrezione의 소책자인『프롤레타리아, 네가 알았다면…』*Proletari, se voi sapeste …*에서 그려졌다. 이 책은, "일관된 숫자의 프롤레타리아와 상당수 지역 위원회 및 집단들의 직접적 조직화"의 표현이었던 볼스키와, 1970년대 후반에 그 기능이 대체로 일시적이고 "스펙타클적인" 것으로 생각되었던 북부의 자율주의 그룹들을 구별하려 했다(발행년도 불명 : 9, 11). 반면 아나키스트 잡지『A』에서는 "조직된 자율"에 대한 애정을 거의 찾아볼 수 없었다.『A』의 한 필자는 자율주의자들과 <계속투쟁>의 지지자들이 "마주친" 자리인 1977년 볼로냐 회의에서 스칼조네가 "계속해서 싸우고 있는 <혁명적 코뮤니스트 위원회>의 투사들은 규율을 통한 제재에 따를 것"이라고 주장한 것을 두고 조롱했다(A 1977 : 4).

경계에서 아우또노미아에 대해 가장 일관되게 비판을 제기한 것은 아마도『연결』*Collegamenti*과『5월 1일』을 중심으로 결집한 서클들이었을 것이다.『연결』은 1970년대 초 주로 밀라노에 기반을 둔 작업장 투사들과 그 지지자들의 소규모 네트워크로 시작되었다. 그들은 계급투쟁 아나키즘, 평의회 코뮤니즘 그리고 노동자주의적 계급구성관의 독창적인 혼합을 통해 세상을 바라봤다.『5월 1일』은 1973년에 노동계급 역사에 대한 평론지로 시작되었다. 그러나 1970년대가 경과함에 따라 당대의 투쟁들을 설명하는 데에 점차 더 큰 관심을 가지게 되었다.『5월 1일』의 편집자들로는 대체로 <노동자의 힘>과 <계속투쟁>의 이전 구성원들이 많았는데, 이들은 자신이 속했던 조직의 "권력에의 의지"를 거부하고, 당시 이딸리아의 급진적 좌파를 특징지었던 정치적 역할과 역할 분담을 다시 사고하고자 노력했다.

논의의 차원에서 교류했을 뿐만 아니라 심지어 구성원조차도 어느 정도 겹쳤던 두 저널의 입장을 가로지르는 공통적인 주제는 1968년 이후 이딸리아 극좌파 내에서 생겨난 정치 엘리트들에 대한 고찰이었다. 아우또노미아에 대한 초기의 한 논문에서『연결』(1974 : 258, 263)은 저 운동에 존재하는 세 가지 요소들을 확인한다. 첫 번째는 무엇보다 작업장 위원회들로 조직된 "다소 일관적인 노동계급 주변부"가 있었다는 것이고, 두 번째는 <노동자의 힘>과 같은 "신레닌주의적" 그룹에서 계급을 이끌려고 했던 이전의 노력들이 수포로 돌아간 일부 "정치적 인물들"이 존재했다는 사실이었다. 마지막으로, 로마의 <코뮤니스트 전위>Avanguardia Comunista나 밀라노의 <코뮤니스트(맑스-레닌주의) 단결투쟁위원회>Comitato Comunista(marxista-leninista) di unità e di lotta와 같은 "소규모의 전통적인 스탈린-마오주의적 관료조직"들이 있었는데, 이들에 대해서는 "오직 불치의 기회주의만이 이들을 계급 세력으로 간주할 수 있을 것이다"라는 평가가 내려졌다.[24]『연결』에 따르면, 모든 이들의 비위를 맞추려 했던 아우또노미아는, 계급재구성 과정에서 특권적인 역할 그 자체를 잘라냄으로써 "프롤레타리아에게서 자신들의 투쟁에 대한 이해를 빼앗으려" 했다는 점에서 이미『계속투쟁』의 궤적을 반복할 위험을 품고 있었다.

---

24. <코뮤니스트(맑스-레닌주의) 단결투쟁위원회>가 조직된 아우또노미아의 일부라는 것에는 의문의 여지가 없지만(Mangano et al. 1998 : 67), <코뮤니스트 전위>에 관해 같은 내용을 확언하는 데에는 어려움이 있다. <코뮤니스트 전위>의 멤버였던 베르노키(Bernocchi)(1997 : 68)는 1977년 이전에 볼스키와의 사이에서 이루어졌던 협력에 대해 이야기하지만, 또 다른 설명(Mangono et al. 1998 : 87)은 <코뮤니스트 전위>를 단지 관습적이지 않은 맑스-레닌주의 조직으로만 묘사하고 있다.

『연결』(1977 : 5)은 새로운 시리즈의 첫 번째 호에서 이러한 비판들을 확장시켰다. 『연결』은 "새로운 탈을 쓴 늙은 늑대들"이 공장 투사들의 초기 "자율적 노동자들의 운동"을 강탈했으며, "분석을 부과하고, 가장 '옳고 혁명적인 목표'를 예언하는" 그들의 우스꽝스러운 짓이 운동이 본래 근거했던 작업장과 지역 집단들을 "하나씩 하나씩" 소외시켰다고 주장했다. 그러나 이러한 일이 일어난 것은 단지 아우또노미아의 "미시분파"들이 배반했기 때문만은 아니었다. 오히려 그것의 기초는 본래 작업장 위원회들이 갖고 있었던 전제가 잘못된 것이었다는 사실에 놓여있다. 그 전제란 "공장들을 연결하는" 유사한 조직체들의 연합이 결국에는 "다시 태어난 평의회 공화국"으로 가는 "총체적인 생산 통제"에 이르게 될 것이라는 것이었다(Collegamenti 1977 : 6). 1973년 이후 이딸리아 산업의 많은 부분에서 발생한 대규모 재구조화와 대량해고가 그러한 희망을 좌절시킴에 따라, 아우또노미아 내에서 "조직된 자율주의자들"을 위한 공간, 그들이 "정치적" 투쟁이라는 지배적인 차원을 점점 더 강조할 수 있는 공간이 열렸다. 네그리와 그의 동료들이 대공장에 등을 돌린 데 반해, 스칼조네의 그룹은 노동계급 "우파"와 "좌파"의 대립이라는 자신들의 극히 단순한 도식을 가지고 지분거림으로써 그들 내부에서 거의 아무런 진전도 이뤄내지 못했다(Collegamenti 1978 : 81). 대부분의 전통적 노동계급으로부터 분리되고, 운동의 역동성을 물리적 대결로 환원시키려는 국가의 압력이 증가함에 따라 점점 더 투쟁에 있어서 사회적 차원을 상실해갔던 1977년의 운동에서도 이와 유사한 양상이 반복되었다. 그러한 상황에서 이러한 악순환은, 광범위한 운동 내에서 전문화된 지도적 역할을 담당할 자신들의 권리를 합리화하기 위해 "당, 주의주의, 전투성의 분리"라는 주제를 높이 떠받드는 가운데 국가의 도전을 받아들일 준

비가 되어 있었던 많은 조직된 아우또노미아 인사들에 의해 악화되었다
(Collegamenti 1978 : 85).

『5월 1일』의 중심인물이자 전前 <노동자의 힘> 리더이며 빠도바
대학에서 네그리의 작업 동료였던 세르지오 볼로냐는 조직 문제와 관련
하여 아우또노미아 내에서 이루어진 논쟁에 상당한 관심을 쏟았다. 이
문제에 대한 그의 첫 번째 글들 가운데 하나는 네그리의 소책자『프롤레
타리아와 국가』에 대한 논평이었다[1976a : 이 책 1장에 번역·수록되어
있음]. 볼로냐는 네그리의 글이 대공장 노동자를 중심으로 하는 일체의
정치적 기획을 폐기한다며 상세하게 비판한다(Wright 2002 : 170~1).
계속해서 볼로냐(1976a : 27; Wright 2002 : 44)는 또한 "새로운 당은 마
치 폭스바겐처럼 더 이상 앞(전위)이 아니라 뒤에 엔진을 갖고 있다"는
생각을 "쓸모없다"고 기각하면서, 『프롤레타리아와 국가』가 제시하는
정치적 조직화 모델을 비판한다.[25]

반면 1977년 운동의 초기 단계에서 아우또노미아가 담당했던 역할

---

25. 볼로냐는 또한 1970년대 전반기를 거치는 동안 당에 대한 네그리의 견해가 급격하게
변화했다는 것에 주목한다. "네그리는 봉기의 이론화(1971)로부터 당 소멸의 이론화
(1973)로, 극단적인 볼셰비키적 입장으로부터 투쟁들의 순수 객관주의의 입장으로 나
아갔다. 말하자면, 자신의 입장을 180도 바꾼 것이다."(Bologna 1976a : 27). 4월 7일
사건의 초기 국면에서 마르첼로 페르골라(Marcello Pergola)가 이와 유사한 의견을 피
력하는데, 그의 증언 역시 아우또노미아 내에서 전국적인 네트워크를 건설하려고 했던
『붉은색』 초기의 노력과는 다른 경향이 나타났음을 암시한다. "1974년 늦봄에 볼로냐
에 있는 베라르디의 집에서 열린 회의에 참석했던 것이 생각난다. …… 그것은 『붉은
색』의 새로운 시리즈의 내용에 대한 안또니오 네그리의 설명을 듣기 위한 자리였다.
나는 조직화, 당의 필요성에 관한 네그리의 입장이 이전과 많이 달라진 것에 충격을
받았다. 이제 그는 당 대신 청년 프롤레타리아트, 여성 등과 같은 새로운 주체들에 특
별히 관심을 갖고 있는 것 같았다. 베라르디는 강한 아나키즘적 내용을 다루는 저널
『횡단』을 준비 중이었고, 우리 모데나(Modena) 사람들은 여러 노동조합들과의 관계를
포기하고 싶지 않았으며, 비안치니는 공장 간부들과 연결될 필요성을 강조했다. ……
결국 회의는 아무런 구체적, 실효적 결과도 없이 끝이 났고, 상이한 입장들 간의 현저
한 차이가 다시 한번 드러나게 되었다"(Palombarini 1982 : 122).

에 대한 볼로냐의 반응은 대체로 긍정적이었다. 3월에 <계속투쟁>의 신문에 기고한 글에서 그는 자율주의자들과의 정치적 논쟁에 참여하지 못했다는 이유로 <계속투쟁>을 나무랐다. 그는 계속해서 1968년과의 결정적인 차이는, 당시의 정치 활동가들과 달리 "오늘날 조직된 자율 경향의 몇몇 부문들은 계급구성의 현실적이고 구체적인 요소"라고, 즉 "그들은 계급구성 내부에 있다"고 이야기했다(Bologna 1977c : 99). 이러한 논점은 1977년 운동에 대한 볼로냐의 고전적 분석인 「두더지떼」The Tribe of Moles에서도 되풀이되었다. 이 논문에서 그는 자율주의 그룹들이 일찍 헤게모니적 역할을 획득하게 된 것은 1960년대 후반의 그것과는 매우 다른 정치적 주제들을 선취할 수 있었던 능력 덕분이었다고 주장했다. 그러나 "볼로냐에서 [2월에] 발생한 충돌의 메아리"가 잦아들자마자, "모두가 — 특히 북부의 노동자 아우또노미아 경향이 — 등 뒤에서 레닌의 가면을 꺼내들었다"(Bologna 1977a : 56). 하지만 아우또노미아가 투쟁의 속도를 끌어올리는 데 실패했다는 바로 그 사실이, 계급정치에 대한 이전의 전위주의적 관념들과는 반대로 오늘날,

> 조직은 매일매일 새로운 계급구성에 견주어 스스로를 평가해야 하고, 조직의 규칙이 아닌 계급행동에서 정치적 강령을 발견해야 하며, 따라서 정치적 비밀주의가 아니라 그 반대를 실천해야 한다.(Bologna 1977a : 58)

는 것을 분명하게 만들었다.

9월 회의 직전에 출판된 장문의 성찰적 논문에서 볼로냐는 일정한 지면을 할애해서 가두시위의 강화가 그 자체로 사회적 자기조직화를 촉진시킬 것이라는 주장을 비판했다. 그는 4개월 전 경찰이 총에 맞아 숨진 밀라노에서의 사건 — 이 사건은 자율주의 운동에 속한 극단주의자들이 저지

른 복수로 널리 받아들여졌다 — 을 언급하면서, "조직형태로서의 당에 대한 비판이, 개인이 당이 되는 상황, 미숙한 행동이 운동 전체에 재앙적인 영향을 미치는 상황으로 귀결되어서는 **안 된다**"고 주장했다(Bologna 1977b : 121).

아우또노미아에 대한 볼로냐의 평가는 1978년 경에 더욱 혹독해졌다. 그는 대공장에 남아있는 "분산된 아우또노미아" 조직들과의 연대에 대한 볼스키의 요청에 관심을 표명하면서도, (밀라노, 또리노, 제노바로 이루어진) 이른바 "산업 삼각지대"의 "조직된 자율주의자들"에게는 경멸만을 드러냈다.[26] 그는 2월에, "노동자주의 정치 엘리트들"은 "(자신들의 걸출한 선배들과 마찬가지로) 조직과 운동에 대한 **노동계급의 지도력**을 질식시키면서 혁명적 부르주아의 지도적 엘리트들을 재생산한 것"에 대한 책임이 있다고 주장했다(Bologna 1978a : 155). 계속해서 그는 『5월 1일』의 한 논설에서, 이 문제를 해결하기 위한 열쇠는 "당형태의 위기— 조직화의 필요"라는 결합을 해체시키는 데 있다고 주장했다. 그러나 이 문제에 관해서 아우또노미아의 "늙은 매춘부들", 적어도 밀라노 같은 곳에서 활동하는 이들에게는 기대할 만한 것이 거의 없었다. 볼로냐 회의 역시 1968년 이후 형성된 신좌파 정치 엘리트들의 최악의 행동을 재생산하는 아우또노미아의 성향을 확인해 줄 뿐이었다(Bologna 1978b : 4).


## 대홍수 이후

얼마나 자주 우리는 당이 아닌 척 했던가! 우리는 당이 아니었지만 당이기를 원했었다. 그것은

---

26. 공정하게 말하자면, 제노바에서 아우또노미아가 경험한 내용은 북부의 다른 지역에서
   와 매우 달랐다. Mezzarda(2001)와 Moroni(2001)의 회상을 참조하라.

매우 모호했다.
— 알리사 델 레(Cuninghame 2002a : 135)

실천적 관점에서, 운동은 당이라는 문제로 인해 사라졌다.
— 안또니오 네그리(2000 : 10)

　　1977년에 시작된 투쟁 주기는 좋지 못하게 끝이 났다. 조직축소, 약물중독, 투옥, 망명 그리고 자살이 드물지 않게 일어났다. 사실 1979년에서 1980년에 걸쳐 이루어진 대규모 구속을 통한 무력화 이전에도, 아우또노미아의 많은 "미시분파"들은 극단주의적인 "분산된 테러리즘" 운동을 떠받쳤던 "사병 쿠데타"와 에너지 고갈로 인해 많은 구성원을 잃었다(Progetto Memoria 1994). 아우또노미아 패배의 여파가 채 가시지 않은 가운데 "냉소주의, 기회주의, 두려움의 시절"이었던 1980년대가 도래했다(Balextrini and Moroni 1997 : 387). 다른 한편, 이딸리아에서 오늘날 전 지구적 자본에 대항하는 운동이 출현함에 따라 아우또노미아를 포함한 이전 세대의 투쟁에 대한 관심이 증대되었다. 특히 최근 몇 년 동안에는 아우또노미아가 활동했던 시기와 관련하여 주로 구술자료에 기초한 몇 가지 중요한 연구들이 이루어졌다(Borio, Pozzi and Roggero 2002; Del Bello 1997; Cuninghame 2002a). 이러한 기획들은 무엇보다도 그 시절을 경험한 활동가들에게 자율주의 운동의 궁극적 실패뿐만 아니라 그것의 성과와 관련해서도 그들 자신의 성찰을 이야기할 공간을 마련해 주었다. 이러한 설명들은 "자율당"을 건설하려는 시도에 대한 우리의 이해에 어떠한 빛을 던져주는가?

　　여러 가지 측면에서 커다란 해석상의 차이들이 남아있다. 조직된 아우또노미아의 몇몇 부문들에서 발전한 조직구조의 문제를 예로 늘어보자. 발전 국면의 초기에 아우또노미아를 떠났던 까를로 포르멘띠Carlo Formenti(1999 : 6)는, "아우또노미아의 역설"은

[포스트 1968 그룹들]이 해체된 이후에도 자신 내부에 당의 논리 — 운동하는 모든 것, 모든 측면, 모든 모순을 이끌고 지배하고 지도하고 조정하며 공통적인 전략과 전술 내로 포섭해야 했던 지도적 간부의 논리 — 를 유지한

결과라고 이야기한다.

많은 북부 자율주의 조직들의 경우에 이 역설은 그들이 대중적인 면과 나란히, 사수대 조직을 토대로 하는 비밀구조를 만들었다는 사실과 떼려야 뗄 수 없는 것이었다. 나아가 포르멘띠는 "일단 이러한 비밀구조가 한번 만들어지면 …… 다양한 개별 조직들을 가로지르는 결합력이 불가피하게 생겨났고 …… 이는 급속히 이러한 층위를 계급 자율과 운동에 의한 정치적 지도로부터 분리시키는 것으로 귀결되었다 ……."고 주장한다(Formenti 1999 : 2~3). 이러한 모순에 직면하여, 남부 이딸리아의 아우또노미아에 속한 몇몇 조직들은 이러한 "'이중구조'의 자기 해소를 선택"했다(Lanfranco Caminiti, Cuninghame 2002a : 130에서 인용). 이러한 움직임에 대항하여, 이전에 베네또 집단에서 활동했던 이들은 해답은 다른 곳에, 즉 "무력의 합당한 사용"에 놓여있다고 계속해서 주장했다. "정치를 하는 사람과 정치와 무장투쟁을 동시에 하는 사람 혹은 무장투쟁만을 하는 사람 사이에 분리가 존재할 필요는 없었다 …… 정치를 실천한다는 것은 동시에 모든 것을 하는 것이었다."(Cuninghame 2002a : 133에서 인용)

"조직된 자율주의" 그룹들은 전위당 창설 준비에 어떤 방식으로 참여하고자 했는가? <붉은색>의 멤버였던 페루치오 덴데나Ferruccio Dendena는 이 문제가 조직 내에서 진지하게 다루어지지 않았다고 이야기한다.

나는 이에 대한 책임이 적절한 "간부학교"를 운영하지 않으려 했던 지도자

들과 그들이 활동가들과 맺고 있었던 관료적 관계 — "오늘은 이 선전물을 뿌려라, 내일은 그 시위에 참여해라" — 에 있다고 본다. 이것이 그들을 무장단체 쪽으로 향하도록 만들었다(Cuninghame 2002a : 145에서 인용).[27]

덴데나(2000 : 8)는 이 문제를 넘어서 1970년대 후반 조직된 아우또노미아 내에 존재했던 보다 넓은 범위의 문제들을 이야기했다. 첫째, 다양한 "미시분파들" 사이에 경쟁이 있었다. 이러한 경쟁 가운데 일부는 근본적으로 강령을 둘러싸고 이루어지기도 했지만, 통일된 전국적 전망을 도출해내려는 진지한 노력은 거의 이루어지지 않았다. 다른 경쟁들은 사소한 질투심과 과거의 불쾌한 일들의 산물에 불과했는데, 어떤 사람들은 이론적·정치적 논쟁에 있어서 너무나 위압적인 인물인 "네그리가 거기에 있다는 이유만으로" <노동자 정치집단>을 피하기도 했다.[28] 다시 <붉은색>으로 돌아와서, 덴데나는 전위가 대중 조직의 발전을 책임져야 한다고 보는 사람들과, 슬로건에 기초해서 사람들을 가두시위로 유도하는 것만으로 충분하다고 생각하는 사람들 사이에 긴장이 존재했다고 회상한다. 이 점과 관련해서는 네그리 자신(2000 : 10)도 대중/전위 구별을 무너뜨리려는 초기 아우또노미아의 노력이 실패하면서 그 문제를 전통적인 정치적 영역으로 되돌려놓았던 것에 대해서 유감스럽게 생각한다. 그러나 볼로냐(2001 : 14)에 따르면, 그때나 지금이나 네그리의 정치적 관점이 품고 있는 문제는 갈등의 강화를 계급재구성이라는 보다 광범위한 과정과 혼동하는 것이다. 보리오(2001 : 9) 역시 이와 유사한 점을 지적한다.

---

27. 그 자신 역시 <붉은색>의 투사였던 구이도 보리오(2001 : 9)도 덴데나와 의견을 같이 한다.
28. 볼스키 내에 존재했던 네그리를 향한 적대감에 대한 덜 과장된 설명은 그라찌엘라 바스뗄리(Graziella Bastelli)(Del Bello 1997 : 158)의 인터뷰에서 찾아볼 수 있다.

1970년대 내내 네그리는 투쟁에 관한 담론을 따라 전진하고 손을 뻗고 밀어붙일 것을 강조했다. 그는 투쟁, 권력, 계급의 힘, 계급의 조직된 부분들은 되돌릴 수 없는 수준에 도달했다고 말했다. 우발적인 것에 대한 이러한 강조가 투쟁을 진전시키고, 갈등을 보다 높은 차원에 이르게 하기 위해 필요한 전술로 이해될 수 있을지는 모르겠다. 그러나 실제로 이론적인 관점에서는, 만약 직접적인 상황이 아니라 보다 넓은 기획의 관점에서 본다면, 그것은 거대한 정치적 오류, 심지어 재앙이었다.

세로지오 비안치(2001 : 7)는 밀라노의 "조직된 자율주의자들"이 주기적으로 롬바르디아의 다른 지역들을 식민화하려 노력했다고 이야기한다. 그러나 그러한 노력은 "분산된" 집단들 내에서 "조직된 아우또노미아"에 대한 경계심만을 증폭시켰다(Farnetti and Moroni 1984 또한 보라). (칼로게로 일당의 착각에도 불구하고 결코 조직된 아우또노미아에 속했던 적이 없는) 알리사 델 레(2000 : 2)는 베네또의 초기 페미니스트 집단들이 사회복지사업을 중심으로 얻어낸 성과들을 <베네또 정치집단> 소속의 많은 이들이 발전시킨 군사주의적 행동주의 모델과 대비시킨다. 마지막으로, 한 때 볼스키의 유력한 구성원이었던 빈센초 밀류찌Vincenzo Miliucci는 네그리의 그룹이 "정치적 엘리트로서 밀라노에서 노동자 아우또노미아의 진정성 있고 결단력 있는 구조들 — <알파 로메오 자율의 회>Assemblea autonoma dell'Alfa Romeo,  <피렐리 위원회>Comitato della Pirelli,  <싯-시미엔스 노동자집단>Collettivo operaio della Sit-Simiens — 과 온당치 못한 관계를 맺고 있었다는 점"에서도 책임이 있다고 주장한다(Del Bello 1997 : 15).[29]

공정하게도 비판자들은 <노동자 자율위원회> 활동의 결과 역시 가

---

29. 얄궂게도 프레까리 나띠(출처 불명)는 볼스키가 본문에서 언급된 자율적인 노동자 운동의 초기 집단들과 맺었던 관계에 대해 위와 유사한 비판을 제기한다.

혹한 방식으로 기억한다. 삐에로 베르노키Piero Bernocchi — 한 때 <노동자 자율위원회>의 경쟁자였지만 지금은 <기층노동자위원회연합>Confederazione Cobas에서 <노동자 자율위원회>의 예전 구성원들 중 다수와 함께 일하고 있다 — 는 로마의 주요한 자율주의 조직은 1977년을 거치는 동안 이전에 "그것의 특성이었던 대중적 정신"을 잃었다고 주장한다. 나아가 그는 "운동주의적movementist이고 자유를 중시하는 볼스키의 태도"와 큰 거리가 있는 문화를 갖고 있었던 무장단체들과 "명확하고 개방적인 정치적 전투"를 수행하는 데 실패하는 과정에서, <노동자 자율위원회>가 일체의 지도적 역할을 방기했다고 비난한다. 의식했든 의식하지 않았든, <노동자 자율위원회>는 로마의 극좌파 내에서 가장 군사주의적인 경향들이 자유롭게 지배력을 행사할 수 있도록 놓아두었고, 이는 궁극적으로 오직 국가만이 승리를 가져갈 수 있는 가두전투의 주기로 귀결되었다는 것이다. 베네데또 베키Benedetto Vecchi(2001 : 5)는 사태를 다소 다르게 회상한다. 이데올로기와 실천에 있어서의 심원한 차이들에도 불구하고 <노동자 자율위원회>와 <붉은 여단>은 ("조금은 얄궂게도") 로마 운동의 지도력을 획득하기 위한 경쟁에 함께 얽혀 들어가 있었다고 그는 생각한다. 덴데나(2000 : 8)는 더 나아가 볼스키의 지역위원회 네트워크가 정치적 강령보다는 지도적 투사들의 카리스마에 의해 유지되었다고 주장한다. 이러한 사실은, 1977년 이후 물리적 대결의 수위가 높아짐에 따라 <붉은 여단>과 같은 무장단체들의 침입 혹은 그것으로의 전향으로 이어지기 쉬운 요소들을 그러한 지역적 단위들 안에 남겨놓았다. 전前 <붉은 여단> 단원인 프란세스꼬 피치오니Franscesco Piccioni는 <노동자 자율위원회>가 장기적인 정치적 기획이 부재하는 가운데 단지 "하루하루"를 살아갔던 "마법사의 제자들"이었다는 것에 동의한다. 그는 계속해서, 그들의 지도 모델은 운동 "안에 있는 것"과 "우리와의 유대를 깨뜨리지 않는

한 모든 사람들은 그들이 원하는 바를 할 수 있다"라고 말하는 것으로 이루어져 있었다고 말한다(De l Bello 1997 : 125, 124). 밀류찌(2000 : 15)가 이러한 평가에 동의하지 않으면서 볼스키가 1977년이 지나는 동안 보다 광범위한 운동 속으로 해소된 것은 옳았다고 주장하는 것은 놀랄만한 일이 아니다. 그가 유감스럽게 생각하는 것이 있다면, 그것은 그 후 볼스키가 명시적으로 "당에 반대하는 운동주의자들"이 되고자 하지 않았다는 사실이다. 반대로 피파노는 좀더 자기비판적이다. 그는 자신이 몸담았던 조직이 실천 상에서 직접 민주주의에 "종종 도구적으로" 접근했다는 것과, 자신들이 온건파에 속한다고 생각했던 흐름과 함께 하지 못한 무능함을 애석해 하며 회상한다(Pifano 1995 : 287). 무엇보다도 그는, "일반적인 정치적 세력을 대변"하지 못한 아우또노미아의 실패가 아우또노미아의 주변과 그 너머에 있는 무장단체들이 기꺼이 이용할 수 있는 강령상의 진공상태를 열어주었다고 주장한다(Pifano 1997 : 366).[30]

## 결론

나는 지식이 여전히 실천에 도움이 될 수 있다고 믿는가? 우리가 자본이 (사회적으로 필요한 노동을 축소하는 과정에서) 노동계급으로부터 매일매일 빼앗고 있는 그 지식을 되찾으려고 노력하는 것에서부터 시작하는 한, 적어도 제한된 기간 동안은 그렇다고 생각한다.
우리는 이데올로기 장사치들을 충분히 보아왔다! 계급구성이라는 이론적 틀거리 안에서 다시 "기술자"로서 작업하기 시작하자. 이 일은 소규모 지식인들이 아닌, 수많은 동지들 ― 의사, 기술자, 정신과의사, 경제학자, 물리학자, 교사 등 ― 의 몫이다.
― 세르지오 볼로냐(1977b : 122)

지금까지 살펴본 바와 같이, "자율당" 기획 ― 운동의 혁명적 지도력으

---

로서의 정치 엘리트들이 공식적으로 통합되는 것 — 은 여러 가지 이유들로 인해 무산된 채로 남게 되었다. 그 이유들 가운데 가장 근본적인 것은 아마도 1970년대 후반에 나타난 풍요롭고 복합적인 계급구성과 맞닥뜨린 대부분의 조직된 아우또노미아 인사들이 정치 엘리트로서 자신이 맡아야 할 역할을 새롭게 생각하지 못했다는 것일 것이다. 작업장의 노동자계층 투사들을 돕는 "외부의 투사" 역할을 실험했지만 곧 대부분이 포기하는 과정에서, "조직된 자율주의자" 그룹들은 보통 전통적인 정치적 간부 관념에 기댔다. 그러나 당시에 제안 되었던 좀더 혁신적인 접근들 — 예컨대, 계급의 자기조직화를 보호하는 전문화된 군대, 즉 일종의 확대된 사수대로서의 당에 관한 네그리의 생각 — 조차도 1977년 운동의 다른 부분에서 찾아볼 수 있는 "양식"良識과 전혀 조화를 이루지 못했다.

> "더 왼쪽에 있던" 이들은 "대중 폭력", "무장 프롤레타리아트"를 정당화하려 했지만, 라마Lama와 같은 평화주의자들은 경찰에 협조를 요청했다. 현실의 운동은 좀더 현실주의적이고 덜 호전적이었으며, 더 인간적이었고 덜 영웅적이었다. 현실의 운동은 전쟁을 비판하기 때문에 평화를 논쟁에 부쳤고, 군대를 거부하기 때문에 위임과 합법화의 기준을 분쇄했다……(Castellano 1980a : 232)

어떤 사람들의 경우에는, 사용하는 언어와는 별개로 중요한 것들이 거의 달라지지 않은 것처럼 보인다. 최근 네그리(2000 : 14)는 "룩셈부르크주의"가 "이 시대의 레닌주의"가 아닌지 크게 의문을 제기하고, "당이 급진적 변혁과정이 수반하는 복합적인 요소들 전체를 지배한다"는 관념을 "가히 편집증적이라 할 만한 것"이라고 기각했다. 그러나 『제국』 (Hardt and Negri 2000)은 계속해서 급진적 사회변화과정 내에서의 특권적 역할을 정치 엘리트들에게 할당하는데, 이번에 그것은 "투사"militant라는 모습으로 제시된다(Sabrian and Chris 2002; Holloway 2002a).

1977년의 사건들이, 급진적인 사회변화를 추구하는 사람들이 미래의 시로부터 영감을 구하면서도, 과거로부터 배우려는 맑스(1852 : 106)의 노력을 계승하는 데는 실패한 첫 번째 경우는 아닐 것이다.[31] 아우또노미아라는 구체적 사례에서, 당을 "현재의 상태"를 전복하기 위해 필요한 결정적인 구성요소로 간주하는 담론을 특권화한 것은 — 특히 그러한 특권화가 볼로냐가 "정치 엘리트와 운동 사이의 변증법"(Cuninghame 2001 : 98)이라고 불렀던 것을 차단하려고 했을 때 — 매우 큰 대가를 동반했다. 『연결』의 한 편집자는 25년 전에 이러한 문제를 고찰하면서, 운동이라는 단어는 "그것의 특수성이 무엇이든 간에 공통적이고 상호연결된 욕구들과 연계된 행동 및 목표들의 앙상블"로 생각될 수 있다고 이야기했다. 그러나 운동이라는 단어는 이러한 의미를 넘어서는 두 번째 함의를 품고 있었다.

> 운동을 생각함에 있어서 우리는 그것이 특정한 사회적 층, 즉 스스로를 사회적 적대의 상대적으로 안정적인 표현으로, 그것의 기억으로, 계급행동이 표현하는 사회적 가치의 담지자로 정립하는 (이 끔찍한 용어를 사용하자면) 정치 엘리트이기도 하다는 것을 잊어서는 안 된다. 물론 이 두 번째 의미의 운동이 고유한 계급운동과 다른 것이기는 하지만, 우리는 전자를 간과하고서는 후자를 제대로 이해할 수 없다. 운동적 정치 엘리트들의 정치적 실천, 분석적·조직적 도구들은 투쟁의 일반적 진화에서 주목할 만한 역할을 수행한다.(Giovannetti 1980 : 7)

---

31. 나는 다른 곳에서 전후 이딸리아 극좌파에게 남겨진 '저항'의 유산을 탐구했었다 (Wright 1998).

따라서 운동의 정치 엘리트들은 다양한 역할들 사이에서 해결되기 어려운 방식으로 진동한다. 정치 엘리트는 계급의 자기조직화를 위한 소수의 대리자이냐 전통적인 조직과 규칙의 단순한 부속물이냐, 혹은 자각의 운동이냐 투쟁에 대한 관료적이고 권위주의적인 지도냐 사이에서 진동하면서 그러한 역할들을 동시에 혹은 번갈아가면서 수행할 수 있다.(Giovannetti 1980 : 7)

당 형태에 관한 조직된 아우또노미아의 담론에 존재하는 아이러니는, 그것의 구성원 대부분이 자본관계의 폐지를 위해서는 겨울궁전을 습격하는 것 이외의 다른 무언가가 필요하다는 생각을 발전시켰음에도 불구하고, 총체적 충돌을 위해 운동의 정치 엘리트들을 집결시키는 것에 눈을 돌렸다는 사실이다. 그렇게 할 수 없었다는 사실이 그들이 걸었던 경로의 비극성을 덜어주지는 않는다. 다른 길이 가능한가? 예컨대 우리는, 자본주의적 계급관계의 해소는 정치 엘리트들을 결집하여 광범위한 운동의 '전략적 이성'을 독점하는 단일한 정치적 단위를 만들어 내는 것을 전제로 한다고 주장하지 않으면서도, 정치 엘리트의 발생은 자본주의 사회 계급관계의 필연적 결과라는 것을 받아들일 수 있는가?[32] 볼로냐 (2001 : 8)는 나중에서야 그러한 접근법을 탐구하지 못한 것이 '뜨거운 가을' 이후에 심각한 문제들을 만들어 냈다고 주장했다.

우리는 <노동자의 힘>을 설립하는 오류를 저질렀다. 우리는 비의회단체를 만드는 잘못을 저질렀다. 우리는 계속해서 사회적 영역에서 작업하고, 거기서 대안을 구축하고, 모든 곳에 노동자 센터를 세우며, 이미 그때부터 사회센터 — 대안적 공간, 해방공간 — 들을 만들어야 했다. 우리는

---

32. Antagonism(2001)에서 제시된 견해와 더불어, "전위"의 비레닌주의적 사례에 대한 Bihr(1995)의 검토는 이러한 문제와 관련하여 볼 때 시의적절한 것이다.

권력 장악이라는 낡은 생각, 낡은 야망에 사로잡혀서 잘못을 저질렀다. 우리는 다시 한번 "코뮤니스트 증후군"에 빠져들었다. 그리하여 우리는 프롤레타리아 독재를 마음에 품고 있는 볼셰비키 당이라는 기형적 존재를 세우려고 노력했고, 때문에 불가피하게 무장투쟁과 같은 좀더 단호한 선택항을 갖고 있는 사람들에 의해 불타버렸다…….

볼로냐보다 한 해 전에 베라르디(2000 : 8)는 한 인터뷰에서 1970년대 후반 아우또노미아가 경험한 실패에 대해 비슷한 평가를 내렸다.

1977년 이후, 9월 회의 이후에 무슨 일이 일어났는지를 생각해 보십시오. 사회적 관점에서 볼 때 매우 거대한 운동이, 그때 이후로 20여 년 동안 움직이고 있는 수많은 사회적, 과학적, 기술적, 소통적 능력들을 품은 운동이 존재했었습니다. …… 1977년에, 특히 1977년 9월 회의와 함께 이 운동이 정점에 도달했을 때, 저 잠재력들에게 직접적으로 사회적인 형태를 부여할 수 있는 능력이나 생각이 전혀 존재하지 않았습니다(이것이 우리가 저지른 가장 어리석은 짓입니다). 다시 말해 우리는 "지금부터 우리는 사회적 자기조직화 센터들, 라디오, 텔레비전, 정보기관 등등을 세울 것입니다"라고 말하지 못했습니다. 그렇기는커녕 모든 것이 고전적인 조직형태 속에서 다시 제안 되었습니다.

지난 10년 간 이루어진 더욱 흥미로운 논쟁들 가운데 하나는, 영국을 비롯한 몇몇 곳의 일부 반자본주의자들이 "행동주의를 포기하라"Give Up Activism는 요구를 제기했다는 것이다(Andrew X 1999).[33] 아무것도 하지

---

33. 행동주의를 둘러싼 이러한 최근의 논쟁은 무엇보다 상황주의 인터내셔널 내에서 발전한 "투사"에 대한 예전의 비판들을 떠올리게 하는 데가 있다. 크리스 라이트는 이 논문의 초고에 대한 논평에서, 다루어지고 있는 혁명적 조직화에 대한 많은 관점들이 상황주의 인터내셔널의 비판에 대한 고려를 통해서 적절하게 고찰될 수 있다고 올바르게 제안했다. 그러한 과정의 일부로, 1970년대에 리카르도 데스떼(Riccardo D'Este)의 동료

않는 것을 통해서가 아니라(오늘날 조직된 정치활동으로 통하는 것의 대부분은 괜히 바쁘기만 하다고 해도 무방하지만), 현재 운동들이 계급구성과 맺고 있는 관계뿐만 아니라 전지구적 자본에 맞선 다양한 운동들 그 자체에도 존재하는 역할분담에 도전함으로써 그렇게 하라는 것이 저들의 주장이다. 이러한 노선이 성공하기 위해서는, 커닝햄(2002b)이 "참여에 있어서 민주적인 동시에 구조적으로 투명한 조직 모델에 대한 모색"이라고 칭한 것을 추구하는 가운데 조직형태를 지속적으로 새롭게 사고하려는 노력이 필요할 것이다. 그러나 그러한 작업은 커닝햄의 제안을 넘어서, 볼로냐(2001 : 13)가 "기술자"의 역할이라 명명한 것에 대한 더 깊은 탐구를 요구할지도 모른다. 즉 "전략적 이성"의 필수적인, 운동 전체에 걸친 집합적 발전의 일부로서 자신의 특수한 전문성과 판단력을 공유할 준비가 되어있으면서도, 그 결과로 어떠한 특권적 지도권도 주장하지 않는 동지들의 역할에 대한 연구가 필요할 것이다.[34] 만약 이러한 기획이 이루어진다면, 우리는 30년 전에 북미지역의 저널 『제로워크』 *Zerowork*(1977 : 6)의 편집인들이 제기했던, 어떻게 "노동계급의 자율성과 모순되지 않는 조직전략을 발전시키고 유통시킬 것인가"라는 문제에 대한 어느 정도 새롭고 흥미로운 대답을 찾을 수 있을 것이다.

---

들이 행한 노력들 — 예컨대 Cevro-Vukovic(1976)에 실려 있는 「정치를 넘어선 경험」 (Un'esperienza oltre la politica)을 보라 — 을 검토해 보는 것 역시 도움이 될 것이다.
34. 티모시 머피는 나로 하여금 볼로냐의 "기술자" 개념과 푸코(1980c)의 (1977년에 이루어진 인터뷰 「진리와 권력」(Truth and Power)에서 개괄적으로 다루어진) "구체적 지식인"(specific intellectual)에 관한 논의 사이에 존재하는 친연성에 주의를 기울일 수 있도록 해 주었다. 호전성과 행동주의에 관한 문제들을 직접적으로 다루는 Thoburn(2003) 은 그러한 전략적 추론의 중요한 기여자 가운데 한 명이다.

# 2부 어떻게 현재에 저항할 것인가

# 4장

# 요구와 지평으로서의 노동거부

케이시 윅스

노동거부는 안또니오 네그리의 저작은 물론이고 그의 작업이 놓여있는 자율주의 이론 전통에서도 중심적인 개념이다.[1] 그러나 이 개념의 중요성은 지성사적 의미를 넘어선다. 이 글에서는 노동거부가 오늘날의 정치이론 및 실천과 맺고 있는 관련성으로 인해 매우 중요하다는 점을 강조하고자 한다. (비노동 또한 그 속에 포함하고 있는) 노동은 근대의 삶에서 가장 중요한 요소 가운데 하나임과 동시에 비판적 분석에 부치기 가장 어려운 것 중 하나이다. 임금노동에 본질적인 도덕 가치와 존엄이 깃들어 있다고 찬미하는 노동윤리는 오늘날 미국을 비롯한 도처에서 지속적으로 위력을 떨치고 있다. 그러나 고된 장시간 노동은 미덕일 뿐 아니라 불가피하다는 노동윤리의 전제는 정치 이론가들의 반박을 제외하면 거의 검토하지 않고 있다. '노동윤리 논의들을 둘러싼 공적이고 사적인

---

1. 자율주의적 맑스주의 범주에 대해서는 Cleaver(2000a : 17~18)를 보라.

침묵의 이유는 도대체 무엇인가? 임금 노동은 인간의 본성적 조건이며 "사람은 지쳐 쓰러져 죽을 때까지 일해야 한다"는 것이 사회적 "사실"의 힘을 가지게 만드는 "비밀"은 무엇인가?' (Aronowitz 외 1998 : 72) 노동은 우리 모두가 추구해야 하는 경제적 행위로서만 부과되지 않는다. 노동은 윤리적 실천으로 제시되며 그런 의미에서 우리가 추구하고자 해야 하고 가능하면 더 많이 하길 원해야 하는 것으로 부과된다. 이러한 노동윤리는 왜 존속하며 무엇에 영향을 미치는가? 어떻게 해야 노동윤리를 비판적 판단에 부칠 수 있을까? 노동윤리를 거부하는 실천이자 임금노동의 필연성과 가치에 문제를 제기하는 입장인 노동거부는 현재의 노동조직화와 이를 지탱하는 지배 담론들을 비판적으로 평가하고 이에 실천적으로 맞설 수 있도록 해 주는 중요한 수단으로 기능할 수 있다.

노동거부는 요구이자 지평으로 볼 때 가장 잘 이해할 수 있다. **요구**로서 노동거부는 노동시간 단축 요구부터 태업, 전형적인 예인 파업에 이르기까지 다양한 실천들의 이름이 될 수 있다. 그러나 노동거부는 그 이상의 어떤 것이다. 그것은 요구인 동시에 이론적 · 정치적 **지평**이며 지성의 지침서이다. 그 안에서 노동에 대한 다양한 비판적 분석과 노동을 중심으로 조직된 사회의 잠재적 대안을 사유하는 유토피아적 고찰들이 발생한다. 노동거부는 광범위한 개념 분석과 정치적 입장을 만들어내고 또 이들에 의해 충만해지는 실천들이다. 이러한 점에서 노동거부는 정치 이론과 실천의 전통 안에 있는 여타의 거부 명제들에 비견할 수 있다. 예를 들어 시민 불복종 전통은 노동거부와 마찬가지로 권위에 대한 거부를 출발점으로 삼는다. 그러나 정치적 권위에 대한 그러한 거부가 단지 부정적 기획에 한정된다면 (예를 들어 시민 불복종론과 그에 따른 실천은 정치권력 및 권위의 대안을 구성하는 행동을 병행하지 않았다) 그것은 부적절한 것으로 남게 된다. 앞으로 보게 되겠지만 이 글에서 논의하는 노동거부는 **부정적**이면서 동시에 **긍정적**이다. 그것은 현재의 노동체제에 대한 거부와 대안을 상상하고 구성하는 기획 모두를 아우른다.

아래에서 전개될 노동거부 이론과 실천에 대한 설명은 몇몇 맑스주의 담론에 활기를 불어넣는 생산주의적 전제와 주장을 부정하는 것에서부터 시작한다. 여기에서는 고전적 맑스주의와 휴머니즘적 맑스주의에 초점을 맞출 것인데 이들은 특히 네그리의 저작에서 발전된 것과 같은 노동거부의 지평과 대조되는 지점들을 보여주는 데 도움이 된다.[2] 노동거부는 (노동을 인간의 본질 혹은 사회적 존재의 이유로 찬미하지 않는다는 점에서) 우리에게 보다 익숙한 유형의 맑스주의와는 현저한 차이를 보여주는 반면, 포스트구조주의의 주장과는 흥미로운 유사점을 보여준다. 특히 생산주의적 가치와 헤겔식의 변증법적 논리에 대한 포스트구조주의의 비판과 공통점을 가진다는 점에서 그러하다. 따라서 노동거부 개념을 고전적이고 휴머니즘적인 맑스주의와 관련지으면서, 다른 한편에서는 고전적, 휴머니즘적 맑스주의에 대한 포스트구조주의의 비판들과 연결시키고 후자를 통해 전자에 대한 비판에 살을 붙이는 방식으로 논의를 전개할 것이다. 그리고나서 자율주의 전통 일반으로, 구체적으로는 네그리의 저작으로 돌아와 대안을 제시할 것이다.

이러한 진행 방법에는 또 하나의 명제가 숨어있는데, 여기서는 그 명제를 주장하기보다는 단지 제안만 하고 싶다. 즉, 나는 네그리의 자율주의적 맑스주의를 전통적 맑스주의와 포스트구조주의 사이에 위치시킴으로써 현대 이론의 목록 속에서 맑스주의가 점하는 위치에 대한 두 개의 밀접하게 엮인 전제들을 거부할 것이다. 맑스주의는 하나이며 단일한 담

---

2. 여기서 고전적 맑스주의는 근대화 지평을 특권화하고 객관적 발전법칙 관념에 의존하는 맑스주의적 해석과 학문 전통을 의미한다.

론이라는 전제와 맑스주의는 포스트구조주의와 대립한다는 점에서 통일되어 있다는 전제가 그것이다.[3] 네그리의 작업은 맑스주의와 포스트구조주의 사이에 흔히 설정되는 이러한 대립이 부정확하고 쓸모없음을 보여준다. 이 글의 서술 방법도 이를 함축하도록 의도되었다.

## 생산주의 비판

맑스주의에 존재하는 생산주의에 대한 비판은 장 보드리야르의 『생산의 거울』*The Mirror of Production*(1975)에서 가장 간명하고 도발적으로 제기되었다. 생산주의라는 말은 서로 관련되어 있으면서도 구별되는 여러 생각들을 가리킨다는 점에서 다의적이다. 이 글에서는 다소 좁은 의미의 생산주의에 초점을 맞출 것이다. 예컨대 맑스주의가 내세우는 방법론적 주장인 생산의 우선성 문제는 다루지 않을 것이다. 대신 보드리야르가 다방면에 걸쳐 전개한 비판의 한 측면에 논의를 제한하면서 노동윤리에 기반한 규범적 이상으로서 생산주의가 수행한 역할을 탐구하고자 한다. 1973년에 출간된 『생산의 거울』은 산업노동자 계급을 넘어선 새로운 사회적 주체들의 행동과 1968년 5월의 반권위주의적 윤리, 그리고 유토피아적 기운으로부터 영감을 받았다. 보드리야르의 표현에 따르면 "[하나의 유령이 혁명적 상상에 끈질기게 들러붙어 있다. 생산이라는 유령. 그것은 도처에서 생산성에 대한 고삐 풀린 낭만주의를 지탱한다"(1975 : 17). 사적 유물론은 정치경제학의 노동·생산 물신주의를 재생산한다. 그러한 혐의의 증거는 노동을 인간의 본질로 보는 맑스주의의 존재론과

---

3. 나는 다른 곳에서 이를 더 명확하게 주장한 바 있다. (Weeks 1998 : 48~69)

맑스주의가 이러한 본질이 무제약적 생산성의 형태로 완전히 실현되는 것을 유토피아적 미래상으로 그리는 것에서 찾아볼 수 있다. 보드리야르는 이것이 맑스주의의 어느 한 분파에 국한된 경향이 아니라고 평가한다. 오히려 "노동의 신성화는 처음부터 맑스주의 정치·경제 전략의 숨겨진 악덕이었다"(1975 : 36). 보드리야르가 보기에 이러한 생산주의 이념은 속류 금욕주의의 가치들에 충실하다. 그 안에서 사회적 상호작용 및 관계들의 풍부함, 자발성, 다수성은 도구적이고 합리주의적인 생산성 논리에 종속되고 엄격하게 공리주의적인 목적을 위해 자연을 통제하는 활동들이 찬양된다. 이러한 설명에 따르면 맑스주의가 생산주의에 매몰되어 서구 자본주의 사회형성체들과 나란히 그것을 떠받치면서 전개되어 온 노동윤리와 단절하지 못했다는 것은 맑스주의가 비판적 분석과 유토피아적 상상 모두에서 실패했음을 나타낸다.

보드리야르의 비판은 특정 맑스주의 담론들에 여전히 뿌리박혀 있는 생산주의적 전제와 가치들을 폭로하고 재고할 중요한 기회를 제공한다. 맑스주의가 전통적 노동윤리를 고수하고 있다는 것은 자본주의에 대한 대안을 그리는 유토피아적 고찰들을 검토할 때 가장 분명하게 드러난다.[4] 여기에서 언급하는 유토피아적 지평이란 완벽한 미래에 대한 청사진이라기보다 더욱 적절하고 유용한 유토피아적 사유의 상에 부합하면서 다른 가능성들을 상상하고 대안적인 삶의 방식을 예견해 보려는 시도이다. 새로운 생각을 불어넣어주는 지평으로서 그것들은 자본 하에서의 일상의 삶에 대한 비판을 진전시키고 더 나은 미래가 열릴 가능성에

---

4. 이러한 종류의 유토피아적 고찰을 하지 않는 것이 맑스의 원칙이지만 여러 텍스트들에 흩어져 있는 짧은 구절에서 비자본주의 사회에 대한 그의 생각을 엿볼 수 있다. 이후 맑스주의자들 대부분은 유토피아적인 사유에 대해 적대감을 드러냈지만 자본주의 사회에 대한 대안적 미래의 가능성을 긍정했고 많은 경우 그 개략적인 모습을 성찰하였다.

대한 욕망, 상상, 희망을 일깨운다. 아래에서는 맑스주의 전통 내의 두 가지 유토피아적 지평들을 살펴보고자 한다. 이들 각각은 맑스주의적 사유의 지배적 모델을 공부한 연구자들에게 친숙한 것이며 둘 다 생산주의적 전제들과 가치들을 품고 있다. 고전적 맑스주의의 근대화 유토피아와 낭만주의적·휴머니즘적 유토피아가 그것이다. 블라디미르 레닌과 에리히 프롬이 각각의 대표라 할 수 있다. 앞으로 보게 될 바와 같이 이들은 맑스주의 내에서 매우 상이한 경향들과 관계맺고 있지만 노동윤리를 본질적인 것으로 주장했다는 점에서 공통점을 가진다.[5]


## 근대화 유토피아


근대화 유토피아는 '맑스주의 코뮤니즘'하면 가장 먼저 떠오르는 특징적인 것이다. 근대화 유토피아의 관점에서 코뮤니즘은 자본 아래에서 발전된 생산력의 생산적 잠재력이 완전히 실현되는 것과 동일하다. 자본 비판은 생산력과 생산관계 사이의 모순과 착취 문제를 중심으로 이루어진다. 착취는 생산력의 사적 소유에서 발생하며 잉여생산물의 사적 전유로 이루어진다. 이 잘 준비된 자본주의 발전 각본에 따르면 부르주아적 소유 관계는 결국 근대적 생산력의 완전한 발전에 족쇄가 된다. '부

---

5. 어떤 사람들은 맑스주의의 이 두 흐름에 대해 논의하는 것을 못견뎌할지도 모른다. 각 분파의 대표자인 레닌과 프롬이 더 이상 오늘날의 맑스주의와 무관하고 그들의 역사적 순간은 지나가버렸다고 생각하기 때문이다. 그러나 고전적 패러다임과 휴머니즘적 패러다임의 대표자들은 인기를 잃었을지 모르지만 패러다임들 자체는 여전히 살아남아 다양한 맑스주의 이론의 가치와 전제에 주기적으로 모습을 드러낸다. 특히 무엇을 해야 할 지 제안하고 미래의 가능성을 성찰하는 전략적이고 유토피아적인 과제들이 문제될 때 그러하다. 나는 그들이 남긴 바를 적절히 평가하고 그것과 씨름해야 해야 한다고 주장한다.

르주아 사회의 조건들은 자신이 창조한 부를 수용하기에는 너무 좁다'(Marx and Engels 1948 : 15). 반대로 코뮤니즘은 경제적 소유관계와 통제를 민주화할 것이다. 생산수단과 노동과정 자체가 '속박에서 벗어날 것'이고 이에 따라 생산관계, 계급관계가 급진적으로 변형될 것이다.

이러한 접근법은 현실 국가사회주의의 건설자들에 의해 가장 분명하게 표현된다. 고전적 혁명론에 해당하는 어떤 분석에서 레닌은 자본주의 전복 이후의 두 국면을 구별하였다. '공장 훈육'이 사회 전체로 확장되는 첫 번째 사회주의적 국면과 진정한 코뮤니즘의 최종 단계가 그것이다. 자본주의와 코뮤니즘 사이의 긴 이행기이자 알 수 없는 어떤 상태가 지속되는 첫 번째 단계는 노동자들에게 '자기 희생', '인내', '꾸준하고 훈련된 노동의 고유한 노정'에 헌신할 것을 요구한다(Lenin 1989 : 223, 226). 장차 올 미래에 코뮤니즘을 실현하기 위해서 자본에 대한 공격은 이행기 동안 얼마간 보류해야 한다. 따라서 코뮤니즘은 자본주의의 순전한 초월로서 추상적으로 상상되는 반면 사회주의는 (이 시점에 일시적으로 멈춰서) 자본주의를 강화하는 과정을 포함한다. 그러는 동안 '소비에트 정부는 사람들에게 노동하는 법을 배울 것을 전방위적으로 명해야 한다'(Lenin 1989 : 240). 이는 성과급, 회사 간 경쟁, 작업 시간-작업 동작 효율화 방안들의 활용을 포함한다. 테일러주의에 대한 레닌의 매료와 찬탄, 쁘띠 부르주아적 게으름·이기심·무정부성과 싸우기 위해 철의 노동규율이 필요하다는 그의 주장에서보다 근대화의 유토피아가 더 선명하게 그려진 곳은 없다(Lenin 1989 : 240~1, 257). 그러나 레닌이 혁명 직후의 어려운 조건들에 대처하기 위한 수단으로만 생각했던 것들은 다른 사람들의 손에서 유토피아가 훨씬 더 먼 미래로 연기되었거나 혹은 이미 성취되기라도 한 것처럼 그 자체로 목적이 되었다. 우리는 후에 소비에트의 정책과 수사법들 속에서 근대화라는 이상의 가장 순수한 예를 발견할 수 있다. 근대화 이상은 숙련된 프롤레타리아 노동이 가진 세계를 짓는 영웅적 힘을 강조하면서 인간 노동의 창조적 힘에 가치를 부여하는 것에 의존하며 그것을 중심축으로 삼는다. 그런데 이 때 인간 노동의 창조적 힘은 사회적 생산으로 좁게 이해된다.

다른 맑스주의적 입장과 달리 생산주의의 이러한 조류가 가지는 문제는 그것이 자본에 대한 불충분한 비판에 기초하고 있어서 대안적 지평이 자본의 구조와 가치들을 너무 많이 보존한다는 것이다. 프롤레타리아의 노동과 생산력의 점진적 발전에 대한 높은 가치평가는 자본주의 사회의 근본적 속성들을 그대로 모방한다. 이에 따르면 노동계급은 '사회적 노동의 치맛자락 속에 잠들어 있던 생산력'(Marx and Engels 1948 : 14)을 처음으로 드러내 보여주었던 부르주아지의 역사적 사명을 물려받아 수행한다. 여기서 경제적 근대화 과정을 마치 자연적인 과정인 것처럼 여기고 찬양한 부르주아 정치경제학에서 찾아볼 수 있는 것과 같은, 경제 '성장', 산업 '진보', '노동윤리'에 대한 숭배를 발견할 수 있다. 이러한 형태에서는 자본주의적 생산에 대한 비판이 예컨대 노동과정 자체로까지 나아가지 않는다. 따라서 공장노동이 반복적이고 정신을 피폐하게 만드는 특질을 가지고 있다는 맑스의 날카로운 비판과 자유는 노동일의 감소를 필요로 한다는 그의 주장을 적절하게 설명할 수 없다. 이러한 각본에 의해 기획된 코뮤니즘은 산업생산의 근본적 형태와 생산에 대한 자본주의적 명령방식을 고스란히 둔 채 소유 관계를 변형하는 것에 그친다. 이 논리에 대한 모이셰 포스톤Moishe Postone의 비판적 독해에 따르면 자본주의에 대한 미래의 대안은 '자본주의가 발생시킨 **바로 그** 산업생산 방식을 정치적으로 관리하고 경제적으로 조절하는 새로운 양식'에 불과한 것이 된다(1996 : 9). 이에 따르면 코뮤니즘은 발전된 자본주의로 이해될 수 있을 것이다.

## 낭만주의적 · 휴머니즘적 유토피아

근대화 유토피아에 대한 대안은 1960년대 영미 맑스주의자들에게 인기를 얻었다. 여기서 낭만주의적 · 휴머니즘적 유토피아로 일컬어지는 것은 근대화 유토피아를 포함하여 그것과 태도를 같이 하는 고전적 담론들에 비판적이다. 고전적 담론들이 19세기 후반과 20세기 초 유럽의 혁명 운동들의 맥락에서 생겨난 반면, 휴머니즘적 맑스주의의 발전과 대중화는 신좌파의 발생과 함께 이루어졌다. 맑스의 『경제학 철학 수고』[이하 『수고』]의 첫 번째 미국 출간을 기념하기 위해 1961년에 구상되어 출판된 에리히 프롬의 『맑스의 인간 개념』*Marx's Concept of Man*은 낭만주의적이고 휴머니즘적인 맑스 독해의 전형을 보여준다. 휴머니즘적 맑스주의는 현실 국가사회주의 통치체제와의 연루뿐 아니라 매우 경제학적이고 결정론적인 경향들로부터 맑스주의를 구출하기 위한 시도로 제시된다. 『수고』(이 책은 1920년대 전에는 출간되지 않다가 1959년에야 처음 영어로 번역되었다. 이는 매우 중요한 사실이다)에 기대서 프롬은 휴머니즘적 전통에 기반하여 창조적 개인을 역사의 동력이자 분석의 단위로 삼는 철학적 맑스, 대항 맑스를 재구축한다. 고전적 맑스주의가 『공산당 선언』과 『자본론』을 특권적인 텍스트로 중시한 반면 휴머니즘적 맑스주의는 맑스의 초기 저작들, 즉 『수고』와 『독일 이데올로기』에서 자신의 기원을 찾는다. 근대화 유토피아가 부르주아적 소유 관계와 착취 문제 비판에 대한 응답으로 구상되었다면 휴머니즘적 유토피아는 소외된 노동에 대한 비판으로부터 발생했다. 근대화 유토피아가 사회 진보, 사회 정의, 사회적 조화의 관념을 구심점으로 삼는다면 휴머니즘적 유토피아는 개인을 중요한 범주이자 근본적 가치로 삼는다. 프롬의 설명에 따르면 사실 맑스의 철학은 '개인주의의 완전한 실현을 목표로 했다'(1961 : 3). 아래에서 자세히 살펴보겠지만 이러한 접근법의 낭만주의적 측면은 휴머니즘적 맑스주의가 공유하고 있는 지점이며, 맑스의 철학을 '서구 산업주의 발전에 내재된 인간의 탈인간화와 기계화에 대항한 운동'(1961 : 5), '산업주의의 기계적·물질주의적 정신'에 대한 '영적·휴머니즘적' 대안(위의 책 72쪽)이라고 한 프롬의 서술에서 분명히 나타난다. 근대화 유토피아와 휴머니즘적 유토피아는 근대성의 두 가지 얼굴에 대한 맑스주의적 주석을 보여준다. 하나는 과학과 산업의 지속적 발전에 근거한 사회 경제적 진보의 이상이며 다른 하나는 그러한 이상을 수반하는 합리화의 힘들에 대항한 낭만주의적 반란이다.

미래에 대한 이러한 두 가지 지평은 몇몇 지점에서 서로 대립하지만 노동이 인간의 근본적 가치라는 전제를 공통의 지반으로 삼는다. 첫 번째 입장에서는 노동을 사회적 생산으로 생각하고 사회적 결속과 성취의 주요한 수단이라 평가한다. 두 번째 모델에서는 노동을 지금은 우리가 소외되어 있지만 되찾아야 할 개인의 창조적 역량이자 인간적 본질로 이해한다. 프롬은 맑스의 『수고』에 기대서 자신이 보기에 맑스의 중심적 관심사인 인간의 자기실현은 노동활동과 불가분하게 연결되어 있다고 주장한다. '이러한 참된 활동 과정 속에서 인간은 스스로를 계발하고 그 자신이 된다. 노동은 생산이라는 목적을 위한 수단일 뿐 아니라 그 자체로 목적이며 인간 에너지의 의미 있는 표현이다. 따라서 노동은 즐거운 것이다'(1961 : 41~2). 자본주의의 문제는 우리가 우리 자신의 본질적 본성, 참된 자아에서 소외되었다는 것이다. 소외는 생산성의 부정이다 (1961 : 43). 따라서 '맑스에게 사회주의는 인간이 그 자신으로 돌아갈 수 있게 하고 존재와 본질이 일치할 수 있도록 해 주는 사회 질서를 의미했 다…….'(1961 : 69). 미래의 유토피아 사회가 구현해야 할 지배적 이상인 소외되지 않은 노동은 개인의 자기실현과 자기 성취의 주요한 수단으로 간주된다. 프롬은 『자본론』 3권의 한 구절(맑스가 필연의 왕국의 위에, 그것을 넘어서 있는 자유의 왕국을 서술한 유명한 구절)을 길게 인용하 면서 사회주의의 본질적인 모든 요소들이 거기에 있다고 주장한다(1961 : 59~60). 이 구절에 대한 프롬의 독해에서 우리는 소외되지 않은 노동이 라는 낭만주의적·휴머니즘적 지평에 이르는 길을 찾을 수 있다. 그것은 바로 노동의 세계를 개인 생산자들이 통제하는 협력 과정으로 바꾸는 것 이다. 자유를 생산하고 자유로워지기 위해서는 계획 경제를 수립할 것이 아니라 조직을 구성하고 계획을 수립하는 활동에 참여해야 한다. 자유는 '자신의 힘을 사용하고 세계와 생산적으로 관계맺음으로써 인간[즉 개 인]이 제 발로 서는 것을 바탕으로 한' 개인의 독립의 문제이다(1961 : 61).

자본주의에 대한 프롬의 치유책은 레닌이 처방한 바와 같은 더 많은 노동이 아니라 더 나은 노동이다. 프롬은 '맑스의 중심적 테마는 소외되 고 무의미한 노동을 생산적이고 자유로운 노동으로 변형시키는 것'이라 고 주장한다(1961 : 43). 이를 통해서 우리는 마침내 우리의 진정한 인간 성을 실현할 수 있다. 『자본론』 3권의 유명한 구절(프롬이 사회주의의 모 든 본질적 요소들을 표현하고 있다고 한 구절)을 논할 때 프롬이 자유의 왕국은 그것의 기초로서 필연의 왕국을 토대로 해서만 번영할 수 있나고 한 부분은 인용하면서, 바로 이어지는 '노동일의 단축은 기본적인 선결 문제'(Marx 1981 : 959)라는 마지막 문장을 생략하고 있다는 점은 흥미롭다.[6] 사회적 생산인 노동이 소외되지 않은 형태에서는 자기 창조의 표현이자 수단이라면 왜 적게 일하겠는가? 프롬의 목표는 노동이 사회적 가치의 중심축으로서 점하고 있는 위치와 싸우는 것이 아니라 노동의 존엄과 진가를 복구하는 것이다.

자본주의적 훈육의 기본적인 얼개를 수용하고 적용하면서 사적 소유와 시장을 거부했던 근대화 모델과 달리 휴머니즘적 패러다임은 노동에 대한 더 광범위한 비판을 수행한다. 그러나 이 기획의 문제는 휴머니즘적 대안에 영감을 준 수공업 생산을 낭만화하고 이전 시대에 대한 향수를 불러일으키는 경향이 있다는 것이다. 프롬은 맑스의 초기 저작들을 또 한 번 참조하면서 수공업 생산과 매뉴팩처가 우세했던 초기 단계보다 오늘날의 소외가 더 심각하다고 말한다(1961 : 51). 이러한 분석에서 사용가치를 생산하는 구체적 노동이 교환가치를 생산하는 추상적 노동에 대한 대안으로 제시되기도 한다. 예컨대 낭만주의적·휴머니즘적 기준에 충실한 한 논문에서 데이비드 맥렐런David McLellan은 맑스의 초기 저작들에 의지하여, 소외되지 않은 사회로서의 코뮤니즘을 재구축할 것을 제안한다. 소외되지 않은 사회에서 우리는 노동생산물과 직접적, 인격적 관계를 맺게 될 것이다(McLellan 1969 : 464). 우리가 만들어 낸 대상은 인간의 본질인 노동의 대상화로서 우리 존재를 확립해줄 것이다. 잉여가치를 생산하기 위해 시장에 내다팔 잉여의 것들을 생산하는 대신 당장 사용할 유용한 것들을 생산하게 될 것이다. 다양한 구체적 노동을 일반

---

6. 프롬은 텍스트 후반부에서 같은 구절을 더 짧게 인용하고 이번에는 노동일 단축이 필요하다는 마지막 문장을 포함시킨다. 그러나 프롬은 여전히 노동단축 이상에 무관심하다. 마지막 문장을 제외한 인용문의 모든 부분을 이탤릭체로 강조하면서 마지막 문장에 대해서는 논하지 않는다.(1961 : 76)

적 노동으로 환원하는 개념적 추상과, 개인의 구체적 노동활동을 대규모 사회적 생산의 요구에 따라 변형시키는 실천적 과정 양자를 함축하는 추상적 노동에 맞서서 낭만주의적·휴머니즘적 입장은 구체적 노동을 대안으로 삼는 경향이 있다. 이러한 독해에 따르면, 우리가 생산물과 소외되지 않은 관계를 맺기 위해서는 구체적 노동에 참여해야 하고 인간의 노동 본성의 대상화인 사용가치를 생산해야 한다.

그러나 구체적 노동과 사용가치 생산을 추상적 노동과 교환가치 생산에 대한 유토피아적 대안으로 제시하는 이러한 경향은 (맑스의 다른 저작들까지 고려하면 일관성이 떨어진다는 의미에서, 더 중요하게는 오늘날의 맥락과 연관성이 떨어진다는 의미에서) 맑스에 대한 문제적인 독해에 기초하고 있다. 문제는 사용가치와 교환가치, 구체적 노동과 추상적 노동 같은 맑스의 개념쌍을 선악 구도로 환원해서는 안 된다는 것이다. 그러한 구도에서 사용가치, 구체적 노동 같은 첫 번째 개념군은 자본을 비판할 수 있는 자본 외부의 입지점으로 설정된다. 여기에서 이를 니체가 귀족의 도덕과 노예의 도덕 개념쌍을 사용하는 것과 비교해 보면 좋을 것 같다. 니체는 노예의 도덕을 귀족의 도덕에 견주어 평가하면서 이 두 개념을 구별하지만 귀족의 도덕을 적절하거나 바람직한 선택항으로 내세우지 않는다. 귀족의 도덕이라는 범주는 더 나은 미래상이 아니라 노예의 도덕에 대한 비판을 진전시키는 수단 역할을 한다. 마찬가지로 맑스의 구별은 우리에게 유토피아적 해결책을 보여주지 않는다. 자본주의 사회에 대한 진정한 대안은 자본주의 아래에서의 추상적 노동과 자본주의가 만들어낸 구체적 노동 방식 모두를 넘어서는 것이다.[7]

---

7. 모이셰 포스톤은 '자본주의를 극복하는 것은 프롤레타리아트가 수행하는 구체적 노동을 극복하는 것 또한 수반한다'(1996 : 28)고 주장한다. 해리 클리버가 서술하듯 '탈자본주의적 "유용 노동"을 이야기하는 것은 탈자본주의적 국가를 이야기하는 것만큼이나

후기 저작에서 맑스가 자본주의에 대한 대안으로 장인생산 모델로 돌아가야 한다고 주장하지 않는다는 것에 주목해야 한다. 오히려 맑스는 수공업 생산과는 질적으로 다른 사회적 노동 형태와 대규모 협력의 장점을 분명하게 옹호한다.[8] 사회적 생산의 힘은 '협력 자체로부터 발생한다. 노동자가 다른 사람들과 계획적인 방식으로 협력할 때 그는 자신의 개체성의 속박을 벗고 자신의 유類의 역량을 발전시킨다' (Marx 1976 : 447). 개별 노동자에 대한 낭만주의적-휴머니즘적 관념은 더 이상 이러한 협력의 수준에 조응하는 적합한 분석 단위가 아니다. 구체적이고 유용한 생산물을 생산하는 개별 노동자라는 상은 특정한 개인들에게 귀속될 수 없는 일반적인 기술·과학 지식들을 점점 더 통합해 나가는 과정과 모순된다. 맑스에 따르면

> 발전의 초기 단계에는 단일한 개인이 아직 그의 관계들을 충분히 발전시키지 못했거나 그 관계들을 자신과 대립하는 독립적인 사회적 힘이자 관계들로 세웠기 때문에 그 단일한 개인이 더 온전하게 발전된 것처럼 보인다. 그런데 그러한 처음의 온전함으로 돌아가고자 열망하는 것은, 이러한 완전한 공허와 함께 역사가 정지하게 되었다고 믿는 것만큼이나 불합리하다. 부르주아적 관점은 그 자신과 이러한 낭만적 관점 사이의 대립 너머로 나아가본 적이 없다. 따라서 이 낭만적 관점은 부르주아적 관점이 축복받은 종말에 이를 때까지 정당한 대립물로서 부르주아적 관점을 따라다닐 것이다. (1973 : 162)

이러한 발전 속에서 우리는 독립적 개인들 위주의 낡은 조직화 방식으로 돌아가는 것이 아니라 노동과 생산을 조직하는 새로운 방식들과 주

---

문제적이다'(2000a : 129).
8. 장 마리 뱅상(Jean-Marie Vincent)이 유사한 분석을 전개한다(1991 : 80~2).

체성의 새로운 모델들의 가능성을 향해 나아가야 한다.[9]

## 자율주의적 맑스주의와 노동거부

　노동이 모범적 행위이자 인간적 가치라는 생각이 가지는 흡인력은 자유주의와 맑스주의의 상상력 모두에 영향을 미친다. 노동을 도덕, 규범, 신화로 만드는 것은 자본만이 아니다. 네그리가 지적하듯 '공식적인 사회주의 운동' 또한 노동을 부과하는 것이 마치 '고귀한 권리'인 양 여기며 노동거부를 끊임없이 억압하려 한다(1979c : 119, 124). 보드리야르가 맑스주의 일반을 싸잡아 비난했지만 맑스주의의 전통 안에도 대안적인 접근들이 있다. 특히 넓은 의미의 자율주의적 전통과 네그리의 저작들에는 노동거부의 관점에서 생산주의적 가치들을 논박하고 그에 대한 대안을 모색한 결과물이 나타나 있다. 이어지는 단락에서는 노동거부를 (1) 이론과 실천으로서 (2) 상상의 논리로서 구체화하고자 한다. 마지막 부분에서는 노동거부와 오늘날의 발전 사이의 연관성이 더 이야기될 것이다.

　『자본론』이 고전적 맑스주의의 주된 텍스트이고 『수고』가 휴머니스트들의 주요한 텍스트라면, 자율주의자들에게는 『요강』이 중요한 텍스트이다. 『요강』에 관한 연구서인 『맑스를 넘어선 맑스』에서 네그리는 고전적 맑스주의, 휴머니즘적 전통을 비롯한 현존하는 수많은 맑스주의 조류에 대한 대안의 얼개를 보여준다. 『요강』을 그저 『자본론』보다 먼저 쓰여진 텍스트 혹은 『자본론』의 초고로 보던 흐름과 달리 네그리는 『요강』에서 매우 다른 종류의 분석을 발견한다. 『자본론』과 달리 『요강』은

---

9. 맑스 주장의 이러한 측면에 대해서는 모이셰 포스톤의 분석 또한 참조하라(1996 : 336~9).

1857년의 구체적인 위기상황 속에서 저술되었다. 따라서 『요강』은 당시 위기의 혁명적 가능성들을 이론화하는 시도로 볼 때 가장 잘 이해할 수 있다. 따라서 '이러한 역동적인 발전과정을, 누군가가 장악하거나 지배하거나 뒤집을 수 있는 발전 법칙을 가진 총체로 실체화하고 경직시켜 그 역동성을 파괴할 가능성은 없다' (Negri 1991a : 9). 맑스가 1857년 위기 당시 그랬던 것처럼 자율주의 이론가들은 노동자, 학생, 페미니스트, 실업자들의 느슨한 연합이 벌인 혁명적 운동의 선두에 섰고 1960~70년대 이딸리아를 들끓게 했다. 네그리는 1979년에 다음과 같이 말했다. '우리는 혁명적 운동이 새로운 토대를 찾고 있는 국면에 그리고 결코 적지 않은 사람들이 가게 될 길 위에 서 있었다.' 이러한 상황에서 네그리는 '우리는 정통 맑스주의와 아무런 관련도 없다'고 말한다(Negri 1991a : 17). 이러한 독해를 통해 『요강』은 맑스에게 균형의 이론가보다 위기의 이론가, 대립과 종합의 이론가보다 적대와 분리의 이론가, 객관적 경향의 이론가보다 주체적 행위의 이론가로서의 면모를 되찾아 준다. 이에 따르면 노동자들은 자본의 희생양으로서가 아니라 자본의 잠재적 적대자로 먼저 생각되어야 한다. 이러한 점에서 자율주의적 맑스주의는 자본과 그 재생산의 '일방적' 관점에서가 아니라 권력을 전복할 노동자들의 잠재성과 노동자들의 관점에서 이론화의 길을 모색하는, 맑스주의 전통 내에서 면면히 이어져온 흐름 위에 서 있다.[10] 자율주의적 맑스주의는 능동적 주체들의 힘을 강조하기에 레닌주의적 당과 전통적 노동조합, 경제발전 법칙에 대한 생각, 역사의 주객동일성 등 맑스주의적 이론과 실천 내에서 주체의 힘을 저지해 온 모든 분석적, 조직적 장치를 해체해야 한

---

10. 『자본론』에서 맑스가 드러낸 편향된 관점과 그에 대한 대안들에 대해서는 리보위츠(1992)를 보라. 자율주의적 맑스주의를 더 넓은 맑스주의적 해석과 학문 전통의 한 부분으로 위치시키는 논의로는 닉 다이어-위데포드(1999 : 62~4)를 보라.

다. 앞으로 보게 되겠지만 결정론, 목적론, **변증법**을 복구시키는 논리 또한 거부한다.[11]

그러나 자율주의자들은 결정론을 거부하면서도 휴머니즘을 받아들이지는 않는다. 한 예로 네그리는 휴머니즘의 주체 모델이 부적합하다고 단언한다.[12] 그는 내부성론, 본질적인 인간 본성의 상실과 회복 담론을 비롯한 소외 문제에 아무런 관심도 없다. 네그리의 설명에 따르면 현실의 역사적 경향들을 '(역사적으로 정의된 것일지라도) 인간 본성의 유기적 전개'라는 예견가능한 각본에 짜맞추는 '소위 맑스의 휴머니즘'은 '이론적 조바심'의 산물이고, '이행과 코뮤니즘을 동질화하기 마련인 낙관적 유토피아의 용법'이다(Negri 1991a : 154).[13] 노동거부의 관점에서 보면 '생산자로서의 인간'이라는 생각은 실천적, 이데올로기적으로 임금노동을 부과하는 작용의 일부이다. 노동의 형이상학은 자본에 내재적이고 궁극적으로 자본을 지탱하는 신화일 따름이다.

1960~70년대 이딸리아 사회 운동의 중요한 슬로건이었던 노동거부

---

11. 여기에서 타겟은 여타의 변증법들이 아니라 본질적으로 헤겔의 변증법임을 표시하기 위해 '변증법'의 첫 글자를 대문자로(Dialectic) 표기한다. 헤겔의 변증법에 대한 주목할 만한 대안, 즉 대립적이고 [차이를] 무마하는 논리학에 기대지 않는 변증법에 대한 연구로는 Bertell Ollman이 *Alienation : Marx's Conception of Man in Capitalist Society* (1971)에서 전개한 내적 관계 모델을 보라.
12. 네그리가 구조적 맑스주의 또한 거부한다는 것에 주목해야 한다. 네그리는 알뛰세의 반휴머니즘에 동의하지만 오직 다음과 같은 조건에서만 그러하다. '어떤 이들은 휴머니즘을 피하다가 주체성에 관한 이론 영역 또한 피하려 한다. 그것은 틀렸다. 유물론의 오솔길은 정확히 주체성을 가로질러 나있다. 주체성의 길이야말로 코뮤니즘에 물질성을 부여한다'(1991a : 154).
13. 지금은 소외되어 있지만 다시 회복해야 할 어떤 본질 혹은 본성(이는 맑스의 초기 저작들에 빈번히 나타나는 이상 또는 수사(修辭)이다)을 제기하는 휴머니즘적 입장에 맞서 보드리야르는 '인간을 '타자'라고 가정하고 우리의 가장 깊은 욕망이 다시 "우리 자신"으로 되는 것이라고 설득하려 애쓴다니 이 얼마나 말도 안 되는 짓인가'라고 단언한다(1975 : 166). 부패하고 참되지 않은 욕망이라고 상정된 기초 위에서 우리가 어떻게 행동할 수 있겠는가?

는 자율주의적 맑스주의의 비판적 분석과 정치전략에서 근본적인 토대 역할을 한다. 어떤 면에서 노동거부는 이 세상 모든 노동자들이 경험하는 직접적인 욕망을 분명하게 표현하는데, 자율주의자들은 이를 뛰어난 비판적 접근법과 전략과제들을 수반하는 다채로운 개념으로 발전시켰다. 노동거부가 갖고 있는 요구와 지평으로서의 잠재력을 파악하려면 우선 자본주의적 사회형성체를 비판적으로 분석하는 데 있어 노동이 차지하는 위치를 이해해야 한다. 즉 사적 소유가 아니라 노동부과와 노동 조직화를 부각시켜 자본을 규정하는 것이 분석과 전략으로서의 노동거부에 근본적이다. 결국 노동자의 입장에서 주된 관심은 자본을 축적하는 것이 아니라 임금을 받는 것이다. 임금체계가 개인들을 자본주의적 협력방식에 직간접적으로 통합하기 때문에 노동자의 입장에서는 임금체계야말로 자본주의에 중심적이다. 그래서 자율주의적 맑스주의자인 해리 클리버Harry Cleaver는 자본을 '상품형태를 통해 노동을 부과하는 것에 기초한 사회체제'로 정의한다(2000a : 82). 그러한 사회체제에서 삶은 노동을 중심으로 정렬되고 노동에 종속된다. 다이앤 엘슨Diane Elson의 맑스 독해 또한 이러한 접근을 풍요롭게 해준다. 엘슨은 맑스의 가치론을 노동가치론이 아닌 가치 노동론으로 이해해야 한다고 주장한다. 이 말인즉 가치분석의 목적이 착취의 존재를 증명하거나 가격을 설명하는 것이 아니라는 말이다. 핵심은 노동이 가치를 만들어내는 과정을 파악하는 것이 아니라 자본주의적 가치추구가 노동을 어떻게 조직하고 형성하고 지휘하는지를 가늠하는 것이다. 엘슨은 '맑스 가치론의 **대상**이 노동이었다는 것이 내 주장의 요점이다'(1979 : 123)라고 말한다. 맑스주의적 근대화론과 휴머니즘적 맑스주의가 사회적 삶에서 노동이 중심적이라는 것을 염두에 두면서 노동이 가진 구성적 힘의 진가를 인정하고 실현할 수 있는 우리의 능력에서 자본주의 이후 사회의 가능성을 구상한다면, 이와 같은 대안적 맑스 독해에 따르면 '노동이 사회적 삶을 구성하는데 중심적이라는 것은 **자본주의**의 특징이고 자본주의의 추상적 지배방식의 근본바탕을 이룬다'(Postone 1996 : 361 강조는 인용자).[14]

이러한 논의를 바탕으로 자율주의는 두 가지 잠재적인 적대를 강조한다. 노동에 대한 계속되는 자본주의적 명령과 확장일로에 있는 일반지성 및 사회적 협력의 힘들 간에 점점 더 고조되고 있는 긴장이 그 하나이다. 두 번째는 노동을 통해 소비수단을 확보하라라고 요구하는 사회와 노동이 더 이상 그러한 기능을 수행하지 않는 사회 형태가 가능해지고 있다는 사실 사이에 출현하고 있는 갈등이다. 즉 과학, 기술, 사회문화적 발전으로 인해 예컨대 노동시간이 대폭 줄고, 남아있는 노동은 모두 개선되고 노동과 임금 사이의 연결이 단절되는 사회 형태가 대두하고 있는 것이다.[15] 여기에서 노동거부와 연결되는 고리이자 중요한 지점은 사적 소유나 시장, 공장, 인간의 창조적 능력의 소외가 아닌 바로 노동 자체를 자본주의적 관계의 주요한 기초이자 체계 내의 요소들을 한데 이어붙이는 접착제로 이해하고 있다는 것이다. 따라서 자본주의를 변형하는 유의미한 시도가 되려면 노동 조직화와 노동가치를 실질적으로 변화시켜야 한다.

근대화 모델과 달리 자율주의적 전통에서는 (노동착취에 대한 비판 또한 포함하지만 그것으로 환원될 수는 없는) 자본주의 하에서의 노동을

---

14. 자율주의적 전통과 독립적으로 전개되었지만 *Time, Labor, and Social Domination*(1996) 이라는 포스톤의 뛰어난 저작에 드러난 그의 분석은 자율주의의 일반적 접근과 일치한다. 『요강』을 특권화하고 생산주의와 노동 형이상학을 비판한다는 점, 자본주의에 특유한 것은 그것이 추상적 노동에 의해 구성된다는 점이라는 주장, 마지막으로 탈노동 사회의 가능성들에 관한 그의 실험적 성찰 등이 그러하다.
15. 첫 번째 잠재적인 적대 지점에 대해서는 네그리(1996a)를 보라. 두 번째 지점에 대해서는 포스톤(1996 : 361, 365)과 뱅상(1991 : 19~20)을 보라.

비판하는 데 집중한다. 마찬가지로 노동비판에 착수한 휴머니스트들과 달리 자율주의자들은 노동**의** 해방이 아닌 노동**으로부터의** 해방을 요구한다.[16] '노동할 권리'에서 '노동거부'로 노동자 투쟁의 슬로건을 새로이 바꿔야 한다고 주장한다는 점에서 자율주의자들이 자유는 노동일의 단축에 달려있다고 주장한 맑스의 발자취를 분명히 따르고 있음을 볼 수 있다. 그런데 더 적합한 기원은 맑스의 사위인 폴 라파르그Paul LaFargue에게서 찾을 수 있을 것이다. 레셰크 코와코프스키Leszek Kolakowski는 라파르그를 '쾌락주의적 맑스주의'의 주창자로 묘사했는데 이는 그에게서 노동거부의 기원을 찾는 것이 적합하다는 것을 입증해줄 뿐이다(1978 : 141~8). 물론 코와코프스키는 라파르그의 순진함과 진지함의 부족을 드러내서 그를 모욕하려고 그러한 이름을 붙인 것일테지만 '쾌락주의적 맑스주의'는 노동거부를 주장하고 탈노동의 미래를 여는 맑스주의 전통에 적합한 이름이다. 라파르그는 1848년에 프랑스 프롤레타리아트가 외친 노동할 권리라는 표현을 비판하면서 프롤레타리아트가 '노동을 교리로 삼으라는 꾐에 스스로 빠졌다'고 불만을 표한다. '그 대가는 모질고 끔찍하다. 모든 개인과 사회[의] 비참함은 노동에 대한 프롤레타리아트의 열정에서 유래한다'(1898 : 8). 나아가 라파르그는 소외된 노동이 사적 소유의 원인이며 프롤레타리아는 이 소외된 노동에 계속 참여함으로써 체제를 재생산한다는 맑스의 주장을 떠올리게 하는 서술 속에서 자본주의적 생산의 문제점이 프랑스 부르주아지보다는 오히려 프랑스 노동자들에게 있다고 질책한다. 예를 들면 제조업자들이 사치품을 마구 소비하거나 생산물을 폐용화[17]하려 한다고 해서 비난해선 안 된다. 그들은 노동에 대한

---

16. 비르노와 하트의 *Radical Thought in Italy*(1996a)에 수록되어 있는 개념 사전에서 노동거부의 정의를 보라.
17. [옮긴이] built-in planned obsolescence : 계획적 폐용화. 물건을 만들 때 일부러 곧 쓸

노동자들의 이상한 열광을 만족시키려 노력하고 있을 뿐이다(1898 : 29~31). '프롤레타리아의 머릿속에는 자본가들이 열 시간 공장노동을 지키도록 해야 한다는 생각이 박혀있다. 이것은 엄청난 실수다……. 노동은 부과하기보다 금지해야 한다'(1898 : 37). 노동일이 세 시간으로 줄어들면 우리는 '게으름의 미덕을 실천'할 수 있을 것이다(위의 책 41쪽, 32쪽).

라파르그가 게으름의 이점을 도발적으로 칭송하기는 하였지만 노동거부를 활동과 창조성의 거부로 이해해서는 안 된다. 노동거부는 단순히 노동을 폐기하는 것이 아니라 노동을 최고의 소명이자 도덕적 의무로 놓는 노동 이데올로기, 노동을 사회적 삶의 필수적 중심으로 놓으면서 노동을 통해서만 권리와 시민권을 요구할 수 있게 하는 것, 생산에 대한 자본주의적 명령이 필수적이고 가치 있다는 것을 거부하는 것을 포함한다. 직접적 목표는 노동시간과 노동의 사회적 중요성을 감소시키는 것, 자본주의적 명령을 협력의 새로운 형태들로 대체하는 것으로 표현된다. 네그리는 '코뮤니즘은 노동을 전복하고 명령으로부터 빼내려는 구상으로 나타난다'(1991a : 162)고 주장한다. 이러한 의미에서 '해방된 노동은 노동으로부터의 해방이다'(1991a : 165). 노동거부는 특정한 행동들(파업, 태업, 노동시간 단축 요구, 참여기회 확장요구, 재생산노동에 대한 지원 및 조건개선운동 등)을 가리키는 것으로 좁게 생각하기보다 정치・문화운동 일반, 혹은 오늘날 노동이 규정하는 삶의 방식에 이의를 제기하는 잠재적 삶의 방식을 가리키는 매우 넓은 의미로 생각할 때 가장 잘 이해할 수 있다.

실천적으로는 그렇지 않지만, 분석에 있어서는 노동거부를 두 가지

---

모없게 되도록 고안하는 것

과정으로 나눌 수 있다. 하나는 본질적으로 부정적인 과정이고 다른 하나는 더 근본적이고 긍정적인 과정이다. 첫 번째 부정적 계기는 거부라는 말에서 잘 드러나며 현재의 노동 및 노동가치 체계에 대한 비판과 반란을 함축한다. 네그리는 임금노동이 중심적인 상황에서는 노동거부가 체계 전체에 잠재적으로 근본적인 위협이 된다고 주장한다. '따라서 노동거부는 자본주의 사회의 **한** 연계, 자본생산 및 재생산 과정의 **한** 측면만을 부정하는 것이 아니다. 노동거부는 가장 급진적으로 **자본주의 사회 전체를 부정한다**'(1979c : 124). 임금노동 체계가 우리를 생산방식에 연결하는 주된 문화적·제도적 메커니즘이라면 노동거부는 이 거대한 장치에 대한 본질적인 도전이 된다.

그러나 노동거부는 요구이자 지평이고 행동주의이자 분석이라는 점에서 현재의 노동조직화에 맞서는 데 그치지 않는다. 그것은 현존하는 생산·재생산 형태들을 재전유하여 변형하려는 창조적 실천으로 이해할 필요가 있다(Vercellone 1996 : 84 참조). 이것이 네그리가 주장하는 노동거부의 특별한 이중적 본성이다(1979c : 124~8). 거부라는 말은 자율주의 사유에서 매우 중요한 구성적 요소를 직접 의미하지 않는다는 점에서 어떻게 보면 부적합하다.[18] '노동과 권위에 대한 거부, 즉 실상 자발적 예속에 대한 거부는 그 자체로 목적이라기보다 해방 정치학의 **시작**을 의미한다'(Hardt and Negri 2000 : 204, 강조는 인용자).

따라서 노동거부는 탈주의 운동과 발명의 과정 둘 다를 망라한다. 유의미한 거부는 대안을 구축할 수 있는 (물리적 혹은 지적) 시간과 공간을 창조한다. 우리는 직접적인 지배관계에서 빠져나와 "탈출함으로써 우리

---

18. *Capitalist Domination and Working Class Sabotage*에서 네그리는 노동거부를 자본주의적 노동 조직화에 대한 투쟁이자 '발명하는 힘'의 형태로 서술한다(1979c : 127). 네그리는 자기-가치화라는 용어도 거부 운동의 두 번째 창조적 계기를 특징짓는 범주로 사용한다.

위에 군림하는 주권권력을 [전복한다]"(Hardt and Negri 2000 : 204). 이러한 거부는 단순한 이탈행위가 아닌 과정이다. 즉 대안적 실천과 관계를 만들 수 있는 공간과 시간을 창조함으로써 분리를 달성하고 새로운 욕구와 욕망, 힘과 능력을 가진 집단적 주체들을 낳는 이론적·실천적 운동으로 이해해야 한다. 하트와 네그리는 '단지 거부하는 것을 넘어서 아니 그러한 거부의 일환으로 새로운 삶의 방식과 새로운 공동체를 구축해야 한다'고 주장한다(2000 : 204). 빠올로 비르노Paolo Virno는 탈주와 탈출이라는 개념으로 이와 동일한 생각을 펼친다.

> '탈출'은 갈등이 일어나는 조건을 고정불변의 지평으로 놓지 않고 변경한다. 이미 나와있는 해결책 중 하나를 선택해서 문제를 처리하지 않고 문제가 일어나는 맥락을 변화시킨다. 요컨대 '탈출'은 게임의 규칙을 바꿔 적을 교란시키는 자유로운 사유의 발명이다. (1996a : 199)

이러한 의미에서 거부는 탈주나 탈출처럼 **'몸을 담그는 빠져나감'**(또는 정초하는 떠나감)이다(Virno 1996a : 197). 그러므로 거부는 순전히 방어적이기만 한 입장과는 다른 창조적 실천으로 이해되어야 한다. 우리는 반작용적 후퇴에서 사회혁신에 대한 능동적 긍정으로 난 길을 따라 거부라는 부정적 계기에서 탈주와 발명의 구성적 계기로 나아간다. 이렇게 독해함으로써 노동거부는 목표 자체가 아니라 분리가 이루어지는 통로 역할을 한다. 이 분리의 길을 지나면서 더 이상 사회적 메커니즘이 매개하거나 봉쇄할 수 없는 욕구와 욕망을 가진 주체들이 구성되는 조건이 만들어진다. 이러한 거부는 그 자체로 대안이 아니라 새로운 것이 움트는 과정으로 이해해야 한다. 이것이 네그리가 고전적·휴머니즘적 맑스주의와 달리 노동거부 안에 착취와 소외의 증상뿐 아니라 자유의 척도 또한 위치시키는 이유이다.(1979c : 126~7).

노동거부를 통해 이루어지는 탈주는 '우리는 사슬 외에 잃을 것이 없다'는 생각이 아니라 우리의 '잠재적인 부와 풍부한 가능성'이라는 전혀 다른 (또한 금욕적인 것과는 거리가 먼) 근거에, 요컨대 '제3의 것이 주어져 있다'tertium datur는 원리(Virno 1996a : 199)에 기대고 있다. 분리, 탈출, 탈주는 우리가 결여하고 있거나 할 수 없는 것에 근거하지 않고 풍요로운 잠재적 힘과 역량들에, 우리가 가지고 있고 할 수 있는 것에 근거하여 일어난다. 노동거부가 실천적 요구이자 이론적 지평이려면 사회적 노동이 축적한 지식들이 가지는 무궁무진한 생산적 힘의 진가를 알아야 한다. 이딸리아의 한 자율주의자는 다음과 같이 이야기한다.

> 우리는 사회화된 지성과 일반지성에 존재하는 에너지와 잠재력을 합리적으로 오롯이 활용하고 싶다. 노동시간 일반을 단축하고 생산적이고 실험적인 조직들이 자율적으로 노동을 조직할 수 있게끔 노동조직화를 변형하고자 한다.(Bifo 1980 : 157~8)

이렇듯 노동거부는 사회적 노동의 창조적 힘을 긍정하지만 (사회주의적이거나 소외되지 않은) 노동에 대한 생산주의의 찬양을 단순히 모사하는 것은 아니다. 협력의 생산적 힘과 일반지성을 높게 평가하는 것은 거기에 자본주의적 명령의 필연성과 싸울 잠재력이 있기 때문만이 아니라 노동시간을 줄여 우리가 경제적인 생산영역 바깥에서 또 다른 즐겁고 창조적인 일을 할 수 있도록 할 잠재력을 가지고 있기 때문이기도 하다. 그렇게 되면 우리는 사회적 어울림의 네트워크를 만들거나 누군가를 돌보고, 예술 활동, 정치적 실천을 할 기회를 더욱 많이 얻게 될 것이다.

## 대립의 논리와 반작용적 뒤집기 : 코뮤니즘과 이행

네그리가 노동거부의 이중적 본성이라 한 것, 즉 노동거부가 비판적 힘이자 구성적 기획으로서 가지는 위상을 이 절에서는 다른 방식으로 다루어보고자 한다. 탈자본주의 사회의 가능성과 그 형상 그리고 그러한 고찰을 좌우하는 상상의 논리에 대해 네그리가 이야기한 바를 참조하면서 새로운 방향에서 이 문제에 접근할 것이다. 대안적 사회질서 출현의 양상과 지평, 이를 위한 수단·목적과 이들 사이의 관계 문제는 맑스주의 전통에서 이행의 문제라는 이름으로 다루어졌다. 네그리가 노동거부를 사회변화의 근본 메커니즘(또는 맑스주의적 용어로 말하면 이행의 핵심)으로 제기하고 자본주의의 대안을 우선 비노동으로 생각하기 때문에 노동거부를 설명하려면 코뮤니즘과 이행이라는 유명한 맑스주의적 문제를 지나칠 수 없다.

이 절에서는 앞서와 같이 우선 전통적인 2단계 이행모델에 대한 고전적 입장과 휴머니즘적 입장을 살펴보고 보드리야르의 맑스주의 비판과 들뢰즈의 니체 독해를 참조하여 이들 입장 각각에 대해 비판할 것이다. 아래에서 서술되겠지만 한 입장은 코뮤니즘의 전망이 이행 과정과 동떨어져 있다는 것이 문제이고 다른 입장은 그 입장의 유토피아적 사유를 작동시키는 변증법적 논리가 미분적이기보다는 대립적이어서 코뮤니즘의 전망이 근본적으로 반작용적이라는 점이 문제이다. 네그리의 관점에서 보면 이러한 입장들의 문제점은 거부의 해체적 측면과 구성적 측면을 분리하거나 뒤섞어버린다는 것이다. 네그리는 다음과 같이 경고한다. "이것들[거부의 해체적 측면과 구성적 측면을 생산하는 핵을 분할하지 않도록 주의하라. 이중으로 전개되는 이 두 가지 계기들을 서로 같은 것으로 놓지 않도록 주의하라. 혁명과정에 대한 사회주의적 왜곡의 역사는 항상 거부의 해체적 측면과 구성적 측면 중 하나를 강조하다 다른 하나를 해치는 것에 기인해 왔다"(1979c : 126). 파괴와 혁신이라는 이중적 과정을 분할하거나 서로 같은 것으로 놓는 문제는 각각 고전적 입장과 휴머니즘적 입장의 주된 결함이다.

고전적 입장부터 보자. 이 입장에 따르면 이행의 첫 번째 단계에서 코뮤니즘이 도래하는 두 번째 단계의 토대가 마련된다. 맑스의 『고타강령비판』에 근거하고 있는 레닌의 설명에 따르면 이행단계에서는 양이 질로 전환되는 변증법적 운동에서와 같이 체제가 마침내 자본주의를 완전히 초월하는 코뮤니즘으로 변형되는 어떤 지점까지 자본주의적 요소들이 강화되어야 한다(Lenin 1932 : 83~5). 여기서 문제는 코뮤니즘을 이행기와 극적으로 단절된 어떤 것으로 놓고 거기에 이르는 구체적 메커니즘을 자세히 설명하지 않음으로써 코뮤니즘이 실천의 산물이 아니라 객관적 발전의 필연적 결과로 그려진다는 점이다. 이런 점에서 코뮤니즘의 지평은 추상적인 채로 남는다. [이행기와 코뮤니즘 간의 극적인 단절의 드라마에서] 배우들은 '역사발전법칙' 따위가 완전히 새로운 어떤 것을 만들어 내리라 생각하면서 우선 공장규율 강화라는 눈앞의 목표를 위해 노동한다. 따라서 그 사이에 분출할 수도 있는 당장의 모든 욕망과 적대보다 객관적 조건의 발전이 더 중요하다. 보드리야르는 (레닌의 분석이 포함하고 있는 뉘앙스가 누락된 다소 교조적인 견해를 공격하면서) 맑스주의가 일단 "역사의 객관성의 게임에 발을 담근 이상, 그러니까 역사와 변증법의 **법칙**들에 몸을 맡기고 나면"(1975 : 162) 코뮤니즘은 멀리 떨어진 타자의 모습을 취한다고 주장한다. 보드리야르는 이것이 사실상 금욕적 지평이며 "즉각적이고 영구적인 혁명"과 지금 당장의 혁명적 욕망 및 실천을 "점점 더 많이 희생하라고 요구하는 승화와 희망의 코뮤니즘"(1975 : 161)이라고 서술한다. 때가 오면 구조적 힘들이 코뮤니즘을 생산할 것이지만 아직은 때가 무르익지 않았다는 생각, 따라서 코뮤니즘을 먼 미래의 지평으로 밀쳐두는 이러한 생각은 "장기적 해결책 속에서 현재의 상황을 숨 막히게 하고 즉각적인 전복을 몰아내며 폭발적 반응들을 말 그대로 희석시키는 효과를 낳는다"(1975 : 162).

이행기에 주체의 역할을 무시하거나 가로막고 조절하려는 경향은 여기서 고전적 맑스주의라 통칭하는 것에 전형적이다. 그러나 역사에서 주체의 역할을 강조하는 휴머니즘적 맑스주의 담론에서도 집단적 주체의 창조적 힘을 간과하고 과소평가하는 것을 볼 수 있다. 한 예로 1977년 베르텔 올먼Bertell Ollman이 제시한 2단계 코뮤니즘 모델을 보자. 이것은 넓게 봐서 휴머니즘적 맑스주의 전통에 속한다고 할 수 있다. 올먼은 맑스 저작 전체를 염두에 두지만 주로 맑스의 초기저작들을 휴머니즘적 해석과 조응하는 방식으로 참조하면서 맑스의 생각을 재구성한다.[19] 이행의 첫 번째 단계는 맑스와 엥겔스가 『공산주의당 선언』에서 제시한 열 가지 선행조치 목록을 참조한다. 그런데 특히 흥미로운 것은 올먼이 첫 번째 단계인 프롤레타리아 독재와 확연히 대조되는 것으로 그리고 있는 두 번째 단계, 즉 완전한 코뮤니즘의 단계이다.[20] 올먼의 맑스 해석에 따르면

---

19. 올먼의 관점이 프롬 등의 것과 실질적으로 많은 차이를 보임에도 불구하고 그의 텍스트를 휴머니즘적 맑스주의로 분류하는 한 가지 이유는 소외되어 있지만 회복해야 할 인간의 본성 혹은 본질이라는 관념과 소외 개념을 중심적으로 사고한다는 사실과 관련이 있다(올먼 1977 : 40, 1971을 보라).
20. 글이 쓰여진 특정한 맥락을 이해해야 한다. 이 글이 실린 잡지의 편집자들은 서문에서 이 글이 맑스의 사회주의 지평과 현존 국가사회주의 통치체제를 동일시하는 것을 반박하려는 노력의 일환이라고 칭송한다(올먼 1977 : 6). 올먼이 근본적으로 변형된 인간의 행위로 서술한 것은 실제로 현존하는 자본주의적 사회와 국가사회주의적 사회 모두와 날카로운 대조를 이룬다.

코뮤니즘 사회에서 "모든 물질적 재화는 오늘날의 물 만큼이나 풍부해진다"(Ollman 1977 : 27). 이러한 사회에서 모든 사람은 '예외 없이' 공장노동을 하고 싶어 할 것이다(1977 : 23). 따라서 "'능력에 따라 각자로부터'라는 말은 이러한 때가 오면 누구도 쉬고 싶어 하지 않을 것이라는 믿음이다'(1977 : 30). 올먼은 그러한 사회에서는 "기본적인 이해관계들이 충돌하는 일이 결코 없다"고 주장하는데 이는 우리가 다른 이들의 욕구를 자신의 것처럼 생각하고 여겨서 "다른 사람들이 행복할 때 행복해지고 슬플 때 슬퍼지기"(1977 : 25) 때문이다.[21] 올먼은 맑스가 다음과 같은 상을 생각했다고 말한다.

> 이 시대의 사람들이 하고 싶어 하지만 할 수 없는 많은 것들을 코뮤니즘이라는 이상적 조건 하에서는 이루게 되고, 여전히 할 수 없는 것들은 비범한 사람이라면 하기를 원치 않는 것들뿐이며, 현재의 우리는 하고 싶어 하지 않지만 그들은 하기를 원하게 될 일들이 …… 힘들이지 않고 이루어질 것이다(Ollman 1977 : 28).

요컨대 "코뮤니즘에서의 삶은 자본주의에서의 삶과 대척점에 있다"(1977 : 22). 아래에서는 코뮤니즘을 [자본주의의] '대척점'으로 놓는 올먼의 견해의 위상을 고찰할 것이다. 구체적으로는 '대척점에 서 있는 소외와 코뮤니즘이 서로에게 반드시 필요한 참조점 역할을 한다'(1977 :

---

21. 올먼의 맑스 독해(심지어 초기 텍스트들에 대한 독해도)가 문제적인 이유는 개인을 분석의 단위로 삼는 휴머니즘적 맑스주의 내의 경향에까지 거슬러 올라갈 수 있다. 반면 나는 맑스가 일반적으로 집단을 분석의 단위로 삼는다고 생각한다. 따라서 휴머니즘적 맑스주의에 따르면 예컨대 사회 환경에 대한 통제를 확보하는 것이 중요하다는 맑스의 주장은 개개인이 이러한 종류의 통제권을 가져야 한다는 것으로 해석되고 우리 스스로가 사회적 존재임을 인식해야 한다는 맑스의 말은 인간의 업적이 필연적으로 집단적인 근거를 가진다는 주장이 아니라 개개인이 다른 이들을 그들 자신처럼 보살펴야 한다(Ollman 1977 : 25)는 개인의 감정에 관한 언급으로 독해된다.

40)는 주장을 살펴보고자 한다.[22]

여기서 주로 비판하고자 하는 것은 소외와 코뮤니즘 사이에 설정된 관계의 성격이다. 올먼은 대립항인 소외와 코뮤니즘이 서로에게 필수적이어서 이 둘을 떼어서 이해할 수 없다고 주장한다. 문제는 이 둘을 대립항으로 생각하는 한 코뮤니즘의 지평이 자신의 대립물, 즉 소외에 의존하게 된다는 것이다. 더 정확하게 말하면 코뮤니즘은 현재에 대한 반작용이자 그저 반작용적인 뒤집기에 불과한 것이 된다. 들뢰즈가 헤겔적인 변증법적 대립의 논리라 한 바의 한계를 밝혀줄 수 있는 사유 전통이 있다. 니체에 바탕을 두고 있고 들뢰즈가 가장 뚜렷하게 전개한 포스트구조주의적 사유 전통이 그것이다. 들뢰즈는 모순이나 절대적인 대립이란 차이를 허약하고 심지어는 그릇되게 나타내는 관념이라고 주장한다. 우리가 경험하는 차이들은 (논리적인 차이들과 달리) 순전한 대립이나 절대적인 차이로 존재하지 않기 때문이다. 들뢰즈는 다음과 같이 설명한다.

> 변증가들은 보다 더 섬세한 판단이 필요한 모든 곳에서, 해석을 필요로 하는 **상호조정**coordinations이 있는 모든 곳에서 반테제를 정립하는 것을 자신의 소명이자 임무로 삼는다. 꽃은 잎의 반테제고 잎을 '논박한다'는 것, 이것이 변증가들에게 소중한 그 유명한 발견이다.(1983 : 15)

---

22. 이러한 유토피아적 지평에는 잠재적인 한계점들이 있다. 에른스트 블로흐(Ernst Bloch) (1986)의 구체적이고 선행하는 유토피아(현존하는 경향들과 가능성에 굳게 뿌리박은 유토피아)라는 개념은 그와 같이 상대적으로 좀더 추상적이고 보충적인 시나리오의 결점들을 드러내준다. 톰 모일란(Tom Moylan)(1986)의 비판적 유토피아 개념은 정지된 완성 상태를 그리는 이 관점의 한계를 드러내는 데 도움을 준다. 또한 이렇게 그려진 미래에 정치학이 상대적 부재한다는 부적합성을 보여주는 훌륭한 분석들이 많이 있다(예컨대 R. Nordahl(1987)을 보라). 그러나 나는 이러한 유토피아적 사변의 실행에 더큰 문제가 있다고, 혹은 위에서 확인된 문제들에 추가되는 측면들이 있다고 생각한다. 그리고 그것은 올먼의 해석이 제시하는 전망이 표현되는 통로인 대립의 논리와 관련되어 있다.

　　꽃과 잎의 차이를 헤겔의 경우에서와 같은 대립의 관점으로는 포착할 수 없듯이 자본주의와 코뮤니즘(코뮤니즘은 자본주의의 토양에서 자라난다)의 차이도 대립의 논리로는 파악할 수 없다.

　　절대적 대립이 짝을 이루고 있는 것들 사이에 존재하는 상호조정과 연속성을 보지 못하게 하는 경향이 있다면, 그것은 공통점을 그것이 마치 차이인 것처럼 제시하는 기능을 할 수도 있다. 노동거부라는 관점에서 볼 때 이렇듯 차이를 상상하는 데 무능하다는 것은 올먼이 재구성한 맑스 코뮤니즘론의 가장 심각한 문제이다. 노동은 강제적이다. 또는 노동은 자유로운 욕망이다. 이 두 경우 모두 노동이 여전히 주요한 준거점이며 주제이다. 무신론은 기독교의 금욕적 이상의 반테제가 아니라 그 금욕적 이상의 가장 최근 진화국면 중 중 하나일 따름이라는 니체의 주장에서 이와 유사한 논지를 볼 수 있다(1967a : 160). 기독교인들이 스스로를 신에 대한 믿음의 관점에서 규정한다면 무신론자들은 그러한 믿음에 대한 부인의 관점에서 스스로를 규정한다. 양자 모두 동일한 믿음 체계가 자기규정의 중심에 있다. 문제는 대립이 차이를 대신할 때 창조적으로 생각하는 능력이 제한된다는 것이다. 들뢰즈가 설명하듯 (여기서 들뢰즈는 니체를 아주 엄밀하게 따르고 있다) 이러한 대립논리는 반작용적 힘들이라는 한계 안에서 움직인다(1983 : 159). "[대립논리는] 차이 그 자체를 긍정하는 대신 차이나는 것들을 부정한다. 자기를 긍정하는 대신 타자를 부정하며 긍정을 긍정하는 대신 부정을 부정한다(이것이 바로 그 유명한 부정의 부정이다)"(Deleuze 1983 : 196). 올먼의 맑스 독해를 떠올려보자. "코뮤니즘에서의 삶은 자본주의의 삶과 완전히 대척점에 있다"(1977 : 27). 코뮤니즘은 자본주의의 절대적 부정으로 생각되고 자본주의 하의 삶에 대립하는 한에서 긍정된다. 반작용적으로 뒤집은 것에 불과한 유토피아적 지평은 자신이 맞서는 것의 궤도에 갇히고 따라서 [자신이 맞선 것과의] 은밀한 동일성, 이 경우에는 노동에 대한 신봉을 감춘다. 이는 별로 놀라운 일이 아니다. 따라서 우리는 유토피아적 상상력이 성공한 것처럼 보이는 바로 그 순간에 그것이 실패하는 것을 볼 수 있으며 또한 유토피아적 상상력이 차이를 절대적이라고 상상하기 때문에 진정한 차이를 생각할 수 없게 되는 것을 볼 수 있다.

## 상상력의 미분적differential 논리로서의 노동거부

맑스와 엥겔스는 다음과 같이 이야기한다.

우리에게 코뮤니즘이란 만들어야 할 하나의 **상태**, 그에 따라 현실을 변화시켜야 하는 하나의 **이상**이 아니다. 우리는 현재의 상태를 지양해 나가는 실재적 운동을 코뮤니즘이라 부른다. 이 운동의 조건들은 현존하는 전제로부터 생겨난다.(1970 : 56~7)

에른스트 블로흐는 이러한 통찰의 일부를 되살리고 발전시켜 미래를 정적인 상태가 아니라 동적인 과정으로 생각하고 역사적 주체들의 역할을 이상적 청사진보다 우선시하며 지평을 순전히 추상적인 환상이 아니라 '현존하는 전제들'에 근거짓는 것의 중요성에 주목했다. 나는 맑스와 엥겔스의 위 구절에서 상대적으로 조명받지 못한 측면에 초점을 맞추고자 한다. 즉 거부하고 전복하는 '실재적' 운동과 코뮤니즘을 같은 것으로 놓은 점 말이다. 노동거부는 이행의 문제에 새롭게 접근할 수 있도록 해준다. 이 새로운 대안적 접근법은 위의 구절에서 서술된 코뮤니즘의 성격에 더 가까워 보인다. 네그리는 다른 접근법들에서 나타나는 문제점을 넘어서게 해 줄 두 가지 방법론적 원칙들을 제시한다. 첫째, 코뮤니즘은 이행과 분리할 수 없다. 둘째, 적대의 논리가 변증법적 논리를 대체해야 한다.

네그리의 관점에서 고전적 입장과 휴머니즘적 입장이 그리는 코뮤니즘적 유토피아의 문제점은 그들이 전통적인 2단계 코뮤니즘 모델을 고수한다는 데 기인한다. 2단계 모델에 따르면 첫 번째 이행국면에서는 코뮤니즘이 도래하는 두 번째 단계를 위한 토대가 마련된다. 레닌의 설명을 떠올려 보면, 이행단계에는 양이 질로 전환되는 변증법적 운동에서처럼 체제가 마침내 코뮤니즘으로 변형되어 자본주의의 완전한 초월로 나타나는 어떤 지점까지 자본주의적 요소들이 강화된다. 이행과 코뮤니즘, 수단과 목적을 분리하는 이 2단계 모델은 코뮤니즘을 미리 어떤 계획과 모델에 따라 설정하려 한다. 네그리는 '지금 우리가 관심있는 것은' 두 단계 사이에 놓여 있는 **'해방의 과정'**이라고 말한다(1991a : 152). 우리가 해야 할 일은 코뮤니즘이라는 이상의 관점에서 이행을 규정하는 것이 아니라 **'이행에 의해 코뮤니즘을 규정하는 것'**이다(1991a : 154). 이행은 코뮤니즘 구성에 앞서 자본주의를 전복하는 별도의 시기가 아니라 부정적인 동시에 긍정적인 과정으로 구상된다. 그러면 유토피아는 멀리 떨어진 미래로 연기되지 않고 부정적이면서 긍정적인 과정을 통해 그리고 이러한 과정 안에 구성된다. **'코뮤니즘은 구성하는 실천이다'** (Negri 1991a : 163).[23] 이러한 의미규정을 통해 네그리는 변화 과정에서 주체가 가지는 주도적 역할을 복구하고자 한다. 맑스와 엥겔스의 말을 떠올려보자. '우리는 현재의 상태를 지양해나가는 실재적 운동을 코뮤니즘이라 부른다.' 즉 코

---

23. 전통적 이행 관념에 대한 이와 유사한 비판으로는 비포(1980 : 169)를 보라.

뮤니즘은 거부 운동의 관점에서 생각해야 한다. 코뮤니즘은 거부 운동과의 (들뢰즈 용어를 빌면) 상호조정이라는 관점에서 생각해야 한다. '이행과 코뮤니즘을 단계나 위계의 어떤 변증법으로 실체화하기'(Negri 1991a : 152)보다 코뮤니즘을 결과가 아닌 과정이자 계획이 아닌 운동으로 이해해야 한다. 코뮤니즘은 거부를 추동하는 욕망들 안에서 미리 그려지고 이러한 거부가 작동시킨 분리로 인해 열린 공간에서 실현되며 구성된다. 따라서 코뮤니즘은 거부의 과정과 불가분하게 연결된다.

이러한 설명에 따르면 거부의 부정적 계기와 긍정적 계기는 분석적으로는 구별할 수 있지만 실천적으로는 분리할 수 없다. 전통적인 2단계 모델이 해체가 이뤄지는 부정의 과정인 이행과 대안을 구축하는 긍정적 코뮤니즘 사이에 근본적인 단절이 있다고 보는 것과 달리, 네그리는 현재의 자본논리와 새로운 미래를 구성하는 과정인 이행 사이에 존재하는 더욱 실질적인 단절의 중요성을 생각하자고 제안한다. 수단과 목적의 관계를 이렇게 정립하는 것은 현재와 극적으로 단절하는 훨씬 더 급진적인 전략을 추구하는 것이 중요하다는 사실을 표현하기 위함이다. 이러한 독해를 통해 현재 노동체계의 조건들 일부를 단지 재고하거나 재협상하는 것이 아니라 현재의 노동체계 자체를 거부하자는 전략과 요청의 전투성이 재평가될 수 있다. 슬로건이 극단적이어서 너무 순진하거나 실행할 수 없을 것 같은 인상을 줄 수도 있지만 그러한 전략이야말로 새로운 주체성들을 구성하고 대안 미래로 가는 길을 여는 개념적이고 실천적인 실험이라고 생각할 수 있다면, 요구와 지평으로서의 노동거부가 가지는 유토피아적 측면, 즉 사회를 실질적으로 변화시키기 위해 투쟁하고 그러한 변화의 가능성을 상상해야 한다는 주장은 본질적이다.

네그리가 제시하는 두 번째 방법론적 원칙은 변증법적 논리를 적대의 논리로 대체해야 한다는 것이다. 네그리는 맑스주의에서 이 변증법의 잔재를 일소해야 한다고 주장한다. 자본주의는 매끄러운 체계성이나 요소들의 조화로운 작용의 산물로서가 아니라 적대적 요소들 사이의 관계로 생각되어야 한다. 변증법적 모순이 구조적 체계의 산물이자 객관적인 범주인 반면 적대는 역사적 주체들이 표출하는 욕구와 욕망에서 비롯되는 주체적 범주로 여겨진다. 네그리는 맑스주의의 방법론이 '완전히 주체화되고 미래를 향해 활짝 열려 있으며 창조적'이기를, '어떤 변증법적 전체성이나 논리적 통일성으로도 봉합할 수 없'기를 바란다(Negri 1991a : 12). 네그리의 설명에 따르면 변증법은 풍부한 차이들을 새로운 통일성이나 종합으로 다시 포섭할 수 있는 단순한 이분법적 대립으로 환원하려는 자본의 논리이다. 자본은 바로 이 변증법을 통해 사회적 공장이 다시 조화롭게 기능하도록 한다. 프롤레타리아트야말로 자본의 가장 순수하고 진정한 적이라고 주장하면서 다른 모든 적대들을 자신의 방향에 종속시키려 하는 사람들에게서 이와 똑같은 논리가 작동하고 있는 것을 볼 수 있다. 우리는 이것이 '대립들이 전개되는 데는 여러 수준의 동질성이 있다고 인정하는 연속론적' 논리라고 네그리가 서술한 바의 또 다른 사례임을 인식해야 한다(1991a : 166).

네그리는 변증법적 대립의 논리가 아닌 적대적 분리의 논리라는 관점에서 노동계급 행동주의에 대한 서술을 전개한다. 분리는 대안적 주체성을 구성하는 차이의 길이다. 적대의 논리는 다수성의 논리이다. 몰래 동일성을 보존하는 이분법적 대립의 관점에서 차이를 생각하지 않고 사회적 주체들이 지닌 자율적 창조성의 잠재력, 즉 반작용적이지 않고 새로울 수 있는 그들의 잠재력을 존중하는 다수적 논리이다. 네그리는 다음과 같이 주장한다. "이러한 맥락에서 우리는 적대의 논리가 이분법적 리듬을 가지지 않으며 자신의 지평에 대립자라는 환상적 실재를 허용하지 않는다는 점에 즉시 주목해야 한다. 적대의 논리는 그저 하나의 지평으로서의 **변증법조차도 거부한다. 그것은 모든 이분법적 공식을 거부한다"**(1991a : 189). 또한 잠재적으로 무궁무진한 실재적 차이들을 절대적이고 반작용적인 차이로 환원하는 대립적 사유방식의 반동적 논리로부터 정치적 상상력을 해방시켜야 한다. 따라서 노동거부는 통일된 운동이나 단일한 범주의 행동을 취하지 않고 무수한 형태로 나타난다.

> 노동거부의 기획은 총체적이지만 그러한 총체적 특성과 모순되는 방식으로(이러한 모순은 오히려 행복하다) 그 양상의 엄청난 **다수성**, 복합적인 자율이 가진 막대한 풍부함과 자유를 보여준다. 코뮤니즘을 향해 한 걸음 내딛을 때마다 차이들의 풍요로움 전체가 확장되고 팽창된다.(Negri 1991a : 167)

적대, 거부, 분리, 자율, 차이 — 네그리는 이 말들로 자본에 어떻게 **대립**opposed할 수 있을 것인가가 아니라 어떻게 **대항**against할 것인가를 사유한다.[24]

반복해서 말하지만 여기서 제시하는 거부는 비판적인 동시에 유토피아적이고 해체의 과정인 동시에 구성의 기획이다. 노동거부의 이론과 실천은 현재의 노동조직화와 노동가치를 비판적으로 판단하는 것을 도울 뿐 아니라 하나의 대안, 즉 삶이 더 이상 노동에 비해 부차적인 것으로 여겨지지 않는 사회를 상상하고 그것을 향해 움직이도록 돕는다. 우리가 대립의 논리를 거쳐 상상력의 미분적 논리에 이르기까지 계속한 여정은

---

24. '전복'(rovesciamento)이라는 용어는 종종 『맑스를 넘어선 맑스』의 영어본에서 '전도'(inversion)로 옮겨진다. 그런데 이렇게 옮겨서는 변증법적 논리를 벗어나고자 하는 네그리 기획의 성격을 파악할 수 없다.

유토피아적 사유의 풍부한 광맥으로 향한다. 노동거부는 자본주의적 노동조직화를 중심으로 한 삶의 방식에 대한 거부이자 동시에 새로운 욕구와 욕망, 실천, 즉 삶의 새로운 방식을 창조하는 시간과 공간을 열고 확보하는 이론과 실천이다. 네그리가 설명하듯이 오늘날 우리가 경험하고 있는 노동과 미래에 경험할 것으로 상상하는 노동 사이에는 아무런 상동관계도 없다. "가장 엄밀한 방식으로 이러한 변형을 나타내기 위해 맑스는 노동 폐지를 주장한다"(Negri 1991a : 165). 네그리가 생각하는 것처럼 코뮤니즘은 비노동이고 따라서 모든 의미에서 자본의 파괴이다 (1991a : 169). 이런 방식으로 그려진 비노동 관념은 청사진이 되거나 내용을 이루는 것이 아니라 근본적인 차이 혹은 파열을 나타낸다. 그러므로 비노동 관념과 탈노동의 미래는 반노동의 지평과 같지 않다. 비노동 사회는 노동 중심으로 조직된 사회에 대한 대립으로 규정할 수 없다. 비노동 사회는 실질적으로 전혀 다른 사회질서의 이름이다. 노동거부는 주체성의 새로운 형식을 낳는다. 이것이야말로 새로운 미래의 구성으로 이해된 이행의 핵심이다. **"노동으로부터의 해방에서 노동을 넘어 나아가는 것으로의 전환이 코뮤니즘의 규정에서 핵심적이다"** (Negri 1991a : 160). 거부의 전복적 실천에 내재하는 창조적 가능성을 긍정함으로써 미래를 현재 사회질서에 대한 부정에 불과한 것으로서가 아니라 완전히 다르고 새로운 어떤 것으로 상상해야 한다.


## 탈노동의 유토피아 : 금욕적 가치와 반작용적 논리를 넘어서

나는 고전적 맑스주의와 휴머니즘적 맑스주의의 맑스 독해가 틀렸다는 말을 하려는 것이 아니다. 그들의 독해는 자율주의적 독해와 마찬가지로 맑스에 대한 선택적 독해이다. 주장하려는 바는 맑스주의이든 아니든 생산주의 담론이 오늘날 시의적절한 비판이나 주목할 만한 지평을 만들어낼 수 없다는 것이다. 가장 넓은 의미로 새긴 노동거부는 현재 미국에서 이루어지고 있는 발전에 대한 강력한 비판적 관점과 실천적 의제를 만들어 낼 잠재력을 가지고 있다. 오늘날 노동 윤리는 현존 체계에 대한 동의를 확보하는 데 있어 그 어느 때보다 중요한 역할을 한다. 정치적 좌파와 우파의 주요인사들 모두가 노동이 자유주의적 담론에서 상정하는 합리적, 자립적, 독립적 주체를 위한 훈련의 장이자 문명화의 힘이라고 칭송하고 기리며 노동을 이상적인 것으로 그리고 도덕적 의무로 설정한다. 오늘날 노동을 도덕화하는 이러한 추세를 과소평가해선 안 된다. 복지welfare를 해체하고 노동복지제도workfare의 탄생을 부추길 뿐 아니라 문화적 결함 담론으로 가난한 사람들을 병리화하는 역할을 톡톡히 수행해 왔기 때문이다. 최근의 추세를 보면 노동에 대한 우리의 태도가 현재의 노동배치가 계속해서 살아남을 수 있을지 여부를 결정하는 데 점점 더 중요해지고 있다는 것을 알 수 있다. 오늘날 특히 서비스 관련 업종에서 노동과정은 통제의 기술을 새로운 난관에 빠뜨린다. 노동자들이 더 많은 책임과 재량을 가질수록, 특히 그 직업이 서비스를 제공하고 의뢰인과 고객에게 특정한 종류의 감정 상태를 불어넣어줘야 하는 일을 수반한다면 노동자들의 일은 감시하기가 더욱 어렵다. 경영 이론들은 감시에서 발생하는 새로운 문제들에 대한 중요한 해결책으로 강력한 노동윤리를 점점 더 강조한다. 이는 순전히 노동이 점점 덜 필수적인 것으로 되고 있기 때문이다. 그러다보니 미국 등지에서 노동자들을 태도, 동기, 행동에 근거하여 선발하고 평가하는 경향이 커지는 것을 볼 수 있다(Townley 1989 : 92). 아닌 게 아니라 지금은 그 어느 때보다 "노동자들이 자기 자신의 더 나은 착취를 기획하도록 요구받는다"(Henwood 1997b : 22). 노동자의 태도 자체가 생산과 연동되는 곳에서 노동거부야말로 현재의 상황에 대한 강력하고 통렬한 호소력을 가질 수 있을 것이다. 이 때 노동거부는 노동을 사회적 존재, 도덕적 의무, 존재론적 본질의 필연적인 중심이자 시간과 에너지 사용 및 조직의 주된 초점으로 설정하는 것에 대한 거부이며 "노동윤리에 대한 불복종"의 실천이다(Bifo 1980 : 169).

그렇다고 해서 더 나은 노동을 위한 투쟁, 즉 머리를 쓰지 않는 반복적인 업무나 위험한 환경, 사람을 멍하게 하는 고립과 소소한 위계들로부터의 해방을 위한 투쟁들을 하지 말아야 한다는 것은 아니다. 그러나 노동 인간화의 언어와 일부 실천들이 [자본에] 흡수되어 왔다는 사실을 알아야 한다. 더 많은 책임과 더 자유로운 근무시간선택권, 더 다양한 노동과 더 많은 민주주의를 갖춘 매력적인 일터에 대한 요구는 오늘날의 경영관련 서적들이 재생산하고 있는 것이다. 물론 거기에서는 노동자의 생산성과 경영의 통제를 극대화하기 위한 전략들로 제시하고 있지만 말이다.[25] 이는 노동거부의 기본적 전제들 가운데 하나를 떠올리게 한다. 즉 노동을 줄여달라는 것이 아니라 소외되지 않은 노동을 하게 해달라는 요구는 결국 생산주의적 명령과 이상을 다시 긍정하게 된다는 명제 말이다. 노동을 인류의 본래적인 수고로움이나 어떤 사람의 인간성과 개인성의 핵심으로 떠받드는 것이 현대 자본주의의 근본적인 이데올로기적 토대를 형성한다. 오늘날 자본주의의 이데올로기적 토대는 이러한 노동윤리에 기반하여 세워졌고 계속해서 체제의 이해에 이바지하며 그 결과를 합리화한다. 손과 머리 뿐 아니라 마음까지도 헌신하도록 하기 위한 다양한 노동 인간화 프로그램들과 더욱 생산적인 노동자 주체성 모델을 만

---

25. 이 점에 대해서는 아로노비츠(Aronowitz) (1985 : 21) 맥아들(McArdle) 외 공저(1995)를 보라.

들어내는 기술을 갖춘 인적자원 경영 이데올로기는 노동에 대해 다양하게 표출되는 불만을 미리 막고 만회하려는 시도로 읽어야 한다. 이러한 맥락에서 노동거부는 현존하는 노동윤리를 철저하게 비판하고 그것과 근본적으로 단절할 것을 주장하며 노동단축 정치를 지지한다는 점에서 더욱 주목할 만한 요구이자 장래성 있는 지평으로 보인다. (소외되지 않은) 노동을 이상화하는 것은 예전에는 어땠는지 모르겠지만 더 이상 자본주의적 명령의 현대적 방식들과 싸우는 적합한 전략이 아니다. 그것은 노동 형이상학과 노동 도덕화가 문화적 권위를 휘두르는 맥락에 너무 쉽게 흡수된다.[26]

노동거부의 요구와 지평 안에는 유토피아적 사유와 실천의 중요한 모델이 들어 있다. 이는 '더 이상 대안은 없다'는 견해가 팽배한 오늘날, 그 무엇보다 가장 필요한 것이다. 흥미롭게도 정작 네그리는 유토피아주의에 대해 경멸하는 태도를 보인다. 맑스와 엥겔스가 『공산주의당 선언』에서 공상적 사회주의를 비판한 예를 따라 네그리는 이상주의적 방식에서 단순한 소망으로 제시된 것이든 과학적 방식에서 객관적 법칙의 필연적 완성으로 제시된 것이든, 유토피아는 구체적 경향과 집단적 주체들로부터 유리된 청사진이라고 생각한다. 네그리가 유토피아의 전통을 이렇게 매우 좁은 의미에서 생각하고 부인함에도 불구하고 노동거부에 대한 그의 연구에서 주목할 만한 유토피아적 전략과 사유를 찾아볼 수 있다. 네그리의 연구에서 유토피아적인 요소는 노동체제 및 노동윤리 담론과 쉽게 맞설 수 있을 것이라는 기대나 비노동의 미래를 구체적으로 그리는 이미지 안에 있지 않다. 오히려 그것은 광범위한 변화가 결국은 가능하

---

26. 프롤레타리아의 노동을 제대로 평가하자는 전략이 한 번도 유효하지 않았다는 것은 아니다. 포스톤이 주장하듯이 아마도 그것은 노동계급이 발전하고 조직화되던 초기 단계들에서 적절했을 것이다.

다는 일반적인 희망과 그 잠재적 모습을 상상할 수 있게 해 주는 사유의 논리 속에 있다.

이러한 노동거부 분석은 노동과 비노동에 대한 우리의 생각을 너무 자주 틀지어온 금욕적 가치와 반작용적 논리들 너머로 나아가게 해줄 개념적·방법론적 도구들을 제공한다. 첫째, 노동거부는 앞서 언급한 쾌락주의적 맑스주의라는 명칭에 걸맞게 더 많은 시간, 더 많은 자유, 더 많은 기쁨을 원하는 우리의 성향을 존중하고 더 이상 노동을 중심으로 조직되지 않는 삶의 지평을 열망한다. 노동거부는 노동의 본질과 가치에 의문을 제기함으로써 비노동의 시·공간에서 삶이 가질 풍부한 가능성들을 생각하도록 북돋운다. 노동거부는 더 열심히 일하고 덜 원해야 한다는 흔한 처방을 거부한다. 또한 지금 합리적이라고 간주되는 요구에만 우리의 희망을 고정시키는 정치 전략을 모색하지 않고 우리가 노동과 맺는 관계를 변형하는 기획들이 가능하고 바람직한가를 판단하는 기준 자체를 바꾸고자 한다. 둘째, 노동거부를 상상력의 미분적 논리와 함께 생각하는 한, 단지 현재를 지속시키거나 뒤집은 데 지나지 않은 미래가 아닌 새로운 미래를 구상할 방법을 노동거부가 보여준다. 이러한 독해를 통해 요구와 지평으로서의 노동거부는 우리가 더 많은 것을 원하고 다르게 생각하도록 북돋움으로써 너무나 빈곤해진 우리의 사회적·정치적 상상력을 풍요롭게 하는 원천이 될 수 있다.

5장

# 싸이버 네그리 : 일반지성과 비물질적 노동

닉 다이어-위데포드

지난 30년 동안 안또니오 네그리는 좌우를 막론하고 지식인들이 언급하기 꺼려하는 자본 너머 세계의 전망에 대해 끈질기게 이야기해 왔다. 그러나 네그리는 자본을 넘어설 가능성은 우직하게 고수하면서도 그러한 변형의 주체에 대한 이론은 빈번하게 바꿔왔다. 1970년대에는 산업 부문의 작업장 투쟁에 주목하는 '노동자주의자' 네그리를, 1980년대에는 신사회 운동들에 주목하는 '자율주의자' 네그리를 볼 수 있었다면 지난 10년 동안에는 인터넷 혁명에서 자신의 사유의 가장 강력한 사례를 발견하는 네그리를 볼 수 있었다. 아래에서는 '사회화된 노동자'에 대해 네그리가 쓴 글들과 『전미래』*Futur antérieur* 집단의 '비물질적 노동', '일반시성' 분석에 네그리가 참여한 부분을 살펴보면서 '싸이버-네그리'의 출현을 추적할 것이다. 비물질적 노동, 일반지성 등의 개념은 티지아나 테라노바*Tiziana Terranova*, 리차드 바브룩*Richard Barbrook*같은 네트워크 이론가들과 강하게 공명했지만 동시에 자율주의적 맑스주의 전통 안에서 맹렬한 공격을 불러일으켰다. 조지 카펜치스George Caffentzis의 비판이 한 예이다. 결과적으로, 널리 회자되는 네그리와 마이클 하트의 공저『제국』의 주요 논점은 이전에 저자들이 '싸이보그' 혹은 '비물질' 노동의 중요성을 강조하여 점화된 논쟁에 대한 응답이라 할 수 있다. 그러나 이러한 시도는 절반의 성공으로 보이며 어떤 점에서는 해소하는 것보다 더 많은 난점들을 불러일으킨다. 따라서 이 글의 결론에서는 디지털 세계에 대한 네그리의 통찰을 수정하자고 제안할 것이다. 네그리의 '일반지성' 개념을 유지하면서 21세기 맑스주의에 중요한 '보편노동'과 '유적 존재'라는 두 가지 범주와 관련하여 일반지성 개념을 다시 만들자는 것이 제안의 내용이다.

## 투쟁의 순환 : 대중 노동자에서 사회화된 노동자까지

자본에 저항하는 대항권력에 대한 네그리의 설명이 항상 유동적이었다면 이는 분명 네그리의 주된 이론적 교의의 하나가 전복적 주체의 역동성이기 때문이다. 자본에 저항하는 투쟁이 가지는 변화무쌍한 성격은 오뻬라이스모Operaismo('노동자주의')에 핵심적인 것이었다. 오뻬라이스모는 네그리와 같은 맑스주의 지식인들을 1960년대 후반에서 1970년대에 걸쳐 일어난 북부 이딸리아의 산업 현장투쟁에 연결시켰으며 '투쟁순환'론은 오뻬라이스모 운동에 중심적인 혁신적 사상이었다.

마리오 뜨론띠, 라니에로 빤찌에리, 세르지오 볼로냐 같은 이론가들은 맑스의 강조점을 되살려 자본의 권력과 지배가 아닌 노동의 창조성과 자율을 자신들의 전제로 삼았다.[1] 이러한 역전은 소련식 맑스주의 전통과의 뚜렷한 단절을 보여준다. 자본주의의 상이한 수준 혹은 단계들을 지나 이윤율의 필연적인 저하를 원인으로 하는 최종적 위기에까지 이르는 선형적이고 기계적인 진행과정에 대한 과학적 사회주의의 설명은 폐기되었다. 오뻬라이스모는 그 대신 단절과 습격의 확대, 나선형의 공격과 대응공격을 이야기한다. 자본은 상품 생산을 위해 자신이 의존하고 있는 노동자의 창의적이고 협력적인 힘을 수탈하려 한다. 그러나 노동자들이 저항한다. 전복이라는 유령이 자본으로 하여금 '미래로 도피'하도록 쉴 새 없이 내몰고, 적을 파괴하거나 회피하려는 시도 속에서 영토적 공간과 기술 강도를 확장하도록 만든다. 그러나 자본은 스스로를 파괴하지 않고는 결코 적의 가치창조적 힘과 분리될 수 없다. 이러한 관점에서 노동계급은 한 번에 만들어지지 않는다. 노동계급의 투쟁이 잇따라 자본주의적 재조직화 과정을 불러일으킴에 따라 끊임없이 다시 만들어진다. 이러한 자본주의적 재조직화 과정은 새로운 노동 형태와 새로운 투쟁 전략 및 전술들을 낳는다.

오뻬라이스모 이론가들은 역사적으로 나선형의 계급구성 과정에서 '전문' 노동자 시대와 '대중' 노동자 시대라는 두 가지 주요한 전환점을 가려냈다. 19세기 후반 감독관의 통제는 오뻬라이스모가 '전문 노동자'라 이름붙인 숙련 노동자들의 손에 남아있던 기술 권력에 의해 방해받았다. 자본은 테일러주의와 포드주의라는 탈숙련화 및 자동화 체제로 대응했다. 그러나 자본의 이러한 대응은 산업조립라인에서 '대중 노동자'를 낳았다. 대중 노동자 조직들은 혁명의 전망으로 자본을 공포에 떨게 하였고 자본으로부터 복지국가라는 양보를 쥐어짜냈다. 대중 노동자들의 지속적인 투쟁은 네그리와 동지들을 고무했다.

---

1. 오뻬라이스모와 투쟁의 순환에 대해서는 Red Notes 1979, Cleaver 1979, Moulier 1989, 꼬무(Ryan) 1989를 보라.

그러나 얼마 지나지 않아 투쟁순환론은 전형적인 미네르바의 올빼미의 황혼녘 날갯짓으로 보이게 되었다. 오뻬라이스모가 출현한 기반이었던 1970년대 유럽과 북아메리카의 산업투쟁 물결이 끔찍한 응전應戰을 가져온 것이다. 레이거니즘과 대처리즘이 국가적 억압, 초국화, 디지털 혁명의 모든 힘을 이용하여 공장을 해체하고 대중 노동자들을 무자비하게 탄압했다. 반격은 너무나 강력해서 지난 1세기 동안 좌파를 구성해온 노동당과 노동조합 형태를 부숴버렸다. 그것은 최후의 일격인 것 같았다. 투쟁의 순환은 끝난 것처럼 보였다. 투쟁순환론을 생각해낸 사람들에게는 아주 치명적으로 끝난 것처럼 보였다.

네그리는 이러한 결론을 거부했다. 이딸리아에서 그의 정치적 행보는 오뻬라이스모의 산업 투쟁에서 아우또노미아 운동으로 옮겨가고 있었다. 아우또노미아는 여러 주변화된 부문들, 즉 학생, 실업자, 불안정 노동자, 페미니즘 운동, 그 밖의 새로운 사회적 주체들을 아우르는 급진적 종합이었다.[2] 네그리는 이러한 실천상의 전환 가운데 이론에서는 대담한 명제를 내놓았다. 즉 또 다른 투쟁의 순환이 자본의 재구조화 바깥에서 출현하고 있으며 '사회화된 노동자'[3]가 새로운 혁명적 주체라는 것이다.

전문 노동자 시대에 자본은 공장에 집중했다. 대중 노동자 시대에 공장은 사회에 중심적인 것이 되었다. 그러나 사회화된 노동자의 시대에 공장은 사회로 퍼져나간다고 네그리는 말한다. 노동은 '담장 없는 공장'(Negri 1989 : 89)으로 탈영토화되고 분산되며 탈중심화된다. 노동(생산), 교육과 훈육(재생산), 여가활동(소비) 전체가 점점 더 자본주의적 행

---

2. 아우또노미아에 대해서는 Cleaver 1979, Moulier 1989와 Tahon and Corton 1986, Lotringer and Marrazzi 1980을 보라.

3. 이 용어는 학생 반란에 대한 한 분석에서 로마노 알꽈띠가 처음 사용하였다. 네그리는 이를 Negri 1977b, 1978, 1980b에서 광범위하게 사용한다. 그의 입장에 대한 영문으로 된 언급으로는 Negri 1988a, 1989, 1991b가 있다.

위의 통합 회로 상의 지점들이 되고 '사회 전체가 이윤의 손아귀에 놓인다'(Negri 1989 : 79).

자본이 곳곳에 침투한 세계에서 작업 현장은 더 이상 적대의 중심 장소가 아니다. 그러나 착취를 둘러싼 투쟁이 소멸하는 것은 아니다. 작업장을 넘어 가정, 학교, 대학, 병원, 미디어에서 자본의 논리와 싸우는 무수한 새로운 운동들이 출현하며 프랙탈 모양으로 복제된다. 자본의 가치화 과정이 탈영토화하면서 확장되고 자본의 시간 척도가 노동일에서 삶 시간 전체로 연장되는 것을 보면서 네그리는 우리가 정말로 '맑스를 넘어섰음'을 깨달았다. 또한 완전히 사회적인 차원의 착취라는 관점에서 '**노동자**로서가 아니라 **경영자** 혹은 **관리자**로서'의 반자본을 이야기해야 할지 모른다고도 했다. 그러나 네그리는 전통적인 맑스주의적 용어를 유지하면서 '한 번도 존재하지 않은 적이 없었던 적대'를 여전히 강조했다. 이 때 적대는 초자본hypercapital의 명령과 초자본이 그 활동에 의존하고 있는 사회적 주체들의 욕구 및 욕망들 사이의 투쟁이다(Negri 1989 : 84).

아우또노미아는 <붉은 여단>이 와해되고 이딸리아가 국가 비상사태에 돌입하면서 패배하였다. 그러나 네그리는 투옥되고 추방당하면서도 계속해서 '사회화된 노동자' 테제를 연구했다. 비판하는 사람들은 그가 '투쟁의 순환'이라는 선험 논리에 너무 매료되어 실은 아무것도 존재하지 않는 곳에서 저항의 재개라는 신기루를 만들어냈다고 주장할 것이다.[4] 그러나 1980년대 후반 신자유주의에 대한 유럽 차원의 반대가 되살아나기 시작하면서 네그리는 자신의 주장의 새로운 근거를 발견하였다. 네그리는 프랑스와 이딸리아의 학생, 간호사, 환경운동가들의 운동을 조사하면서 대중 노동자 투쟁과는 완전히 다른 투쟁의 물결을 발견했다.

---

4. Steve Wright 2002를 보라.

이 새로운 투쟁의 물결은 투쟁이 내건 주제에 있어서는 1960년대 사회운동과 연결되지만 '발본적으로 민주적인 조직 형태……오래된 계급투쟁 부문들의 사회적 전망 재발견, 페미니즘적 요소와 제3부문 노동자, "지성적" 노동의 출현'으로 특징지어지는 새로운 국면에 들어서고 있었다(Negri 1992a : 18). 마지막으로 언급한 '지성적 노동'이 네그리의 분석에 점점 더 결정적인 요소가 될 것이다.


## 포스트포드주의적 프롤레타리아트 : 싸이보그들과 해커들

맑스주의 이론가들이 초국화의 확대, 국가권력의 새로운 전략, (사회화된 노동자라는 생각에 결정적인) 신기술(Harvey 1989 : vii)등 자본주의의 '현저한 변화'와 씨름하고 있던 그 순간에 네그리는 이러한 생각들을 발전시키고 있었다. 미셸 아글리에따Michel Aglietta와 알랭 리피에츠Alain Lipietz 같은 조절학파 정치경제학자들은 '포드주의'에서 '포스트포드주의' 축적체제로의 전환을 묘사하고 있었다. 산업적·기계적 생산 기술이 탈산업적 디지털 시스템으로 바뀐 것이 이러한 전환의 핵심 요소였다(Aglietta 1979; Lipietz 1987). 조절학파의 이론은 자본의 경영 및 통치전략의 변화에 집중했다.[5] 이는 결국 자본이 조절학파의 이론을 사업 발전을 위한 경영 매뉴얼로 전유할 여지를 주었다. 반대로 네그리의 작업은 조절이론가들과 겹치는 여러 주제를 다루었지만, 오뻬라이스모 전통에 충실하게 전복의 가능성의 변화와 새로이 출현하고 있는 포스트포드주의 프롤레타리아트의 힘에 초점을 맞추었다.

---

5. 이에 대해서는 Levidow 1990과 Pelaz and Holloway 1990을 보라.

네그리는 마찬가지로 오뻬라이스모 전통을 따라 이러한 가능성들을 자본의 새로운 기술 체계의 중심에서 찾는다. 오뻬라이스모가 소비에트 맑스주의와 분명히 단절했음에도 불구하고 '투쟁의 순환' 테제는 레닌주의의 영향이 계속되고 있음을 보여주었다. 투쟁순환론은 자본의 영원한 적敵인 노동이 가장 위험하게 환생하는 것은 정확히 자본이 '최고도'에 이른 지점, 기술적으로도 조직적으로도 자본이 가장 발전된 지점이라고 선언했다. '전문' 노동자와 '대중 노동자'의 경우에도 살아있는 자본이자 유동 자본인 인간 자본 부분의 자율이 가장 분명하게 드러난 것은 죽은 자본, 고정 자본, 기계형태의 자본이 가장 고도로 발달했던 지점에서였다. 따라서 네그리가 포스트포드주의 자본의 새로운 정보 기술 한복판에서 다음 투쟁순환의 출현을 탐색하는 것은 이론적인 일관성을 보여준다. 대중 노동자가 조립라인에서 노동했다면 사회화된 노동자는 광섬유 통신선이 닿는 곳에 있었다.

네그리가 정보기술 문제로 관심을 돌리자 많은 사람들이 놀랐다. 아우또노미아에 몸담고 있던 시절, 네그리는 사보타지를 옹호한 것으로 악명 높았다(Negri : 1979c). 자본의 디지털 혁명에 직면하여 많은 맑스주의자들이 신 러다이트 운동으로 선회하면서 이와 비슷한 입장을 취했다.[6] 그러나 사회화된 노동자에 대해 쓴 글들에서 네그리는 정반대 노선을 취한다. 네그리는 포스트포드주의 세계에서 자본이 기술적 장치들로 촘촘히 짜여진 그물망으로 사회화된 노동자들을 포위하지만 이것이 필연적으로 종속을 낳는 것은 아니라고 주장한다. 기계 체계가 사방을 포위하고 익숙해짐에 따라 사회화된 노동자는 기술과학과 점점 더 '유기적' 관계를 향유한다(Negri 1989 : 93). 기계 체계는 애초에 통제와 명령을 목적

---

6. 예를 들어 Noble 1995를 보라.

으로 만들어졌지만 체계가 점점 더 성장함에 따라 '기계들의 생태계'가 된다. 그것은 사회화된 노동자가 무궁무진하게 개발하고 탐험할 수 있는 잠재력의 일상적 환경이며 더 이상 자본이 독점적으로 사용할 수 없는 기술서식지technohabitat가 된다(Negri 1989 : 93).

　　무엇이 네그리로 하여금 디지털 환경이 전복의 기반이 될 것이라는 희망을 가지게 했을까? 네그리가 사회화된 노동자 테제를 추상적으로이긴 하지만 가장 일관되게 서술한 『전복의 정치학』*The Politics of Subversion*을 보면 몇 가지 구체적 사건들이 이러한 낙관주의를 고무하였음을 알 수 있다. 이 책은 1986년 프랑스 학생파업을 강렬하게 불러냄으로써 시작한다. 프랑스 학생파업은 교육이 첨단기술 자본주의에 핵심적이라는 것을 조명했을 뿐 아니라 프랑스의 인터넷 전신인 미니텔Minitel을 사용하여 컴퓨터 네트워크를 통해 조직된 최초의 사회 운동이기도 했다.[7] 이러한 초기 '핵티비즘hacktivism[해커 행동주의]' 실험의 맥락에서 네그리는 '사회화된 노동자'의 투쟁에 중심적인 것으로 **소통**과 **정보**의 충돌에 대해 서술한다. 소통 활동은 '유동적'이고 분산되어 있으며 횡단적이고 대화적이다. 반면 정보는 집중되어 있고 수직적이며 위계적이고 비활동적이다. 자본은 노동력의 지적 힘을 정보의 형태로 포획하려 한다. 이것은 흡사 "사회적 노동의 협력적 잠재력에서 삶을 박탈하고 신비화하여 흑백의 평면 유리 스크린에 투사하는 것과 같다. 마치 영화 <메트로폴리스>를 재생한 것처럼". 반면 소통의 직접적 흐름은 횡단적이고 "다채로운 형식"을 취한다(Negri 1989 : 117~118). 사회화된 노동자 시대의 경영자에게 **"과학, 소통, 지식 소통"**은 생산성을 추출해내야 하는 원료이다. 그리고 전복이 피어날 수 있는 원천이기도 하다(Negri 1989 : 116, 강조는 원문).

---

7. 간단한 설명을 참조하려면 Marchand 1988을 보라.

불안정하고 버림받았으며 '비생산적인' 사회 부문들을 이론화하려는 시도와 함께 시작된 분석이 아우또노미아에서 활발하게 전개되었는데, 이러한 분석은 그 주인공이 컴퓨터 및 전자통신 네트워크의 한가운데, 즉 포스트포드주의적 기술 자본의 심장부에 위치한다는 입장을 중심으로 이루어졌다. 기술적으로 숙련된 노동자들의 혁명적 잠재력에 대한 세르쥬 말레Serge Mallet의 초기 테제에 감돌았던 것과 같은 테크노크라트적 엘리트주의(Mallet 1975)를 경계하면서 네그리는 과학기술로 뒤덮인 체제에서는 사회화된 노동자의 지적 힘이 선택받은 핵심그룹들에게 특유한 것이 아니라 노동력의 **일반적** 형식이 된다고 주장했다. 새로운 소통능력 및 기술능력은 '자격을 갖춘 소수의' 노동자들에게서 가장 뚜렷이 나타나기는 하지만 불안정 노동자와 실업자들에게도 첨단기술 자본주의에서 하루하루 살아가기 위한 전제이자 필요조건으로서 '잠재적인' 형태로 존재한다(Lazzarato, Negri 1991 : 87). 네그리는 포스트모던 이론의 가장 영향력 있는 관념들 중 하나인 다나 해러웨이Donna Haraway의 '싸이보그'론, 즉 잠재적으로 반역적인 싸이보그에 관한 생각을 받아들이면서 살과 테크놀로지 사이의 보철적 연결이 가지는 전복의 가능성을 강조했다. 또한 "싸이보그는 이제 주체성을 이론화하기 위한 유일한 모델"이라 선언하고 현대의 노동은 "노동하는 인텔리겐챠, 싸이보그와 해커들의 특질이 크게 확대되는 특성"을 가진다고 주장했다(Hardt and Negri 1994 : 10, 280).


『전미래』: 일반지성과 비물질적 노농

네그리의 혁명적 주체는 '대중 노동자'에서 '사회화된 노동자'로의 변화를 겨우 마치자마자 또 한 번의 변이를 겪게 되었다. 이러한 변형은 되살아나고 있던 빠리 급진주의의 맥락에서 네그리, 빠올로 비르노 등 아우또노미아의 노병老兵들과 장-마리 뱅상, 마이클 하트, 마우리지오 랏짜라또 같은 프랑스, 이딸리아, 미국의 좌파 지식인들을 한 데 모은『전미래』지의 지면에서 일어났다.[8] 네그리와 뱅상이 공동 편집한『전미래』지는 1990년에 창간되어 약 7년간 발행되었다. 이 저널은 수백 명의 기고자 및 스무 명 이상의 편집위원들과 더불어 텍스트와 세미나, 문건들의 급진적인 움직임을 보여주었다.[9]『전미래』지가 집단적으로 운영되었기 때문에 네그리의 특정 기고문들을 하트와 랏짜라또 등 공동 저자들의 기고문과 따로 떼어 생각하기 어렵지만, 그가 '일반지성'과 '비물질적 노동'을 중심으로 하는 대담한 새로운 분석이 출현하는 데 선도적 역할을 했다는 것에는 의심의 여지가 없다.

'일반지성'은 맑스의『요강』'기계에 관한 단상' 장에서 비롯되었다. 여기서 맑스는 미래에 자본의 역사의 어느 시점에 이르면 부의 창조가 노동시간의 직접 지출이 아니라 '사회적 두뇌의 일반적 생산력'에 좌우될 것이라고 주장한다(Marx 1973 : 699~743). 사회적 앎의 이러한 대상화는 기계류, 즉 '고정자본'에서, 특히 다음과 같은 두 가지 기술에서 구체화될 것이다. 자동생산 기술과 세계시장을 통합하는 교통·통신 네트워크 기술. 일견 자본주의의 유토피아로 보이는 기술발전의 고도화는, 그러나 자본주의의 악몽의 씨앗을 품고 있다. 자동화와 통신은 노동력 수요를 감소시키고 사회적 협력을 강화함으로써 임금노동과 사적 소유의 토대를 무너뜨린다. 따라서 일반지성의 시대에 "자본은 생산을 지배하는

---

8. 이 그룹의 글 중 일부는 빠올로 비르노와 마이클 하트가 편집한 *Radical Thought in Italy : A Potential Politics*(Virno and Hardt 1996a)에서 찾아볼 수 있다.
9. 이 대략적인 설명은 Emery 1999로 부터 가져온 것이다.

형식으로서의 자신의 소멸에 종사한다"(Marx 1973 : 19700).

『전미래』집단에게 '기계에 관한 단상'은 혁신된 환경과 로봇을 이용하는 공장들, 전지구적 컴퓨터 네트워크를 갖춘 포스트포드주의적 자본주의를 미리 그리고 있는 것으로 보였다. 그러나 이러한 발전에 거는 혁명의 희망으로 도대체 무엇을 만들 수 있는가?『전미래』는 맑스가 그러했듯이 고정자본의 축적에 주목하는 것만으로는 충분하지 않다고 단언했다. 결정적인 요인은 오히려 이 첨단 기술 장비들을 창조하고, 유지하고, 운영하는 가변자본, 즉 인간이라는 주체성이었다. 『전미래』는 이러한 주체성에 '대중지성'(기술적, 문화적, 언어적, 윤리적 '전문 지식'the know-how)이라는 이름을 주었다. 대중지성은 첨단기술 경제를 작동시키고 '살아있는 주체들과 그들의 언어적 협력에서 분리될 수 없는 지식의 저장고'를 떠받친다(Virno 1996b : 265).

네그리와 하트, 랏짜라또가 '비물질적 노동'이라 부르는 것은 대중지성과 밀접한 관계가 있다.[10] 네그리, 하트, 랏짜라또는 첨단기술 환경 속에서 상품은 점점 '덜 물질적'으로 되고 '문화적 요소, 정보적 요소, 지식 요소나 서비스와 돌봄의 질에 의해 더 많이 규정된다'고 주장했다. 이러한 상품들을 생산하는 노동 또한 '그에 상응하는 방식으로' 변화한다. 따라서 비물질적 노동은 '상품의 정보적, 문화적, 정동적 요소를 생산하는' 노동으로 이해할 수 있다(Virno, Hardt 1996b : 86). 비물질적 노동은 '정보와 소통이 생산과정의 매 단계에서 본질적 역할을 담당하는 시대'의 노동이 가지는 '변별적인 특질이자 표지'이다(Lazzarato, Negri 1991 : 86).

사회화된 노동자를 다룬 네그리의 저작들과『전미래』의 분석 사이에 연속성이 없는 것은 아니지만 후자가 이론적으로 훨씬 더 풍부하고

---

10. Lazzarato and Negri 1991 : 86~9. Virno and Hardt 1996b : 260~3와 같은 책에 있는 Lazzarato 1996 : 133~50 또한 보라.

야심차다. '일반지성'은 정보 기술과 연결된 유토피아적 희망을 좌파적으로 전유한 것이지만 너무 자주 탈산업시대의 신자유주의와 동일시된다. 이러한 전유를 위해『요강』을 참조한 것이『전미래』가 처음은 아니었다. 그러나 '기계에 관한 단상'에 대한 그 이전에 존재했던 맑스주의적 고찰들 대부분은 자본의 자동화 경향이 산노동을 기계들의 죽은 노동으로 대체함에 따라 발생하는 대량실업에 잠재하는 위기에 주목했다. 이것은 오뻬라이스모와 아우또노미아 이론가들에게도 중심적인 주제였다. 그 후 앙드레 고르Andre Gorz는 오뻬라이스모와 아우또노미아 이론가들의 분석을 전유하여 유명한 저서『노동계급이여 안녕』에서 그것을 자신의 목적에 맞게 변형시켰다. 이는 1980년대 후반과 1990년대 초 탈산업화에 대한 응답으로 출현한 수많은 '노동의 종말' 예언들에서 반복되는 주제가 되었다.[11] '강제 노동시간이 삶에서 거의 무시할 만한 부분으로 줄어들' 잠재성은『전미래』활동가들의 주제로 남아있었다(Virno 1992 : 47).

그러나 네그리를 비롯한『전미래』집단의 구성원들은 '일반지성'이 통신기술 네트워크로 나타나는 세계의 협력적이고 창조적인 잠재력을 강조함으로써 논의에 또 다른 전선을 열어주었다. 티지아나 테라노바가 지적하듯 '일반지성' 관념은 마샬 맥루한Mashall McLuhan, 케빈 켈리Kevin Kelly, 삐에르 레비Pierre Levy 등의 저자들이 제안한 테제, 즉 컴퓨터와 전기 통신이 특정한 형태의 '집단 정신' 혹은 '집단적 지성'을 구현한다는 명제를 맑스적으로 새긴 것이라 이해할 수 있다.[12] 고전적 맑스주의가 맥루한 등의 견해를 기술결정론 혹은 관념론이라고 경멸해 온 것, 무엇보다 그러한 집단적 의식이 전지구적 자본주의의 자기 반영적 의식으로 발생한

---

11. Gorz 1982, Aronowitz and DiFazio 1994, Aronowitz and Cutler 1998, Rifkin 1995를 보라.
12. Terranova 2000 : 42. McLuhan 1964, Kelly 1994, Levy 1999를 보라.

다는 가정을 받아들일 수 없다는 이유로 그러한 생각을 경멸해온 것은 정당하다. 그러나 계급 전쟁에서 인간의 지적 활동을 둘러싸고 벌어지는 투쟁을 직시하면서 집단지성의 문제를 적대의 관점 안에 둔다면 이러한 경멸은 다시 생각해 보아야 한다. 그리고 이것이 '일반지성'론이 열어젖힌 전망이다.

『전미래』가 견지한 낙관주의는 몇몇 구성원들이 간직하고 있던 오뻬라이스모 시기의 유산에 충실한 것이었다. 뱅상은 일반지성의 '다수적이고 다형적이며 계속해서 변화하는 지능'을 자본이 자신의 구조 내부에 어느 지점까지 봉쇄할 수 있는가가 결정적인 문제라고 서술한다(Vincent 1993 : 121). 네그리와 그의 동료들은 다음과 같은 곳에서 불복종이 급성장하는 것을 보았다. 첫째, 자동차 공장에서 일하는 새로운 세대의 노동자들이 벌인 파업에서. 이 공장들에서는 '참여 경영', '팀워크'(논의의 여지가 있지만 이는 '일반지성'의 세포적, 축소적 구현이라 할 수 있다)방식이 노동자들에게 권력은 양보하지 않으면서 책임만 요구하여 노동자들의 분노가 임계점에 이르렀다. 둘째, 교육 내핍정책에 저항한 이딸리아 학생들의 '팬더'Panther 운동에서. 이 운동은 숙련된 미디어 전략과 전복적인 팩스-네트워킹으로 이름을 떨쳤다. 셋째, 빠리의 패션산업 노동자들과 멀티미디어 노동자들의 분규와 움직임에서. 빠리에서 이러한 일련의 소요는 결국 1995년에서 1996년에 걸친 거대한 프랑스 총파업으로 폭발했다(Lazzarato, Negri, Santilli 1990; Lazzarato, Negri 1993; Lazzarato 1990a, Lazzarato 1990b). 이러한 유럽에서의 투쟁들이 축적되고, 폭발하고, 침잠하는 과정을 거치면서 '비물질적 노동'이 싸이버 공간이라는 초국적 장소에서 주목받기 시작했다.

# 네트 이론 : 자유로운 노동과 닷 코뮤니즘<sup>Dot. Communism</sup>

네그리가 글에서 해커 문화를 언급하긴 하지만 인터넷에 대한 직접적인 논의는 거의 하지 않는다. 하지만 네그리의 이론이 싸이버 공간에 '적합'하다는 것은 분명하다. 컴퓨터 네트워크는 결국, 네그리가 비물질적 노동 논의에서 가정한 재구조화되고 정보화된 자본의 대표적인 기술이다. 인터넷의 역사를 간략히 살펴보면 그것이 강렬하게 압축되고 가속화된 '투쟁 순환'임을 알 수 있다. 1970년대 군의 명령과 통제를 위한 시스템으로 탄생한 인터넷은 1980년대에 학술연구 네트워크로, 1990년대 초기에는 대중들의 가상 커뮤니티로 변모하였고 이후 전자 상거래 기획으로 변화해 갔다. 전자 상거래는 닷컴기업의 열풍 속에서 급부상했다가 닷컴 열풍이 수그러들면서 참패했다. 이렇듯 인터넷의 역사는 전유와 재전유의 급속한 연쇄로 이루어져 있다. 오늘날 갈피를 잡지 못하고 우왕좌왕하는 인터넷 자본<sup>e-capital</sup>은 분자적으로 증식하는 해커 행동주의자, 넷-아티스트, 사이퍼펑크, 표절 자율 지대들과 싸우고 있다. 해커 행동주의자, 넷-아티스트를 비롯한 이들 모두는 일반지성에 내재한 통제 불가능하고 자기가치화하는 힘을 입증하고 있다.[13]

1990년대 내내 기존의 네오 맑스주의는 아나키적이고 '기술적'인 싸이버 공간에서의 전복에 무관심했다. 오히려 인터넷이 머지않아 통합적으로 포섭될 것이라는 우울한 예측에 주목했다.[14] 이와 달리 『전미래』지는 정치, 문화, 기술 활동가들이 싸이버 공간에서 길어 올린 다양한 창조적 가능성들에 적합한 이론적 이름들을 만들어 냈다. 그러다보니 온라인 상의 넷타임<sup>Nettime</sup>, 리좀<sup>Rhizome</sup>, 텔레폴리스<sup>Telepolis</sup>, C-이론<sup>C-theory</sup>과 같은

---

13. Ludlow 2001, Critical Art Ensemble 2001을 보라.
14. 예컨대 Schiller 1999, Hermann and McChesney 1997을 보라.

포럼 사이트들이 네그리의 작업을 받아들이는 새로운 수용처가 되었다. 이 새로운 수용처들은 오뻬라이스모의 모태였던 산업 공장과는 동떨어진 세계였다.[15]

네그리의 분석이 즉각적인 공감을 얻은 한 영역은 지적 재산권을 둘러싼 인터넷 상의 투쟁이었다. 인터넷 산업은 인터넷이라는 공유지를 상품형태로 울타리 치면서 즉각 '네티즌들'의 자유로운 협력적 힘을 자본화하였고 동시에 해적행위, 오픈 소스 해독프로그램, P2P 네트워크 등 저항적인 어둠의 세계를 낳았다. 이러한 디지털 기술의 발전은 노동의 자율에 대한 네그리의 주장을 강력하게 뒷받침해 주었다. 티지아나 테라노바와 리차드 바브룩이 인터넷 경제를 분석한 두 글에 나타난 네그리 사유의 흔적을 살핌으로써 네그리의 생각이 이러한 맥락 속에서 어떻게 반향하는지를 살펴볼 수 있을 것이다.

「자유로운 노동 : 디지털 경제를 위한 문화생산」에서 테라노바는 "자발적으로 이루어지면서 임금을 받지는 않고, 즐기면서 하지만 착취당하는' 노동, 즉 '웹 사이트를 만들고, 소프트웨어 패키지를 수정하고, 메일링 리스트를 읽고 거기에 참여하고, MUD와 MOO[16]에 가상공간을 만드는 데 들어가는" 노동에 주목한다(Terranova 2000 : 33). 테라노바는 포드주의에서 포스트포드주의로의 이행이 전통적인 산업 노동자 계급을 시대에 뒤떨어진 것으로 만들기는 했지만 문화상품의 '능동적 소비자'로 사회화된 노동자 세대를 낳기도 했다고 말한다. 자본주의적 관리자는 다시

---

15. Bosma et al. 2000을 보라. 또한 네트 이론 일반과 구체적으로는 넷타임nettime에 대한 유용한 논의를 참조하려면 Lovink 2002를 보라.
16. [옮긴이] MUD는 다중이용도메인 혹은 다중이용공간(Multi-user Domain/Deongeon)의 줄임말이며 다수의 이용자가 접속하여 실시간으로 롤플레잉 게임, 채팅 등을 할 수 있는 인터넷 상의 공간을 의미한다. MOO는 다중이용접속 서버 'MOO'에서 파생된 프로그램들을 의미하거나 최초의 MOO 방식을 이용하는 일체의 MUD를 가리킨다.

생산으로 돌아가 이러한 감성들을 재활용해서 음악, 게임, 영화, 비디오, 가정용 소프트웨어를 팔아치워 줄 외모, 스타일, 사운드 등을 만들어 내야 한다. 그러나 이러한 작업은 임금노동자들의 채용에 의해서는 오직 부분적으로만 이루어질 수 있다. [따라서] 미디어 자본은 집단적인 문화적·정서적 실험이 이루어지는 장의 결실을 거두어들이지 않을 수 없다. 자본은 선별적으로 '몇몇 영역들의 성과에는 엄청난 보상을 주고 그 밖의 영역들에서는 성과를 가로채면서 집단적 실험의 장을 '살찌우고 착취하고 고갈시킨다'(Terranova 2000 : 53). 아메리카 온라인America On-Line 채팅 호스트나 퀘이크Quake 온라인의 프로그램 개발자들이 수행한 자유로운 웹 작업은 '전문지식을 요하는 문화소비가 생산 활동으로 바뀌는' 계기를 대표적으로 보여준다(Terranova 2000 : 37).

테라노바는 디지털 경제에 대한 자신의 분석과 '이딸리아 자율주의자들이 사회적 공장이라 부른 것'을 명확하게 연결시킨다(Terranova 2000 : 33). 테라노바는 「전미래」의 일반지성 개념을 참조하면서, '오늘날 생산되는 가치의 상당 부분이 고유한 의미의 생산과정 외부에서, 즉 노동으로 생각되지 않는 영역의 활동에서 발생'하기 때문에 '자본주의적 가치화 도식으로 양화하기 어렵다'(Virno and Hardt 1996b : 262)는 것이 '비물질적 노동'의 핵심적인 특징이라는 「전미래」의 주장을 발전시킨다. 이러한 주장에서 착안하여 테라노바는 '자유로운 노동은 후기 자본주의 문화 경제에 구조적'이라고 주장한다. 이 과정을 관리하려면 '교환 문화'에 젖어 있고 '급속히 변화하는 앎의 세계 전체'와 접촉하고 있는 매우 '개방적인 조직 구조' 안에서 협력적 흐름을 조절해야 하는 난제를 해결해야 한다(Terranova 2000 : 37). 테라노바는 디지털 자본이 이러한 난제를 풀어낼 수 있는지 여부에 대해 모호한 태도를 취한다. 어떤 곳에서는 네트워크화된 비물질 노동의 '자기 조직화와 집단 지성'이 임금관계를 전복함으로써 자본의 조작을 '무력화할 것'이라고 주장하지만 뒷부분에서는 '다루기 어려운' 이 과정이 '어떤 결정적 모순들'을 품고 있다는 다소 온화한 주장을 하는 데 그친다(Terranova 2000 : 46, 55). 두 번째 주장은 네그리에게 아쉬움을 남기겠지만 테라노바의 작업은 네그리의 이론을 인터넷에 적용한 인상적인 사례이다.

네그리의 작업과 바브룩의 「싸이버 코뮤니즘 : 미국인들은 어떻게 싸이버 스페이스에서 자본주의를 갈아치우고 있을까」(Barbrook 출간시기 불명) 사이의 유사점 또한 눈에 띈다. 바브룩은 인터넷의 기술 문화 technoculture가 처음부터 시장에 적대적이었다고 주장한다. 인터넷은 공공부문(펜타곤)에서 태어나 학계로 옮겨가면서, 복제하는 데 아무런 비용도 들지 않고 전송하는 데 1초도 걸리지 않는 자유로운 정보교환에 기초한 선물경제 혹은 포틀래치 경제[17]를 발전시켰다. 싸이버 공간에서 저작권 체제가 격심한 동요를 겪고 있는 것에서 볼 수 있듯이, 디지털 구조물에 깊이 뿌리박혀 있는 이러한 힘은 오늘날까지도 상품화 시도를 좌절시킨다. 디지털 재생산이 용이하고 네트워크의 순환 속도가 엄청나게 빠르다는 사실은 지적 재산권이라는 직물을 뒤틀고 거기에 커다란 구멍을 뚫어내고 있다. 즉 '해적행위'와 넘쳐나는 오픈 소스 운동은 가치가 끊임없이 새어나가게 한다. 이 활동들은 '어느 정도의 프로그래밍 기술을 가진 사람이면 누구나 계속 수정하고, 고치고, 개선할 수 있는' 잠재적 기계들

---

17. [옮긴이] 포틀래치(potlatch)란 본래 북아메리카 북서해안의 인디언들이 자녀의 탄생, 성녀식(成女式), 장례, 신분과 지위의 계승식, 신축 가옥의 상량식 등의 의식에 사람들을 초대하여 베푸는 축하연을 가리키는 말로, 현대에는 주로 큰 부(富)를 축적한 기업들이 이익의 일부를 사회에 되돌림으로써 빈부격차를 줄이려는 움직임을 지칭하는 말로 사용되고 있다. 본문의 맥락에서 '포틀래치 경제'는 좀더 일반적으로 자본주의 경제에 전형적인 교환이 아닌 증여를 중심으로 하는 경제를 가리키는 말로 사용되었다.

을 생산함으로써 디지털 생산조건들에 사적 소유가 부적합하다는 것을 적나라하게 보여준다.

바브룩의 글 「싸이버 코뮤니즘」은 냅스터Napster, 그누텔라Gnutella, 프리넷Free Net을 비롯한 P2P 네트워크들의 '다운로드 붐'이 일기 전에 출간되었다. 그러나 바브룩은 음악 산업이 최근 겪고 있는 공황 속에서, '쌍방향 창조성'의 경제가 사적 소유와 상품화에 근거할 수 없다는 자신의 견해가 옳았음을 발견한다(Barbrook 2001). 바브룩은, 자유 시장을 의기양양하게 찬양하는 것이 냉전 이후 북아메리카의 공식적이고 명시적인 이데올로기이지만, 일상생활에서는 수백만의 미국인들이 무료 음악·영화·게임·정보를 인터넷을 통해 유통시키고 있다고 말한다. 미국인들은 실용주의적이고 일상적인 방식으로 '자본주의를 갈아치우는 느린 과정에 참여하고' 있다. 전자 상거래를 만들어낸 사람들은 상품화되지 않은 전자 재화가 자유롭게 유통되는 데 필요한 기반시설을 마련하고 있다. '닷컴'은 변증법적으로 '닷 코뮤니즘'을 발생시키고 있다. 이는 생산력과 생산관계 사이의 모순이라는 근본적으로 맑스주의적인 계기를 통해 일어나고 있는 일이다(Barbrook 2001).

테라노바와 마찬가지로 바브룩도 자신의 분석이 지닌 가장 급진적인 반자본주의적 함의들에서 후퇴한다. 그러나 바브룩의 '닷 코뮤니즘'과 『전미래』의 '일반지성' 사이에는 일치하는 지점이 많다. 첨단 기술 생산이 우리의 눈 앞에서 가치법칙을 파괴하고 자본주의를 해체하고 있다는 생각은, 바브룩도 잘 아는 네그리의 글들에서 끊임없이 나타나고 있다. 네그리가 자신의 가장 유명한 (혹은 악명 높은) 글에서 쓰고 있듯이, 비물질적 노동의 싸이보그 세계에서

생산자들의 협력이나 연합은 자본의 조직화 능력과 무관하다. 노동의 협

력과 주체성은 자본의 책략 외부에서 접속 지점을 찾았다. 자본은 포획 장치이자 환영phantasm, 우상이 될 따름이다. 잠재적 발전의 대안적 기초를 구성할 뿐 아니라 실제로 새로운 구성의 기초를 표현하는, 급진적으로 자율적인 자기가치화 과정이 자본의 주위에서 움직인다.(Hardt and Negri 1994 : 282)

네그리를 비롯하여 『전미래』지의 저자들은 종종 '비물질적 노동'이 봉기가 아닌 '탈주' — 현존 사회질서를 거부하고 새로운 사회질서를 구축하는 빠져나감, 후퇴 혹은 탈퇴의 비스듬한oblique 과정 — 의 방식으로 자본으로부터 해방될 것이라고 주장한다. 가상세계의 소비자와 노동자들이 실용주의적이고 일상적으로, 하지만 대규모로 행하는 저작권 침해와 집단적 생산이 만들어내는 닷 코뮤니즘에 대한 바브룩의 견해는 이러한 과정이 구체화된 모습일 것이다. 네그리와 바브룩이 보기에 인터넷 자본은, 낭떠러지가 끝난 줄 모르고 빗물질적인 허공으로 몇 걸음을 옮기고 나서야 자신의 상황을 깨닫고 아래로 추락하는 만화 속 인물을 닮았다.

## 노예제의 르네상스 : 결국 그렇게 비물질적인 것은 아니다?

그러나 '비물질성'은 싸이버 공간에 대한 이론적 입장들로부터는 인정받고 환영받았지만, 네그리가 참여했던 자율주의적 입장을 비롯한 다른 곳에서는 냉소와 비난을 면치 못했다. 이러한 비판을 이해하는 한 가지 방식은, 네그리의 비물질적 노동 이론이 피터 드러커Peter Drucker에서부터 다니엘 벨Daniel Bell, 앨빈 토플러Alvin Toffler와 로버트 라이히Robert Reich에 이르는 경영학자들이 환호했던 '지식 노동'의 맑스주의적 거울 이미지로 보였다는 점에 주목하는 것이다. 비지니스 미래학자들은 기술과학 노동자들의 증대된 생산성에서 자본의 구원을 보았다. 동일한 곳에서『전미래』는 디지털 전복의 주체를 찾았다. 그러나 양자는 첨단 기술 자본에서 결정적인 노동력의 형태는 소통적이고 지적이라는 믿음을 공유한다.

그러나 경영학 교의를 전도轉倒하기만 해서는 부르주아적 도플갱어의 품에 떨어질 위험이 있다. '지식 노동자'와 마찬가지로 '비물질적 노동자'라는 명칭은 싸이버 공간의 주체가 살과 피를 가진 현실의 구체적 인물이라는 사실을 보지 못하게 하고, 첨단기술 노동의 어떤 물질적인 요소들을 부인하는 것처럼 보인다. 예컨대 반복되는 긴장으로 인한 건강상의 문제와 손목 관절 증후군, 눈의 피로와 방사능 위험, 생활리듬의 파괴, 치명적인 고립감, 과도한 스트레스로 인한 직업병 등은 중요하게 다루어져야 한다. 네그리와 그의 동료들이 '비물질적 노동'이 물질적이지 않다는 것은 아니라거나, '비물질성을 향하는 경향이 있지만 …… 지성적 성격 못지않게 육체적 성격을 가지고 있다'고 주장하더라도 이 문제는 남는다(Hardt and Negri 1994 : 9).

'비물질적 노동' 테제의 훨씬 더 심각한 문제는 철저히 물질적인 노동이 꺼림칙하게도 여전히 존속한다는 것이다. 포스트포드주의에서는 직업 구조가 정말 극과 극으로 갈라진다. 이 양극화된 구조에서는 소수의 사람들만이 숙련된 기술을 가진 '지식 노동자'의 이상적 초상에 부합한다. 나머지 대다수는 저급하고 형편없는 보수를 받는, 불안정한 서비스 노동자이다(Henwood 1995, Golding 1996 : 82). 정보통신 혁명은 모든 직업에 영향을 미친다(커피 숍의 점원들이 밀리터리 스타일의 헤드셋을 쓰고 안내원들이 전자 서명 기기를 들고 다니며 모든 사람들이 무선호출기를 사용한다 등등). 그리고 이러한 의미에서, 비물질적 노동은 후기산업사회의 프롤레타리아트 **모두에게** 해당된다는 네그리와 그의 동료들의 거듭된 주장은 사실이다. 그러나 이러한 주장의 거시적 시야는 숙련되고 보수가 좋은 상징 분석가symbolic analyst와, 청소부·경비원·패스트푸드 점원·자료 입력 사무원과 같은 후기산업사회의 서비스 부문 사이의 차이를 아주 사소한 것으로 만들어 버린다.

그러나 네그리의 작업에 대한 비판이 가장 강력하게 제기되는 지점은 젠더 문제와 국제적 노동 분업에 관한 지점이다. '일반지성'이 디지털 네트워크화 과정과 밀접하게 연결되어 있다면, 많은 지역에서 존속하고 있는 전통적인 방식과 첨단기술 발전의 특징인 남성 지배·여성 배제는 어떻게 설명할 것인가? 일반지성은 절반의 사회적 두뇌, 즉 남성들의 두뇌만을 의미하는가? 또한 '비물질적 노동'이 '싸이보그와 해커들'로 이루어진다면, 중국 인구의 대부분이 컴퓨터를 만져본 적도 없고 세계 인구의 절반이 전화를 해 본 적도 없으며 세계 인구의 3분의 1 이상이 전기를 사용하고 있지 않은 이러한 세계에서, 비물질적 노동은 세계의 계급 구성에 어느 정도의 중요성을 갖고 있는 것일까?

이러한 이의를 가장 강력하게 제기한 것은 조지 카펜치스이다. 카펜치스의 주장은 특히 흥미로운데, 왜냐하면 그가 대체로 네그리의 '자율주의적' 관점을 공유하고 있기 때문이다. 카펜치스는 1980년대 초에 네그리의 분석과 급격하게 갈라지기 시작한 자율주의적 사유의 계열에 있다. 이 또 다른 자율주의는 가정주부들의 무임금 노동에 대한 마리아로사 달라 꼬스따와 셀마 제임스Selma James의 작업에서 생겨났 다. 달라 꼬스따와 제임스는 페미니스트 정치경제학에서 이제는 대중화된 주제들을 앞서 제시하는 가운데, 사회적 공장에서 노동력의 재생산은 중요한 역할을 담당하고 있지만 무시당하고 있다고 주장했다(Dalla Costa and James

1972). 임신·육아·요리·쇼핑·교육·청소·돌봄 등, 요컨대 '가사일' 이라는 (남성 이론가들에게) 보이지 않는 노동과정이 없다면 노동력은 매일 아침 노동할 수 있는 상태에 있지 못할 것이다. 또 다른 이론가들은 이와 유사한 주장을 발전된 자본주의에서 임금을 받지 못하는 다른 집단들(예컨대 학생들)의 상황에 적용한다. 제임스는 카리브에서의 투쟁에 참여했던 자신의 경험에 기대서, 이러한 분석을 남반구의 소작농과 영세한 자영농의 무임금 노동까지 포함하도록 확장시켰다(Midnight Notes Collective 1992). 달라 꼬스따와 제임스 같은 초기 분석가 세대가 무임금 노동의 문제를 주방과 들녘, 기간제 계약노동과 성 노예, 아동노동, 감옥 노동의 물질적인 과정에서 발견했던 것과 달리, '비물질적 노동'의 이론가들은 그와 매우 유사한 무임금 노동 문제를 웹 상에서 찾는다는 것은 아이러니하다.

네그리의 투쟁순환론이 자본의 '강한 고리'에 주목한다는 점에서 레닌주의적이라면, 이 자율주의 사상의 다른 조류는 곤궁함이 극에 달한 '약한' 지점에서 자본의 사슬을 부술 가능성을 본 마오의 통찰을 따랐다. 이 두 번째 관점은 북아메리카에서 『제로워크』지와 『미드나잇 노트』 *Midnight Notes*지를 통해 자신들의 주장을 펼쳤으며, 카펜치스가 여기에서 중심적 역할을 했다. 네그리와 『전미래』지가 자본주의적 노동위계의 '상' 층을 차지하는 메트로폴리스 노동자들에 대한 분석으로 기울고 있었다면, 카펜치스와 『미드나잇 노트』는 전지구적 노동력의 '하'층에 더 주의를 기울이면서 젠더화되고 초국적인 과도착취의 문제에 더 초점을 맞추었다.[18] 자율주의의 두 조류 사이의 긴장은 일정 기간 동안 분명하게 드러났으며, 카펜치스가 네그리는 '노예제의 르네상스'는 무시하고 '싸이보

---

18. *Midnight Notes* 8 : 32~36쪽에 실려 있는 Baldi 1985와 Bartleby the Scrivener 1985 사이의 논쟁 또한 보라.

그'와 '비물질적 노동자'만을 찬양한다고 비난하면서 '일반지성' 테제에 대한 가차 없는 비판을 퍼부었을 때 폭발했다(Caffentzis 1998).

카펜치스는 네그리의 『요강』 독해가 대체로 잘못되었다고 말한다. 카펜치스에 따르면 자본이 점점 더 고정자본(기계)에 의존한다는 맑스의 분석은 다른 곳에서, 자본이 가치의 궁극적 원천인 산노동을 끊임없이 다시 모음으로써 그러한 의존도의 점증을 상쇄하는 경향이 있다는 인식으로 보완된다(Caffentzis 1998). 결론적으로 카펜치스는, 소수의 핵심적인 비물질적 노동자의 참여를 수반하는 산업 '자동화 과정'이, 극단적인 착취 강도에 시달리며 삶의 터전에서 쫓겨난 채 떠돌아다니면서 노동해야 하는 새로운 대중을 지구상 어딘가에 반드시 만들어낸다고 주장한다(Caffentzis 1998). "컴퓨터는 노동착취공장을 필요로 하고 싸이보그는 노예제를 전제로 존재한다."(Caffentzis 1998)

이러한 과정은 '신新 엔클로저'에서 실제로 볼 수 있었다. '신 엔클로저'는 전지구적 자본주의 도처에서 전개되었지만, 남반구에서 가장 폭력적으로 이루어졌다('The New Enclosures', Midnight Notes Collective 1992 : 317~33). 농업 산업의 발전으로 사람들이 땅에서 쫓겨나면서 엄청나게 많은 수의 새로운 프롤레타리아트들이 생겨났다. 이들은 성매매, 마약거래, 가사노동, 동물수출, 무기밀수, 인신매매 같은 산업들의 주변을 배회하며 절망적인 비공식[지하] 노동시장에서 살아가거나 새로운 공업중심지에서 일해야 하는 처지에 놓였다. 이렇게 추방당한 인구는, 고임금 체제의 북반구에서 자취를 감추었지만 실제로는 중국, 중앙·라틴 아메리카, 남부 아시아, 동유럽 등지로 초국적으로 재배치되었을 뿐인 제조업 공장의 노동력이 되었다. 이 과정은 젠더화되어 있는데, 이는 새로운 산업의 프롤레타리아트들이 대개 '손재주가 있는', 값싸고 온순한 여성 노동자들로부터 충원되었고 또한 급격한 산업화의 사회적 비용이 임금을 받지 못하는 여성의 가사노동으로 끊임없이 전가되기 때문이다.

공장, 기업농업, 매음굴은 디지털 자본주의에도 필수적이다. 카펜치스는 그 이유를 다음과 같이 설명한다.

> …… [공장, 기업농업, 매음굴이] 잉여노동의 풀pool 전체를 키우고, 임금을 내리도록 도와주며, 고정자본의 요소들을 싸게 해 주고, 노동시장을 엄청나게 팽창시키면서 소수의 지식 노동자 혹은 싸이보그들을 직접적으로 고용하는 첨단 기술산업의 발전을 가능하게 해 주기 때문이다.(Caffentzis 1998)

자본은 이제 '포획·환영·우상의 장치에 불과한 것'이 되고 있다는 네그리의 단언은 완전한 착각이었다. 반대로 가장 기본적이고 잔인한 시초축적 메커니즘이 전지구적 규모에서 다시금 제도화되고 있다. 새로운 자본의 회로는 여성 노동자 및 남반구 노동자들에게 '유령' 같거나, '비물질적'이거나 '지적'인 것으로 보이지 않는다. 이들은, 남성과 북반구인이 절대 다수를 차지하는 자본주의적 '일반지성'이 필요로 하는 고된 육체노동을 수행한다. 위에서 아래를 내려다보는 북반구의 관점을 버리고나면, 모든 새로운 투쟁 순환의 대표적인 형상이 비물질적인 싸이보그 노동자가 아님을 알 수 있다.

> 자본주의 여명기에 이어 다시 한 번, 세계 프롤레타리아트는 빈민, 유랑자, 범죄자, 거지, 착취공장의 난민 노동자, 용병, 폭도의 형상을 하고 있다. ('The New Enclosures', Midnight Notes Collective 1992, 321)

카펜치스가 신랄하게 논평했듯이 네그리는 '자신의 혁명의 지리학을

'확장할' 필요가 있다(Caffentzis 1998).

이것은 고약한 비판이었다. 네그리와 『전미래』 동료들도 가만히 있진 않았다. 반론 중 하나는 비물질적 노동의 중심성이 현실적이기보다 경향적이라는 것이었다. 1820년대 맨체스터 공장의 방직공들이 전지구적 노동인구의 아주 작은 부분을 차지했지만 약 150여년이 지난 후에 산업 자본주의를 규정하게 될 노동 형태를 대표했던 것처럼, 레드몬드 빌 게이츠 공장 지역의 '기술노예들'microserfs은 미래에 일반화될 노동협력 형태를 미리 보여준다. 그러나 이러한 의문이 제기될 것이다. 전형적으로 맑스주의적인 이러한 대답은 선형적인 자본주의 발전모델이라는 점에서, 농업에서 산업을 거쳐 정보생산으로의 필연적 이행이라는 탈산업적 미래학자들이 선호해온 이론과 매우 유사한데, 이것이 축적의 '불균형적이고 복합적인' 측면에 실제로 **한 번이라도** 적합한 적이 있었는가?

세계도시와 마낄라도라maquiladora 19 구역이 명백히 상호의존하는 시대에 '일반지성'의 자본주의적 조직화 전체는 집단적 노동자의 '머리'를 '팔', '발', '소화' 기관, '배설' 기관, '재생산' 기관과 분리시키는 것에 입각해 있는 것으로 보인다. 이러한 분할은 젠더, 지리, 인종의 선을 따라 이루어지곤 한다. 일례로 나는 전형적인 '비물질적 노동' 분야인 비디오·컴퓨터 게임 산업의 국제적 노동분업을 연구한 적이 있다. 연구결과, 싸이보그적 방식의 소프트웨어 개발 작업은 압도적으로 유럽·일본·북아메리카 지역의 남성 프로그래머 및 디자이너에 의해 수행되는 반면, 하드웨어 조립 노동은 중앙 아메리카와 중국의 마낄라도라 산업 구역에서 여성 노동자들에 의해 수행되고 있음이 드러났다. 또한 콩고의 전쟁 구역에서 광부들은 노예와 다름없는 조건 하에서 소니의 플레이스테이션

---

19. [옮긴이] 값싼 노동력을 이용하여 조립·수출하는 멕시코의 외국계 공장

운영체제에 필요한 콜럼바인 탄탈산염columbine tantalite과 기타 희귀 광물들을 추출하고 있었는데, 이 세 집단 사이의 격차는 실로 엄청난 것이었다.[20] 비물질적 노동에 관한 이론은 선진 기술과학의 하부구조에 있어 매우 결정적인 노동 위계를 잘 식별하지 못하며, 결과적으로 북반구 남성의 노동에 제한된 경험을 보편화할 위험성을 품고 있다.

## 제국 : 삶정치적 뒤얽힘

초국적 자본주의에서 '비물질적 노동'이 차지하고 있는 위치에 관한 논쟁은 2000년에 하트와 네그리의 공저『제국』이 출간되면서 새로운 단계에 접어들었다.『전미래』의 논의가 메트로폴리탄을 중심으로 이루어졌던 것과 달리『제국』의 화두는 소위 '지구화'였다. 그것은 보편적이지만 탈중심적인 세계시장 체제를 묘사하는데, 이 체제는 하나의 국가나 특정 세력에 의해 조직되지 않고 (심지어 미국에 의해서 조직되는 것도 아니다) 정치기구 · 기업 · NGO들의 혼종적이고 다층적인 전체로 조직된다. 또한 제국은 위기에 대한 통제를 끊임없이 급조해내는 바로 그 과정에서 스스로를 구성하고, 정기적인 경찰 행동으로 전개되는 엄청난 군사력이 궁극적으로 지탱하고 있는 금융 · 문화 · 사법 네트워크를 가동함으로써 삶의 공간적 범위와 사회적 범위 전체에 걸쳐 이윤을 추출하기 위해 작동한다. 하트와 네그리는 이 새로운 세계질서 내부에서 그것에 대항하여 출현하는 적대적 세력을 '다중'이라 부른다. 다중은 창조적이고 다수적인 주체이며, 제국은 다중의 구성적 힘을 필요로 하고 징발하는

---

동시에 억압한다. 하트와 네그리의 '로마적' 은유에 따르면 다중은 때때로 노예, 야만인, 기독교인들과 동일시될 수 있는 세력이다. 저자들이 작성한 오늘날 다중의 반란 목록은 유럽 중심주의의 한계를 훌쩍 뛰어넘는다. 목록에는 1992년 로스앤젤레스 봉기, 1989년 천안문 사태, 1994년 치아빠스, 1995년 프랑스 총파업, 팔레스타인의 인티파다 운동, 난민들과 '노마드적' 이주 노동자들의 투쟁들이 포함되어 논쟁의 전망을 진정 세계적인 규모에서 구성한다.

소위 반지구화 혹은 대항지구화 운동 내에 이론의 전제와 전략의 방향에 대한 해묵은 논쟁을 촉발한 『제국』이 주요한 성취라는 것은 강조할 필요가 없다. 나는 다양하고 풍부한 『제국』의 개념들 중에서 '비물질적 노동' 논의와 직접 관련된 개념들만을 취할 것이다. 그리고 여기에서 『제국』은 이상한 모순을 드러낸다. 한편에서 『제국』은 수정을 가하긴 하지만, 싸이보그가 중심적인 주체라는 네그리의 주장을 이어간다. 다른 한편 『제국』은 네그리가 이전에 그러한 주체들의 주요한 전복적 잠재력으로 칭송했던 소통적 힘을 부인한다. 역설적으로 『제국』은 '싸이버 네그리'의 더 나아간 지점과 후퇴한 지점을 동시에 보여준다.

이 수수께끼를 해결할 때 먼저 주목해야 할 것은 하트와 네그리가 자신들에게 가해진 비판에 분명히 주의를 기울였다는 것이다. 하트와 네그리의 분석에서 '일반지성'은 여전히 중요하지만 이들은 이제 『전미래』의 분석과 거리를 둔다. 『전미래』의 분석이 너무 '순진'하고 '새로운 노동'을 그것이 가진 '비물질적이고 지적인' 측면에서만 다루기 때문이다(Hardt and Negri 2000 : 30). 따라서 '일반지성'은 푸코의 '삶권력' 개념을 맑스주의적으로 전유한 '삶정치적 생산'이라는 새롭고 더 '물질적'인 개념 안에 다시 놓인다. 이로 인해 자본주의적 전유의 대상이 '노동력'이 아닌

‘삶 그 자체’임이 드러나게 된다(2000 : 25~31). 이것은 매우 유의미한 사유의 계열이다. 이 글의 후반부에서 그 중요성을 충분히 논의할 것이다.

그러나 이 새로운 배치에서도 ‘비물질적 노동’은 여전히 특별한 우선권을 지닌다. 하트와 네그리는 비물질적 노동의 세 가지 하위 범주를 밝힌다(2000 : 289~294). (1) 컴퓨터·커뮤니케이션 기술에 의해 ‘정보화된’ 산업생산, (2) ‘상징분석 작업’, (3) ‘정동의 생산과 조작’, 즉 편안한 감정, 행복, 만족, 흥분, 열정의 생성이 그것이다. 마지막 범주는 하트와 네그리의 초기 서술에서도 나타났지만 이제는 더 많은 주목을 받고 있다. 특히 하트와 네그리는 오랫동안 ‘보살핌’ 노동의 부담을 져온 여성노동이 비물질적 노동의 구성에서 차지하는 중요성을 강조한다. 그리고는 이러한 종류의 감정노동에 내재적으로 물질이 관여하며 신체가 현존한다는 것을 강조한다. 따라서 ‘비물질적 노동’의 이 새로운 버전(0.2 배포판)은 성 노동자와 소프트웨어 개발자를 모두 포함함으로써 자신들에게 가해진 첨단기술 전위주의, 데카르트적 이분법, 남성 중심주의라는 비난에 답하거나 그 비난을 무력화하는 것으로 보인다.

그러나 모든 것을 포용하려는 이러한 시도는 대가를 치르게 될 것이다. ‘비물질적 노동 0.2버전’에는 멀티미디어 디자이너, 초등학교 교사, 컴퓨터화 된 자동차 공장의 기술공이 모두 포함된다. 이러한 분석이 이들 사이의 유의미한 공통성을 드러내줄 수도 있다. 그러나 이는 대항권력 조직화에 가장 강력한 장애물인 균열적 차이, 분할의 단층선, 대륙 간의 간극을 은폐할 수도 있다. 사실 『제국』에는 일종의 이론적 속임수가 작동하고 있다. 비물질 개념이 ‘정동적’이고 육체적이며 주로 여성에 의해 수행되는 노동을 포함하도록 넓혀졌음에도 불구하고 비물질적 노동을 규정하는 형상은 여전히 ‘싸이보그’ 노동자의 속성이다. 그렇기 때문

에 하트와 네그리는 '모든 노동은 정보·커뮤니케이션 기술 모델로 나아
가는 경향이 있다'거나 '싸이버 공간의 인류학은 실로 새로운 인간 조건
을 인식하는 것'이라거나, '노동이 추상적 노동으로 되는 것은 생산의 컴
퓨터화'를 통해서라고 계속해서 이야기 한다(Hardt and Negri 2000 :
291~292). 카펜치스 같은 논자들이 비판한 '비물질적 노동'의 몇몇 측면
을 하트와 네그리가 수정했음에도 불구하고 그것의 싸이보그·첨단 기
술적 형태는 여전히 비물질적 노동 이론의 우선적인 준거점이다.

'비물질적 노동'을 계속해서 옹호하는 맥락 속에서 『제국』이 가지고
있는 거의 기이하다 할 정도로 놀라운 측면은 전지구적 투쟁의 소통을
다루고 있는 부분이다. 그 때까지 비물질적 노동에 대한 모든 분석에서
네그리와 그의 협력자들은 이 생산주체의 결정적 힘이자 자본이 수탈해
야 하는 특징은 바로 소통의 힘이라고 강조해 왔다. 이 점은 제국에서도
다시 강조된다. 오늘날의 커뮤니케이션 네트워크, 특히 디지털 네트워
크는 로마의 도로에 필적한다. 그것은 권력의 연결적인 생명선이며 새
로운 세계질서가 관할하는 영역을 가로지른다. 그렇다면 다중의 반란은,
네그리가 초기에 사회화된 노동자 분석에서 주장한 바와 같이, 커뮤니
케이션 재전유 기획을 중심으로 할 것이라고 예상할 수 있을 것이다.

그러나 『제국』은 전지구적 투쟁들의 상호관계를 검토하는 부분에서
갑자기 이러한 가능성을 접는다. 놀랍게도 네그리와 하트는 치아빠스,
빠리, 서울에서의 반란이 서로 '소통할 수 없다'고 단언한다. 모든 이용
가능한 네트워크와 미디어들에도 불구하고 '투쟁들은 거의 소통불가능
하게 되었다'는 것이다. 다양한 반란들에는 '공통의 언어'와 '공통의 적'
만 없는 것이 아니다. 네그리와 하트에 따르면 이러한 소통의 부재는 약
함의 원천이라기보다 강함의 표시이다. 제국적 주권이 전 지구적인 규

모에서 강력하게 작동하기 때문에, 봇물처럼 터져 나오는 반란들은 서로 소통하거나 투쟁의 '수평적' 순환을 만들어낼 순 없지만, 외따로 떨어진 자신의 특이성 안에서 '수직으로 도약하여 즉시 전지구적 수준에 도달'할 수 있다. 따라서 다중의 운동은 서로 단절되어 있음에도 불구하고 '새로운 프롤레타리아트 연대'를 구성한다(Hardt and Negri 2000 : 54).

이것은 이상한 선언이다. 특히 이러한 주장이, 비물질적 노동이 오늘날의 전복적 실천에서 차지하는 중요성을 보여주는 가장 강력한 증거를 부인하기 때문에 더욱 그러하다. 인터넷을 비롯한 각종 커뮤니케이션 네트워크를 사용하여 해리 클리버가 '투쟁의 전자적 직조'라 이름붙인 것을 만들어내는 것은 신자유주의에 맞선 최근 운동들의 눈에 띄는 특징이었다(Cleaver 1994 : 15). 세 대륙에 걸친 반 NAFTA 운동의 연결, '싸이버 공간의 싸빠띠스따', 동티모르와 오고니족을 지지하는 국제적 운동, 노동착취공장에 대항하는 투쟁과 보이콧, '맥리벨'Mclibel, 반 생체공학 운동의 네트워크를 통한 소통, 쥬빌리 채무탕감 운동, WTO · 세계은행 · IMF · OECD · APEC에 저항하는 초국적 움직임, 다자간투자협정MAI에 반대하여 캐나다에서부터 말레이시아까지 이어진 다국적 반대, '시애틀 전투' 등 이 모든 운동들은 싸이버 행동주의, 자율 미디어, 주류 채널에 대한 침입을 내적 특징으로 가지고 있었다.[21] 특히 인터넷의 활용은 이들의 조직 형태와 요구 수렴에 심대한 영향을 미쳤다. 군산복합체의 씽크 탱크들이 이에 대한 대응책을 강구하고 '넷 워'에 대한 활발한 논의를 하도록 촉발하였음은 말할 것도 없다(Arquilla · Ronfeldt 1993). 이러한 견지에서 볼 때 다중의 봉기가 서로 소통하고 투쟁의 순환을 이루는 데 실패했다는 『제국』의 주장은 터무니없는 것처럼 보인다. 1990년대에 출

---

21. 자율주의적 지평에서 이들의 전개에 대해 풍부하게 논의한 것으로는 Cleaver 1999와 Wright 2001을 보라.

현했던 '싸이버 네그리'는 이러한 현상을 아주 잘 파악할 수 있을 것 같았
다는 점에서 이는 더욱 놀랍다.

　따라서 『제국』은 당혹스러운 모순점을 보여준다. 겉으로는 아주
넓은 범위의 노동자를 아우르도록 그 의미를 확장함으로써 '비물질적
노동' 테제를 계속해서 긍정하지만, 『제국』은 여전히 컴퓨터 및 커뮤니
케이션 기술에서 비물질적 노동의 주요한 모델을 가져온다. 다른 한 편
『제국』은 저항의 '소통불가능성'incommunicado이론을 내놓는다. 이는 다
른 분석가들이 비물질적 노동의 가장 중요한 측면이라 여기는 투쟁의
소통적 순환을 역설적으로 부인하는 것이다. 이 이상한 비틀림을 설명
할 수 있는 방법이 있을까?

　있다. 이는 한 마디로 '지나치게 매끄럽다'는 말로 요약될 수 있다. 즉
들뢰즈와 가따리가 전지구적 자본주의는 (축적이 전지구적 장에서 무제
약적으로 일어난다는 의미에서) 매끄러우면서도 (차이에 따라 잔인하게
분할하고 그 분할선 위에서 자본이 작동한다는 의미에서) 홈 패인 공간
을 창조한다고 말할 때의 의미에 비추어 지나치게 매끄럽다(Deleuze·
Guattari 1983, Deleuze·Guattari 1987). 『제국』은 맑스주의의 고질적인
결함이자 네그리 저작의 고유한 취약성을 반복한다. 즉 홈 패인 분할선
을 희생하면서 전지구적 자본의 동질화 효과인 매끄러움을 강조한다.
『제국』은 비물질적 노동의 중심성을 선언함으로써 다중의 밑을 관류하
는 일관된 계급구성이 있다고 주장한다. 이러한 계급구성이 **이미** 존재하
는 것으로 여겨지기 때문에, 연합을 구축할 때 결정적 역할을 하는 봉기
들 사이의 연결의 성패여부가 중요하지 않게 된다. 『제국』은 서로 다른
노동자 계층 사이에 현실적으로 존재하는 분열과 충돌을 보이지 않게 함
으로써 천안문 광장의 반란, 인티파다, 프랑스 총파업, 시애틀 전투에 관

여한 사람들 사이에 실제로 얼마나 많은 공통성이 있으며 그들이 어떻게 현실적으로 연결될 수 있었는지를 분별하는 곤란한 과제를 떠맡지 않고 다중의 자생적 연대를 찬미할 수 있다.

실제로는 반란들 간에 그리고 반란의 내부에 잠재적으로 커다란 차이와 복잡한 모순이 존재한다. 남반구 노동자의 조건이 급진적으로 개선되는 것은 북반구 노동자의 희생을 수반한다. 전지구적으로 분배의 정의를 실현하는 것은 환경 의제와 충돌할 수 있다. 북반구의 반지구화 움직임은 보호주의적 쇼비니즘이 될 수도 있다. 권위주의적 국가 사회주의에 대항하는 반란은 전지구적 자본에 저항하는 반란과 필연적이고 자동적으로 궤를 같이 하는 것은 아니다, 등등. 현실적이고 구체적인 이 긴장을 무시하는 것은 그러한 문제를 국가주의자, 파시스트, 근본주의자들의 착취를 위해 간단히 넘겨주는 것과 같다. 자본에 저항하는 '다중의' 봉기를 가로막는 장애물은 극복될 수 있다. 또한 네그리와 하트는 최루탄 연기 자욱한 시애틀, 빠리, 서울의 거리에서 살아 움직이는 영혼과 공명하는 방식으로 이론적 작업을 한 데 대해 마땅한 인사를 받아야 한다. 그러나 다중의 기획은 이해의 동일성이 당장 주어져 있지 않은 다양한 운동들을 유기적으로 연결하는 것을 과제로 삼는다. 『제국』은 비물질적 노동 범주를 지나치게 넓히고 이에 따라 전지구적 계급구성을 단순화하면서 이러한 난점들을 감춘다. 그러나 다중의 봉기들이 자생적으로 만장일치를 이룬다는 『제국』의 가정은 21세기 투쟁의 흐름이 완전히 비물질적인 것으로 드러나게 될 것이라고 가정하는 것과 같다.


## 보편노동, 일반지성 그리고 유적 존재

이러한 비판을 제기한다고 해서 『제국』의 놀랄만한 이론적 성취를 거부하고자 하는 것이 아니다. 오히려 하트와 네그리의 모순을 피하면서 그들의 통찰을 보존하고 또 넓히는 변형과 수정을 제안하고자 한다. 세 가지 수정을 제안한다. (1) '비물질적 노동'을 '보편노동'의 구성요소로 다시 놓을 것. (2) '일반지성' 개념을 유지하되 '소통불가능성' 명제를 거부할 것. (3) '보편노동'과 '일반지성'이 맑스가 '유적 존재'라 불렀던 것을 구성하는 요소임을 인식할 것.

첫째, 오늘날 전지구적 투쟁에서 비물질적 노동이 차지하는 중요성을 제대로 인식하려면 네그리가 그것에 부여한 특권적인 중심적 위치로부터 비물질적 노동을 빼내야 한다. 『제국』의 표현을 빌자면, 반란을 일으키는 다중의 과제는 임금을 받거나 받지 못하는 엄청나게 다양한 유형의 노동을 재구성하는 것이다. 이 상호작용은 복잡하고 다루기 어렵다. 따라서 비물질성 개념이, 프로그래머에서 성매매 종사자에 이르는 모든 사람들을 포함하도록 점점 더 외연을 넓힘으로써 해결할 수 있는 문제가 아니다. '비물질' 노동자 뿐 아니라 적어도 두 개의 다른 노동자 집단들('물질적' 노동자와 '궁핍' 노동자들)에 대해서도 주목함으로써 균형을 맞추어야 한다. 전지구적 노동자의 다양성을 분류하는 수많은 방법이 있겠지만 거칠게 나누자면, 비물질적 노동은 의사소통적이고 정동적인 행위를 특징으로 하며 물질적 노동은 물질적 성격을 지우기 어려운 생산물(SUV, 런닝화, 반도체 칩 등)을 만드는 노동의 유형이다. 궁핍 노동은 다양한 종류의 불확실·불확정 고용상태에서부터 단기·장기 실업 예비군에 이르기까지, 자본으로부터 단순히 필요 이상의 잉여 취급을 받는 노동력 부분이다.

네그리 주장의 구조를 그대로 따라하자면, '비물질성'을 향한 경향과 마찬가지로 '물질성'과 '궁핍화'를 향한 경향이 탈산업사회의 노동력 전체에 잠복적(혹은 '잠재해 있다'는 말을 쓰도록 할까?)이라고 말할 수 있다. 모든 구체적 노동은 이 세 가지 범주들이 교차하는 지점에서 이루어지며 세 가지 범주의 노동은 서로를 배제하지 않고 각기 다른 정도의 조합으로 현실화된다. 그러나 전지구적 노동의 다양한 층에서 조합의 양극단을 확인하는 것도 가능하다. 노동의 극단적인 형태가 공간적으로 특정 대륙, 지역, 도시 구역에 집중됨으로써 전지구적 질서의 '북'과 '남'을 구성한다. 오늘날 비물질적 노동의 전형적인 모습은 월드 와이드 웹 인터넷 노동자들에게서 볼 수 있고, 물질적 노동의 전형적인 모습은 마낄라도라, 수출가공지대, 새로운 산업지역의 제조업 공장에서 분명히 볼 수 있다. 또한 모든 교외의 슬럼가와 세계 도시의 출입문, 골목에 자리잡은 엄청나게 많은 노숙자와 부랑자들 속에서 궁핍 노동의 전형적인 모습을 볼 수 있다.

전지구적 노동 부문을 이렇게 구별하고 나면, 하트와 네그리가 주장하듯 '비물질적 노동'의 투쟁이 다른 집단의 투쟁들이 '수렴하는' '중심적인' 투쟁이라는 것은 결코 명백하지 않다(Hardt and Negri 1994 : 281). 반대로 비물질적 노동의 급진화된 부문이 '동일시'하고 연대하기 위해 '수렴하는' 중요한 중심점이 되는 것은, '바닥을 향한' 전지구적 '질주'에 대항하는 자기 방어적 저항과 기본적인 정의감에 의해 추동되는 '궁핍/물질' 노동의 봉기(아이티의 디즈니 티셔츠 제조자들의 반란, 치아빠스와 브라질에서 땅을 빼앗긴 소작농들의 반란, 동티모르의 투쟁)라고 할 수 있다. 네그리와 가따리는 '가장 발전된 나라의 프롤레타리아트들은 통합된 세계 자본주의가 주변부 지역에 부과한 굶주림에 의한 절멸의 참상에 의해 말 그대로 위협을 당했다'라고 주장한 바 있다(Guattari · Negri

1990 : 58). 이러한 위협은 세계 노동시장에 대한 자본 통제의 전환점이며 세계의 수많은 투쟁들은 바로 이 축을 부수는 것으로 수렴한다.

따라서 비물질적 노동이 노동의 첨단 기술 자본주의의 위계라는 관점에서는 특권적 위치를 **차지하지만**, 그 위계에 대항하는 역동적인 투쟁은 종종 반대 방향으로, 즉 아래에서 위로 흐른다. 모든 음악 산업 독점기업들이 공황 상태에 있긴 하지만 냅스터Napster 사용자들에 대한 자본의 근심은, 더 조잡하고 피에 젖은 유령(예컨대 라틴 아메리카의 나르코 막소narco-Marxo 게릴라 토지 전쟁, 동남아시아 제조업 지대에서 벌어진 노동자 투쟁, 중동에서 석유 프롤레타리아트에 의해 폭발하는 불안의 새로운 순환)에 대한 두려움 앞에서는 무색하다. 네그리가 비물질적 노동에 부여한 우선권을 다음과 같이 말함으로써 역전시키는 것은 매우 그럼직한 일이다. 즉, 자본주의의 회로 속에서 궁핍 노동은 버려지고, 물질적 노동은 상품을 생산하는 반면, 비물질적 노동은 상품의 유통(광고, 미디어, 전자 상거래)에 주로 기여한다. 그러나 투쟁의 회로 속에서 자발적인 봉기(폭동, 반란, 토지 전쟁)를 일으키는 것은 바로 궁핍 노동이고 이러한 투쟁에 조직적 형태(파업, 조합)를 제공하는 것은 물질적 노동이며, 이 투쟁들을 유통시키는 것(미디어, 인터넷 전쟁 등)은 비물질적 노동이다. 사실 이러한 정식화는 터무니없이 도식적이고 따라서 거의 '비물질적 노동' 테제만큼이나 신비화의 기능을 수행한다. 그러나 이것은 적어도 세계 시장에 맞선 움직임이라는 중심적 문제로, 즉 '국제적 노동 분업'을 가로지르는 조직화의 문제로 우리의 관심을 돌리는 장점을 가지고 있다(James 1986).

따라서 나는 '비물질적' 노동 · '물질적' 노동 · '궁핍' 노동을 '보편노동'이라는 더 넓은 계급구성의 하위부문으로 놓자고 제안한다. '보편노동'은 맑스가 '모든 과학적 작업과 발견 및 발명'을 지탱하는 '결합된 노동에 의한 사회적 활용'을 묘사하기 위해 『자본론』 3권에서 (아주 짧게) 사용한 용어이다.[22] 보편노동은 두 가지 이유에서 오늘날 반자본주의 투쟁의 구성을 나타내는 데 적합한 용어로 보인다. 첫째, 보편노동은 오늘날 투쟁의 전지구적 차원, 특히 북남 연결의 중요성을 인정한다. 둘째, '보편적'이라는 말은 공간적 위치만을 의미하지 않고 포괄적이고 전체적이며 전지구적인 조건을 의미하는 것으로 생각할 수 있다. 그러므로 자본이 작업장뿐 아니라 가정, 학교, 훈육 프로그램들, 미디어 청취자, 의학 실험를 비롯한 삶의 모든 장소에서 '삶권력'을 손에 넣고자 하며 '삶권력'이 다차원적 성격을 가지고 있다는 네그리와 하트의 통찰은 보편노동이라는 용어를 통해서도 긍정할 수 있다. '투쟁의 순환'이라는 말을 유지하면서도 그 용어법을 수정함으로써, 우리는 이제 '숙련노동자, 대중 노동자, 보편노동자'로 이어지는 연쇄를 생각해볼 수 있다. '보편노동자'는 주어지지 않고 조직적으로 창조되어야 한다. 그것은 '비물질적', '물질적', '궁핍' 노동으로 파편화된 봉기들이 서로 연결되는 정도만큼 출현하는 정치적 재구성의 기획이다.

이는 '일반지성'이 하트와 네그리의 '소통불가능성' 테제와 맺는 관계와 관련된 세 번째 수정 사항에 이르게 한다. 네트워크화된 사회적 지성이라는 생각은 해커 행동주의에서 P2P, 오픈소스 실험에 이르는 일련의 히드라같은 전복과 인터넷 자본 사이의 충돌을 분석하는 데 유용한 틀이다.[23] 자본과 이에 대항하는 힘은 사회적 지성의 구성과 통제를 놓고 힘겨루기를 하고 있다. 21세기의 코뮤니즘은 물질적·비물질적 자원 분배

---

22. Marx 1981 : 198~9. Marx 1976 : 945의 「부록 : 직접적 생산의 제 결과」에 붙인 Mandel의 서문에서 '전지구적 노동자'에 대한 Mandel의 논의 또한 보라.
23. Dyer-Witheford 2002a : 129~64를 보라.

문제를 해결하는 데 전념하는, 분산되어 있지만 상호 연결된 집단적 의사소통 체계 **이외의** 모습을 취하지 않을 것이다.

그러나 '일반지성'이 출현하고 있는 현실을 온당하게 고려하면, 전지구적 투쟁의 커뮤니케이션은 불가능하고 또 필요하지도 않다는 네그리와 하트의 '소통불가능성' 명제는 폐기되거나, 더 바람직하게는 뒤집어져야 한다. 오늘날 저항하는 집단적 지성은 봉기들 사이에 커뮤니케이션 네트워크를 엮어 짤 때 주로 나타난다. 이는 단지 싸이버 행동주의의 문제일 뿐 아니라 광범위한 자율적·대안적 미디어(비디오, 영화, 게릴라 방송, 출판)의 문제이다. 이들은 전前 산업사회적·탈산업사회적 커뮤니케이션 형태들이 혼종된 네트워크의 요소이다. 이 복합적 미디어들은 앞서거니 뒤서거니 하면서 이메일 교환, 직접적 대면 등을 통해 뉴스와 정보를 전달하고 다시 전달받는다. 투쟁의 전자적 직조를 창조하는 것과 함께 혹은 이것과 별개로 전자적 직조의 창조를 **둘러싼** 투쟁이 있다. 이 투쟁들은 네트워크를 자본주의적으로 조직하는 것과 네트워크에 대한 접근을 위계화하는 것에 맞서 싸운다. 이러한 투쟁은 인터넷 자본의 시장지성에 맞서 싸우는 일반지성을 실로 엄청나게 축적한다.

그러한 집단적 대항지성은 보편노동의 폭넓게 **나뉘어진** 부문들을 연결한다. 또한 탈영토화된 정보 자본이 부과하는 파편화에 대항할 수 있는 재구성의 터를 싸이버 공간과 미디어 공간 안에 만들어낸다. 궁핍 노동자와 물질적 노동자의 투쟁이 집중되어 있는 지역에서 비물질적 노동자가 모여있는 메트로폴리탄으로 정보·이미지·분석을 유통하여 봉기에 대한 지지의 움직임을 일으키고 제국의 무력 사용의 정당성을 박탈하는 것은 이 과정의 한 측면이다. 비물질적 노동·물질적 노동·궁핍노동의 분할은, 그것이 수반하는 미디어 기술 및 노하우에 대한 차등적 접근

과 함께, 다양한 보편노동 부문들의 연결이라는 기획에 명백히 문제가
된다. 인터넷에 대한 의존은 반자본주의 운동 내에 남반구, 가난한 자, 특
히 가난한 여성과 소수자 그룹에 대한 배제를 영속화하는 '싸이버 레닌
주의'와 같은 엘리트주의적 형태를 만들어낼 수 있다. 이것은 자본주의
의 '정보 고속도로' 전략을 특징짓는 배제의 방식과 똑같다.[24] 이러한 배
제는 '정보 경제의 블랙홀'에서 일어나는 투쟁들을 사람들의 기억에서 아
예 지워버릴 수도 있다(Castells 1996). 이러한 문제는, 최근에 쥬디스 헬
먼Judith Hellman이 치아빠스 봉기를 지지하는 싸이버 행동주의자들을 비판
했을 때 보여준 바와 같이, 매개됨이 없이 직접적인 행동이 이루어졌던
황금시대를 상정하고 그 시대로의 회귀를 헛되이 희망하는 일이 없이 이
루어져야 한다.[25] 오늘날 봉기 조직의 역설은 하트와 네그리가 주장하는
바와 같이 투쟁들이 소통할 수 없다는 것이 아니다. 역설은 훨씬 더 복잡
하고 흥미롭다. 즉 인터넷 자본의 일반지성을 구성하는 바로 그 커뮤니
케이션 체계가 혁명의 '사회적 두뇌'로 변형될 수 있다는 것이다. 그러나
그러한 기획이 맞서 싸우고 있는 바로 그 분할의 논리를 그대로 복제하
는 것을 끊임없이 경계할 때에만 그럴 수 있다.

'보편노동'과 '일반지성'의 발전에 있어서 걸려있는 내기는 다름 아닌
'유적 존재'의 궤적이다. '유적 존재'는 인간이 스스로를 집단적 삶의 '자
연적' 조건을 대상화하고 변형할 수 있는 능력을 본성적으로 가진 유類로
인식하는 것을 의미하기 위해 맑스가 사용한 용어이다. 인간은 '삶 활동
자체를 의지와 의식의 대상으로' 만든다(Marx 1964). 새천년이 시작될

---

24. 「싸이버 레닌주의」는 '사회적 정의 운동과 인터넷'을 주제로 한 *Peace Review Journal*
　　특별판(ed. Bernadette Barker-Plummer and Dorothy Kidd October 2000)에 실린 글들
　　로부터 가져온 말이다.
25. Hellman 1999. 클리버의 응답을 보려면 Cleaver 2000b를 보라. 이 문제에 대한 훌륭
　　한 논의로는 Kidd 2002를 보라.

때, 이 주제는 어안이 벙벙해질 정도로 많은 문제들로 모습을 드러냈다. 생태계와 생물권의 변화, AIDS의 통제, 이종異種기관이식술xenotransplants, 수명 연장, 싸이보그 보철물과 복제 기술, 삶 형식의 구성 등이 그것이며, 핵·생화학 전쟁에 의한 '인류공멸' 가능성은 말할 것도 없다(Thompson et al. 1982).

오늘날과 같은 인간게놈 프로젝트의 시대에, 분명 이 문제들은 '일반 지성'이 창조한 새로운 기술 권력과 밀접하게 연결되어 있다. '유적 존재'와 관련해 맑스가 제기한 문제, 즉 인간의 집단적 변형 능력이 사적 소유의 손아귀로 소외되는 문제가 오늘날에도 여전히 중심적이라는 것 또한 명백하다. 따라서 데이비드 하비David Harvey와 가야트리 스피박Gayatri Spivak 같은 이들이 최근에 유적 존재 개념을 부활시킨 것은, 많은 비난을 받았던 '맑스주의적 휴머니즘'으로의 전환을 의미한다고 보기 어렵다. 오히려 탈인간posthuman과 하위인간subhuman의 조건 전체를 조작할 수 있는 기술과학 장치를 집단적으로 통제하고 관리하는 것에 대한 중요한 고찰을 보여준다.[26]

'유적 존재' 문제에 새롭게 주목할 것을 제안하는 것은 『제국』에서 '삶권력'론으로의 움직임에 조응한다. 그러나 『제국』이 '비물질적 노동'에 과도한 중심성을 부여함으로 인해 삶권력 개념이 가진 가장 흥미로운 잠재력의 일부는 전개되지 않았다. 특히 '삶권력'을 물질적이고 생태학적인 문제들, 생명과학과 유전공학의 문제들에 적용하는 것이 탐구되지 않았다. 그러나 오늘날의 코뮤니즘적 투쟁은 '비물질적' 디지털 기술 못지않게 혹은 그 이상으로 물·공기 고갈, 유독성 폐기물, 의약품 배급, 지구

---

26. Spivak 1999 : 73~81과 Harvey 2000 : 206~12, 213~22. 이 개념을 신랄하게 적용한 것으로는 Doubt 2000 : 61~66을 보라. 맑스주의적 휴머니즘에 대한 고전적 비판은 Louis Althusser 1969를 보라.

온난화와 오존층 파괴를 둘러싼 거대한 생물권 관리 기획의 위기, 동식물·인간의 생명 공학적 변형(물론 이 모든 문제에는 비물질적 디지털 기술이 깊이 관여하고 있다)과 관련을 가지게 될 것이다. 『경제학 철학 수고』에서 지나가듯이 언급된 부분에서 그려진 바와 같이, '유적 존재' 개념은 그러한 확장을 불러오는 개념이다. '비물질적 노동'과 달리 '유적 존재' 개념은 인간 실존의 육체적·감각적·성적·젠더적 조건과 환경에 의해 주어진 인간 실존의 조건 뿐 아니라 이 구체적인 조건들의 집단적·역사적 내용 또한 가장 전면에 세운다. 더욱이 그것은 푸코적 언어에서보다, 네트워크화되고 생명과학적인 세계의 자율과 해방의 잠재력에 훨씬 더 명백하게 열려 있는 맑스주의적 언어 안에서 그러한 역할을 한다고 나는 생각한다. '계급'을 '계통분기군'clade 27 으로 재구성하는 입이 쩍 벌어지는 전망을 현실화하려 하는 너무나 물질적인 생명 과학 기술과 비물질적인 디지털 기술이 수렴하고 있는 오늘날의 상황을 설명하기 위해서는 '유적 존재' 개념을 21세기적으로 재전유하는 것이 반드시 필요하다. 자본의 재구조화를 따라잡거나 앞서가려는 네그리의 끊임없는 결정은 우리로 하여금 그러한 변형의 규모에 적합한 새로운 개념을 발견할 것을 촉구한다.


## 결론 : 싸이버 네그리를 넘어선 네그리?


'비물질적 노동'과 '일반지성'에 관한 네그리의 작업은 여전히 혁명적 사유의 역작이다. 사회화된 노동자 명제를 처음 정식화했을 때부터 『전

---

27. [옮긴이] clade : 공통의 조상으로부터 진화된 생물 분류군을 뜻한다.

미래』지에서의 분석 작업을 거쳐『제국』에 이르기까지, 변화하는 계급 구성에 조응하여 끊임없이 변이해온 네그리의 이론 작업은, 역사적으로 결정된 형태이자 빠르게 사라지고 있는 유럽의 산업 프롤레타리아트 형태에 얽매여있던 맑스주의가 떨쳐나올 수 있도록 그것을 뒤흔들고, 맑스주의를 21세기 급진주의에 필수적인 요소로 혁신하는 일에 커다란 기여를 하였다. 이러한 기획 속에서 네그리가 포스트포드주의적 자본의 디지털 환경과 이를 싸이보그적으로 전복할 잠재력에 주목한 것은 선구적이었다. 테라노바와 바브룩을 비롯한 여러 사상가들이 네그리의 생각을 받아들여 적용한 것은 네트워크화된 환경을 가로질러 폭발하는 탈주와 투쟁의 새로운 양식에 익숙한 이론가 세대와 그의 생각이 얼마나 강력하게 공명하였는지를, 또한 네그리의 생각이 '싸이버 네그리'를 얼마나 강력하게 집단적인 기획으로 만들었는지를 보여준다. 이는 행동하는 '일반지성'의 축소판이라 할 수 있다.[28]

그러나 그러한 대담한 실험에 과장과 침소봉대가 없다면 오히려 놀라운 일일 것이다. 네그리가 '비물질적' 전복에 중점을 둘 때 숨어있는 위험은 카펜치스와 같은 다른 자율주의적 비판가들이 잘 설명해 주었다. 카펜치스는 점점 더 통합하는 특성('지구화'하는 특성)을 가진 전지구적 자본주의가 디지털 노동과 그보다 훨씬 더 원시적인 착취 형태 사이의 차이와 연결을 받아들일 수밖에 없다는 것을 상기시켜주었다. 비물질적 노동과 소통의 문제를 둘러싸고『제국』에 나타난 논쟁점과 모순은 이러한 문제를 풀기 위한 시도를 보여준다. 그러나 생각건대 그 시도는 만족스럽지 못하다. '비물질적 노동'의 헤게모니를 수정하고 변경하면서 그것

---

28. '비물질적 노동' 논쟁의 더 큰 반향에 대해서는 프랑스의 저널『다중』(*Multitudes*)을 중심으로 벌어진 '인지 자본주의' 논의와 http://www.geocities.com/CognitiveCapitalism/에 게재되어 있는 '인지 자본주의의 계급 구성'에 관한 일련의 '자유 대학' 세미나들을 보라.

은 원래 이론의 중요한 요소이자 오늘날의 대항지구화 운동과 가장 밀접
한 관련이 있는, 현대의 투쟁에서 소통적 행동이 차지하는 중요성을 버
리기 때문이다.

　네그리의 디지털 노동 논의가 가진 부인할 수 없는 가치를 보존하고
낡은 착취와 더 새로운 생태학적·생명공학적 투쟁의 존속을 염두에 두
는 지평에 네그리의 논의를 가져다 두기 위하여, 나는 또 다른 이론적 어
휘목록을 제안했다. 이것은 네그리와 『전미래』가 독창적으로 맑스에게
서 가져온 '일반지성' 관념을 맑스 저작의 주변부에서 가져온 두 가지 다
른 개념, 즉 '보편노동' 및 '유적 존재'와 나란히 둘 것이다. '보편노동'과
'유적 존재' 또한 21세기 코뮤니즘 이론의 구성요소로 재독해되고 재발
명될 수 있다. '보편노동'은 현대 기술과학을 구축한 창조적 힘이다. 보편
노동의 부분들인 비물질적 노동·물질 노동·궁핍 노동이 진정 참여적
인 '일반지성'으로 네트워크화되고 재구성될 때, 그리하여 세계시장이 부
당하게 침탈했던 '유적 존재'에 대한 결정권을 아래로부터 되찾을 수 있
을 때, 보편노동은 정치적 힘으로 출현한다. '비물질적 노동' 논쟁에서 이
렇게 새로운 범주를 탐구하는 것으로 나아가는 것, 즉 '싸이버 네그리를
넘어선 네그리'를 창조하는 방향으로 나아가는 운동은 이러한 생각에 영
감을 불어넣었던, 부단히 사유하는 독특한 이론가에게 표할 수 있는 최
고의 경의의 표시일 것이다.

# 6장

# 싸빠따로 네그리 읽기 : 구성권력과 자율의 한계[1]

호세 라바싸

치아빠스Chiapas 주 따니뻴라Taniperla 공동체의 벽화 <뻴라 골짜기의 삶과 꿈들>Vida y sueños de la cañada Perla은 자율적 자치마을municipio 리카도 플로레스 마곤Ricardo Flores Magon에서 구현되었던 구성권력을 무효화하려는 시도 속에서 1998년 4월 11일, 군대에 의해 파괴되었다.[2] [벽화에넌 에밀리아노 싸빠따Emiliano Zapata(1910년 멕시코 혁명 당시 남부 무장단체들의 지도자)와 무장한 리카도 플로레스 마곤이 나란히 서있다. 리카도 플로레스 마곤은 무정부주의적 코뮤니스트로서 혁명의 지도자이자 이론가였

---

1. 나는 이 글을, 버클리 대학원 세미나, 볼리비아 UN 지부 인력 개발 집단, 스탠포드 대학의 '아메리카의 식민주의' 워크숍, 버클리 대학의 '탈식민적 신앙, 종교, 섹슈얼리티, 지구화 독서 그룹'에 참여한 학생들과 공유했다. 나는 이들에게 많은 도움을 받았으며, 일일이 나열할 순 없지만 여기에 참여한 모든 사람들에게 고마움을 전하고 싶다. 알리샤 리오스(Alicia Rios)는 초고를 읽고 귀중한 논평을 해 주었다. 하비에르 산진스 (Javier Sanjines) 또한 이 글을 읽고 볼리비아와 멕시코의 대중 봉기 사이의 유사점과 차이점에 관한 생산적인 대화로 나를 이끌어주었다.

치아빠스 주 따니뻴라 공동체의 벽화 "뺄라 골짜기의 삶과 꿈들", 〈좋은 정부 연합, 미래를 위한 길〉의 허락을 받아 여기에 실음. 새로운 시작을 향해 가는 저항의 달팽이[젊은이들이 에밀리아노 싸빠따(Emiliano Zapata)나 체 게바라(Che Guevara)처럼 등에 달팽이 형상의 모포를 매고 다녔기 때문에 이렇게 불리었다. 음식이나 옷이 든 배낭을 매고 다니기도 했다].

"플로레스 마곤과 싸빠따의 이상은 죽음을 넘어 점점 퍼져나갔으며

그들은 유령이 되어 우리를 이끈다."

으며 1910년 봉기에서 가장 급진적인 당파를 대표했다. '투쟁을 위해 행동, 행동, 행동만이 지금 이 순간 가장 필요한 것이다'라는 문구는 급진적인 <멕시코 자유당>Partido Liberal(<멕시코 자유당>은 무장 봉기를 통해서만 자본주의를 파괴할 수 있다고 주장했다)의 기관지『부활』Regeneración에 실린 플로레스 마곤의 마지막 에세이에서 가져온 것이다.3 플로레스 마곤이 어깨에 맨 가방에는 'Regeneración'과 또 다른 혁명적 간행물의 이름인 'El Ahuizote'(『엘 아우이소떼』)4의 철자가 새겨져 있고, 반란의 씨앗을 상징하는 'libertad'(자유)의 철자들이 그의 왼손을 휘감고 있다. '<멕시코 자유당> 조직위원회와 전 세계 아나키스트 및 모든 노동자' 앞으로 보낸 플로레스 마곤의 마지막 선언문은 캘리포니아 로스앤젤레스에서 작성되었고 1918년 3월 16일『부활』에 발표되었다. 이 잡지는 1918년 3월 21일에 영원히 폐간되었다. 플로레스 마곤과 그의 동료 리브라도 리베라

---

2. 따니뻴라를 비롯한 자율적 자치마을에 대한 공격과 벽화 파괴에 관한 설명으로는 <바르똘로메 데 라스 까사스 인권센터>(Centro de Derechos Humanos Fray Bartolome de las Casas, CDHFBC)의 월간 보고서 'La disputa por la legitimidad. Aniversario de los ataques a los municipios libres'(1999)와 'La legalidad de la injusticia'(1998)을 보라. 첫 번째 보고서는 벽화의 복제본을 포함하고 있다. 이 두 보고서는 1997~1998년에 일어난 사건들을 다루는데, 이 시기에 제도혁명당(PRI, 1928년에서 2000년까지 멕시코를 통치했고 2000년에 현 대통령인 비센테 폭스와 보수적인 국민행동당(PAN)에 의해 쫓겨났다)과 연합한 원주민들로 구성된 원주민 준군사 단체들과 군대, 즉 소위 공공 안보국(Seguridad Publica, 연방 경찰을 완곡하게 이르는 말)에 의한 조직적 폭력이 빈번히 일어났다. 자율적 자치마을과 싸빠띠스따 동조자들에 대한 공개적인 군사 작전이 저강도 전쟁으로 대체되었다는 것에 주목해야 한다. 폭스는 종종 치아빠스에 평화가 회복되었다고 말하곤 하는데, 이는 자율적 자치마을들이 보내온 국가의 폭력을 비난하는 편지뿐 아니라 CDHFBC를 비롯한 인권 단체가 발행하는 주간 보고서의 내용과도 모순된다. 폭스가 말하는 군대 철수는 단지 군대의 일부를 주요 도로 밖으로 재배치한 것일 뿐이다.
3. 이 인용구는 마곤 1972 : 533을 약간 수정한 것이다.
4. [옮긴이] 아우이소떼는 멕시코 아즈텍 문명의 신화에 나오는 동물이다. 물에 사는 개 또는 바다 수달의 의미를 갖고 있다. 아우이소떼라는 이름은 나와뜰 어에서 유래되었다. 이 이름을 딴 잡지인『아우이소떼』는 매우 풍자적인 성격의 잡지였다.

Librado Rivera는 이 선언문으로 인해 투옥되었고 각각 징역 20년과 15년 형을 선고받았다. 플로레스 마곤은 4년 뒤인 1922년 11월 20일 캔자스 주 리븐워스Leavenworth 연방 교도소에서 죽었다. 그러나 플로레스 마곤과 싸빠따의 이상은 죽음을 넘어 점점 퍼져나갔으며 그들은 유령이 되어 우리를 이끈다.

'땅은 땅을 일군 사람들의 것이다'la tierra es de quien la trabaja라는 싸빠띠스따의 문구뿐만 아니라 1910년 봉기 당시 남부 모렐로스Morelos주에서 싸빠띠스따가 목장과 공장을 재전유한 것은 생산수단들의 즉각적인 전유라는 플로레스 마곤의 직접행동론을 실현한 분명한 사례이다. 사실 싸빠따는 플로레스 마곤의 글이나 <자유당>의 강령과는 상관없이 전유를 실행하였다. 그러나 싸빠띠스따의 전유 이후에 플로레스 마곤은 싸빠따의 군대와 접촉하여 싸빠띠스따들이 '정의·자유·법'이라는 개혁주의적인 모토를 '땅과 자유'라는 혁명적인 요구로 바꾸도록 이끌었다. 이러한 요구는 "진정한 혁명가는 탁월한 범법자이다", "법은 보존하고 혁명은 새롭게 한다", "혁명가로서 우리는 범법자여야 한다. 우리는 패배한 판에 박힌 길에서 벗어나 새로운 길을 열어야 한다"(Bartra 1972 : 282)와 같은, 혁명에 관한 플로레스 마곤의 무정부주의적 코뮤니즘 경구들에 조응하는 것이었다. 플로레스 마곤의 이러한 경구들은 오늘날 마르꼬스 부사령관의 성명서에서 다시 나타난다. 그러나 우리는 치아빠쓰의 마르꼬스와 싸빠띠스따가 다음과 같은 점에서 차이를 가지고 있다는 것을 분명히 해야 한다. 즉 마르꼬스와 싸빠띠스따는 멕시코 헌법이 치아빠스와 멕시코 원주민들의 자율을 위한 권리(즉 원주민 자신의 규범 체제에 의해 통치 받을 권리, 원주민의 문화와 언어를 발전시킬 권리, 원주민들의 땅에 있는 천연 자원을 관리할 권리)를 인정하도록 개정하기 위한 정치적 논의를 전개하는 한편, 혁명을 옹호하고 새로운 경로와 감수성을 발명해야 하는 어려움에 처해 있다.

1996년 2월에 싸빠띠스따와 연방정부가 맺은 <산 안드레스 협정>The Acuerdos de San Andres은 연방정부로 하여금 자율적 원주민 공동체와 그 지역, 주민들의 결집과 자기 결정권을 개별 공동체로 제한함이 없이 인정하도록 하고 있다. 원주민을 주민으로 규정하는 것은 멕시코 정부가 조인한 국제노동기구(ILO)의 <원주민·부족민에 관한 협약> 169조 (1989)의 중심적인 내용이다.[5] [여기에 따르면] 자율적인 토착민 거주지역과 그곳의 주민들은 여전히 멕시코에 속하지만 지역 천연 자원 이용, 정부의 통신 기반 시설 제공 책임, 국영 방송국의 양도, 국가적 수준에서 원주민 문화 및 언어 지식 보급(연방의 모든 학교들이 원주민 언어와 문화를 커리큘럼에 포함시킬 것)을 결정할 수 있게 된다. 멕시코 헌법 4조를 이렇게 변형하는 것은 역설적으로 국가 구조로부터의 자율을 확립할 것이다. 나는 역설적이라고 하였는데, <산 안드레스 협정>은 헌법 4조에 명시된 것과 같은 국가 사법권에의 효과적인 접근권을 넘어서 원주민의 규범 체제 실현에 국가가 간섭하지 않을 것을 인정하고 있기 때문이다. 싸빠띠스따 민족해방군(이하 EZLN)EZLN, Ejercito Zapatista de Liberacion Nacional은 1996년 8월 29일 대화 테이블에서 걸어 나와 1996년 9월 3일에 대화를 중단한 이유와 대화 재개의 조건을 담은 성명서를 발표했다.[6] 제시된 조건은 다음과 같은 것들이었다 (1) 투옥된 모든 싸빠띠스따들의 석

---

5. 원주민에 관한 협약 169조를 보려면, 국제노동기구 웹사이트 www.ilo.org를 참조하라. 또한 CDHFBC의 웹사이트의 '자료실'에 들어가면 치아빠스의 인권상황에 관련된 문서들을 볼 수 있다. www.laneta.apc.org/cdhbcasas (각주 2번을 보라)
6. 이 성명서를 비롯한 싸빠띠스따의 성명서들은 EZLN의 웹사이트 www.ezln.org에 올려져 있다. 그러나 이 사이트는 종종 공격을 받아 잘 접속되지 않는다. 싸빠띠스따와 EZLN에 관한 기타 문건들과 성명서를 찾아볼 수 있는 다른 웹사이트로는 www.fzln.org와 www.ezlnaldf.org가 있다.

방 (2) 협상에 적극적으로 임하고자 하는 정치적 의지와 결정 능력, EZLN 대표단을 존중하는 태도를 갖춘 정부 측 대화자 (3) <산 안드레스 협정>의 이행을 실행하고 보증할 위원회의 설치 (4) 두 번째 협상 테이블인 민주주의와 정의[7]에 대한 논의에서 합의에 이르기 위한 진지한 안案 (5) 치아빠스 원주민에 대한 군사적, 정치적 위협 중단과 국가가 후원하는 준군사 단체의 해산. 이는 이후에 대화를 재개하기 위한 다음의 세 가지 조건, 즉 (1) 협정 이행 (2) 구속자 석방 (3) 군대 철수로 축소되었다. 이 요구들은 비센테 폭스Vicente Fox 대통령 선거 운동 기간 동안 제시되었는데, 비센테 폭스는 당시 치아빠스의 상황을 5분 안에 정리할 것이라고 말했다. 그러나 EZLN의 요구들은 해결되지 않은 채로 남아있다.[8] 상황은 비센테 폭스가 권력을 잡은 이래로 더 악화되었다. 자율적 자치마을 리카도 플로레스 마곤(치아빠스 주의 독립적 조직체를 의미함)의 다양한 공동체 대표자들이 연방 당국이나 국가의 공공 안보국(군대를 일컫는 완곡한 표현) 요원들의 폭력을 규탄하지 않고 지나가는 주가 한 주도 없었

---

7. 1995년 9월 '라라인자르 VI'(Larrainzar VI)의 대화에서, 정부와 EZLN은 구체적[협상] 테이블에서 특정 이슈를 토론하는 포맷에 동의하였다. 다섯 개의 테이블이 마련되었고, 산 크리스또발(San Cristobal)과 산 안드레스 사깜첸 데 로스 뽀브레스(San Andres Sacamch'en de los Pobres, 공식적으로 라라인자르로 알려져 있지만 원주민들은 이 이름으로 부르기를 더 좋아한다)에서 EZLN이 1996년 9월에 철수할 때까지 협상이 이루어졌다. 다섯 개의 그룹이 다음의 주제를 다루기 시작했다. (1) 공동체와 자율 : 원주민의 권리 (2) 원주민들에 대한 정의[공정한 대우] 보장 (3) 원주민들의 정치 참여와 대표 (4) 원주민 여성의 상황, 권리, 문화 (5) 통신매체(communication media)에 대한 접근. 첫 번째 협상 라운드의 결과를 보려면 <혁명적 원주민 비밀위원회 총사령부>(Comite Clandestino Revolucionario Indigena-Comandancia General, CCRI-CG)의 1995년 10월 19일 성명서를 보라.
8. <산 안드레스 협정문> 원안과 다양한 관점의 분석을 보려면 에르난데쓰 나바로(Hernandez Navarro)와 베라 에레라(Vera Herrera) 1998을 보라. 또한 국가중재위원회(Comision Nacional de Intermediacion, CONAI)(산 크리스또발 데 라스 까사스(San Cristobal de las Casas)의 전직 주교인 사무엘 루이스 가르시아(Samuel Ruiz Garcia)가 대표이다)가 펴낸 CONAI 1999를 보라.

다. 다른 주에서도 이와 유사한 규탄이 매일같이 일어났다는 점을 분명히 해야겠다.

2001년 2월에서 3월에 걸쳐 EZLN은 '싸빠투어'Zapatour를 실시했다. 싸빠투어에서 마르꼬스와 싸빠띠스따 사령관들은 멕시코 시티로 향하는 도중에 몇몇 마을들을 방문하여 자신들의 이상과 정부에 대한 요구, 그리고 기꺼이 평화로운 갈등 해결에 도달할 의향이 있음을 이야기하였다. 싸빠투어는 매우 성공적이어서 대통령으로 선출된 지 얼마 되지 않은 폭스가 얻고 있던 명성을 흐리게 하였다. 싸빠투어의 절정은 에스테르Esther 사령관이 양원제 국회에서 연설을 하던 순간이었다. 이는 <제도혁명당>Partido Revolucionario Institucional, PRI과 <민주혁명당>Partido Revolucion Democratica, PRD의 대표들이, EZLN의 의회 연설을 허락함으로써 정치적 이익을 얻을 수 있으리라는 것을 파악한 후에 이루어졌다. 에스테르는 싸빠띠스따의, 특히 여성의 요구를 드러내는 데 그치지 않고 원주민 여성이 의회에서 연설을 한다는 것이 가지는 상징적 의미를 강조했다.

여기 서있는 사령관인 저는 하나의 상징입니다. 이것이 제가 이 자리에 서는 일이 그토록 많은 논란을 불러일으킨 이유입니다. 이것이 우리가 여기서 이야기하기를 원하는 이유이며 어떤 사람들이 우리가 여기 서기를 원치 않은 이유입니다. 여러분에게 연설하는 사람이 가난한 여성이자 원주민이며 싸빠띠스따인 저라는 것, 싸빠띠스따인 우리의 말의 중심적인 전언傳言이 바로 저의 것이라는 것 또한 하나의 상징입니다.9

싸빠띠스따가 치아빠스로 돌아오자 의회는 전국원주민의회Congreso

---

9. 싸빠띠스따가 싸빠투어 도중에 한 연설문들과 의회에서 읽은 연설문들은 www.ezln.org 에 게재되어 있다. 이 외의 사이트는 각주 6번을 참조하라.

Nacional Indigena(이 의회의 대표자들도 의회에서 연설한 바 있다)는 물론 싸빠띠스따도 수용할 수 없는 합의안을 통과시켰다. 통과된 안은 전前 대통령인 에르네스또 쎄디요Ernesto Zedillo가 제안한 것보다 훨씬 더 제한적이었다. 헌법 4조를 개정하는 법이 정족수인 국회의원 3분의 2의 동의를 얻어 통과되었다. 매일같이 지역, 주, 연방 수준에서 원주민들이 통과된 법안에 대해 비난을 퍼부었다.

싸빠투어, 싸빠띠스따의 의회연설, 법안 통과에 관한 이 짧막한 이야기가 싸빠따주의와 네그리 사이의 유사성에 관한, 특히 자율주의 기획의 한계에 관한 이 글의 논의에 배경이 될 것이다. 법안을 거부할 수도 있었지만 그렇게 하지 않은 폭스 대통령과 의회의 조치를 고발하고 힐난하는 것이 여전히 필요하다면, 이 글은 자율 담론 내에 위기를 만들어 내는 것을 목표로 삼을 것이다. 그러나 이 글의 의도는 자율을 향한 원주민의 투쟁의 토대를 침식하는 것이 아니다. 이 글은 자율화 과정의 관점에서 생각할 필요를 강조하고 국가와의 논쟁을 중층 결정하는 철학적 배경을 분명히 하기 위한 글, 즉 무기의 비판을 위해 비판의 무기를 날카롭게 벼리기 위한 글이다.

싸빠띠스따의 혁명적 이상과 국가 변형에 대한 요구 사이에는 긴장, 역설, 모순이라 할 수 있는 것이 존재한다. 네그리에 따르면 이러한 긴장은 마키아벨리 이래 서구의 혁명적 정치이론 및 실천을 끈질기게 괴롭혀 온 것이다. 즉 정의상 법 바깥에 존재하는 구성권력과 다중의 민주주의적 열정을 인민이라는 일관된 개념으로 통제하고 길들이고자 하는 의지 사이의 긴장이 그것이다. 가장 흔한 통제 형태는 구성을 제도화하고 다중의 힘을 대의적 통치 형태, 예컨대 입헌 공화국, 소비에트 국가, 의회 민주정 등에 양도하는 것이다. 멕시코 헌법 개정기획을 혁명적 과정의

한 부분으로 삼으면, 헌법의 변형이 구성권력의 실행을 가능하게 해 줄 수도 있지만 그러한 과정에서 헌법적 변화의 제도화가 다중이 법의 상태에 굴복할 것을 요구할지도 모른다는 모순이 따라온다. 헌법 이론가들은 네그리가 인용한 에밀 부트미Emile Boutmy의 언급에서 드러난 바와 같이 역설에 직면하였다. "구성권력은 알 수 없는 곳에서 발원하여 법의 위계를 조직하는, 국가의 명령 행위이다"(Emile Boutmy 1981 : 250, Negri 1999 : 2쪽에 인용됨). "알 수 없는 곳에서 발원하여 법의 위계를 조직하는"이라는 말은 자율을 법과 주권의 토대로 긍정하는 일이 품고 있는 모순을 압축적으로 보여준다. 그러나 네그리가 지적하듯이 주권 그 자체는 구성권력과 대척점에 서 있다. 즉 "구성적 힘은 결코 [구성된] 권력으로 귀결되지 않고, 다중은 총체가 되지 않는다. 오히려 다중은 일군의 특이성, 열린 다수성이 되려는 경향이 있다."10 바로 그 구성적 힘만이 항상 "혼합된 구성[헌법]"mixed constitution과 불평등의 매개에 의존하며 따라서 "비-민주적인 패러다임"인 "입헌주의적 패러다임"을 "선재하는 어떠한 균형과 지속 가능성도 파열하고 부수고 저지하고 혼란에 빠뜨리는 힘의 패러다임인 구성권력의 패러다임"으로부터 떼어놓는다(Antonio Negri 1999 : 10). 네그리에게 "혁명은 필연적이다. 혁명은 인간이 도덕적으로 되고자 하고, 자신을 윤리적으로 구성하고자 하며 몸과 마음을 노예상태에서 해방시키고자 하는 욕구를 가지는 것만큼이나 필연적이다. 그리고 구성권력은 이러한 목적을 위한 수단이다"(Negri 1999a : 23). 나는 여기서 막스 베버, 칼 슈미트에서부터 한나 아렌트와 위르겐 하버마스에까지

---

10. Negri 1999 : 14. 이딸리아어로 이 구절은 다음과 같다. 'la potenza costitutiva non si conclude mai nel potere, ne la moltitudine tende a divenire totalita ma ensieme de singularita, multiplicita aperta'(Negri 1992) 나는 potere를 power(권력)으로, potenza를 strength(힘)으로 옮기는 보스카글리(Boscagli)를 따랐다.

이르는 많은 이론가들에 대한 네그리의 비판을 요약하고 있는 것이며, 더 정확히 말하면 생략하고 있다.

네그리는 아포리즘을 매우 선호하는데, 때문에 그의 책에서는 그가 입헌주의에 대해 수행한 비판과 상관없이 많은 인용문들을 찾아볼 수 있다. 『반란』*Insurgencies*은 마키아벨리의 '무장 인민', 해링턴의 '권력 관계의 물질적 결정의 발견', '전통적 입헌주의의 아메리카적 쇄신과 사회해방에 대한 프랑스 이데올로기', '코뮤니즘의 평등주의적 충동과 볼세비키의 진취적 기상' 등에 나타난 구성권력에 대한 일련의 연구들로 이루어져 있다(Negri 1999a : 35). 네그리는 자신의 연구가 구성권력의 계보학이나 고고학이 아닌 인류의 능력에 대한 해석학이라고 말한다.

> [마키아벨리, 해링톤 등의] 이 기획들은 분명 각각의 기획을 형성한 사건 속에서 의미를 발견할 것이다. 그러나 이 사건들의 의미가 우리 모두의 의식과 존재 안에 뚜렷이 새겨진다는 것 또한 진실이다. 왜냐하면 사건들의 의미가 우리의 존재를 결정해 왔기 때문이다(Negri 1999a : 35)

여기서 '우리'라는 말을 유럽과 아메리카의 역사에서 이러한 사건들의 흔적을 품고 있는 정치적 과정에 참여하는 모든 주체성들을 가리키는 것으로 이해하자. 이러한 유럽-아메리카의 역사는 이런 저런 형태의 정치적 담론에 관여한 주체들 전체에 영향을 미친다고 할 수 있다. 서구의 이 일반화된 현존은 이원적 대립에 입각한 비서구와의 어떠한 구별도 역설적인 것으로 만든다. 우리는 이 '강제된' 이중문화주의biculturalism(하나의 문화와 주체성 안에 공존하는 서구와 비서구)를 다수적 세계들 속에 해방적으로 거주하기로 이해해야 하며, 그리하여 비서구를 다른 어딘가에 존재하는 유럽의 변형태로 환원하는 것에 저항해야 한다. 그 범주가 아무리 생산적이라 하더라도 말이다)(Taussig 1997을 보라). 유럽-아메리카 정치 이론에 관한 네그리의 특정 연구들은 개별적 사례를 다루고 있으면서 동시에 보편적 함의를 품고 있다. 네그리 연구의 보편성은 다른 지역들을 포함하고 아우르지만 결코 보편성 자체를 그대로 부과하지 않는다. 원칙적으로 구성권력 개념은 구체적인 역사적·사회적 지형의 물질성 속에서 이해될 때에만 역사를 가질 것이다. 따라서 구성권력은 유럽-아메리카 정치사에 국한되지 않고 특이한 주체 및 상황 속에 항상 분명하게 나타날 것이다.

유럽-아메리카 정치 이론의 역사에 속하는 사건들이 구성적 힘의 다수성을 결정한다 하더라도 구성적 힘의 다수성에는 경험의 특이성과 구체적인 투쟁의 힘이 포함된다. 치아빠스 원주민 투쟁의 경우에서와 같이, 구성권력의 구체적인 역사들은 또한 유럽-아메리카의 정치이론 및 역사의 담론과는 다른 담론들을 만들어낸다. (대타자the Other로 구체화되어서는 안 되고 하나의 타자성an otherness으로, 혁명에 있어서 그러하듯 불가능한 것으로, 이름붙일 수 없는 것으로 정립되어야 하는) 이러한 타자성은 원주민들이 서구의 관점과 언어로 말할 뿐 아니라 원주민의 언어와 담론 전통으로 '서구와 서구의 혁명 및 서구의 담론'을 이야기하는 현상을 설명할 것을 요구한다.[11] 싸빠따를 통해 네그리를 읽으면서 우리는 원주민

---

11. 여기에서 서구에 관한 이 토착적 담론을 이론적 지평에서 생각하고 있음에도 불구하고, 호세 알레호스 가르시아(Jose Alejos Garcia)가 수행한 촐(Ch'ol)의 농지담론에 관한 작업(1994, 1999)은 참조해야 한다. 식민지 시기 선교사와 원주민의 관계를 다룬 논문에서 나는, 콜럼버스 이전의 전통 속에서 훈련받은 원주민 화가이자 작가인 뜰라낄로(tlacuilo)가 '텔레리아노 레멘시스 코덱스'(Codex Telleriano-Remensis)에 식민지 질서를 표현하고 비난하기 위해, 어떻게 그림 어휘를 발명했는지를 검토하였다(Rabasa 1998). 텔레리아노 레멘시스는 원주민을 지배해온 토착적 권력의 역사를 쓰라고 요구했던 한 선교사로 인해 만들어졌다. 말하자면 뜰라낄로는 다음과 같은 요구에 응답한 것이다. '내가 너희를 어떻게 정복했는지 이야기하라.' 결국 이러한 요구는 식민지의 감시자가 감시당하게 되는 상황을 만들어 내는 것으로 귀결되었다. 뜰라낄로는 식민통치를 서술

의 식민지적 과거와 현재, 자율 개념의 한계, 성취된 상태로서의 자율 autonomy이 아닌 과정으로서의 자율화autonomization의 관점에서 생각해야 할 필요성을 설명해야 할 것이다.[12]

논의에 앞서 주의할 점이 있다. 이 장의 제목인 '싸빠따로 네그리 읽기'는 유럽의 사유가 세계의 다른 지역에 대해 가져 온 지배력을 전복하려는 시도로서 남반구로 북반구 읽기라는 수사학적 전략 — 소위 옥시덴탈리즘Occidentalism — 을 불가피하게 연상시킨다.[13] 유럽-아메리카의 사유를 동질적이고 정태적인 **문화**Culture(첫 글자를 대문자로 쓴 것은 옥시덴탈리즘적 의미에서의 문화를 가리키기 위함이다)로 환원하는 것은, 지정학적으로는 이러한 선명한 구별이 여전히 유효할 지라도, 서구 안의 다양한 차이들을 지워버릴 뿐 아니라 서구의 문화적 정체성의 역동성을 非서구에 대한 관계로 환원한다. 이러한 모델은 불가피하게 비서구의 정체성을 서구의 전복, 문화횡단transculturation, 전유에다 묶어놓는다. 잘 알

---

함에 있어 도미니크 회의 질서와 프란시스꼬 회의 질서 사이의 차이를 새겨넣었다. 정복 문화에 존재하는 두 가지 질서와 그 밖의 의미론적 간극에 대한 이와 같은 분류는 재현된 사유 형식을 이용하거나 이에 매몰됨이 없이, 이러한 유럽적 현실을 객관화하는 담론을 수반한다. 즉 뜰라낄로는 원주민의 언어와 재현의 체계로 유럽적인 것을 보고, 개념화한 것이다. 따라서 뜰라낄로의 역사는, 고유한 것을 만들기의 양가성에 종속될 것임이 틀림없는, 유럽적 서술 및 재현 방식의 전유와 아무런 상관이 없다. 그것은 토착적 서술 및 사유 체계 자체로부터 새로운 현실을 기록하기 위해 회화적 어휘를 발명하는 것과 상관이 있다. 또한 멕시코 히달고(Hidalgo) 주 익스미낄빤(Ixmiquilpan)의 교회 벽화의 오비드 풍(상상력이 풍부하고 발랄함)의 모티프들을 토착적 회화 어휘로 번역한 것을 보려면 Gruzinski 1999를 보라.

12. 아포리아들로 가득 찬 자율 개념에 대한 비판과, 자율화의 관점에서 생각해야 할 필요에 대해서는 Hamacher 1997을 보라.

13. 북미, 즉 미국의 학자들이 라틴 아메리카의 문화 유산을 독해하는 방식들에 대한 비판으로는 Larson 1995에 실린 뛰어난 논문들을 보라. 이들 대부분은 메트로폴리스적 이론에서 연원한 매료와 구별 아래에서 라틴 아메리카의 문화유산을 독해한다. 미국에서 라틴 아메리카를 연구의 대상으로 구성하는 것에 대해서는 de la Campa 1999를 보라. 옥시덴탈리즘에 대한 비판과 서구의 헤게모니를 전복하는 양태로서의 문화횡단에 대해서는 Coronil 1997과 Mignolo의 2000을 보라.

려져 있어 반복할 필요가 없지만, 헤겔의 주인과 노예의 변증법은 식민
지배와 그것의 위반을 이해하기 위한 언어로 기능해 왔다. 헤겔의 주인
과 노예의 변증법이 서구의 헤게모니에 저항하는 것을 가능하게 해 주는
방식이기는 하지만, 서구와 비서구의 정체성을 동일성과 차이의 정치학
에서와 같이 각각이 다른 것에 대립하여 스스로를 규정하는 개념적 틀에
한정해야 할 하등의 이유가 없다. 헤겔은 주인과 노예의 변증법을 유럽
적 사유의 관점에서 구성했는데, 이 유럽적 사유의 역사는 일련의 '교수
들'의 연쇄에 다름 아니다.[14] 따라서 이것을 식민주의 역사에 적용하면

14. 수잔 벅 모스(Susan Buck-Morss, 2000)는 헤겔의 주인과 노예의 변증법의 기원은 헤
   겔이 아이티 혁명에 대해 읽었던 기사들에까지 거슬러 올라가야 한다고 주장했다. 벅
   모스에 따르면, 이러한 독해는 우리로 하여금 아이티 혁명이 유럽의 정치적 문화와 철
   학의 발전에 공헌한 바를 평가할 수 있게 해 주고 그것에 의하여 '전세계'(universal) 문
   화의 모든 발전들을 유럽의 사상가들 덕분으로 돌리는 이야기들로부터 벗어날 수 있게
   해 줄 것이다. 이러한 주장은 흥미롭고 또 어느 정도 설득력이 있다. 노예와 관련하여
   계몽 철학자들이 침묵으로 일관한 것에 대한 벅 모스의 비난은 역설적으로 유럽적 사
   유는 비-유럽적 타자에 대립하여 스스로를 구성한 것이 아니라 그 자신의 고유한 환영
   (phantom)과의 관계에서 스스로를 구성했다는 나의 주장에 신임을 준다. 이것이 유럽
   인들이 비-서구의 '타자들'을 열등하다고 가정한 사례가 없다는 것을 의미하지는 않는
   다. 오히려 다른 문화들에 대한 유럽인들의 기각 때문에 비-유럽적 타자는 철학적 사유
   의 전개 속에서 드러나거나 문제시되지 않았다는 것을 의미한다. 미셸 푸코와 같은 사
   람이 제국주의를 한 번도 언급함이 없이 『말과 사물』을 쓸 수 있었다는 사실을 다른
   문화들에 대한 이러한 전적인 무시의 징후로 간주하자. 다시, 푸코가 식민주의와 유럽
   의 팽창주의에 관한 문제들을 경시한 것에 대해 비난할 수는 있겠지만 포스트구조주의
   의 정체성을 '세계의 다른 부분들' 또는 유사한 다른 구조들에 대립하여 형성하였다고
   비난할 수는 없을 것이다. 이러한 관찰은 콜럼버스의 첫 번째 항해로 시작하여 유럽-아
   메리카 문명들이 아메리카 원주민의(Amerindian) 문화로부터 지식을 뽑아내고 전유해
   왔다는 사실을 부인하지 않을 것이다. 나는 『아메리카의 발명』(Inventing America)에서
   근대의 새로운 주체성(보통 데카르트와 관련된 주체와 객체의 분리)은 유럽의 문명과
   아메리카 원주민들의 야만 간의 이분법과는 무관한 인식론적 전환을 수반했던, 미지의
   자연과 문화적 현상을 분류하려는 콜럼버스의 욕구의 결과로 나타난다고 주장했다. 물
   론 이것은 인식론적 전환의 한 부분이긴 하지만 그 근본적인 측면이라고는 할 수 없다.
   이 논문에서 나는 그들의 규범체계에 따라 스스로를 통치할 권리와 자율을 위한 원주
   민의 투쟁이 유럽적 모델에 따라 그들의 삶의 형태를 인정받게 하고자 하는 욕망을 띠
   고 있지 않다고 주장한다. 나는 또한 단일한 보편성의 관점에서 사유하는 것으로부터

애초에는 의도하지 않았던 추론이 구성된다. 우리는 제자가 스승을 극복하는, 원주민 문화의 관점에서의 변증법을 상상함으로써 이 추론을 더 전개할 수 있을 것이다. 이러한 논의를 통해 나는 통과의례를 치르고 서구와는 아무런 관련이 없는 지식을 획득하는 원주민 주체를 제안하고자 한다. 나아가 우리는 이 원주민 주체가 헤겔의 『정신현상학』 세미나에 앉아서, 식민화된 주체로서 범주들을 내면화하지 않고 변증법을 유럽적 맥락에서 이해하면서 표상들의 전개를 따라가는 것을 상상할 수 있다. 그녀는 헤겔의 저작에서 비非유럽 문화에 대한 어떤 언급이 거슬린다는 것을 발견할 지도 모르지만, 그렇다고 헤겔을 반박하고 싶은 충동을 느끼지는 않고 그러한 언급을 헤겔의 한계로 간단히 치부하고는, 서구 철학자들의 말을 서구중심주의적인 것으로 환원시켜버리는 서구인들의 천박함을 비웃을 것이다. 이 원주민 주체는 유럽-아메리카의 사유를 충분히 잘 사랑하고 실천할 수 있으며 대안적(즉 원주민 보호주의적) 사유방식을 고안해 내려 노력하는 유럽-아메리카 사람들의 자기 비하가 어리석다고 생각할 것이다. 다른 한편 우리는 또한 비유럽 문화와 대립각을 세움으로써 스스로를 구별지을 수밖에 없는 주체와는 다른 사유, 생각, 의미지평, 자유를 가진 유럽-아메리카인을 상상해 볼 수 있을 것이다. 의미와 혁명의 다양한 지평이 위계적 관계를 이루지 않으면서 만나고 대화하고 서로를 풍부하게 할 것이다. 이러한 이상적 상황만으로는 우리가 '충분히' 그 존재를 알고 있는 가치의 위계를 지울 수 없을지라도, 이상적 상황의 (불)가능성을 또렷이 드러내는 것은 현재의 위계적 구조가 가

---

취할 수 있는 이점 — 벅 모스에 따르면 이 단일한 보편성은 비유럽인들이 어떻게 (서구의) 보편성을 형성하는 일에 참여해 왔는지를 분명히 해 주는 이점을 갖고 있다 — 에 대해 유보를 둔다. 이어지는 논의에서 드러나게 될 것이지만, 나는, 보편성의 복수적 지평들이라는 개념을 더 선호한다.

지는 결정성에 맞설 수 있게 해 준다.

따라서 우리는 네그리의 사유를 전복하고, 전유하고, 다른 문화를 횡단하도록 만들어야 한다는 도덕적 의무감 없이 자유롭게 네그리를 생각해도 된다. 그러한 의무감은 네그리 사유로 하여금 다른 지역과 다양한 사회적 현실을 접하게 하는 것이 그것의 변형 — 그렇지만 이러한 변형은 네그리 사유의 일부를 구성하는 것으로 생각되어야 한다 — 을 함축한다는 사실 이상의 어떤 것이다. 투쟁의 내재성은 투쟁의 특이성과 필연적인 구체성을 구성한다. 그러므로 네그리에게 동의하든 동의하지 않든, 네그리 사유에 얽매이고 제한되어서 자신의 자율을 선언해야 한다는 압박감 같은 것을 느끼지 않으면서도 네그리와 함께 서구를 생각하는 것이 가능하다. 네그리를 적용하지 않으면서 그에 대해 사유하는 것은 하나의 가능성으로만 남아있다(내 생각에 이론을 적용한다는 것은 무장되지 않은, 무방비의 사유와 마찬가지다). 그러나 네그리와 서구를 비서구의 범주로 사유할 수 있는 가능성은 네그리의 전통 안에서 사유하는 일 너머에 있다. 나는 이 지점으로 돌아올 것이다. 지금으로서는 16세기 유럽의 침략 이래 제국, 식민권력 및 서구 일반을 사유하는 것이 아메리카 식민 상황에서 이루어진 사유의 전형이었다는 사실만 짚고 넘어가자. 실제로 선교사들은 원주민이 식민지 질서와 억압의 역사를 원주민 자신의 고유한 범주와 서술 체계로 표현할 것을 요구했다.[15]

씨빠따를 통해 네그리를 살펴보는 데 있어 나의 목표는 유럽-아메리카의 사유와 원주민 주민pueblos indigenas의 자율을 수립하는 기획 사이의 연결점과 상호관계의 윤곽을 그려보는 것이다. 씨빠따를 '통해'라는 말은 네그리를 읽고 네그리에 관하여 글을 쓰는 '씨빠따'를 상정한다는 의미이

---

15. 각주 11번을 보라.

며 싸빠따로 네그리를 움직이는 것이다. 네그리와 싸빠따 중 어느 누구에게도 특권을 주지 않는 것이 가장 이상적일 것이다. 마르꼬스가 성명서에서 거듭 단언하듯이, 치아빠스 주 싸빠띠스따 봉기의 맥락 속에서 싸빠따는 혁명적 실천들 전체를 상징한다.[16] 싸빠따를 호명하는 것은 윤리정치적 경구警句와 민간신화, 형이상학, 서로 다른 문화를 가로지르는 의사소통 이론의 요소들, 구성권력의 긍정을 포함하는 것이다. 지적한 바 있듯이 구성권력 개념은 네그리 사유에서 눈에 띄는 특징 중 하나이다. 네그리의『반란』은 구성권력이 정치 이론에 초래한 위기에 대한, 서구에서의 특수하지만 중요한 일련의 논쟁과 응답의 역사를 다루고 있다. 실제로 네그리는 정치적인 것과 구성권력을 동일시한다. 구성권력의 역사는 서구가 늘상 비非서구, 타자, 동양 따위에 마주하는 것으로 스스로를 형성하던 방식에 예외적인 사례가 있음을 보여준다. 옥시덴탈리즘에는 일말의 진실이 있지만 이는 이데올로기와 신비화의 요소를 품고 있다. 이는 서구의 정체성을 이항대립에 연결함으로써 결국 비非서구 문화를 창조적으로 상상할 수 있게 해 주는 문화적이고 물질적인 장을 제대로 이해할 수 없게 만든다. 서구와 비서구 둘 다 서로 관계없는 선입견과 이해, 전통을 가지고 있다. 네그리의『반란』에 그려진 구성권력의 역사 속에서 타자는 비非서구가 아니라 혁명, 다중, 절대적 민주주의, 불가능한 것이다.

싸빠띠스따의 발견들 가운데 하나는 원주민의 존재 형식과 서구의 존재 형식을 언어적·문화적·사법적·정치적으로는 구별되지만 위계적이지 않은 공간에서 규정한 것이다. 이러한 점에서 싸빠띠스따는 네그리가 구성권력의 역사(Negri 1999a : 324)에서 제시한 '근대 이성주의를

---

16. 마르꼬스의 성명서들은 www.ezln.org에 게재되어 왔다.

넘어서는' 사례로 새겨야 할 것이다. 정부와의 토론과 <산 안드레스 협정문> 초안 작성에 참여한 원주민들은 자신들의 고유한 원주민 문화 뿐만 아니라 유럽-아메리카 전통에 대해서도 잘 알고자 하는 태도에 어떤 내적인 모순이 있다고 생각하지 않았다.[17] 제1세계 지식인에 대한 원주민의 매료를 비판하는 것이 제3세계 블록의 구성과 나란히 어느 정도 필요한 이데올로기적 기능을 수행했던 것은 사실이지만, 하트와 네그리가 『제국』에서 이야기한 바와 같이 1970년대까지 이러한 입장들이 정치적으로 힘을 발휘할 수 있는 토대로 기능했던 근대 국민국가와 국민-인민 the national-popular 패러다임은 그 모든 실천적인 목적들에도 불구하고 국민국가가 약화되고 제국이 출현함에 따라 사라지게 되었다(Hardt and Negri 2000). 치아빠스에서 일어난 반란의 한 부분인 원주민의 자율을 위한 투쟁은 국지적인 지역을 넘어 제국의 심장을 겨냥한다.

이 장의 제목에서 네그리는 플로레스 마곤의 무정부주의적 코뮤니즘의 혁명 강령과 어깨를 나란히 할 수 있는 사유의 조류를 **상징한다**. 그렇기 때문에 우리는 따니뻴라 벽화의 플로레스 마곤의 이미지 이면에서 네그리와 빠올로 비르노, 마이클 하트 그리고 최근 이딸리아의 급진적 사상가들을 읽어낼 수 있다(Virno and Hardt 1996a를을 보라). 다음으로 싸빠따는 1950~60년대의 루벤 하라미요Ruben Jaramillo, 1960~70년대의 게릴라 헤나로 바쓰께쓰Genaro Vazquez와 루치오 카바나스Lucio Cabanas, 그리고 오늘날의 마르꼬스와 싸빠띠스따로 이어지는 긴 혁명가 계보의 함축으로 읽을 수 있다(Bartra 1985를 보라). 플로레스 마곤과 싸빠따의 이미지는 은유의 정지 상태에 있지 않다. 벽화에서 이들의 위치와 자세는 산 위

---

17. 자율, 원주민 공동체의 통치형태들, 매체에 대한 접근, 행동계획, CCRI-CG의 마르꼬스와 다른 구성원들의 연설에 관한 문서들을 보려면 Hernandez Navarro와 Vera Herrera, *Acuerdos de San Andres*(1998)를 보라.

의 작은 싸빠띠스따들과 떠오르는 태양이 있는 역사의 지평선으로의 환유적 흐름을 보여준다.[18] 역사의 시간은 전前미래로, 미래에서 과거로 흐른다. 벽화의 왼쪽 구석에 그려진 여성을 풍요로운 어머니 대지로 읽는 우화적 독해(이 여성의 옆에 가슴처럼 보이는 두 개의 산으로 인해 이러한 독해는 더욱 힘을 얻는다)를 넘어서려면 그녀가 여성해방을 혁명의 시작과 끝으로 놓고 있는 것으로 보아야 한다. 따라서 플로레스 마곤과 싸빠따의 이미지는 사회주의적 인물숭배에서 맑스, 레닌, 마오를 비롯한 인물들의 초상화를 으레 사용할 때와 같은 이데올로기적 표지의 고정성을 가지고 있지 않다. 즉 유령처럼 그려진 플로레스 마곤과 싸빠따는 불가능한 것을 열망하는 **새로운** 운동을 북돋운다. 마르꼬스는 벽화에 그려져 있진 않지만, 그의 '현존'은 플로레스 마곤 및 사빠따와 마찬가지로 유령이 되어 산에서 따니 뻴라를 지키는 무장한 남성·여성 싸빠띠스따를 통솔한다. 마르꼬스와 싸빠띠스따는 플로레스 마곤의 이론과 싸빠따의 원주민 담론을 더 정교하게 만든다. 이와 같이 벽화는 의미를 고정시키려는 아폴론적 충동이 아니라 산노동의 힘을 전하려는 충동을 가지고 있다.

아르만도 바르트라Armando Bartra는 플로레스 마곤에 대해 언급하면서, 멕시코에서 가장 독창적인 정치적 사유는 구체적인 것을 이론화해야 할 필요에 직면하여 신문에 기고한 플로레스 마곤의 글에서 전개되었다고 지적했다(Bartra 1972 : 16). 멕시코의 신문들, 특히 『라 호르나다』La Jornada 지에 실린 마르꼬스의 비밀스런 글과 성명서들은 의심할 여지없이 바르트라가 구체적인 것으로부터의 이론화라 평가한 것을 오늘날 가장 훌륭하게 보여주는 예이다. 『부활』지 선집에 부친 서문에서 바르트라는 폴

---

로레스 마곤과 『무엇을 할 것인가』에 나타난 레닌의 사유, 특히 혁명적 과정에서 언론이 담당하는 역할에 대한 레닌의 사유의 유사성을 강조함으로써 플로레스 마곤의 독창성을 드러낸다. 실제로 플로레스 마곤은 레닌 및 볼셰비키 혁명과 가까워졌고 이에 관한 글도 썼다. 우리는 레닌의 '4월 테제'가 의심의 여지없이 플로레스 마곤의 무정부주의적 코뮤니즘의 사유에 부합한다는 것을 분명히 해야겠다. 바르트라는 『부활』지의 글을, 마치 누군가가 "볼셰비키와 싸빠띠스따를 동시에 말하고 있는 듯한 텍스트"라고 특징지었다(Bartra 1972 : 488).

> 단두대 위에 선 새로운 플라톤은 마침내 우리에게 너희는 아나키스트야라고 외칠 것이다. 그것은 진실이 아니다. 우리가 (플라톤의 불후의 대화자들인 트라시마쿠스와 칼리크레스가 그러했듯이) 생산적 협력의 네트워크에서 구성된 물질성의 관점에서, 달리 말해 자유라는 '공통이름'을 통해 생산적으로 구축된 인간성의 지평에서 말하지 않는다면, 우리는 아나키스트일 것이다. 그러나 우리는 아나키스트가 아니다. 우리는 자유주의적 거대 정부와 사회주의적 거대 정부가 얼마나 많은 인간성의 억압과 파괴를 자행해 왔는지를 지켜봐 온 코뮤니스트이다.(Hardt and Negri 2000 : 350)

국가의 필요성을 지지하는 것이 하트와 네그리의 코뮤니즘의 특성이 아니라는 것에 주의하라. 반대로 하트와 네그리는, 사회주의가 국가를 해소하는 코뮤니즘으로 가는 한 단계로 복무할 것이라는 일체의 이론적 주장을 폐기함과 동시에 자유주의적이고 사회주의적인 거대정부를 기각한다. 『제국』의 여러 구절에서 하트와 네그리는 이행 국면, 즉 연옥煉獄의 필요성을 부정한다. "우리는 연옥을 가로지르게끔 되어 있는 수많은 필연적 경로 가운데 하나를 제시하고 있는 것이 아니다. 약속의 땅의 이름으로 어떤 경로도 정당화하는 이상적 목적론의 도식을 반복하고 있는 것도 아니다."(Hardt and Negri 2000 : 350) 마르꼬스와 싸빠띠스따는 물론이고 따니뻴라의 사람들도 연옥을 거치지 않는 코뮤니즘이라는 생각에 전적으로 동의할 것이다.

플로레스 마곤과 레닌이 혁명을 무장투쟁과 동일시하며 20세기를 열었다면, 혁명적 실천의 새로운 형식들의 발명이 21세기를 위한 싸빠띠스따와 네그리의 선언문을 특징짓는다. (싸빠띠스따와 네그리에게 2001년 9월 11일에 있었던 세계무역센터 테러보다 더 낯선 것은 없다는 점을 특별히 강조하고 싶다.) 싸빠띠스따에게 혁명의 새로운 형태에 대한 이러한 욕구는 수많은 목숨을 대가로 치러야 했던 최초의 봉기의 날인 1994년 1월 1일에 대한 욕구를 결코 다시 가지지 않는다는 것을 함의한다. 「혁명을 기억하는가」라는 글에 표현되어 있듯이, 네그리를 비롯한 수많은 이딸리아의 급진적 정치 사상가들에게 혁명을 재발명한다는 것은 폭력을 탈신비화하는 것을 의미한다. "무장투쟁의 '좋은' 판본은 없으며, <붉은 여단>의 엘리트주의적 실천을 대신할 대안은 없다. 무장투쟁은 그 자체로 새로운 운동들과 양립할 수 없으며 새로운 운동들에 상반된다."[19] 멕시코 군대가 1994년 1월 12일의 정전협정을 위반하여 원주민

---

19. P. Virno and M. Hardt, *Radical Thought in Italy : A Potential Politics* (1996a) 238쪽. 이 텍스트는 전체적으로 폭력에 대한 대안이 전통적 레닌주의자들이 주장한 바와 같이 혁명의 조건이 결여된 사례라기보다 더 진전된 상태를 의미하는 이론을 설계한다. '투쟁과 정치적 매개, 투쟁과 제도들과의 협상 — 이러한 관점은 독일에서와 같이 이탈이아에서도 가능하고 필연적이었다. 이는 사회적 갈등의 퇴보 때문이 아니라 오히려 그것의 내용이 극도로 성숙했기 때문이었다'(ibid). Carlos Monsivais와의 인터뷰에서 마르꼬스는 지정학적 스펙트럼의 반대쪽 끝, 이딸리아 급진 의자들의 대도시적 중심으로부터 멀리 떨어진 지역과 '그것의 내용의 극도의 성숙'의 역설적인 혼합물인 셀바 라깡도나의 정치적 매개와 투쟁에 관해 비슷한 논지로 주장하였다. '우리는 겨울궁전에 대한 습격도, 권력의 전복도, 폭군의 종말도 계획하고 있지 않습니다. 우리는 오히려 하나의 전환을, 우리의 첫 번째 선언의 정치-군사적 관점의 전환뿐만 아니라 …… 이 나라가

공동체에 대한 저강도 전쟁을 수행하였으며 따니뻴라에서 온 싸빠띠스
따들과 벽화를 도안圖案했던 발데스 루발카바Valdez Ruvalcaba 교수를 포함
한 많은 싸빠띠스따를 쎄로 에꼬Cerro Hueco 20 교도소에 투옥했다는 것, 그
리고 네그리를 비롯한 이딸리아의 지식인들이 날조된 테러 혐의로 이딸
리아의 감옥에 수감되었다는 것에 주목하자. 싸빠띠스따와 급진적인 이
딸리아 이론가들을 아무 이유없이 나란히 놓은 것은 아니다. 마르꼬스는
COBAScomitati di base로 알려진 노동자 위원회를 언급한 바 있고, 사회 센
터the centri sociali(정치적 행동을 위한 자율적 청년 조직. '새로운 노동조합'

---

우리를 법률적으로 인정해 주기를…… "나는 [우리와 다른 이 사람들이 이러한 권리
를 가지고 나의 일부임을 법률적으로 인정한다"라고 말하기를 원합니다.'(Monsivais
2001) 그러나 그 대답이 헤게모니적인 공산당을 요구한 레닌의 대답과 발본적으로 다
르다고 하더라도 '무엇을 할 것인가'라는 문제는 남는다. 싸빠띠스따들과 네그리 모두
전위당의 필요와 사회의 모든 부문들에 대한 헤게모니 장악의 요구를 문제삼는다. 그러
나 어떤 이들은 둘 다 다양성의 헤게모니를 요구한다고 볼 수 있는 한, 이러한 거부가
역설적인, 아포리아적인 성질을 띠는 것은 아닌지 의심한다. 네그리에게서 다중 개념은
다중을 포괄적인 이데올로기에 의해 묶인 인민 개념으로 환원하려하는 지배 프로그램
을 전복할 주체성을 수반한다. '다중은 다수성, 특이성들의 평면, 관계들의 열린 집합이
며, 그 자신과 동질적이거나 동일하지 않고 자신을 벗어난 관계들과는 불분명하고 포괄
적인 관계를 지닌다. 반대로 인민은 자신에게서 벗어나 있는 것을 배제하고 그것과 자
신의 차이를 설정하면서 내적으로는 정체성과 동일성으로 향하는 경향이 있다'(Hardt
and Negri 2000 : 103) 마르꼬스는 Monsivais와의 인터뷰에서 분명히 말한다. '나는 20
세기의 종식과 21세기가 진보적인 혹은 가장 좌파적인 운동들 내부에 …… 헤게모니를
위한 모든 투쟁들에 종말을 고하는 운동들을 또한 공표해야 한다고 생각합니
다.'(Monsivais 2001)
20. 2002년 6월 4일 현재, 비센테 폭스 대통령은 정부와의 대화 재개조건으로 EZLN이
내건 싸빠띠스따 정치범들의 석방을 이행하지 않고 있다. 2002년 5월 24일에 Enlace
Civil은, 그들이 치아빠스에서 수감되었던 교도소의 이름을 딴 단체인 La Voz de Cerro
Hueco의 성명서를 게재했다. 성명서에서 그들은 자신들의 석방이 연방정부의 '호의
(good will)'적 행위라는 것을 반대하고 자신들이 형을 모두 복역하였다고 주장한다. 그
들은 또한 자신들이 애초에 부당하게 투옥되었고 자신들의 권리를 요구하는 원주민들
이 계속해서 위협받고 박해받고 있다고 주장한다. 그들은 Tabasco와 Queretaro 주 교도
소에 수감되어 있는 정치범들의 석방을 요구한다. Valdez Ruvalcaba 교수가 언제 풀려
났고, 사람들과 함께 벽화를 그린 ─ 테러가 아니라면 ─ 전복적 행위(국가의 피해망상
적 상상 속에서)에 대한 그의 형이 무엇이었는지는 확실하지 않다.

을 형성하는 대신 COBAS의 전신 역할을 했다)[21] 중의 하나는 치아빠스 봉기에 연대한다는 뜻으로 'Ya Basta'(이제 그만)라는 이름을 지었다. 사회 센터는 <야 바스따Ya Basta 연합>으로 발전하였고, 이딸리아에서의 기금 모금에 앞장서서 2000년 12월 라깡도나 정글에 위치한 싸빠띠스따의 본부인 <라 레알리다드La Realidad 공동체>에 전기 터빈을 설치하기 위해 재료를 사들였다.[22]

벽화가 자율적 공동체에서의 삶을 이상화하고 있다고 해석될 수 있다 하더라도, 따니뻴라의 꿈은 실현되어야 할 세계의 모델이라는 의미에서의 유토피아는 아니다. 따니뻴라의 꿈은 벽화에 표현되어 있는 공동체의 창조적인 에너지와 일상생활 속에 이미 체현되어 있기 때문이다. 벽화는 처음부터, 체코Checo로 더 잘 알려진 세르지오 발데스 루발카바Sergio Valdez Ruvalcaba와 따니뻴라 주민들의 집단적 노력의 결과물이었다. 체코는 재능있는 도안가임에도 불구하고 공동체 주민들에게 원하는 것은 무엇이든 그리라고 이야기하면서cada quien dibuje lo que quiera 공동체의 작업에서 단지 길잡이 역할만을 하였다. 공동체 주민들은 대화를 나누었고 다음과 같은 주제를 그리기로 결정하였다. '물은 생명이다'el agua es vida, '단결을 위한 협력'la cooperativa pro la unidad, '결정을 내리기 위한 회합'la asamblea para decidir, '싸빠띠스따가 우리를 지켜준다'los zapatistas nos cuidan '영웅이자 멋진 사내 싸빠따'Zapata por heroe y chingon, '얼마간의 소득을 위한 커피 플랜테이션'el cafetal por la ganancita, '여성들의 말'la palabra de la mujer, '소통을 위한 방송국'la radio para comunicar, '그들의 말을 위한 지도자'los principales por su palabra.[23]

---

21. COBAS와 사회 센터들에 대해서는 Virno 1996c : 254를 보라. 마르꼬스는 'La historia de los espejos' 1995년 5월 9,10,11일자에서 COBAS를 언급한다(EZLN 1995 : 380)
22. J. Aviles의 "Marcos agradece a italianos la entrega de una turbina", *La Jornada*, 12월 4일자를 보라. 또한 Associazione Ya Basta의 웹사이트를 참고하라.(www.yabasta.it)
23. 나는 이러한 정보를 CDHFBC(the Centro de derechos Humanos Bartolome de las

따라서 벽화는 그 자체로 집단적 대화의 산물이며 (첼딸Tzeltal 화가들 중 한 명에 따르면, 뽀쏠pozol[멕시코 전통 음료]뿐 아니라 회의 안건과 관련된 문서들도 들어있는) 가방morral에 안건지를 넣어온 여성과 자치마을 회관the Casa Municipal 입구에서 문서를 읽고 있는 남자로 벽화에 표현된 코뮨적 통치의 한 사례이다. 이 두 인물은 남성과 여성으로 분리된 그룹에서 논의된 논점을 회합에 가져온다. 젠더에 따라 공동체를 두 집단으로 나누면 회의에 참석한 남성과 여성이 동등한 입장에 서게 될 것이다. 가방에 문서와 뽀쏠이 들어 있다는 언급을 여성이 이제 단지 음식을 준비할 뿐만 아니라 안건을 내놓기도 한다고 해석해서는 안 된다. 뽀쏠은 마야인들의 발명품으로, 옥수수를 원료로 한 영양가 높고 약효가 있는 발효 음료이다. 다국적 식품기업인 퀘스트 인터내셔널사와 미네소타 대학교는 이 음료에서 추출한 박테리아의 사용에 대한 미국 특허(#5919695)를 획득하였고 뽀쏠의 약효를 퀘스트 인터내셔널 사와 미네소타 대학교의 사적 소유물로 만들었다(Carson and Brooks 2000을 보라). 이는 다국적 기업이 원주민의 지식을 어떻게 전유하고 훔치는지를 여실히 보여주는 사례이다. 자크 라깡은, 헤겔의 변증법 자체가 또는 적어도 몇몇의 헤겔 변증법 해석자들이 우리로 하여금 믿게끔 했던 것과는 반대로, 주인은 노예들로부터 지식savoir을 뽑아내며 그러한 일(강탈이라고 하는 편이 낫겠다)은 아무런 지식도 생산하지 않는다고 주장함으로써 헤겔 변증법을 수정하였다. 즉 '철학[이 경우에는 과학]의 역사적 기능은 노예의 지식을 이렇듯 추출하고 배신하여 주인의 지식으로 변환하는 것이라 하겠다.'(Lacan 1991 : 22)

벽화는 스스로를 표현하는 산노동의 산물이다. 분명, 군대가 자행한

---

Casas)가 준비한 복사물의 뒷면에 기재되어 있던 글에서 얻었다. Unzueta 1999를 보라.

연이은 벽화 파괴는 따니뻴라 공동체의 창조성에 대한 장애물을 보여주며 저항은 권력에 우선한다는 (들뢰즈의 푸코 해석을 따른) 네그리의 주장을 예증한다.

> 이러한 의미에서 실상 저항이 권력에 우선한다고 말할 수 있다. 제국적 통치는 개입할 때, 파괴할 목적으로 다중의 해방적 충동을 선별한다. 그리고서 제국의 통치는 저항에 의해 추동된다 …… 제국의 모든 행위는 다중의 저항의 반향이며 다중이 극복해야 할 새로운 장애물을 만든다.(Hardt and Negri 2000 : 360~1)

따니뻴라의 벽화는 파괴되었지만 벽화에 표현된 해방의 충동은 자율적 자치를 선언한 다른 자치 마을들에서 다시 소생한다. 이러한 자치 형태는 저항에 대한 전통적 이해처럼 군대의 무력에 대응하지 않고, 저항 중인 공동체라는 발상 속에서 새로운 세계를 구축하는 공간으로 작동한다(Ceceña 2000을 보라). 이와 같이 군대와 권력 일반은 반란의 창조적 노력에 뒤떨어진다. 군대와 권력은 반란의 창조적 노력에 반응하고, 구성권력을 축소할 수 있는 새로운 형태의 억압과 통제를 고안한다.

이러한 구도 속에서 싸빠따는 오랜 역사에 걸친 원주민 반란을 상징한다. 싸빠따는 또한 그 기원이 식민통치기간 또는 어떤 경우 유럽인들의 침략 이전까지 거슬러 올라갈 수 있는 usos y costumbres(관습과 풍습), 즉 고유한 규범 체계를 인정하라는 요구를 상징한다. 'usos y costumbres'라는 말이 스페인 식민지 법에 처음으로 사용된 것은 에코미엔다스 ecomiendas(정복자에게 주어진 봉토. 이 봉토의 원주민들은 공물과 노동을 조세로 냈다)의 폐지와 노예 해방을 요청하고 원주민을 오직 사랑으로 대할 것을 규정한 <1542년 신법>The New Law of 1542 XIX조에서이다.

정규 재판 절차와 속행은 보통 일부 변호사와 검사의 악행 때문에 발생하므로 원주민들 사이의 소송과 원주민에 대한 기소에 있어 이러한 것들이 없도록 하고, 오히려 소송사건이 원주민의 관습와 풍습에 따라 약식으로 결정되게 하라.(Morales Padron, 『정복의 이론과 법률』*Teoria y leyes de la conquista*, 1979)

관습과 풍습의 실행은 원주민 공동체를 스페인인, 크리올료[24], 메스티조로부터 보호하는 동시에 원주민들을 분리된 공화국에, 인종격리와 마찬가지인 구조 속에 격리한다. 오늘날 원주민들은 관습과 풍습이라는 말(멕시코 정부는 이 용어를 택했다)보다 '고유한 규범 체계'라는 말을 더 선호하지만, 이러한 분리된 법적 장치의 식민지적 유산은 계속해서 원주민들을 괴롭힐 것이다. 특히 공동체들이 자신의 식민지적 태생을 무시하는 편을 택한다면 말이다.[25]

식민화 과정의 역사를 추적함에 있어, (1) 식민주의를 멀든 멀지않든 지나간 과거로 치부하거나 (2) 식민지배의 형태가 오늘날까지 지속된다는 것을 긍정하는 똑같이 유해한 두 가지 행위를 피해야 한다는 가야트리 스피박의 충고를 염두에 두어야 한다(Spivak 1999 : 1). 신식민주의적 지배 형태를 생각한다면 전자가 틀렸다는 것은 쉽게 입증될 수 있다. 그러나 식민주의를 쉽게 판별 가능한 실천으로 놓는 것보다 더 중요한 것은, 좋은 의도에도 불구하고 우리가 계속해서 재생산하는 식민주의적 담론 형태의 지도를 그리는 것이다. 식민주의 형태의 지속을 추적하다보면 식민 권력을 행사하는 다양한 양식과 범주의 역사적 성격을 잊어버릴 위험이 있다. 이런 점에서 우리는 계몽 운동의 실천과 초기 근대의 실천을

---

24. [옮긴이] 중남미 태생의 유럽계 사람을 뜻한다.
25. 규범 체계들 속의 콜럼버스 이전의, 식민지적 요소들의 평가에 대해서는 Carsen 2000을 보라.

구별해야 한다. 16세기 스페인에서는 기독교인과 비-기독교인(이교도, 이슬람교도, 유대인) 사이에 대립이 있었지만, 18세기 북부 유럽에서는 역사가 있는 민족과 없는 민족, 글을 가진 민족과 그렇지 않은 민족, 그리고/또는 국가가 있는 민족과 없는 민족 사이에 대립이 존재했다. 나는 이후에 다시 이 구별들로 돌아올 것이다. 멕시코와 라틴아메리카의 16세기와 18세기(이 두 번째 기간에 멕시코와 라틴 아메리카는 내적 식민주의의 변형을 겪고 있었다)에 속하는 개념과 인식론을 추적할 수는 있지만, 멕시코와 라틴 아메리카에서 스페인 식민화 과정의 앙금은 식민지 역사가 18세기 말부터 시작된 아프리카와 아시아 나라들에서와는 매우 다른 역사적 현실을 구성한다.

역설적으로, 「써발턴subaltern은 말할 수 있는가」(1988)[26]라는 글의 제목에 드러난 스피박의 질문은 유럽과 유럽의 타자 사이에 절대적인 거리를 설정하는 이분법, 18세기까지 거슬러 올라가는 역사를 가진 이분법을 바탕으로 한다. 스피박의 질문과 이에 대한 부정적인 대답은 다음과 같은 순환적 논증 속에서 절대적인 이분법의 관점을 재생산한다. 지배 담론은 피식민지배자가 이성적 사고를 할 수 없다고 규정한다. 따라서 써발턴는 이성적인 사고를 할 수 없고, 스피박이 제1세계 지식인(과거에 식민지배를 당한 경험을 가지고 있음에도 불구하고 메트로폴리스적 써클에서 활발하게 활동하는 스피박 자신과 같은 지식인을 포함하는 범주)이라 부르는 매개와 재현을 필요로 한다. 따라서 '써발턴는 말할 수 없다'는 생각은 결과를 원인으로 대체한 함의법metalepsis 27을 무심코 드러낸다. 이는 『훈육의 죽음』*Death of a Discipline*(2003)에서 도치법을 논할 때 보여준 것처럼 스피박이 아주 잘 알고 있는 수사법이다. 여기서 핵심은 스피빅의

---

26. [옮긴이] 이 글의 한글본은 『포스트식민 이성 비판』(갈무리, 2005)에 실려 있다.
27. [옮긴이] 상관관계가 먼말을 사용해 어떤 다른 의미를 지칭하는 과도한 비유법

추론의 오류를 폭로하거나 함의법이 통하는 역사적 배경의 전거典據를 보이는 것이 아니다. 써발턴가 말할 수 있음을 부인하는 것에 대한 무수한 비판 및 반박과 스피박의 수사학적 세련됨은 우리에게 저 의문문에 숨어있는 책략에 대해 경고하고 있는 것일지도 모른다.[28] 거칠게 말해서 스피박은 서구의 언어를 배우면서 자신의 토착 세계에 거주하는 써발턴들을 기각하는 것 같다. 즉 모든 사람은 발언하는 제1세계 지식인이거나 침묵할 수밖에 없는 써발턴이다. 식민지배자들이 원주민의 담론을 이해할 수 없는 것은 당연하며 대부분의 경우 실제로 그러하다. 그러나 서구

---

28. 스피박에게 재빠르게 응답하는 것에 수반되는 이러한 위험의 사례로서『훈육의 죽음』에 나오는 다음의 구절을 고려해 보라. '문학을 텍스트 그리고/또는 삼투성의 증거로 읽는 이러한 격자 위 어디에, 오로지 대학교육을 받은 사람만이 아프리카 언어들의 포괄적인 목록과 같은 것을 알 수 있기 때문에 써발턴의 언급은 있음직하지 않다는 대학원생의 의견을 놓아야 하는가? 아프리카 인구통계학의 변화에 대한 최소한 지각만 있어서 이러한 일을 바로잡을 수 있을 것이다' (Spivak 2003 : 17). 그녀의 말은 아프리카인들이 그들의 전통적인 공간들 외부로 여행하고 있기 때문에, 그들이 다른 아프리카 언어들에 대해 인식하게 되었다는 것을 의미하는가? 이러한 지식과 그것의 절합의 가능성이 스피박이 그 존재를 거부하는 데 열중하고 있지 않은 말의 명백한 현시들에 한정되는가? 아니면 그녀는 스티븐 프리어즈(Stephen Frears)의 영화 <더티 프리티 씽>(Dirty Pretty Things)에서 키웨텔 에지포르(Chiwetel Ejifor)가 연기한 나이지리아인 박사와 같은, 고등 교육을 받은 사람이지만 런던에서 의학 실습하는 것 보다 택시를 운전하고 싶어 하는 욕구로 인해 써발턴일 수밖에 없는 누군가를 생각하고 있는가? 나는 또한 인도 만붐(Manbhum)에서 스피박이 운영하는 학교에서 가르치는 교육이 어떠한 것인지 궁금하다. 학생들이 두 개 혹은 그 이상의 세계에 사는 것을 배우게 될 것이라는, 또는 학생들이 자신들의 써발터니티[하위주체성, subalternity]를 극복하기 위하여 서구의 방식들을 배울 것이라는 것이 그 이념인가? 여기에 그녀가 이 주제를 어떻게 말하고 있는지 나와있다. '확실히 나는 이 아포리아를 도덕적 딜레마로서 다시 쓰도록 강요받고 있다. 이 영역에서 내가 다루고 있는 것 —타자들— 과 내가 먹고살기 위해 가르치고 있는 것 —문학비평— 을 화해시키는 것이 어떻게 가능할 것인가?'(Spivak 2003 : 36) 새로운 비교 문학에 대한 스피박의 뛰어난 요청은 '타자'를 대도시의 독자들을 위해 번역하는 일방통행 안에 머물러 있다. 타자의 언어들-이것은 그녀의 용어법인데, 나는 좀더 중립적인 '비-유럽언어들'이라는 말을 사용하고 싶다-을 배우는 것에 대한 그녀의 요청은 시의적절한 것이지만, 나는 그 제안을 '우리'가 그 장으로 가지고 온 기획들과 개념들을 타자가 번역하는 방식들에 대한 숙고를 포함하는 것으로 밀어붙이고 싶다.

담론과 원주민의 삶의 형태가 적대하도록 만드는 식민지배자의 의지의 내면화와 다른 그 무엇은 존재하지 않는다. 식민지배자들은 써발턴이 자신의 언어를 유지하면서 서구의 언어에 정통하는 것을 막으려 한다. '써발턴은 말할 수 없다'는 관념은 모순적이게도, 어떤 써발턴이 발언을 한다면 그녀(스피박에게 이 사람은 분명 여성이다)는 더 이상 써발턴이 아니라는 귀결을 수반한다. 이러한 정식화 속에서, 그리고 (폭력의 비이성적 분출로 치부되었을, 써발턴의 봉기에 나타난 정치적 동기를 읽어낼 방법을 가르쳐준) 라나짓 구하Ranajit Guha가 수행한 써발턴의 역사를 되찾는 해방적 기획이 부정의 형이상학이자 특권의 진술로 변형된 한에서, 써발턴 연구는 불합리한 명제이자 물신의 형태를 띠게 된다.[29] 지식인과

---

29. 라나짓 구하의 저작이 다루는 범위는 매우 넓다. 따라서 나는 그의 고전적 연구서 『농민반란의 기본적인 측면들』(*Elementary Aspects of Peasant Insurgency*, 1999)를 인용하는 것에 한정하고자 한다. '써발턴은 말할 수 없다'를 불합리한 계기로 읽는 나의 독해는 White 1978에 근거한다. 훈육으로서의 역사라는 관점으로부터, 이 불합리한 계기는 훈육이 요구하는 근대라는 '마법이 풀린 세계'에 연결된 그녀의 끈을 절단하지 못하는 역사가의 무능이라는 형태를 취한다. 즉 역사가와 써발턴의 작업은 불가피하게 써발턴적 과거를 생산해 내는 것으로 연결될 것이다. 나는 써발턴의 과거들을 창조해야 한다고 주장한다. 마법이 풀린 근대성을 세계를 보는 유일하게 정당한(이 경우에는 인식론적으로 정당한) 관점으로 보편화하기를 아무리 원할지라도, 이러한 과거는 문제없는(개연성 없는) 경험적 상태로 존재하는 것이라기보다는 사유의 특별한 형식의 결과이기 때문이다. 역사의 훈육은 인식론적 엘리트주의에 의해 헤어 나올 수 없이 오염되었는가? 우리는 단지 역사가의 망토를 걸쳤다는 사실에 의해 논증적 폭력을 행사하고 있는가? 이것은 우리가 제도로서의 역사를 파괴해야 한다는 것을 의미하는가? 이 장에서 나는 세계의 다수성 속에서 살아가는 것의 가능성을, 다양한 지식들(saberes와 savoirs에서와 같이) 사이에 이러한 지식들 중 어떤 것도 절대적인 인식론적 특권을 차지하지 않는 상호 비판적인 교환들에 자리를 내어주는 다공성(多孔性)이 존재한다는 것을 주장하고 있나. 써발턴을 연구하는 우리의 인도 역사가(스피박)는 그녀 자신의 개인적 일대기, 즉 마법에 걸린 세계와 아무런 연결관계(섞어도 기꺼이 유지되고 있거나 의식적으로 가정된)도 없는 것처럼 보이는 그녀의 학적인 엘리트 정식(옥스포드와 케임브리지, 그리고 아마도 오늘날에는 프린스턴과 여타의 대학들)과 그녀 가족의 과거를 일반화하도록 강요받고 있다. 이 지점에서 19세기 라틴 아메리카 나라들의 독립 이후 권력을 잡은 크리올료 엘리트와 이 인도 엘리트 사이의 유사성을 숙고해 보는 것은 불가피하다. 두

써발턴의 이분법이 18, 19세기에 제국주의 권력이 부과한 이분법을 반영한다는 것을 받아들이더라도, 써발턴이 다른 식민지 역사를 가진 지역에 발언할 수 없다는 것을 일반화해서는 안 된다.

계몽운동이 역사가 있는 민족과 없는 민족, 국가가 있는 민족과 없는 민족 사이에 설정한 구별과 이러한 이분법을 16, 17세기 혹은 그보다 이전인 스페인 남부 무슬림 영토 재정복기에 스페인이 행한 제국주의 형태에 속하는 것으로 보는 오류를 패러다임적인 것으로 보자. 초기 근대 스페인의 팽창주의에 이분법이 있다면 그것은 기독교인과 비기독교인(자신들의 역사, 문자 체계, 정치체를 가지고 있는 이교도, 이슬람교도, 유대인 중 하나) 간의 이분법이다. 역사적 사실을 두고 말다툼을 하기 위해 이렇게 열거한 것이 아니다. 오늘날의 현실의 밑바탕이 된 사회·경제·문화적 지층을 고찰하기 위함이다. 근대 초기에 스페인에 의해 식민지가 된 지역의 경우, 우리는 종종 계몽운동의 흔적을 간직하고 있는 식민화의 (세 번째, 네 번째가 아니라) 두 번째 물결을 발견한다. 치아빠스 같은 곳에서 전개된 이 후기 식민화는 그 지역의 엘리트와 외국인 '투자 정착자' 양자에 의해 이루어졌다.[30] 계몽운동의 '이상'을 따르는 식민지배는 300년에 걸친 스페인 통치의 결과인 사회정치적 구조들 위에 부과되었다. 이것은 제국주의의 두 가지 유형을 비교하는 문제가 아니라 효과들

---

경우 모두 해방은 특정 영역에 특권을 주는 조건 속에서 수립되었다. 즉 영세농민과 노동계급은 착취당하는 노동자로서의 그들의 지위를 그대로 보유하였다. 단 이제는 자신의 안녕을 돌보는 것을 생각하고(맑스주의의 기치하에서 조차도) 따라서 다중의 구성 권력을 인민이라는 규정 아래에 전치하고 길들이는 원주민 엘리트의 지도 아래에서 말이다. 이러한 경향의 가장 명백한 설명으로는 Chakrabarty 2000이 있다.

30. 20세기 초기 치아빠스에 대한 독일의 식민화 연구에 대해서는 Alejos Garcia 1999를 보라. 또한 독립전쟁 이후 라틴아메리카 인디언들의 빈곤화와 배제를 초래한 법에서의 변형에 관한 Rodolfo Stavehagen의 연구서 *Derechos indigenas y derechos humanos en America Latina*(1988)와 내부의 식민주의 개념을 상술한 논문 'Clases, colonialismo y aculturacion'(1963)을 보라.

을 추적하는 문제이다. 20세기 벽두에 싸빠따가, 계몽 정신에 입각한 자유주의적 법률에 의해 사유화된 (자신이 살고 있던) 아떼네뀔로Atenecuilco 마을이 공동체의 땅임을 주장할 때, 그는 식민지 시기에 기원을 둔 법적 문서를 근거로 주장한다. 스페인의 식민지 법은 각종 강탈로부터 공동체를 보호하는 법률을 포함하고 있었다. 그러나 독립 전쟁 이후 이러한 강탈은 만연하게 되었다. 이러한 법률을 단순히 정복에 앞서 원주민 공동체의 지위를 보존하기 위한 것으로만 볼 수는 없으며, 오히려 식민 질서가 도입한 사회경제적 · 기술적 변형의 영향과 기독교의 영향을 반영하는 전통을 창조하는 것으로 볼 수 있다. 원주민 공동체가 식민권력과 공화국의 지배 하에서 스스로를 재발명한다는 것에 주목해야 한다. [이렇게 재발명된] 원주민 공동체가 어떤 전통에 속하는지는 논란에 부쳐진다.

역사는 공동체의 정통성을 규정하는 데 근본적인 역할을 하는 한편, 반란의 유산 또한 전한다. 오늘날 치아빠스에서 가장 주목해야 할 인물은 혼종적인 보탄 싸빠따Votán Zapata이다. 보탄 싸빠따는 '민중의 수호자이자 심장'으로 나타나는, 콜럼버스 이전의 수호신 보탄에 뿌리박고 있는 비근대적인 것과, 싸빠따와 1910년 혁명에 뿌리박고 있는 근대적인 것의 혼합물이다. 이를테면 보탄의 영혼은 싸빠따에게서 획기적인 몸을 얻는다.31 우리는 식민통치가 막 시작되었을 때부터 오늘날 치아빠스 봉기에 이르기까지, 과거의 지도자에 호소하는 전통을 추적할 수 있다. 스페인 당국은 원주민 공동체의 규범 체계를 보존하기 위해 그들의 과거를 배우는 것에 관심이 있었을 뿐 아니라, 반란의 기운이 무르익어갈 때 고대 지도자들의 영혼을 불러내는 원주민들의 역사적 관습에 대한 지식을 획득하는 것에도 관심이 많았다.

---

31. EZLN 봉기에 있어서의 근대적인 것과 비-근대적인 것에 관해서는 Rabasa 1997을 보라.

『멕시코의 노래』*Cantares Mexicanos*에 나오는 노래 한 구절을 인용하면서 위에서 언급한 마지막 주제를 고찰하고자 한다. 『멕시코의 노래』는 1550년대에 베르나르디노 데 싸군*Bernardino de Sahagun*과 원주민 조수들이 처음 수집한 노래 모음집이다.

지배자 아뜰 뽀뽀카*Atl Popoca*는 방패춤을 추려고 이곳 멕시코에 왔어요. 이 왕은 말라버린 해오라기 깃털 꽃 방패를 들고 있어요, 시들어버린 군인들을 안고 있어요, 당신의 눈 앞 이곳 뜰락스깔란스*Tlaxcallans*에서. 헤이! 엑소친까스*Huexotzincas*, 헤이!

그가 스페인 사람에게서 창을 빼앗은 것 같군요. 이 왕은 말라버린 깃털 달린 꽃 방패를 들고 있어요, 시들어버린 군인들을 안고 있어요, 당신의 눈 앞 이곳 뜰락스깔란스에서. 헤이! 엑소친까스, 헤이!

그의 방패를 찌른 것은 바로 모뗄치우*Motelchiuh*에요. 그리고 이제 왕들의 시간이에요! 그래요 그렇다 할지라도 그는 나타나서 앞으로 돌격해요. 그리고 그들이 정복자의 총을 나꿔채면 토끼가 말할 거에요, '춤을 춰라!' 뜰락스깔란스, 헤이! 엑소친까스, 헤이![32]

---

32. Bierhorst 1985 : 321. 비어호스트(Bierhorst)의 서문에 더하여 Gruzinski 1999에 나오는 노래들(Cantare)에 대한 세르헤 그루진스키(Serge Gruzinski)의 독해를 참조해야 한다. 지나가면서, 나는 비어호스트의 Cantares 독해와 번역에 대한 미구엘 레온 포르띨라(Miguel Leon Portilla)의 혹독한 비판을 언급해야 한다. 나는 혹독하다고 말하는데, 왜냐하면 레온 포르띨라의 작업 전체가, 넷사우알코요틀레(Netzahualcoyotle)과 같은 콜럼버스 이전의 형상들의 이름들이 작가의 이름이 아니라 수사학적이고 문체적인 형식들이라는 비어호스트의 주장에 의해 훼손당했기 때문이다. 레온 포르띨라는 자신이 콜럼버스 이전 표현의 확실한 사례들이라고 생각하는 열다섯 명의 시인들을 확인했다. 비어호스트는 순수한 전통을 확인하기보다 식민지 시대의 흔적들을 읽어내고자 한다. 레온 포르띨라가 공격한 다른 지점은 Cantares를 유령의 노래로 보는 비어호스트의 테제이다. 데리다에 관한 책 제목을 빌어 표현하자면, 유령적 경계에 대한 나의 독해로부터 짐작할 수 있듯이, 나는 비어호스트의 독해를 취할 수밖에 없다. 원주민들이 고대의

이 노래의 가사는 무장한 유령 투사들의 출현을 기원하고 있다. 이 유령 전사들은 스페인인뿐만 아니라 원주민 동맹인 뜰락스깔란스와 엑소친까스에게도 위협적이다. 비어호스트에 따르면, 이 노래는 대평원 원주민의 것으로 분류되는 유령의 춤 장르에 속한다. 유령의 춤은 일반적으로 과거의 전사들을 불러내어 식민 질서에 대항하는 반란에 동참하도록 한다. 이 노래에서는 과거의 전사들이 스페인 사람들의 창과 총을 빼앗는다. 이러한 노래를 기록해 둔 동기가 무엇이었든, 이 선교사들이 나우아족Nahuas을 역사가 없는 민족으로 생각했다고 보기는 어렵다. 반대로 나우아족은 역사를 기록하거나 그리는 것을 넘어서 과거를 불러내어 춤과 노래 속에 소생시켰다. 나우아족은 지난날의 부활, 유령들의 귀환으로 스페인인들을 끊임없이 괴롭혀온 강렬한 역사를 가진 종족이다. 노래 가사들은 선교사가 이해할 수 없는 언어로 되어 있다. 여기서 문제가 되는 것은 그들이 역사를 가지고 있지 않다는 것이 아니라 다른 형식의 역사를 가지고 있다는 것이다. 그리고 근대 초기의 스페인인들이 아메리카의 원주민들이 글을 전혀 가지고 있지 않다고 생각했기 때문이 아니라, 콜럼버스 이전과 식민지 시대에 멕시코에서의 역사의 진행을 분명히 나타내기 위해 '기록을 넘어선'이라고 말했다. 아메리카 원주민에게 글이 없었다면, 콜럼버스 이전의 문자 체계를 복제해서 불태워진 책자를 복구하려는 선교사들의 기획과 원주민의 문자 체계에 대한 수많은 언급을 어떻게 설명할 수 있겠는가?(Rabasa 1996과 1998을 보라.) 이 역사들이 알

---

지도자들―아는 것이 많은 전사들―을 불러내는 노래들에 대해 싸군과 두란 같은 선교사들이 표현한 두려움은 옛 것의 기억들이 그들의 기획을 늘 따라 다녀왔다는 것을 암시한다. 비어호스트의 유령 노래들이 레온 포르띨라의 주장과 같은 역사적 근거는 없다 할지라도 우리는 결국 유령들과 노래들을 가진다. 믿을만한 콜럼버스 이전의 표현들과 시인의 확인을 회복하려는 레온 포르띨라의 기획과 비어호스트에 대한 그의 비판에 대해서는 Leon Portella 1992 and 1994와 비어호스트에 대한 그의 논평(Leon Portilla 1986을 보라.

파벳으로 기록되었을 때에도 그러한 역사의 독해 뿐 아니라 산물은 구두口頭 전승의 관점에서 이해해야 한다. 이를 부르주아적인 작가와 독자가 존재하는 개인주의적 세계의 사생활로 이해해서는 안 된다. 기록은 다수의 목소리가 기여한 바를 기록하는 집단적 실천이었으며 이러한 기록을 읽는 것은 공동체에 다가가는 공적인 실천이었다(앞으로도 계속 그러할 것이다).

물론 아메리카 원주민들이 사용한 상형문자에 문자의 지위를 부여하는 것을 부정하고 헐뜯는 사람들이 있다. 또한 모욕적인 말을 퍼붓고, 인종차별적인 말로 원주민을 모욕하는 사람들도 있다. 그러나 선교사들이 기록하고 계획한 텍스트와 기획들은 토착원주민의 역사를 전유하려는 시도이며 이는 종종 스페인 인, 메스티조, 원주민의 협력의 산물이기도 한데, 내 생각에 이러한 텍스트와 기획에서 드러나는 식민화 과정에는 훨씬 더 흥미롭고 지속적인 측면이 있다. 예를 들어 도미니깐 디에고 두란Dominican Diego Duran 같은 사람은 위에서 인용한 유령의 노래와 춤을 무력화할 것이다. 두란은 자신의 저서 (『새로운 스페인과 본토 섬들의 역사』Historia de la Nueva Espana e islas de Tierra Firme에서 역사를 고대 멕시코의 영광의 부활이라는 관점에서 고찰했다. "오랜 시간 동안 잠들어 있던 그것을 죽음과 망각으로부터 부활시켜 생명을 불어넣는 것이 나의 바람이었다."(Durán 1984 : vol. 2, 27~8) 같은 책의 뒷 부분에서 두란은 더 강한 어조로 콜럼버스 이전의 나우아 역사가들을 찬양하고 죽은 자를 부활시키려는 자신의 의지를 강하게 내비친다.

그러나 멕시코의 역사가와 화가들은 용감한 기사와 왕들의 명성이 태양의 선명함을 띠고 온 세상에 퍼지도록 하기 위해 생생한 역사의 색조, 호기심의 붓질, 생생한 색깔로 이들의 삶과 위업을 그렸다. 그들에게 영광과 명예가 돌아가도록 나는 이 책에서 나의 역사를 말하고자 한다. 여기에 보존되면, 역사는 역사가 계속되는 한 남아있을 것이고, 덕을 사랑하는 자들이 이 역사를 따르고자 하게 될지도 모르기 때문이다.(위의 책 vol.2 99p)

이 글이 '덕을 사랑하는 자들'이 행동의 모범으로 삼을 수 있도록 고대의 영광을 소생시키는 부활을 역사 서술의 방법으로 주장하는 한, 이 글은 반란적인 것으로 읽어야 한다. 두란은 상형문자를 썼던 원주민의 역사를 정보의 원천으로 인용할 뿐 아니라 상형문자의 아름다움과 그에 상응하는 구두 담론의 힘을 극찬한다. 물론 두란이 오래된 수사학적 색깔과 돌에 새겨진 역사의 비문을 모방할 때, 우리는 두란의 역사가 과거를 영원히 묻으려 한다는 사실을 무시할 수 없다. 이런 점에서 두란의 『역사』*Historia*와 미셸 드 쎄르또*Michel de Certeau*가 『프랑스의 역사』*Histoire de France* 미발행 서문에서 부활의 메타포에 대해 말했던 것을 관련지을 수 있다. '그것은 오늘날까지도 끈질기게 출몰하는 죽은 자를 달래고 그들에게 텍스트라는 무덤을 제공하는 것을 목표로 한다'(de Certau 1988 : 2). 그러나 어떤 것도 옛 영혼들을 확실히 잠재울 수는 없다. 정말로 두란의 『역사』에 나오는 그림들이 뿔께리아스*pulquerías*(1692년 멕시코 시티 봉기가 구상되었던 공적 공간. 이에 대해서는 까를로스 데 씨구엔싸와 곤고라*Carlos de Sigüenza y Gongora*가 연대기적으로 기록하였다 (1984))가 아니라 정부건물을 장식하는 것과, 디에고 리베라*Diego Rivera*와 '뻴라 협곡의 삶과 꿈들'에 이르는 멕시코 벽화 전통 전체를 고무하는 것을 상상할 수 있다. 그러나 두런이 덕을 요구하는 것에는 양가성이 있다. 정치적 덕의 연합이라는 말이 『군주론』에서 마키아벨리가 이 용어를 사용한 것과, 『로마사 논고』*Discourses*에서 티투스 리비우스*Titus Livius*에 대한 논평에서 드러나는 그의 역사서술 양식을 생각나게 하는 한에서 말이다. 덕에 대한 두란의 요구는 메스티조와 크리올료, 그리고 스페인에 협조하는 원주민 엘리트를 겨냥한다. 그런데 이들은 노래와 춤 속에서, 반란에 대한 공개적인 요구 속에서 옛 유령들을 불러낸 그 주체들과 같다고 볼 수 없다!

『멕시코의 노래』에 실린 유령의 노래와 마찬가지로, 플로레스 마곤과 특히 싸빠따의 영혼은 치아빠스 원주민들에게 봉기를 상징한다. 이는 마르꼬스가 검은 제왕을 회상할 때 드러난다. "요즘 산에서 들려오는 것처럼, 검은 제왕은 죽은 것이 아니라 싸빠따의 모자를 쓰고 싸빠따의 말을 타고 언덕과 골짜기 사이에 나타났다 사라지는 빛처럼 살아있다"(Subcomandante Marcos 1994 : 79) 검은 제왕Lord Ik'은 우고Hugo 사령관의 가명이다. 마르꼬스에 따르면 우고는 1994년 1월 1일 봉기의 중심에 있었고, 산 크리스또발 데 라스 까사스Sanzc Cristóbal de las Casas 습격 중에 전사했다. 검은 제왕은 또한 EZLN을 만든 이들 중 하나이며 남녀노소를 막론하고 모든 싸빠띠스따들의 스승이었다. 사후에 각종 동물과 사람의 모습으로 나타나는, 널리 알려진 아이티 혁명의 지도자 마캉달Mackandal과 마찬가지로(알레이요 까르뻰띠에르Alejo Carpentier의 소설『이승의 왕국』*El Reino de este Mundo* 33의 위대함은 마캉달에 관한 구전 전통을 회복한 데 있다), 검은 제왕인 싸빠따 혹은 싸빠따인 검은 제왕은 '신들'의 힘과, (민중의 수호자이자 민중의 심장인) 보탄의 힘을, 싸빠띠스따 봉기에서 근대성과 반근대성의 양립 가능성과, 혼종적 인물인 보탄 싸빠따를 입증한다. 아래 1994년 4월 10일의 성명서에 등장하는 **일자**와 **다중**에 대한 언급에 주목하라.

---

33. Carpentier 1967. 까르 띠에르가 소설적인 방식으로 아이티 혁명을 다루는 가운데 나타나는 마깡달의 위치를 James 1962에서 마깡달이 간단히만 언급되고 투생 루베르뛰르(Toussaint L'Overture)가 더 중요하게 다루어지고 있다는 사실과 비교해 보라

모든 것은 우리 안에 있고 있지 않다 …… 그는 걸어 다니고 있다 …… 보
탄 싸빠따, 민중의 수호자이자 민중의 심장. 밤의 제왕 …… 산의 제왕
…… 우리 …… 보탄 싸빠따, 민중의 수호자이자 민중의 심장. 그 누구도
아니면서 모두인 …… 존재가 올 때처럼 …… 보탄 싸빠따, 민중의 수호
자이자 민중의 심장.(EZLN 1994 : 212, 원문에서 발췌)

하나이자 다수인 보탄 싸빠따는 다중 안의 특이성과 구성권력의 특
이한 주체성을, '많음'으로 환원되기를 거부하는 다중을 구성하는 '다수'
를 증명한다. "따라서 민주주의는 구성권력으로 나타난다. 특이한 주체
들의 다중 안에 표현된 힘은 일체의 권력의 이양도 배제한다. 구성권력
은 다중의 과정 외부에 그것이 어떤 종류의 것이든 일체의 토대가 존재
하는 것을 배제한다"(Hardt and Negri 1994 : 311)

이는 네그리에게도 '신들'은 살아있는 것으로, 그러나 디오니소스
적 형상으로 살아있는 것으로 보이기 때문이다. 혹은 적어도 다음과 같
은 구절이 네그리와 하트가 『디오니소스의 노동』에서 말하는 바이다.
'우리의 작업을 지하 세계의 디오니소스적 힘, 그 창조적인 힘에게 바
친다'(1994 : 14). 하트와 네그리는 디오니소스적 창조자와 코뮤니즘을
동일시한다. "코뮤니즘은 유일한 디오니소스적 창조자이다"(1994 :
21).『반란』에서 스피노자가 구성권력론에 기여한 바를 논하면서 네그
리는 '민주적인 살아있는 신'에 대하여, '민주주의, 권리와 전유의 진정한
민주주의, 부의 동등한 분배, 그리고 살아있는 신이 되는 생산에의 동등
한 참여'에 대하여, '다중·창조적 힘·살아있는 신의 기획인 민주주의'
에 대하여 이야기힌다. 네그리는 계속해서 다음을 강조하고 연구할 필요
가 있다고 말한다.

구성적 사유의 전개를 서구 사유의 세 가지 이데올로기적 차원들, 즉(1) 유대-기독교적 창조의 전통, (2) 사회의 토대에 관한 자연권, (3) 토대에 관한 초월적 이론에 연결짓는 관계를 강조하고 연구해야 한다. 이제 구성권력 개념의 전개는, 근본적으로 매우 중요한 특징에 있어서도 이 세 가지 관념적 조건에 의해 얼마간 한계를 갖는다. 그리고 구성권력 개념이 이 조건들을 떼어놓으려 아무리 애를 쓰더라도 부분적으로 이 세 가지 조건들에 묶여있을 것이다.

네그리는 마키아벨리·스피노자·맑스의 구성론의 급진적 무신론을 받아들인다. 이는 '창조성 개념이 본질적으로 인간에게 연결되어 있음'을 의미한다(Negri 1999a : 305~7, 강조는 원문).

이 모든 것은 네그리가 급진적인 무신론과 '민주주의와 창조성의 형이상학'을, 즉 민주주의의 살아있는 신과 코뮤니즘의 디오니소스적 영혼을 동시에 취할 수 있음을 암시한다. 세속적인 것과 무신론적인 것은 역설적으로, 네그리로 하여금 마키아벨리·스피노자·맑스에게 존재하는 창조성에 관한 종교적 관념을 비판하도록 만드는 충동과 동일한 충동을 가지고 있다는 점에서 한계를 가진다. 네그리는 다중의 힘을 통일성의 관점에서 사고하는 경향 속에서 유대-기독교적 창조 관념의 잔여물을 확인한다. '그러나 이를[통일성을] 주장하는 것은 다중의 힘이 "많음"의 힘에 있을 뿐 아니라 "다수(여럿)"의 힘, 즉 특이성과 차이의 힘에 있다는 것을 잊어버리는 것이다'(Negri 1999a : 308). 이러한 언급은 무신론과 세속성 위에 통일성을 세우려는 모든 시도를 의심스러운 것으로 만든다. 네그리가 역설하듯이 위에서 나열한 서구의 세 가지 이데올로기가 가져온 구성권력의 위기가 완전히 해결되지 않는다면, 그러한 시도는 훨씬 더 바람직하지 않다. 신의 힘이 급진적 무신론에 대한 의지와 잘 공존하는 길을 탐구하는 것이 더 적절한 것 같다. 이러한 이데올로기들이 근대의 합리성에 끈질기게 들러붙는데, 누가 세속주의의 이름으로 "검은 제왕은 죽은 것이 아니라 싸빠따의 모자를 쓰고 싸빠따의 말을 타고 언덕과 골짜기에 나타났다 사라지는 빛처럼 살아있다"는 것이 진실이라는 것을 부인하겠는가? 더구나, 무슨 근거로 개인적 의식의 자율에 호소하여 '신들의 힘'의 타율성을 비난할 수 있을까? 누가 '민중의 수호자이자 심장'인 보탄이 다중을 구성하는 특이성들 안에 머물러있지 않다고 말할 수 있는가?

네그리는 데리다의 『마르크스의 유령들』에 대해 다음과 같이 말했다. 아래의 글은 플로레스 마곤이 이야기했을 법한 내용을 담고 있으며 따니뻴라 마을의 벽화 속 유령들의 영혼을 잘 포착하였다.

> 데리다의 책에서 자본주의의 유령은(자본주의적 지배의 더 최근의 발전과 함께) 실질적으로 현존하는 반면, '코뮤니즘의 유령'은 찾을 수 없는 것은 아니지만, 훨씬 더 찾기 어려운 것 같다. 데리다는 엄청난 열의와 지성으로 '비판의 무기'를 날카롭게 벼리지만, '무기의 비판'을 통해 조직되는 또 다른 유령 연구는 보류한다. 코뮤니즘의 유령은 비판의 산물일 뿐 아니라, 무엇보다도 자본의 세계를 파괴하고 자유를 구축하는 열정, 즉 '사물의 현재 상태를 파괴하는 실재적 운동'이다.(Negri 1999b : 15; Derrida 1994 또한 보라)

이 구절을 읽고 나면 다음과 같은 의문이 생긴다. 무기는 무엇을 의미하는가? 네그리는 무기라는 말이 일반적으로 의미하는 **무장투쟁**을 넘어, 코뮤니즘에 대한 열정과 자본의 세계의 파괴를 다중의 구성적 힘으로 구현하는 새로운 형태를 발명해야 한다고 주장한다. 무장투쟁을 포기하는 것은 네그리가 '비판의 무기'와 '무기의 비판'을 구별하는 데 있어 분명 모순을 제기한다. 이 아포리아를 해결할 방법은 자본 및 국가 비판으로서의 비판의 무기에서 새로운 주체성의 정식화로서의 무기의 비판으로 이행하는 것에 놓여 있는 듯하다. 네그리는 이 새로운 주체를 스탈린주의를 본뜬 여러 사회주의 국가의 (항상 완결된 산물인) '새로운 인간'과 구별하는 데 주의를 기울인다. 메트로폴리스의 중심부와 라깡도나 정글이라는, 주체들의 근본적으로 서로 다른 지리적 위치와 사회경제적 조건에도 불구하고, 주체성 및 공동체의 자율화는 두 지역에서 더 이상 무장투쟁을 옹호하지 않는 '무기의 비판'이라는 공통의 임무를 수행하고 있다.

『전복의 정치학』에서 네그리는 사회화된 노동자에 대해 이야기한다. 사회화된 노동자는 고등 교육을 받은 노동력으로 구성된 정보화 시대의 새로운 프롤레타리아트이며 지적인 노동력이다. 1986년 빠리에서의 학생 투쟁은 네그리에게 **"새로운 사회적 주체**, 즉 프롤레타리아이면서도 갖가지 색을 가지고 있으며, 평등에 대한 집단적 욕구 자체인 지적 주체이자, 정치적인 것을 거부하고 존재와 투쟁을 위한 윤리적 결정을 즉각 내리는 정치적 주체의 출현"으로 보였다(Negri 1989 : 47). 윤리학이 새로운 실천들을 특징짓고 따라서 정당에서 행해지는 것과 같은 정치를 대체한다. 여기서 다시, 자신들의 투쟁이 특정 정당의 노선에 이용되는 것을 거부한 싸빠띠스따와의 공통점을 발견할 수 있다. 메트로폴리스 중심부의 지적 프롤레타리아는 치아빠스 봉기에 가담하고 있는 원주민 농부들과 매우 다르다. 그러나 원주민 투쟁의 다양성을 '다채로운 색깔을 띤, 평등을 향한 집단적 욕구'로 생각하지 말아야 할 하등의 이유도 없다. 네그리와 싸빠띠스따의 과제는 (국가를 접수하는 낡은 모델에서와 같이) 새

로운 국가를 건설하는 것이 아니라 "이 괴물 같은 부르주아적·자본주의
적 물신인 국가를 파괴하고 국가의 다양한 기능들을 공동체에 전부 양도
하는 데 성공하는 것이다"(Negri 1989 : 175). 국가의 기능을 공동체에 맡
긴다는 관념은 자기-통치가 이루어지는 가운데 자율화의 과정이 진행된
다는 것을 전제한다. 이상적으로, 이들은 수탈당할 수 없는 주체, 즉 전복
의 힘을 발생시키는 반란의 주체가 될 것이다. "전복은, 착취에 내재적이
고 사회 전체에 희미하고 거대하고 끔찍하게 편재하는 폭력의 파괴이다.
전복은 **대항하는 힘**이다 … 전복은 진리의 근본적 성격이다. 전복은 이러
한 급진주의의 활용 형태이다. **전복은 대중의 고요하고 준엄한 대항이
다**"(Negri 1989 : 59). 다음으로 네그리는 죽이는 것에 반대하는 규준을
진리 가운데 하나로 언급한다. 이로써 국가와 착취에 의한 폭력의 독점
을 파괴할 폭력을 발명하는 것이 과제가 된다. "전복은 창조적이기 때문
에, 죽이지 않고 파괴한다."(Negri 1989 : 60)

네그리는 자본에 의한 노동의 '형식적 포섭'에서 '실질적 포섭'으로의
이행이라는 맑스의 개념적 틀 내에서 새로운 주체의 출현을 규정한다.
실질적 포섭 아래에서 사회 전체는 자본주의적 생산 양식에 종속될 것이
다(Negri 1989 : 71을 보라). 분명 네그리는, 자본의 형식적 포섭 아래 존
재한다 할지라도 프롤레타리아트로 분류될 수 없는 치아빠스 원주민들
과는 거의 아무런 관련도 없어 보이는 포스트포드주의적 프롤레타리아
트에 대해 생각하고 있다. '무장한 인민'은 이제 생산적 노동의 기업가적
힘을 통제하는 대중 지성으로 구성될 것이다. 그리고 이것이 네그리로
하여금 대중 지성의 소비에트를 구상할 수 있도록 하는 조건이다. "대중
지성의 소비에트는, 그 안에서 일상의 민주주의가 능동적 커뮤니케이션
과 시민들의 상호작용을 조직하는 동시에 더 자유롭고 복합적인 주체성

을 생산할 수 있는 메커니즘을 국가의 외부에 구축함으로써 이러한 임무를 스스로에게 부과할 수 있다."(Negri 1996a : 222) 네그리의 말을 따니뺄라 벽화에 표현된 삶에 가져올 수 있다. 그곳에서 대중 지성은 새로운 기술과의 제1세계적 연결을 잃고 매일의 민주주의를 구축하는 모든 집단적 노력을 포함하게 될 것이다. 사회화된 노동자의 무기(즉 생산 수단의 통제)는 포스트포드주의 프롤레타리아트의 손 안에 있으며 이는 정치적, 기업적, 경제적 자율을 가능하게 하는 조건이다. 그러나 치아빠스 원주민의 물질적 조건이 포스트포드주의 프롤레타리아트와는 정반대임에도 불구하고, 원주민의 자율화를 위한 기획 속에서 유사점을 찾아볼 수있다. 더구나 싸빠띠스따의 요구들 가운데는, 포스트포드주의 사회에 특징적인 대중 지성에 원주민이 참여하는 것(원주민들은 이미 어느 정도는 참여하고 있다)을 가능하게 해줄 기반시설을 마련하기 위한 조건들이 포함되어 있다. 여성과 남성 모두가 교육을 받을 기회, 커뮤니케이션 기반시설, 원주민들의 영토 내에 있는 생산수단과 천연 자원에 대한 통제가그것이다. 이러한 요구의 단초들은 따니뺄라 벽화에 자세하게 그려져 있다. 벽화에는 공동체 학교, 새로운 커뮤니케이션 기술에 대한 충분한 참여를 상징하는 안테나와 전기의 도입이 그려져 있다. 구성권력의 **새로운 주체성**과 구성된 사회주의 체제의 **새로운 인간**을 구별하기 위해, 승인된 자율이 아닌 자율화의 관점에서 이야기해야 한다고 주장하는 것은 중요하다.[34]

---

34. 내가 처음 이 논문을 쓰기 시작한 이후, 부사령관 마르꼬스는 2003년에 「치아빠스 : 열세 개의 흔적」(Chiapas : Treceava Estela)을 썼다. 5개의 장으로 이루어진 이 논문은 자본에 대한 대안을 창조하는 자기-통치 형식의 창조와 자율적 자치마을들의 네트워크를 구축하는 새로운 방법으로서 달팽이(Caracol)의 형상을 전개시킨다. 달팽이 개념과 그 시학에만도 논문 전체를 할애할 만하지만, 나는 그것이 자율화 과정을 증진시키는 정치적 구조를 구현하고 있다는 것을 언급하는 것에 논의를 제한하고자 한다. 싸빠띠스따가 통제하는 영토에서 '좋은 정부의 의회'(juntas de buen gobierno)로도 알려져 있는

따니뻴라의 삶은, 저항을 권력에 반응하는 것이 아니라 권력 자체를 앞지르는 것으로 이해하는 것에 기반하여, 자본을 파괴하고 자유를 구축하는 길을 보여준다. 싸빠띠스따 봉기와 <산 안드레스 협정>을 둘러싼 갈등의 정치적 해소는 네그리가 열거한 구성권력의 한계를 가장 잘 보여준 정치적 사건이다. 위에서 언급한 바 있는, 네그리가 말한 세 가지 한계는 원주민 자율 기획과 그 구성권력을 끊임없이 괴롭힌다. 세 가지 한계를 다시 인용해 보자. "유대-기독교적 창조 전통, 사회적 토대에 관한 자연권, 토대에 관한 초월적 이론"(Negri 1999a : 307). '발전'의 스펙트럼의 양 끝에서, 즉 비-근대적인 것과 근대적인 것, 그리고 탈근대적인 것 사이의 양적 차이들의 양 끝에서, 우리는 근대적 합리성을 넘어서기 위해 네그리와 싸빠띠스따가 기울인 공통의 노력을 발견한다. 그러나 네그리와 싸빠띠스따의 자율화 기획은 위에 열거한 한계에서 결코 완전히 자유로울 수 없다. 주요한 함의를 가진 지리적 규정을 중심으로 한, 원주민 자율(자치 마을, 지역, 주민의 수준에서의 자율)의 정도와 본성에 관한 논의를 넘어서서, 우리는 칸트 이래 개별 주체를 도덕적·정치적 사유의 토대로 삼으려 하는 철학적 전통으로부터 물려받은 자율 담론의 아포리아에 주

---

달팽이의 정식화는 자율을 국가에 의해 승인되는 지위로서가 아닌 과정으로서 생각할 필요를 강화시킨다. 마르꼬스에 의하면 사실, 멕시코 헌법 39조는 이미 통치할 권리와 자치의 권리를 인정하고 있다. 달팽이의 형상 하에서 싸빠띠스따들은 정부의 인정을 더 이상 기대하지도 요구하지도 않는다. 오히려 그들은 모든 인디언들에게 행동할 것을, 정당한 국민이자 최초의 정착자로서 그들이 갖고 있는 권리를 실행할 것을 요구한다. 달팽이 형상에 관한 해석적 논문들을 보려면 Araceli Burguete Cal y Mayor, Juan Carlos Matinez, Pablo Gonzalez Casanova와 Alijandro Cerda Garcia의 논문이 실려 있는 Revista Memoria 177(2003년 11월)을 참조하라. Revista Memoria 176(2003년 10월)에서 존 홀러웨이는 달팽이를 자본주의의 구멍에 비유한다. 홀러웨이에게는 자본의 규칙을 부정하고 삶을 결정하는 새로운 형식을 규정하는 'No'의 모든 사례들이 구멍을 구성한다. 싸빠띠스따들은 홀러웨이에 의해 사유된 구멍들 중에 가장 거대하고 아름다운 구멍이다. 홀러웨이는 Holloway 2002c에서 혁명의 새로운 형식에 대한 자신의 생각을 체계화하였다.

의를 기울여야 한다.

이러한 철학적 전통에 속한 자들은, 모든 자율 기획에 속하는 중요한 개념들을 끌어내는 데 그쳤다고 말하는 것으로 칸트에 관한 논평을 시작하겠다. 네그리는 칸트를 '초월적 토대 이론'으로 정리했는데, 우리는 칸트에게서 또 다른 두 개의 이상을 찾아볼 수 있다. 그것이 정치·평화·인간의 권리와 즉각적인 관련을 가지고 있기 때문에, 칸트의 「영구평화론 : 하나의 철학적 기획」Toward a Perpetual Peace : A Philosophical Project을 중심으로 논의를 전개할 것이다.

이 세 가지 이상 중에, 자율 담론에 중심적인 것은 도덕의 토대에 관한 초월론적 이론이다. 왜냐하면 이것이 칸트가 **형식** 원칙, 즉 **정언명령**이라고 부른 개인의 자유에 관한 자율과 직접 연결되기 때문이다. '(그 결과가 무엇이든) 너의 행위의 준칙이 보편적 법칙이 되기를 의지할 수 있는 방식으로 행위하라'(Kant 1996b : 344). 「영구평화론」에서 정언명령을 이렇게 정식화한 칸트는 이로부터 '국민은 권리의 유일한 개념인 자유와 평등에 따라서 국가에 스스로를 일치시켜야 하며 이 원칙은 사려분별이 아니라 의무에 근거한다는 도덕 정치학의 원칙'을 이끌어낸다(Kant 1996b : 345). 이 두 가지 원칙은 개인의 자유를 국가의 자연적 토대에 결박한다. 순수한 권리 원칙에 따라 조직된 국가는 이번에는 다른 국가들이 스스로를 이 원칙에 따라 조직하리라 기대할 수 있고, 이는 또한 한 국가와 다른 국가들 간의 연합 및 국가들 간의 정당한 관계를 위한 모델로 기능할 것이다. 칸트에게 있어 사회적 토대에 관한 자연권은 문화·언어·자기 결정권에 대한 요구를 근거짓는 인권 담론을 포함한다. 칸트의 인권 정의는 정치와 도덕의 합일을 전제한다. "지배권력이 아무리 많은 희생을 치르더라도 인권은 신성한 것으로 남아있어야 한다."(Kant

1996b : 347)

　　이러한 인권은 목적과 수단을 속박하는 윤리학으로 지배권력에 한계를 부과하기도 하지만, 혁명의 원칙에도 난점을 제기한다. 즉 혁명의 수단들이 모름지기 불법적인 한, 그것은 목적을 정당화할 수 없다. 분명 완수된 혁명은 새로운 국가의 정당성을 윤리-정치적 토대 위에 정립할 수 있다. 말하자면 불법적이고 비윤리적일 수밖에 없는 투쟁의 시기가 있다. 이러한 판단은 공적 권리에 근거한다. "타인들의 권리와 관련된 모든 행위는, 그것의 준칙이 공공성과 양립할 수 없다면 그르다."(Kant 1996b : 347) 칸트는 우리에게, 애초에 반란은 공적일 수 없다는 것을 일깨운다. 플로레스 마곤과 마르꼬스, 싸빠띠스따, 그리고 구성권력을 법 외부에 존재하는 것으로 특징지을 때의 네그리 또한 이러한 의미의 불법성을, 목적에 있어서뿐 아니라 현재에 대한 잠재적 비판에 있어서도 역설적으로 윤리적인 조건으로 표현한다. (레닌과 일반적인 무장투쟁 이데올로기에 있어서와 마찬가지로) 플로레스 마곤에게 목적은 국가의 전복과 같은 말일 것이다. 네그리와 싸빠띠스따에게 무기의 비판은 자율적 자기 통치의 새로운 가능성을 엶으로써 구성적 힘을 허용할 수 있게끔 현존 헌법[구성]을 변형하고자 한다. 이와 같이 개혁을 넘어선 헌법의 변형은 국가 파괴를 목표로 하는 혁명적 실천을 위한 공간이 만들어질 토대를 마련한다. 자신의 전략을 공적인 것으로 만들어야 한다는 의무감 없이 국가를 파괴하는 것이 투쟁의 목적이라고 단언함으로써 공공성의 원칙을 충족시킬 수도 있다. 투명하지 않으면서도 공적일 수 있다. 창조성, 교묘함, 놀라움은 양도할 수 없는 권리이다. 국가가 이것들을 보장해 주기 때문이 아니라 이것들이 윤리-정치적 실천에 없어서는 안 될 구성 요소이기 때문이다.

유대-기독교적 창조 전통의 한계와 관련해서, 칸트의 철학은 통일성
을 모든 과정의 목적으로 특권화하는 목적론적 자연 개념을 수반한다.
칸트에게 국가는 사회를 조직하는 자연적 형태이고 의지의 자율은 자주
적이고 통일된 주체를 발생시킨다. 도덕 원칙과 그것이 법과 문화에 드
러난 형태는 이성과 도덕성의 역사적 진화를 전제한다.

따라서 신의 섭리는 세계의 과정 속에서 정당화된다. 인류에게 도덕 원
칙은 결코 소멸하지 않고, 그 원칙에 따라 올바른 관념들을 독단적으로
수행할 수 있는 이성은 문화가 진보함에 따라 점진적으로 성장하기 때문
이다. 그러나 위반에 대한 죄의식도 함께 성장한다.[35]

---

35. Kant 1996b : 346. 나의 칸트 독해는 환원적인 경향이 있고, 자율화 기획의 난제들을
정밀하게 표시하는 기능을 수행한다. 라캉의 정신분석학적 전통에서는 칸트의 윤리적
주체와 윤리적 행위 가능성 개념을 이해하기 어렵게 만드는 방식으로 칸트를 읽어 왔
다. 여기서 나는 알렌카 주판치치(Alenka Zupancic)의 논평을 인용하는 것에 국한하고
자 한다. '칸트가 매우 잘 알고 있었듯이, 우리 모두는 병리학적 주체들이며 이러한 점
이 결국 그로 하여금 어떠한 윤리적 주체도 이 세계에서 실제로 가능하지 않다는 결론
에 이르도록 했다'(Zupancic 1998 : 52). 칸트가, 오직 병리학적 주체들과 이들이 연합하
여 만든 병리학적 국가들(기독교 국가, 그 중에서도 루터파의 국가)만이 있다는 결론에
이르렀다 하더라도, 그의 실천철학은 도덕과 정치를 형식원칙들 위에 정초하려는 노력
을 구성한다. 나는 윤리적 주체가 불가능하다는 칸트의 결론을 확립하는 것보다 자율
기획에 내재하는 난제의 윤곽을 그리는 것에 관심이 있다. 즉, 나는 윤리적 주체는 가
능하다는 믿음이 칸트의 기획에 충실하고 근본적인 것이라 가정한다. 지젝은 우리에게
다음과 같은 점을 환기시켜 준다. 즉, 칸트에 따르면 우리는 '병리학적 이유들에 의존해
서도 법칙을' 충분히 잘 '따를 수 있다. 단지 똑같은 행위가 의무에 대한 순수한 존중에
서부터 수행되었을 때에만, 그러니까 의무가 그 행위를 성취하는 유일한 동기일 때에만
고유하게 도덕적인 행위가 될 수 있을 따름이다'(Žižek 2000 : 672). 지젝은 나아가 법
칙을 위반하는 윤리적 주체의 경우를 보여준다. '단순한 범죄 행위와 달리 법적 규범을
단지 위반하는 것이 아니라 무엇이 법적 규범인지를 재규정하는 위반. 도덕법칙은 선을
뒤따르는 것이 아니라—선으로 여겨질 수 있는 것의 새로운 형태를 발생시킨다'(Žižek
2000 : 672). 따라서 우리는 혁명적 행위가 법 바깥에 해당하는 것이라면 그러한 행위
의 동기와 그것이 가져오는 선의 재규정은 순수 윤리적인 행위가 될 수 있다고 칸트와
논쟁할 수 있다. 물론 칸트는, 어떤 사람이 혁명적이지만 불법적인 행위를 하는 도중에
잡히면 그는 법을 위반한 데 대한 응당한 처벌을 받아야 한다고 덧붙일 것이다. 지젝의

칸트에게는 인간은 개선될 수 없는 것이 아닌가하는 의심을 하는 순간이 있는데, 우리가 '권리의 원칙이 객관적 실재를 가진다고, 즉 권리의 원칙이 실현될 수 있다고 상정'해야 한다고 주장함으로써 이를 없앤다(1996b : 346p). 이는 결국 절망에 빠지지 않기 위해 도덕 준칙의 객관성을 믿는 데 이른다. 이와 같이 인간은 유약하다는 골치 아픈 생각과 그렇지 않다는 것을 믿고 싶은 욕구는 의지 자유와 정언 명령의 자율을 부패시킨다. 도덕 및 이성의 진화의 역사는 준칙의 형식적 성격을 의심스러운 것으로 만들고 그것들을 특정한 문화의 표현에 불과한 것으로 만든다. 그렇지 않다면, 무엇이 우리로 하여금 (칸트가 진화한 제도라고 생각한 것, 구체적으로 입헌공화국의 우월성을 믿는 데까지 나가지는 않는다 하더라도) 역사상 모든 사회에서 항상 인류 전체가 통치와 사회적 제도를 전개함에 있어 순수이성의 원칙을 지켜왔다고 생각하는 것을 막을 수 있겠는가?

칸트와 함께 우리는 권리를 가진 국민이 다수적이라는 것과 단일한 국가에 이들이 속한다는 것 사이의 긴장에 불가피하게 직면한다. 칸트는 입헌적 관점에서, 즉 시민의 구성 혹은 '다중을 인민으로 만드는 일반 의지의 행위'에서 이러한 통일의 과정을 확인한다(1996b : 324). 칸트는 다중을 길들이는 데 있어 민주주의보다 공화주의를 선호한다. 칸트에게 다중은 대의제적 통치에 의해 지배되어야 할 무질서한 다수를 의미한다. 네그리의 용어로 표현하자면 구성적 힘은 구성된 권력에 종속되어야 한다. 구성권력의 두드러진 특징 중 하나가 법 바깥에 존재한다는 것이라면, 구성권력과 다중의 힘을 긍정하는 입장과 갈등을 법치와 입헌적 해

---

사례는 구성권력과 입헌적 제도화 사이의 관계라는 관점에서 생각될 수 있다. 칸트는 항상 다중의 구성권력은 결국 구성된 권력으로, 입헌 공화주의로 종속되어야 한다는 입장을 채택할 것이다.

결책으로 해소하려는 의지 사이에 대화가 가능한지 의문스럽다.

무질서한 다중과 이들을 국민으로 길들이는 것 간의 긴장은 팽팽하며, 결과적으로 국민 개개인의 자유와 문명에 대한 칸트의 정의 사이의 긴장으로 나타난다. 칸트는 문명을 모든 구성원이 '스스로 만든 법적 강제에 복종하는' 국가로 정의한다(Kant 1996b : 326). 이러한 구별은 특정한 철학적 인간학을 수반한다. 우리는 독일의 철학자들이 '유럽의 야만인'이라 부르는 것과 아메리카의 야만인 사이의 구조적 차이가 칸트에게 존재하는지 여부를 고려할 필요가 있다. 유럽의 야만인이 패자들을 주체[주에]의 몸으로 통합하는 반면(흡수의 언어를 주목하라), 아메리카의 부족들은 말 그대로 적을 먹어서 흡수한다. 이는 질 나쁜 농담에 불과한가 아니면 칸트로 하여금 유럽의 우월성을 단정할 수 있게 해 주는 차이인가? 우리는 주의 깊게 나아가야 한다. 단지 칸트를 기각하는 것을 넘어서 유럽/비-유럽 민족이라는 구조적 이분법으로 규정되지 않는 해결할 수 없는 난점과 더 깊은 한계를 찾아야 한다. 여기서 중요한 점은 칸트의 인종주의나 제국주의를 폭로하는 것이 아니라 그의 범주와 난점으로부터 우리 담론의 한계를 긋는 것이다.[36]

아래의 반식민주의적 서술을 보라.

이것[국가들 간의 공적으로 합법적인 관계]과 문명국, 특히 상업국가의 **비호의적** 행동을 비교하면, 그들이 외국 땅과 민족을 방문(그들에게 이는 **정복하는 것**과 같다)하면서 보여주는 부정의함은 끔찍할 정도이다. 아메리카, 흑인들의 나라, 몰루카 제도, 희망봉 등이 발견되었을 때, 그들은 그곳의 주민들을 아무것도 아닌 것으로 생각했기 때문에 그들에게 이 지

---

36. 칸트의 인종주의와 제국주의에 대한 비판으로는 Spivak 1999 : 1~37의 「철학」장에서 나타난 스피박의 칸트 독해를 보라.

역은 아무에게도 속해있지 않은 나라와 마찬가지였다.(1996b : 329)

나아가 아래에서 칸트는 무역 회사들이 파산한 데 대해 기쁨을 느낀다.

더 나쁜 것(도덕적 판단의 관점에서 보았을 때는 좋은 것)은 상업 국가들
이 이러한 폭력으로부터 이익을 얻지도 못하며 모든 무역 회사들이 무너
지기 일보직전이라는 것이다. 즉 가장 잔인하고 가장 계획적인 노예제가
행해지는 설탕 제도는 아무런 진정한 이익도 산출하지 않고, 간접적이고
정말로 바람직하다고 할 수 없는 목적을 수행한다. 이 제도는 군함에 태
울 선원을 훈련시키는 데 이용되고, 그 다음에 이들은 유럽에서 신앙심
으로 난리법석을 일으키는 권력을 위해 전쟁을 수행한다.(Kant 1996b :
330)

'지구의 **한** 곳에서 발생한 권리 침해는 **모든** 곳에서 감지된다'라는 말
로 표현되는 이러한 의도되지 않은 전지구적 영향은 칸트의 글 「세계주
의적인 권리는 보편적 우호성을 조건으로 할 때에만 가능할 것이다」
Cosmopolitan right shall be limited to conditions of universal hospitality를 설명하고 정당화
해 준다(1996b : 328).

이제 이러한 언급과 **자연상태**, 즉 국가 없는 사회에 전쟁을 부과할 수
있는 권리에 대한 아래의 정식화를 조화시켜 보라.

그러나 그저 자연상태에 있는 인간 (또는 국가)은 나에게 이러한 확신을
주지 않는다. 또한 그러한 조건에 처해 있으면서 나의 곁에 단지 가까이
있다는 것 자체로 그 자는 이미 나에게 잘못을 저지른 셈이다. 그의 무법
상태가 실제로 나를 해하지 않더라도 말이다. 무법상태 때문에 그는 끊
임없이 나를 위협한다. 그렇다면 나는 그로 하여금 나와 함께 시민법의

지배 하에 들어가도록 하거나 내 곁을 떠나도록 강제할 수 있다.(Kant 1996b : 322)

무법상태가 경험칙으로 판단되는지, 아니면 이러한 언급이 국가를 갖춘 사회인 문명과 국가가 없는 사회인 야만 사이의 형식적 구별의 예를 구성할 뿐인지 의문의 여지가 있다. 이러한 언급은 '나쁜 정복'과 대비되는 강제의 '좋은 방식'이라는 관점에서만 조화를 이룰 수 있다.

칸트는, 하트와 네그리가 제국의 평화적 소명이라 밝힌 것과 똑같은 특징을 만들어내고 있는 것일까?[37] 하트와 네그리의 논의에서 인권 기구들은 군사적 개입에 도덕적 신임을 부여한다는 점에서 선교사와 유사한 기능을 수행한다. 따라서 제국은 문화·언어·자기-결정권, 즉 개인과 국가의 구성원으로서 가지는 신성불가침의 자율에 대한 권리의 궁극적 조정자로 부상한다.

<산 안드레스 협정>과 따니뻴라 벽화에서 자율의 의미를 둘러싼 논쟁과 정의를 규정하는, 적어도 두 가지 삶의 형태를 식별할 수 있다. 실제로 벽화에 표현된 따니뻴라의 삶 세계는 <산 안드레스> 협정에 포함된 자기 결정권의 사례이다. 즉, 원주민 문화 및 언어의 장려, 토착적 규

---

37. 미국이 이끄는 동맹에 의한 최근의(2004년 1월 4일) 대(對) 이라크 전쟁은 제국의 평화적 소명에 모순되는 것처럼 보인다. 그러나 부시 행정부가 수행한 선제공격은 전쟁의 필요를 16세기 스페인의 법리적 용어를 빌려 '보편적 평화'를 보존한다는 말로 규정한다. 오늘날 미국의 얼굴은 자비로운 제국의 얼굴이다. UN의 지지도 비준도 없는 전쟁으로 향하는 과정에서 드러난 UN에 대한 미국의 무시는 미국이 19세기 그리고 20세기 초기의 제국주의 형식들을 실행하고 있다는 것을 지시하는 것처럼 보인다. 그러나 (프랑스와 독일을 필두로 한) 주요국들의 반대는 미국이 스스로를 경제적, 정치적 지도자가 아니라면 제국의 군사적 지도자로 바라보고-세우기를 좇고-있다는 사실을 변경하는 것처럼 보이지 않는다. 심지어 제국이 미국의 역사적 발명이라고 주장할 수도 있을 것이다. 이전에 멕시코에 속했던 영토들의 합병과 푸에르토 리코의 반(牛)식민지적 지위에도 불구하고, 미국이 해외에 식민지 국가들을 세움으로써 힘을 행사하지는 않아왔다는 것을 생각해 보라.

범 체계에 따를 권리, 공동체가 직접 개발을 규정할 권리 등이 그것이다. 이러한 권리 목록은 합의점 전체를 보여주지는 않지만 합의서의 가장 민감한 몇몇 문제들을 보여준다. 어쨌든 토착 언어·규범 체제와 토착적 발전 모델은 치아빠스의 천연 자원 운용·활용 및 이윤에 영향을 준다. 결국 논쟁은 주로 원주민들에게 영향을 미치는 국가 경제의 (적어도) 두 가지 모델들 사이의 투쟁으로 귀결된다. 그러나 EZLN의 봉기가 치아빠스 원주민 공동체의 특정 권리들을 위한 것이 아니었다는 점을 기억해야 한다. 처음부터 봉기는 전체 원주민에게 호소하였으며 국가의 변형을 요구하였다. 자율에 대한 요구는 원주민 뿐만 아니라 인종적 구성에 상관 없이 모든 자치체와 시민 사회의 모든 부문이 스스로를 자율적으로 구성할 권리를 포함한다. 우리는 또한 EZLN 반란이, 특정 문화의 생존권을 요구하는 생태학적 유형과 같이, 토착적 삶 형식을 보호하기 위한 정치를 제안하지 않았다는 점을 분명히 해야 한다. 반란 자체가 토착적 삶의 형식을 분명히 드러낸다.[38] 이와 같이 반란은 항상 특이한 구성권력의 본성과 다중을 구성하는 **다수**를 잘 보여준다. 이는 멕시코 정부가 원주민들로 하여금 자신들의 삶의 형식을 지키기 위한 전쟁을 겪게 하지 않았다는 것을 의미하진 않는다. 다만 이는 삶권력이 투쟁의 관점 그 자체를 규정한다는 것을 의미한다. 플로레스 마곤은 자기-결정과 자율을 위한 권리를 둘러싼 국가와의 투쟁에 배치된 서구의 언어를 상징한다. 그러나 토착적 삶 형식은 싸빠띠스따의 공동체적 에토스, 근대적 합리성에 대한 비판, 원주민 공동체 안에서 민주주의적 합의 과정에 기반한 봉기의 조직화 자체를 뚜렷이 드러낸다. 플로레스 마곤의 이면에서 무기의 비판

---

38. 원주민 문화의 생존에 대한 생태학적 관점을 전개하는 다문화주의론에 대해서는 Taylor 1994에 실려 있는 논문들을 보라. 이 논문들의 다문화주의 개념에 대한 비판으로는 Hamacher 1997을 보라.

(무장투쟁에 대한 대안)에 대한 네그리의 기여와 데리다가 비판의 무기를 벼린 것(왜 아니겠는가?)을 떠올려야만 한다. 『우애의 정치학』*Politics of Friendship*에서 데리다가 규정한 것처럼 해체는 민주주의와 떨어질 수 없다 — '(민주주의 없이는 해체도 없고 해체 없이는 민주주의도 없다).' 그리고 괄호 안의 이 문구는 민주주의와 해체라는 두 기획을 끝없는 자기-한계결정에 묶어둔다. '민주주의는 해체적 자기-한계결정 **자체**이다. 규제적 이념과 무규정적 완전성의 이름으로 뿐만 아니라 매번 바로 **여기 그리고 지금**의 특이한 긴급성 속에서의 한계결정'(Derrida 1997 : 105).

　『우애의 정치학』에서 민주주의의 의미에 대한 논쟁들은 <산 안드레스 협정>에서의 민주주의 논쟁과 **완전히** 관련되어 있으면서 **아무런** 관련도 없다. 데리다의 민주주의 해체에서 땅과 피에 관한 문제들이, (국가간, 민족간 전쟁 등의) 투쟁polemos과 (내전, 내적 불화 같은) 균형상태stasis 사이의 구별에서 드러나듯이 그리스로부터 물려받은 담론을 의미하는 한, 데리다의 논의는 원주민의 자율과 **아무런** 관련도 없다. 자기-한계결정과 완전성을 이야기함에 있어 유럽-아메리카의 민주주의 담론에 특권을 부여하는 것에는 동질화의 위험이 있다. 원주민은 피와 땅에 대한 그들만의 역사와 담론을 가지고 있다. 그리고 이는 서구 민주주의 담론에 영감을 준 그리스적 범주로 환원되어서도, 번역되어서도 안 된다. 해체의 무규정적 완전성이, (단일한 보편성은 존재한다든지, 그것의 성격이 변한다든지 혹은 그러한 보편성은 불가능하다든지 등을 선언하기 위해) 단일한 보편성의 관점에서 밖에 생각할 줄 모르는 담론으로부터 서구를 구해줄 것을 약속한다는 점에서, 데리다의 민주주의 논의는 원주민의 자율과 **완전히** 연결된다. 원주민들이 이 그리스적 용어와 해체의 의미를 논하기 위한 언어를 발명할 수 있다고 생각하지 못할 이유가 없다. 따라서 우리는 서로 상호작용할 수 있지만 어떤 지점에서도 하나의 범주로 환원될 수 없는 보편성의 두 지평을 상정해야 한다. 이와 같이 규범 체계에 대한 원주민의 권리의 인정을 둘러싼 논의는 유일한 보편성 안에서 이러한 권리들을 인정하는 것이 아니라 헤게모니적 담론의 변형을 수반한다. 사실, 이러한 변형은, 보편성의 원칙 하에서 원주민의 규범체계를 정당화하는 새로운 헤게모니적 담론 (즉 서구 담론의 근대성에 근거한 자연권 이론)에 대한 욕망을 문제삼는다. 이것은 다시 인식re-cognition하는 것과 같은 인정, 즉 원주민의 규범 체계를 다시 알고 그것을 정당한 것으로 인정하는 것을 포함하며, 뿐만 아니라 자신만의 규범 체계를 가질 권리와 다른 이들이 그 규범체계에 접근하는 것을 거부할 권리에 대한 인정 또한 포함한다. 민족은 자신들의 규범체계가 제3자에게 **공공연하게** 되는 편을 선택할 수 있다. 그러나 인정 요구는, 헤겔『정신현상학』의 주인·노예 변증법에서와 같이 권력과 지배의 위치에 있는 제3자에게 허락을 얻는 것과는 아무런 관련도 없다.

협정의 언어에 불가피하게 긴장이 발생한다. 즉 원주민의 자기결정권을 보장하는 협정 명문과, 원주민이 자신들의 언어·문화·규범체계를 국가의 인정 없이도 따를 수 있다는 암묵적인 가정 사이의 긴장이 그것이다. 다시 한 번, 나의 의문이 자율에 대한 원주민들의 추구와 관련되어 있다는 것은 분명하지만, 그것은 또한 자율은 부득이하게 그 의미를 고정하고 자율의 공간을 한정하고자 하는 서구의 철학 전통과 국가의 욕망에 입각한 법적 담론의 틀 내에 존재해야 한다는 주장을 괴롭히는 담론과도 관련되어 있다는 점을 분명히 해야겠다. 여기에서 위험한 것은 원주민의 삶의 형식을 장려하고, 옹호하고, 제도화하려 하는 법의 언어가 다중과 구성권력의 힘을 입헌적 '갈등' 해소에 종속시킬 것이라는 점이다. 이는 자율을 적합하게 운영하는 일을 '올바른 절차'에 능숙한 전문가에게 맡길 것이다. 이 전문가들은 대학에서 훈련받은 (인간 혹은 그 밖의 것에 대한) 개발 전문가에서부터, 공동체의 역사와 전통의 의미에 대한 논쟁을 중재할 인류학자에 이르기까지 다양하다. 또한 기금 운영과 사법적 감독 권한을 위임받은 관료 기구를 생각해 볼 수도 있다. 오늘날 원주민을 옹호하는 데 사용되는 일련의 인권들은 여성주의적 의제나 종교적 관용의 이름으로 공동체와 맞서게 될 수 있다. 젠더 문제나 공동체에서 종교 집단을 추방하는 문제가 원주민 공동체와 무관하다는 말이 아니다. 따니뻴라 벽화에 나타난 여성들과 특정종교와 무관한 사원은 오히려 그 반대를 입증한다. 자율의 입헌화가 문화적 생존 및 특정한 권리의 관점에서 투쟁을 재규정할 것이라는 점을 말하고 있는 것이다. 생태학적 모델에서와 같이, 아름답다(순수하다)고 생각되는 형식만 보존할 가치가 있을 것이고, 그러한 형식들만이 법이 인정하는 자기결정권을 획득할 것이다. 여성 해방과 차이에 대한 관용이 유의미하려면 토착적 삶의 형식들로부터 출현해야 한다. 그럴 때에만 법률과 행정관료들이 생각할 수도, 상상할 수도 없는 새로운 젠더 관계와 문화적 다양성의 가능성이 창조될 것이다.[39]

---

39. 마르꼬스는 까를로스 몬시바이스(Carlos Monsivais)와의 최근의 인터뷰에서 이 점을 주장했다 : "누군가가 와서 당신에게 '나는 당신들 억압받고 있는 여성들을 해방시키기 위해 왔습니다'라고 말하는 것은, 운동 스스로가 원주민 여성들 안에 그러한 해방을 가져오는 것과 같지 않습니다. 도시 출신 페미니스트가 '원주민 여성들은 권리를 갖고 있다'라고 말하는 것은, 원주민 여성들이 — '개미와 벌들'(Xi'Nich and Las Abejas)의 행진에 참여한 이들이 독립기념비 앞에서 말했던 것과 같이 — '덧붙여, 우리는 젠더의 관점에서 제기할 요구사항이 있습니다. 우리는 정의, 존엄과 함께 하는 평화를 원합니다. 우리는 과거의 평화를 원하는 것이 아닙니다'라고 말하는 것과 같은 일이 아닙니다. 이것은 이미 일어나고 있는 일입니다. 그 성과가 한결같진 않지만 말이죠. 하지만 내 말을 믿어주기 바랍니다. 결과는 외부로부터 오지 않을 것입니다."(Monsivais 2001) 내친 김에 튀니지 영화감독 무피다 틀라틀리(Moufida Tlatli)의 신작 La Saison des

따라서 자율의 제도화(구성권력을 대가로 입헌적 형식을 채택하는 것)는 이미 자리잡은 자율화 과정을 방해할 것이다. 자치 지역을 위한 절차를 마련하면서 법률의 언어는, 두 문화 속에서 자란 원주민 지식인이 공동체의 자율적 과정을 규정하면서 수행하게 될 역할을 축소시킨다. "바로 원주민들이 입헌적 틀 및 권리의 완전한 행사 안에서, 자신의 변형 과정을 수행할 수단과 형식을 결정할 것이다"(Hernández Navarraro and Vera Herrera 1998 : 66). 분명 원주민에게 권능을 부여하는 언어가, 결국 원주민의 규범 체계가 지닌 권위를 짓밟는 '입헌적 틀'에 원주민들을 종속시키는 것으로 귀결된 사례를 인용하는 것으로 그치겠다. 그것은 원주민과 관련한 새로운 책임들을 담은 국가와의 새로운 협정을 요구한다. 협정에 "원주민 자신의 미래를 구성하는 능력에 대한 어떠한 일방성과 경시도 국가의 정치를 규정하지 않을 것이다"라고 적혀 있다면, 이 문구에 원주민의 목소리는 존재하지 않는다. 원주민은 자신의 구성권력을 실행하는 주체가 아니라 주변화된 제3자에 불과하다. 법적 구조를 전제로 한다면, 대화자로서의 원주민과 **함께가 아니라** 원주민의 **이름으로** 협정을 작성하는 것은 피할 수 없는 일이었나? 나의 목적은 협정의 중요성이나 새로운 사법적 틀을 창조할 필요성을 폄하하는 것이 아니라, 자율 담론에서 위기의 요소들을 떼어내는 것이다. 이러한 위기는 EZLN의 <혁명적 원주민 비밀위원회 총사령부>의 「멕시코 전역에 있는 모든 원주민 형제들에게」a los hermanos indigenas de todo Mexico라는 제목의 성명서에 언급된

---

hommes(2000)를 언급하고 싶다. 거기서 우리는, 가장 진보적인 서구 민주주의를 넘어선 정도까지 튀니지 여성을 해방시켰던 1956년의 튀니지 법과 여성을 그들의 일상적 상호작용들에 계속해서 묶어두고 있는 전통법 사이의 통찰력 있는 긴장을 발견한다. 자유의 가능성은 여성들의 공동체 안에 존재한다; 베를 짜는 것을 배우는 자폐증 아이는 남성에 대한 희망을 상징한다. 일년에 한 번 섬의 여성들을 방문하는 남성들은 (여성들은 성실하게 이 이벤트를 준비한다) 여성들의 삶에 어떠한 영향도 미치지 못하고, 심지어 어떠한 중요한 힘도 행사하지 못한다.

정의조항에 가장 잘 표현되어 있다.

> 자율·정의·정치적 대표·여성·통신 수단·문화와 관련하여 존재하는 문제들은 프로그램·기획·예산이라는 수단, 가능한 재자치체화remunicipalization, 담당자를 선출하는 형식, 일반적으로 말해 연합과 조직화의 다양한 방식이 강제한 의존적 관계를 매우 중대한 양상으로 함의한다.(Hernandez Navarraro and Vera Herrera 1998 : 185)

이러한 난점은 공동체에서 사용되는 자율의 언어와 <산 안드레스 협정>에 형태를 부여한 논의에서 사용된 자율의 언어가 내적으로 불일치해서 생긴 결과이다. 법률의 언어는 자치 지역의 운영에 있어 공동체의 자율화를 규정하는 일을 맡을, 두 문화 속에서 자란 원주민 지식인에게 충분한 중요성을 부여하지 않는 그러한 절차에 자리를 내어준다. 여성주의 담론, 인권, 다수의 행위자들(디페시 차크라바티Dipesh Chakrabarty(1997)의 용어로 표현하자면 '신들의 시대와 역사의 시대'), 공존하는 다수의 삶의 형태 등의 난점은 따니뻴라 벽화에서 발자취를 찾아볼 수 있다. 자율 개념 자체도 타율과 관련된 난점을 지니고 있다. 즉, 타율은 토착적 규범 체계에 내적인 구성요소일 수 있다. 따라서 원주민들은 타율적 원리에 근거하고 있는 자기-결정권을 위한 자율을 요구하게 된다. 무슨 근거로 '민중의 심장' 보탄이 정언 명령보다 덜 보편적이라고 말할 수 있겠는가?

『정신현상학』에서 제시된 칸트에 대한 헤겔의 비판은 칸트의 형식주의에 대한 비판의 관점을 제공한다. 그러나 헤겔을 삐딱하게 읽음으로써 다수의 공존하는 보편성을 이야기할 수 있게 해 주는 범주들을 얻을 수 있다. 헤겔은 단칼에 칸트의 형식주의와 경험주의에 대한 모든 호소를 기각한다. '내용 없는 보편성은 형식적이기 때문이다. 그리고 절대적 내용은 어떠한 구별도 아닌 구별과 다름없으며, 이는 내용의 부재를 의미한다.' (Hegel 1967 : 445) 계속해서 헤겔은 다음과 같이 말한다. '입법자로서의 이성은 척도로서의 이성으로 환원된다. 이성은 법률을 정하는 대신 이제 **무엇이** 정해졌는지를 단지 시험할 뿐이다'(Hegel 1967 : 445). 이 말은, 항상 법의 신체 안에 머무르고 출발하며 결과적으로 '**무엇이** 있는가'를 시험하는 데 그친다는 사실에 대한 언급일 뿐일까? 헤겔은 칸트가 규정한 자율 개념은, 순수 이성의 개념들의 정식화보다 필연적으로 우선하거나 혹은 그것과 적어도 인접한 법의 상태라는 타율적 기원을 결코 완전히 벗어버릴 수 없다고 주장한다.[40]

---

40. 칸트의 형식주의에 대한 헤겔의 비판은 새로운 사회적 운동들의 특수성과 보편성의 본성을 변형시켜 헤게모니를 재규정하려는 목표에 관한 논의에서 출발점으로서 취해진다. 헤게모니를 위한 그러한 투쟁에서, 성취된 보편적인 것의 변형이 다중의 구성적 힘을 침식시키는 구성된 권력을 강화할 위험이 있다. 그리고 이는 다양성을 보편적인 것의 새로운 규정들 속에 봉합함으로써 이룬 헤게모니와 균형이 아니라 구성권력과 나아가 자율적 자기-통치의 구현(materialization)을 가능하게 하는 입헌적 변형들을 열망한다. 그러나 다시 우리는 균형을 전쟁으로서의 투쟁(polemos)과 마주보는 내부적 투쟁(Derrida 1997 : 90~93, 그리고 그외 여러 페이지들을 참조하라), 다양성을 제정하는 데 강조점을 두는 것(헤겔이 그러했듯이 구성권력을 실재적인 것 속에서 포섭하는 데 강조점을 두는 것)이 아니라 다중을 포함하는 다수의 혁명적 잠재력을 위한 공간을 여는 데 두게 될 구별로 이해할 수 있다. 나는 여기서 주디스 버틀러(Judith Butler), 에르네스토 라클라우(Ernesto Laclau), 슬라보예 지젝(Slavoj Zizek)의 책 『우연성, 헤게모니, 보편성 : 좌파에 대한 현재적 대화들』(Contingency, Hegemony, Universality : Contemporary Dialogues on the Left, 2000)에 실려 있는 그들의 논문들을 염두에 두고 있다. 이 논문에서 내가 지적해 왔듯이, 원주민들의 권리 인정에 대한 요구는 보편성의 새로운 규정과 양립할 수 있거나 혹은 그것을 요구하는 것으로서의 권리들 자체의 인정이 아니라 그들의 규범 체계에 따른 자기-결정권의 인정을 의미하는 것이다. 이 요구는 현대 서구 정치 담론들 속에서 규정된 것과 같은 보편적인 것, 헤게모니를 장악하고자 하는 의지를 불가피하게 가지고 있는 보편적인 것의 변형을 목표로 하지 않는다. 오히려 이것은 보편성의 복수적 개념들에 대한 권리를 목표로 한다. 중요한 것은 모든 규범들이 동등하게 정당하다(느슨한 상대주의)는 것이 아니라, 그들 자신의 보편성의 지평과 규범들을 수정하기 위한 그들 자신의 메커니즘에 의한 규범 체계 개념을 제안하는 것(급진적 상대주의)이다.

그러나 칸트에게 그의 준칙이 형식적이고 초월적인 성격을 가져도 좋다고 인정해준다 하더라도, 법과 제도의 진화론적 모델은 칸트에게 고유하다. 하나의 법의 구현이 이전의 에토스를 부인하는 것은 막을 수 없다. 인종 또는 젠더에 대한 칸트의 (다소 체계적인) 언급을 예로 들어보자. **남성**이 자신의 자율적인 자유 의지로 인해 **여성**은 열등하지 않다는 결론에 이르렀는가, 아니면 처음에는 자유 의지의 자율에 관여하지 않았던 **여성**이 그러한 요구를 제기함으로 인해 변형이 일어난 것인가? 누가 이성적 존재인가를 규정하는 것은 불가피하게 의지 자유의 자율을 해치지 않는가? 아니면 '계몽이란 무엇인가'라는 질문에 관한 그의 논문(Kant 1996a)에서 그가 사용한 관점에 따르면, '계몽이란 무엇인가'에 대한 답은 인류가 자기 스스로를 결정할 자유를 성취했던 역사적 순간에 놓여 있는 것이 아닌가? 여기서부터 자유, 진리, 법의 상대화 과정은 불가피하다. 우리가 항상 진화하는 계몽 과정의 한계, 즉 사유의 이전 형태를 보편적인 것과 관계하는 특정한 방식에 불과한 것으로 한정짓는 탈계몽의 형성과정을 추적하는 한에서 말이다. 해체의 무규정적 완전성에 대한 데리다의 관점과 관련하여 지적한 바와 같이, 토착적 문화와 규범 체계는 **원주민들의 삶의 형식에 의해 규정되고 그들의 삶의 형식을 규정하는** 보편성을 띤다는 점에 대한 이해를 자신의 지평 안에 포함한다(우리가 '땅과 피를 찬양하면서 동질화하는 예측가능성을 부과'하려 하지 않는다면(Derrida 1997 : 106)). 분명 해체의 무규정적 완전성에서의 이 계기는, 해체가 서구의 담론 및 범주들로부터 나온 것과는 다른 논쟁과 명확화 요구에 처해질 수 있는 가능성을 개방함으로써 보편적 적용가능성이라는 가상을 폐기할 것이다. 우리 모두가 희랍인들처럼 생각하는 것은 아니다. 그렇다고 해서 그리스가 우리에게 아무런 영향도 끼치지 않았다는 말은 아니다. 나아가 그리스의 유산은 유럽 중심주의에서 빠져나오려는 의지에 찬 제스처를 완전히 떨쳐낼 수 없다.

따니 뻴라 벽화와 싸빠띠스따 봉기 일반을 고찰하면서, 우리는 삶의 형식 내/외부의 구멍이 위기와 아포리아에 감염된 소통을 수반한다는 사실을 발견한다. 이러한 위기와 아포리아는 결코 해소될 수 없고, 자유에 대한 지칠 줄 모르는 긍정에 창조적으로 배치되어야 한다. 플로레스 마곤의 손에 놓인 자유의 씨앗은 '땅은 땅을 일군 사람들의 것이다'라는 싸빠따의 슬로건과 모순됨이 없이 아포리아를 가지는 두 가지 담론 안에 공존한다. 두 가지 삶의 형식은 각각 서로의 관점에서 설명되어야 한다. 우리는 플로레스 마곤이 싸빠따의 슬로건인 '땅과 자유'tierra y libertad를 정하는 데 있어 일정한 역할을 했다는 것과 남쪽의 혁명적 봉기가 <자유당>의 무정부주의적 코뮤니즘의 농본주의에 흘러들어갔다는 것을 알고 있다.[41] 칸트의 자율과 입헌주의, 네그리의 구성권력, 데리다의 해체를 포함하여, 플로레스 마곤과 서구의 지성적 전통은 첼딸의 범주들로 설명되고, 해명되고, 해석되어야 할 것이다. 서구의 인류학 담론이, 자신들이 세계의 나머지 지역의 삶의 형식을 설명해야 하는 우월한 지위에 있다고 생각했던 그러한 일방적 방식이 아닌 다른 방식으로 말이다. '세계의 나머지 지역'이라는 생각은 서구 인류학의 창조물일 따름이다.

나는 이 글의 제목에서 싸빠따를 통해 네그리를 읽어볼 것을 제안했다. 앞에서 언급했듯이 이는, 서로에게 영감을 불어넣어줄 수 있는 혁명적 과정에 나란히 참여했다는 점에서 싸빠따와 '함께'라는 것을 의미하기도 하고, 원주민의 관점에서 네그리를 비롯한 서구의 철학적이고 정치적인 전통을 사유하는 과정이라는 점에서 싸빠따가 읽는 네그리라는 의미

---

41. 플로레스 마곤과 싸빠따 사이의 이데올로기 교류의 전개에 관해서는 *Regeneracion*(1972)에 붙인 Bartra의 서문을 보라.

의 '통해서'라는 것을 의미하기도 한다. 따라서 우리는 원주민들이 데리다, 네그리 등 서구의 기획(서구가 규정한 언어와 논의에 원주민의 고유한(비-서구적인) 범주들이 남아있는 담론도 서구라는 범주에 포함된다)이 정식화한 혁명, 불가능한 것, 코뮤니즘에 대해 읽고 이야기하는 것을 상상할 수 있다. 이러한 담론들이 자신들의 고유한 추론 전통과 충돌하거나 그것을 위협하려 한다고 느끼지 않으면서 말이다.[42]

다수의 다중과 구성권력의 힘은 헤게모니에 대한 의지를 넘어서, 보편성과 혁명에 대한 그들 자신만의 (의미와 방향 모두에 있어서의) **감각**을 창조하는 자율적 자기 통치의 특이한 기획을 세우지 않을 수 없다. <산 안드레스 협정>의 이행이나 원주민의 자율을 인정하는 법이 만들어질 것이라는 사실이 위험한 것이 아니라, 협정이 다중의 구성권력을 길들이는, 갈등의 입헌적 해소로 환원되는 것이 위험하다. 구성권력의 위기가 생산적인 것이 될 수 있기 위해서는, 구성권력이 해소되지 않겠다는 의지를 유지해야 한다. 이는 물론 다중이 자신의 힘과 자율화의 실천을 단언할 준비를 갖출 것을 요구한다.

---

42. 이러한 다수의 세계에 거주하기(plural-world-dwelling)라는 지평은 서구의 담론들을 특권화하는 것을 수반하지 않는다. 이는 모든 근대의 담론이 모두 원주민 담론의 외부에서 기원하고 그것과 충돌한다는 부당한 주장들에 이의를 제기한다. 데리다 등의 사람들이 원주민의 담론들을 읽고 논증하는 것을 상상하는 데는 변칙, 급진적 제스처가 존재한다고 주장함으로써 내가 여기서 제안하고 있는 전환을 사소한 것으로 치부하자 : 서구 팽창주의의 역사는 원주민의 삶의 형식들에 개입하고 그것을 위해 이야기하는 '데리다들'의 예들로 가득하다.

# 7장

# "이제 모든 것을 다시 발명해야 한다":
# 네그리와 혁명

케네스 수린

그러므로 이제 모든 것을 다시 발명해야 한다.
사회적 삶의 양식들뿐만 아니라 노동의 목적도, 자유뿐만 아니라 권리도.
— 펠릭스 가따리·안또니오 네그리(1990 : 9~10)

## 자본주의 발전의 현재 국면 : 실질적 포섭

맑스적 패러다임(여기서 맑스적 패러다임이란 자본주의라는 방대한
영역을 지배하는 공리들 혹은 원리들의 총체를 의미하는데, 물론 이는
그 총체의 확고부동한 규제적 상위원리로서의 자본주의를 '탈자본주의
적'이고 혁명적으로 재구성하는 것을 포함한다)에 대한 안또니오 네그
리의 매우 엄밀한 재구성 작업의 윤곽은 이제 잘 알려져 있다.[1] 네그리

---

1. 네그리는 후기의 펠릭스 가따리(이 논문의 제사를 보라), 그리고 마이클 하트와 유익한
   공동 작업들을 해 왔는데, 이는 그의 작업을 이해하는 데 필수불가결하다. 하트와의 공
   동작업의 산물로는 『디오니소스의 노동 : 국가형태 비판』(*Labor of Dionysus : A Critique
   of the State-Form*)(Hardt and Negri 1994)과 『제국』(Hardt and Negri 2000)을 보라.

는, 『자본론』보다 더는 아니라 하더라도 그에 못지않은 관심을 『요강』에 쏟으면서, 맑스에 충실하면서도 동시에 맑스로부터 벗어나는 개념적 기반을 제시했다. 그 개념적 기반은 자본의 현재 모습 ― 네그리는 이러한 자본의 현재 모습을 자본의 역사적 경로에 대한 설명과 연결시킨다 ― 에 대한 이해를 제공하기 위한 것이며, 레닌주의적 공산당의 몰락과 사회민주당들의 형해화가 표지하는 실천적-인식론적 맥락에 근거하고 있다. 맑스적 패러다임에 대한 네그리의 재구성 작업은, 편재하는 '현존 자본주의'에 대한 어떠한 대안도 존재하지 않는 것으로 보이는 조건 속에서 급진적이고 결정적인 사회 변형의 가능성이라는 문제를 제기하는 가운데, 다음과 같은 몇 가지 핵심적인 요소와 눈에 띄는 강조점을 갖고 있다. 자본의 역사적 궤적에 대한 시대구분, 자본의 본질적으로 사회적인 성격에 대한 지속적인 주장, 자본주의적 생산관계의 구성 및 재구성에서 노동계급이 수행하는 결정적 역할에 대한 강조, 새로운 가치 공리론axiomatics의 예시像示(네그리는 노동을 본래적으로 가치창조적인 것으로 규정한다), 국가 및 현존하는 제국적 구성체에 관한 이론, 입헌기획들, 특히 미국의 '제퍼슨적'Jeffersonian 입헌기획에 대한 재독해, 본래적으로 자본에 적대적인 대항권력으로서의 **다중**에 대한 묘사, (다중 개념을 보완하는) 궁극적으로는 구속되지 않는 자기창조적 존재로서의 주체에 관한 이론 등이 그것이다. 이들 중 어느 것도 네그리의 작업 전체를 분석하는 시작점이 될 수 있다.[2]

---

2. 이 지점에서 결정적인 문제, 즉 우리는 현재와 같은 모습으로 구성되어 있는 자본주의가 위와 같은 맑스주의적인 이론적 갑옷에 부합한다는 것을 어떻게 알 수 있는가 라는 문제가 끼어든다. 이러한 부합성은 필연적으로 '맑스주의적'이지 않은 이차적 원리에 기댐으로써만 정립될 수 있다. 그리고 이것은 자본주의적 장에 대한 맑스주의의 적용가능성이 메타이론적으로만 명확해질 수 있기 때문이다. 어떠한 조건과 공리에 의해 맑스주의적 공리계가 자본주의라는 장을 지배하게 되는가를 우리에게 가리켜주는 것은 바로 이와 같은 '초월론적' 혹은 메타이론적 단서이다. 네그리가 정치적 실천의 구성적 존재론에 의지하는 것은 바로 이 필수적인 메타이론적 작업을 제공하기 위한 것이다.

이러한 다면성에도 불구하고, 네그리의 다른 모든 원칙과 주제들에게 그 작동양식modus operandi을 제공하는 관념은 아마도 '실질적 포섭'일 것이다. 실질적 포섭은 노동력과 자본주의적 명령이 사회영역 전체로 확장되는 과정이고, 그리하여 생산이 소통과 분리불가능한 것으로 되는 발전이며, 그 결과 오늘날 (모든) 생산은 불가피하게 사회적 생산이 된다.[3] 게다가 '실질적 포섭'의 단계에서 케인즈주의적 '계획자국가'planner-state는 — 이제 국가는 자신의 지배력을 유지하거나 재확립하기 위해 (전쟁 및 전쟁 준비, '저강도 전쟁', 그리고 '불량국가', '생물학적 무기를 사용하는 테러리스트들', '약탈적 청년들', '(사이비) 망명자들', '이슬람 근본주의자들' 등에 대한 대중적 불안감 조성 등의 형태로) 위기에 의지해야만 한다는 의미에서 — '위기국가'crisis-state에 자리를 내어준다.[4]

'실질적 포섭'이라는 표현이 나타내는 자본주의의 변화는 완전히 통합된 세계경제의 출현과도 밀접하게 관련되어 있다. 덜 규제적이고, 좀

---

물론 이러한 존재론을 정식화함에 있어 네그리는 맑스에게 진 빚만큼이나 많은 빚을 스피노자에게 졌다. 네그리에게 있어서(그리고 맑스에게 있어서!) 맑스주의가 계급투쟁으로부터 자신의 중요한 지점들을 뽑아내는 것이지 그 역은 아니라는 사실은 의미가 있다(물론 이것은 문제를 상당히 단순화한 것이다. 왜냐하면 자본주의 체제에서 계급투쟁은 자신의 고유한 '사유가능성'(thinkability)을 맑스주의로부터 얻기 때문이다). 더 나은 세계를 위한 셀 수 없이 많은 사람들의 투쟁과 이러한 투쟁이 수반하는 정치적 실천의 존재론이 맑스주의적 공리계를 자본주의적 장에 연결시키는 것이다.

3. '실질적 포섭'(sussunzione reale)에 관해서는 Negri 1989 : 177~90과 1996c : 151~2를 보라. 『제국』은, 실질적 포섭의 시대는 '삶권력'의 시대, 즉 "재생산의 맥락 전체가 자본주의적 지배 아래 포섭되고, …… 재생산과 그것을 구성하는 핵심적 관계들 자체가 직접적으로 생산적으로 되는"(Hardt and Negri 2000 : 364) 시대이기도 하다는 것을 분명히 한다.

4. 네그리와 하트는 『제국』에서 들뢰즈의 '통제사회' 개념을 흥미롭게 도입하고 확장시킨다. 케인즈주의적 '계획자국가'에 관해서는 Hardt and Negri 1994 : 23~51(『디오니소스의 노동』, 갈무리, 1996)에 실린 네그리의 1967년 논문 「케인즈와 자본주의적 국가이론」(Keynes and the Capitalist Theory of the State)을 보라(또 다른 영역본은 Negri 1988b : 9~42에서 찾아볼 수 있다). '위기국가'에 관해서는 Negri 1980a(『혁명의 만회』, 갈무리, 2005)를 보라.

더 '적응력 있고 유연한' 자본주의 축적 체제로의 이러한 이행은 내적으로 통제되는 경제발전에 제약을 가한다. 그리하여 국지적이고 지역적인 축적 구조들 뿐만 아니라 초국적 축적 구조들이 민족국가들과 나란히 기능하는 자본주의적 발전 국면이 점점 더 많은 민족국가적 축적체제들을 우회하게 된다(그러나 그것들을 완전히 대체하는 것은 아니다).

　　국가와 사회가 단일하고 포괄적인 복합체를 구성하는 국면에서, 자본주의 체제를 구성하는 집단과 기구들은 자본이 작동하는 것을 가능케 하는 사회적 협력을 보장하기 위해 지배권력을 사용하며, 따라서 사회적 생산관계들이 지배적인 생산양식(들)의 핵심을 구성하게 된다.[5] 네그리의 말대로, 실질적 포섭의 단계에서 모든 자본은 사회적 자본이 되었다. 그리고 이는 이제는 사라진 케인즈주의·테일러주의적 '계획자국가' 체제의 대중 노동자를 대체한 사회화된 노동자와 자본 사이에 편재적이고 '체계적인' 적대를 발생시킨다.[6] 그러므로 사회화된 노동자의 구성이라는 문제는 현존 자본주의에 대한 네그리의 분석에 부합하는 어떠한 맑스주의에 있어서도 가장 우선적인 것이다. 바로 이 사회화된 노동자의 구

---

5. 엄밀히 말하면, 전세계적으로 통합된 자본주의는 갖가지 생산양식들의 혼합물이다. 이 것이 맑스가 살았던 시대와 다른 점인데, 당시에는 오늘날에는 가능하지 않은 방식으로 상대적으로 단순한 역사적 시대구분(수렵채취, '아시아적', '봉건적', '산업적' 등으로 이어지는 생산양식들)에 적합한 위계 속에 생산양식들을 나열하는 것이 가능했다. 이와는 반대로 오늘날에는 표면상 다양한 생산양식들이 같은 공간에 공존한다. 네그리는 이를 다음과 같이 표현한다. "…… 자본은 …… 이제 완전히 원시적인 사회적 노동 조직화 양식들을 받아들여서 그것을 최대한 효과적으로 생산에 통합시킬 능력을 가지고 있습니다. 일본이 좋은 예입니다. [일본에서] 노동의 사회적 동원은 가장 원시적인 사회적 생산 및 재생산 관계들을 포함하여 가능한 한 많은 노동의 수준들을 회복시켰습니다. …… 브라질은 원주민들의 부족적 생산에서부터 미국과 경쟁할 만큼 발전된 컴퓨터 테크놀로지에 이르기까지 생각할 수 있는 모든 종류의 생산을 가지고 있습니다. 브라질은 놀라울 정도로 매개된 국가입니다. 심지어 전(前)자본주의적인 협력 형태들까지도 사회적 생산 메커니즘 속에 통합되어 있습니다."(Negri 1988d : 82~3)
6. 사회화된 노동자에 대한 더 많은 설명으로는 Hardt and Negri 2000 : 409 이하와 Negri 1988a를 보라.

성이 현 시기 자본주의에 한계를 설정한다.

　네그리는 또한 혁명의 핵심을 구성하는 적대들은 사회화된 노동자의 투쟁을 중심으로 회전하며, 혁명이란 사회화된 노동자의 투쟁에 의해 가능해지는 탁월한 자율이라고 주장한다.[7] 이러한 혁명적 자율의 근거는 이론적인 동시에 실천적인 방식으로 사회운동들의 복합성을 포괄하는 것이다. 그리고 그것의 인식적 핵심은 삶의 질에 대한 관심과 생산, 특히 자기생산의 목표들을 재구성하고자하는 구성적 욕망이 혁명적 운동을 추동한다는 확신이다. 이처럼 권능부여적인 동원의 근거를 가리키는 이름이 '구성권력'이다. 그리고 네그리는 『카오스모제』*Chaosmosis*의 가따리와 마찬가지로, 혁명적 투쟁을 자기생산autopoiesis의 실행으로, 즉 해방된 주

---

7. 에티엔 발리바르(Etienne Balibar)는 각각 '갈등'(agonism)과 '적대'(antagonism)를 자신의 근본적인 작용범주로 삼는 두 가지 사회적 분쟁 모델을 구분한다. 전자를 '마키아벨리적'인 것으로, 후자를 '헤겔적'이고 '맑스주의적'인 것으로 특징짓는 발리바르는, '갈등'이 여하튼 계급투쟁 개념을 상대화하는 방식으로 투쟁적 실천들과 권력 간의 항상적으로 변화하는 관계를 정립하는 것을 수반한다고 여긴다. 그는 또한 다른 누구보다도 푸코를 겨냥하여 '갈등적' 모델로 환원할 수 없는 착취의 형식들이 존재한다는 비판을 제기한다. Balibar 1999를 보라. 사회적 분쟁의 두 가지 모델을 이러한 방식으로 구분하는 것은 다소 문제적이다. 그것이, 다른 형태의 투쟁과 저항을 설명할 때조차도 계속해서 계급투쟁의 중심성을 믿어 의심치 않았던 푸코를 부당하게 다루기 때문만은 아니다. 그러한 구분은 실질적 포섭에 관한 네그리의 서술이, (실질적 포섭의 국면에서도 사라지지 않고 나타나는 자본주의적 착취에 맞선 다양한 형태의 투쟁들에 여전히 결정적인 중심성을 부여하기는 하지만) 계급투쟁을 자본과 조직된 산업 프롤레타리아트 간의 싸움으로 보는 '노동자주의적' 관점으로 직접적으로 환원될 수 없는 대립의 형태들을 포괄할 수 있는 정도까지 계급투쟁 개념을 확장시키기 때문에도 만족스럽지 않다. 그러한 방식으로 네그리는 알뛰세가 후기 작업에서 했던 것과 마찬가지로 마키아벨리와 맑스를 결합한다. 계급투쟁 개념의 확장과 수정은 맑스주의적 사유를 되살리려는 어떠한 시도에 있어서도 중추적인 문제틀로 남아있다. 그런데 발리바르의 이분법은, 그것이 이렇게 중대한 과업에서 맑스를 우회할 수 있는 방법은 없다는 것을 인정할 때조차도, 맑스 이후에 (그리고 이전에!) 존재하는 코뮤니즘을 위한 개념들을 발견하고자 하는 우리의 욕구에 응답하지 못한다. 그러나 이와 같은 비판 지점에도 불구하고, 발리바르의 작업을 알뛰세, 네그리, 들뢰즈·가따리, 사미르 아민, 부르디외 등의 작업과 함께 이러한 혁신 과제에 대한 하나의 중요한 기여로 보는 것은 가능하다.

체들의 자기창조로 본다. 네그리의 자기생산 형식으로서의 구성권력 개념에 대한 표준적인 텍스트는 (『제국』에서 투사를 다루는 부분과 함께) 『반란』에 실려 있는 「코뮤니즘적 욕망과 복원된 변증법」Communist Desire and the Dialectic Restored이라는 장의 '혁명적 유물론에서의 구성권력'Constituent Power in Revolutionary Materialism이라는 제목을 가진 절이다. 그러므로 이 절은 자세히 분석해 볼 만한 가치가 있다.[8]

(자본주의적) 구성권력에 대한 네그리의 설명은 맑스가 『자본론』에서 기술한 이 권력의 근본 논리와 역사적 원동력에 관한 서사를 밀접하게 따라간다. 네그리의 말에 따르면, 맑스는 자본주의가 구성권력의 존재론적 속성, 기능, 시간적 구체화, 효과를 나타내는 양상 등을 변화시킴으로써 그것을 변형한다는 것을 인식했으며, 거기서 더 나아가 구성권력의 본질적인 논리를 자유와 필연의 변증법이라는 관점에서 특징지었다. 맑스는 또한 자본에 의한 구성권력의 변형이 사회적 주체와 시장 참여자들의 재구성을 수반한다고 생각했다. 이러한 재구성의 결과 그들은— 그들이 자본과 그것의 기구들에 의해 억압당하게 될 때, 심지어 자본을 위하여 명령을 실행할 때에도— 구성권력의 '실체'의 대리인이자 담지자가 된다. 네그리는 구성권력의 성격 및 범위에 대한 맑스의 연구와 서술이 폭력과 협력이라는 두 가지 '벡터'를 정립했다는 점과, 『자본론』의 저자는 이 권력의 역사적 운동을 (시초)축적에서 법으로의 전진으로 묘사했다는 점을 지적한다.

---

8. 네그리에 따르면 구성권력(pouvoir constituant)을 처음으로 중요하게 규정한 것은 마키아벨리였다. 마키아벨리는 민주주의에 필수적인 조건들이 부재하는 상황에서, 구성권력을 민주주의를 확보하기 위한 프로그램으로 만들었다(Negri 1999a : 97). 네그리의 평가는 알뛰세의 평가와 수렴한다. 알뛰세는 마키아벨리를 혁명적 변화에 대한 '불가능한' 욕구가 그것의 은밀하게 강력한 자리를 찾을 수 있는 때이른 단절에 관한 탁월한 사상가로 간주했다. Althusser 1999를 보라. 알뛰세의 마키아벨리 독해에 대한 네그리의 평가로는 Negri 1996b를 보라.

자본주의는 시초축적의 폭력('주권적 폭력')으로 시작된다. 그리고
이 최초의 폭력으로부터 마침내 법과 국가가 협력의 기초로서 나타나며,
주권적 폭력은 곧 국가가 유지하는 훈육의 폭력에 자리를 내어준다. 이
미 시초축적이라는 사건을 통해 시작된 자본주의는 법과 국가의 제도와
함께 더욱 진화하고 확장할 수 있다. 법과 국가는 생산양식이 자본주의
적 축적의 원리들에 따라 철저하고 포괄적으로 조직되게끔 하며, 법과
권리는 서로를 강화시키는 공생관계 속에서 이러한 원리들의 명령에 따
라 기능한다.

법과 국가라는 수단을 통해 일단 자본주의가 제도화되고 나면, 구성
권력은 더 이상 그것을 개시시켰던 시초축적에 전형적인 공공연한 '주권
적' 폭력으로 나타나지 않는다. 그것은 이제 "경제관계들의 조용한 강
압"(Negri 1999a : 254)을 통해 표현된다. 그리하여 이미 존재하는 자본
주의에서 구성권력은 모든 사회적 관계 속으로 침투하는, 기본적으로 구
조적인 성격을 가지고 있는 초기의 폭력으로 조절된다. 네그리가 말하기
를, 이러한 훈육의 세계, '생산자들을 생산하는' 세계에서

자본관계는 법을 구성할 뿐 아니라 새로운 세계 역시도 구성한다. 자본
관계는 인간을 변화시키고, 인간의 생산력을 증가시키며, 인간을 사회화
한다. 그것은 스스로를 인간 실존의 구조로서 부과한다. 이러한 폭력의
구조로의 변형, 사법적 상부구조의 역사적·제도적 체계로의 변형이 강
렬해지는 만큼 자본주의적 생산양식은 더욱 발전한다. 이러한 변형에서
폭력은 사라지는 것이 아니라 조직되며, 점점 더 현실을 질서지우고 변
화시키는 폭력이 된다.(Negri 1999a : 257)

오늘날 자본주의적 축적이 그것을 정초한 최초의 폭력으로부터 위에

서 언급한 법과 권리에 의해 규정되는 이후 국면으로 옮겨온 것은 사실이지만, 최초 폭력의 흔적들은 — 이 흔적들이 이제는 '정당한', '헌법적으로 허용된' 폭력으로 나타난다는 점을 제외하면 — 여전히 체계 내부에 남아있다. 이 지점에서 네그리가 맑스의 두 번째 '벡터'라고 이야기한 또 하나의 매우 다른 과정이 시작된다. 즉 자본의 구성권력은 적대적이고 폭력에 입각해 있기만 한 것이 아니라 '체계적으로' 협력에 이바지하기도 한다. 네그리가 말하기를 협력은 직접적으로 생산적이고 구성적인 힘이며,

> 협력의 생산적 힘들은 협력의 복합성과 함께 커진다. 연합과 접속이 생산적으로 되면 될수록, 생산조건은 — 생산수단의 양, 협력하는 주체들의 수, 사회적 진화의 일반적 정도와 관련하여 — 점점 더 복합적으로 된다.(Negri 1999a : 259~60)

자본주의가 발전함에 따라 노동의 분업이 강화되고 확장되는데, 이에 상응하여 네그리가 "연합된 생산적 노동의 힘"이라고 부른 것이 "사회적 활동 그 자체와 구별불가능해지기 시작하는" 지점까지 강화되고 확장된다(Negri 1999a : 260). 그러나 (이 지점에서 네그리는 여전히 맑스를 충실히 따르고 있는데) 자본은 이 협력의 힘들을 갈라치기해서 노동자 협력의 기초인 '연대적'solidaristic 에너지와 자본주의적 명령 사이의 불변의 변증법을 만들어낸다. 그러므로 자본의 생산관계 조직의 핵심에 본래적 적대가 놓여있다. 자본주의적 명령은 좋든 싫든 이윤의 기초인 잉여가치를 발생시키기 위해 노동자들의 능력을 수탈해야 하는 한편, 노동자들은 그와 동일한 능력을 사용하여 스스로를 잉여가치를 최대화시킬 생산과정의 체계적 조직화를 위해 필요한 집단적 기업으로 만들도록 요구받는다. 자본은 어쩔 수 없이 집단적 노동자를 만들어낼 수밖에 없다. 그

런데 집단적 노동자를 구성하는 과정에서 자본은 노동자들로 하여금 자신의 생산적 능력에 대한 자본주의적 수탈에 저항할 수 있도록 해 주는 협력의 구조, 바로 그것을 제공한다. 이처럼 잉여가치를 실현함에 있어 자본은 불가피하게 노동자를 적대적인 정치적 주체로 변화시킬 수밖에 없으며, 이에 따라 구성권력은 자본이 노동자의 능력을 수탈하는 와중에도 존재하는 산노동의 사회적 힘으로, 노동자 해방의 구성으로 나타난다.

## 구성권력과 산노동

집단적 노동자를 예속시키는 **구성된**constitued 권력을 극복하는 것을 존재 이유로 하는 운동에 구조적 토대를 제공하는 **구성**constituent 권력이 자본주의적 조직과 합리성의 내부로부터 출현한다는 사실은, 정치경제학 비판이 계급투쟁의 현상학과 불가분하게 얽혀있는 것을 분별해 냈다는 점에서 맑스가 옳았다는 것을 의미한다. 구성권력과 노동자 해방 사이에 형성된 이러한 결정적 연결관계는 네그리에게 다음과 같은 것을 의미한다.

구성권력 개념은 언제나 위기 개념이다. 그러나 그것이 수반하는 현실 — 객관화된 권력, 착취, 수탈 — 의 위기, 위기의 개시 속에는 창조적인 해방의 요소 또한 존재한다. 산노동은 이러한 위기 및 구성 개념과 같은 개념이다. 산노동은 구성된 권력과 대립하고 따라서 지속적으로 새로운 자유의 가능성들을 여는 구성권력이다. 구성권력은 산노동의 리듬에 따라 공간, 즉 모든 활동과 상호의존성을 코뮤니즘적으로 재규정하는 지점까지 밀어붙여진 사회적 협력의 공간을 결정한다. 구성권력은 또한 시간, 즉 착취를 파괴하고 해방을 발전시키는 열린 시간을 결정한다.[9]

네그리는, 살아있는 사회적 노동과 자본주의적 축적의 구성된 권력 간의 적대는 '이형동원異形同源적'이지 않으며, 따라서 집단적 노동자의 투쟁들은 단지 자본의 구성된 권력(즉 수탈과 객관화의 권력)에 대한 일종의 변증법적 부정을 수행함으로써 자본가를 밀어내려는 시도로 이해되어서는 안 된다고 주장한다. 네그리는 다음과 같이 선언한다. "변증법은 끝났다." 그리고 강렬하고 급진적인 '활동'에 다름 아닌 살아있는 사회적 노동의 해방은 존재론적 층위에서 자본을 변증법적 부정을 구성하는 엄밀한 반테제가 아니라 '잔여'로 규정한다(Negri 1999a : 265). 산노동의 해방은 "의식적이고 혁신적이며 자유롭고 평등주의적인 사회적 활동" 속에서 계속해서 일어나며, "자유를 욕구에, 욕구를 사회성에, 사회성을 평등에" 연결시키는 것을 목적으로 하는 실천들의 앙상블이라는 형태를 취한다. 그리고 이로 인해 구성권력의 이론은 "해방, 욕구, 사회화, 평등의 실천 이론"이라는 형태를 취하게 된다(1999a : 265~6). 구체적이고 역사적으로 규정되어 나타난 구성권력이 자본가를 규정한다. 그리고 자본가를 단지 변증법적으로 부정하는 것은 이러한 수탈권력이 구조적으로 미리 주어진 자신을 발생시키는 추동력을 얻는, 개념적·실천적으로 앞서 존재하는 '공간'을 폐기하지 못할 것이다.[10] '자본'이라는 이름의 장

---

9. Negri 1999a : 264~5를 보라. 맑스의 저작에 나타난 '위기' 개념을 네그리가 어떻게 다루는가와 관련해서는 Negri 1988c를 보라.

10. 이 지점과 관련하여 네그리가 관계되어 있는, 서로를 보강해 주는 두 가지 입장이 존재하는 것으로 보인다. 하나는, 변증법적 부정은 그것이 자본가의 형상을 부정할 수는 있을지 몰라도, 원리상 결코 수탈을 가능케 하는 조건이 창출되는 공간을 제거할 수는 없다는 것이다. 수탈은 실천들의 앙상블이다. 그러므로 이러한 실천들을 가능케 하는 조건을 건드리지 않은 채 단지 자본가의 형상을 부정하는 것만으로는 자본주의를 극복할 수 없을 것이다. 다른 하나의 입장은, 실질적 포섭의 국면에서 자본의 논리는 심지어 이러한 실천의 공간에도 직접적이고 비매개적인 방식으로 스며들어서 이제 자본에 대해 실제적인 외부성은 없다는 것이다. 매개의 여지가 없으므로 변증법적 부정이 작동할 수 있는 공간도 존재하지 않는다. 『제국』을 인용하자면, "제국적 권력은 더 이상 갈

치는 자본주의적 축적 체제가 자신의 가능조건을 소유하게 될 수 있기 **전에**, (생산적인) 욕구로 채워져야 하는 사회적인 동시에 정치적인 장을 가지고 있는 선행하는 현실화 모델을 갖는다. 이와 반대로 집단적 노동자의 구성권력은 산노동의 능력을 **빼앗는** 이 최초의 무력화disempowerment(자본주의가 탄생할 수 있도록 해줄 무력화)의 손아귀로부터 해방의 기획을 분리시키는 환원불가능한 대항적 힘potenza이다. 들뢰즈, 가따리와 마찬가지로 네그리에게 있어서도 자본주의가 발생하는 이유는 단 한 가지, 즉 자본주의가 출현하는 것을 막을 수 있는 권력, 해방에 선행하는 '원原해방'ur-liberation에 해당하는 권력이, 자본이 완전히 성장한 경제적 아쌍블라주로 나타날 수 있도록 해줄 협력 형태들이 앞서 폭력적으로 설치됨으로써 이미 무력화되었기 때문이다.

그러므로 자본이 무언가를 발생시킬 수 있으려면 그 전에 사회적 노동이 구성되어야 하며, 그것의 배치가 자본의 논리에 종속될 수 있는 훈육된 사회적 생산 및 재생산의 세계를 형성할 수 있도록 규제되어야 한다. 이렇게 자본을 가능케 하는 조건, 즉 사회적 노동과 사회socius의 포섭은 자본주의적 축적을 '정초하는 사건'으로 한번 일어나고 끝나는 무언가가 아니다. 반대로, 포섭은 지속적인 역사적 발전과정을 갖는다. 포섭 과정은 복합적이고 오랜 기간에 걸쳐 이루어져 왔다. 그리고 네그리에 따르면 이 과정은 '실질적 포섭'의 국면에 이르러 산노동의 주체성의 또 다른 변이가 일어난 '탈산업' 시대에서야 그 정점에 도달한다.[11] 사회의 실

---

등의 조건을 전치시키는 매개적 도식을 통해 사회적 힘들의 갈등을 해결할 수 없다. 정치적인 것을 구성하는 사회적 갈등들은 어떠한 종류의 매개도 없이 서로를 직접적으로 대면한다"(Hardt and Negri 2000 : 393).

11. Negri 1999a를 보라. 또한 Guattari and Negri 1990 : 20 이하도 보라. 여기서 저자들은 1968년의 사건들이 실질적 포섭이 그 정점에 도달한 동시에 명백한 위기 국면에 진입한 지점을 표지한다고 주장한다.

질적 포섭과 함께, 자본주의적 생산을 규정하는 적대적 힘들의 범위가 확장되어 사회 전체를 뒤덮게 되었고, 그에 따라 이 적대들은 잠재적으로 무한한 지속과 유연성을 갖게 된다. 실질적 포섭이 초래한 자본주의적 명령의 일반화와 더불어, 적대와 양극화는 똑같이 편재하게 되고, 반자본주의 투쟁의 영역들은 가변적이고 분산적으로 된다.[12]

그러므로 집단적 노동자는 존재에 대한 새로운 (정치적) 존재론의 설계자이다. 그리고 네그리에게 있어 맑스의 구성권력론이란 맑스가 적어도 부분적으로는 자본주의적 생산 및 축적의 현상학이라는 형태로 제시한 해방된 노동의 이 창조적인 건축물에 관한 이론이다.[13] 이러한 해방의 주요한 영역은 정치적인 것이다. 그리고 구성권력의 행사를 수반하는, 산노동에 의한 이 영역의 점령은 "역능의 과정의 절대적 주체가 되고자 하는"(Negri 1999a : 304) 다중의 욕구의 표현이다.

---

12. 네그리는 자본주의적 명령의 정치적 표현인 입헌주의(constitutionalism)가 정치적 영역에 대한 그것의 통제를 통해 다중의 힘을 부정한다고 강력하게 주장한다. 정치적인 것에 있어서 이루어지는 다중의 힘에 대한 이러한 무력화의 결과는 사회적인 것에 있어서의 다중의 해체이며, 그 사회적 힘은 필연적으로 정치적 권력으로부터 분리된다 (Negri 1999a : 325). 그러나 실질적 포섭에서 (네그리가 입헌주의에 의해 파악된 단순히 정치적인 것과 대립하는 것으로 분석적으로 위치지은) 사회(socius)는 정치적 장으로 회복될 수 있으며, 구성권력은 마침내 자본에 대한 예속에서 자유로워질 수 있다. 네그리는, 실질적 포섭에서는 맑스의 가치법칙이 더 이상 자본주의를 적합하게 특징지을 수 없다는 것을 정확하게 인식했으면서도, 착취 메커니즘이 이전의 자본주의적 구성체에서와 마찬가지로 실질적 포섭에서도 지배적이며 잉여가치법칙이 노동의 비물질성에 대한 그것의 신격화와 더불어 탈산업적 자본주의 시대에도 계속해서 적용가능하다는 사실을 보지 못했다는 점에서 『맑스의 유령들』(*Specters of Marx*)의 데리다를 비판한다. 네그리에게 새로운 생산관계들은 당연히 이 현재의 '탈산업적' 착취 체제와 관련되어 있다. 그리고 이 생산관계들은 데리다가 간과한 새로운 형태의 협력과 프롤레타리아 적대("변화의 존재론적 폭력")를 발생시킨다. 이에 대해서는 Negri 1999b를 보라.
13. 네그리는 「유령의 미소」(The Specter's Smile)에서 자본주의적 생산과 축적에 관한 이러한 현상학이 맑스에게 있어 "진정한 그리고 고유한 자본의 형이상학"의 생산을 위한 필수적인 선형상화라는 점을 분명히 한다(Negri 1999b : 7). 이러한 맑스의 형이상학을 재구축하고 강화하는 것이 네그리의 주요한 이론적 목적이라는 점 또한 명백하다.

네그리는 구성권력이 마키아벨리와 스피노자로부터 맑스에게까지 이어지는 형이상학적-역사적 궤적을 갖고 있으며, 구성권력에 대한 이러한 유물론적 형이상학은 홉스에게서 헤겔로 이어지는 관념론적인 정치적 존재론과 차별화된다고 생각한다. 왜냐하면 후자는 **구성된** 권력과 떼려야 뗄 수 없이 묶여있음으로 해서 권력과 노동에 대한 비판(물론 맑스의 위대한 성취가 바로 이것이다)에 적절하게 이용될 수 있는 구성권력론을 제공할 수 없는 초월적인 주권 개념만을 생산할 수 있었기 때문이다(Negri 1999a : 29~31). 이 관념론적 전통의 추종자들과 달리 맑스에게 있어서 구성권력은 산노동에서 자신의 도구를 발견한다. 즉 "구성권력은 산노동의 직접성, 창조적 자발성에서 혁신을 위한 힘을 발견한다. 또 구성권력은 산노동의 협력적 직접성에서 자신의 창조적 대중화를 발견한다"(Negri 1999a : 33) 이러한 맑스의 사회정치적 존재론은 또한 민주주의를 "역능"과 다중이 창조적이고 어마어마하게 생산적인 수렴의 지점을 발견하는 완전히 내재적인 영역으로 만든다.[14] 이러한 수렴 속에서 집단적 행동과 인간의 협력은 마침내 자본과 그것의 입헌주의적 기구들이 사회적 존재에 부과한 제약들을 제거할 수 있는 새로운 집단적 주체를 형성한다. 산노동의 이 새로운 집단적 주체에 대한 네그리의 서술은 길게 인용할 만한 가치가 있다.

---

14. 네그리는 맑스에게 있어 민주주의는 "권리와 전유, 부의 평등한 분배, 생산에의 평등한 참여 …… 등의 진정한 민주주의"라고 말한다(Negri 1999a : 306). 이와 반대로 『반란』에서 네그리는, 홉스, 헤겔과 동일시될 수 있는 관념론적인 정치적 존재론은 질서와 위계를 강제함으로써 다중의 잠재력을 통제하는 데 초월성을 이용하는 입헌주의를 고무시킬 수 있을 뿐이라는 점을 분명히 한다. 다시 말해, 이러한 관념론적인 정치적 형이상학과 그것이 지탱하는 입헌주의는 진정한 민주주의의 부정이라는 것이다. Negri 1999a : 322 이하를 보라. potenza, potentia, puissance 등과 같은 용어들이 네그리의 맥락에서 '역능'(strength)과 같은 의미로 사용된다는 것에 주목해야 한다.

산노동은 그것의 손길이 낳는 물질들을 새로이 창조적으로 조형함으로써 세계를 구성한다. 산노동은 자연 속에서, 그리고 자연을 넘어서 제2, 제3, 제n의 자연 속에서 산노동의 구성권력에게 책임을 부여하고 그것을 공고히 한다. 이 과정에서 산노동은 무엇보다도 스스로를 변형시킨다. 산노동의 세계에의 기투企投, projection는 존재론적이고, 그것이 삽입하는 것들 역시 존재론적이며, 그것의 구축은 새로운 존재의 구축이다. 이 무규정적 과정의 첫 번째 결과는 주체의 구축이다. 주체는 역능의 지속적인 진동, 역능이 세계가 될 수 있는 현실적 가능성의 지속적인 재형성이다. 주체는 역능의 구성이 스스로를 확립하는 지점이다. 그러나 주체는 계속해서 스스로를 형성하고 재형성함으로써 자신이 구축해온 세계를 통해 자신의 모양을 취한다. 산노동은 이러한 과정 안에서 구성권력이 된다. 그리고 다중이 역능으로 다시 되돌려지고 스스로를 주체로서 발견하는 것 역시 바로 이러한 과정 안에서이다. …… 존재의 의미들을 결정하는 것은 구성적 과정, 의지가 결정하는 차원 그리고 투쟁과 투쟁에 대한 결정이다.

 이러한 과정은 분산적이기는커녕, 사회적인 것의 구체성, 그것의 조직화 그리고 다중과 역능 간의 관계의 지속적인 현실화가 가로지르는 계속적인 결정이다.(1999a : 326~7)

그러므로 네그리에 따르면 맑스의 성취는, 다중이 자신이 역능과 맺고 있는 관계를 발견할 때 출현하는 산노동과 주체성이 사회적인 것, 정치적인 것 그리고 (형이상학적으로 표현된) 존재에게 새로운 정의를 부여하는 존재론의 형태로 구성권력의 이론을 벼려낸 것이다.


## 맑스의 이름으로 맑스를 넘어서기 : 근대 이후의 정치적 주체

그러나 이 새로운 집단적 주체가 취하는 역사적, 사회적, 정치적 경로는 이제 맑스가 자신의 시대에 확인했던 지점을 넘어섰다(네그리는 그렇게 주장한다).[15] 맑스는 이 새로운 집단적 주체의 한계가 "생활세계"the world of life(Negri 1999a : 328)에 의해 정해진다고 생각했다. 그러나 오늘날 이 정치적 주체는 그러한 세계를 단지 한정된 것으로, 또 한정하는 것으로만 생각할 수 있으며, 그러한 세계보다는 버추얼한 세계들을 구축하고 차지하는 것을 더 선호한다. 이 정치적 주체는 버추얼한 세계를 구축하고 차지하려고 노력함에 있어서 그 자체가 버추얼한 합리성 — 맑스 자신의 시대였던 근대의 절정에 취했던 형태들 너머까지 변화한 합리성 — 의 한계에 의해서만 제한을 받는다. "다중적 주체들을 단일성 안에 가두고 변증법을 통해 그들의 차이를 통제하며" 그 주체가 구성권력을 전유하는 것을 방해하기 위해 입헌주의 정치에 기대는 근대의 합리성, 즉 "선형적 논리"(1999a : 328)는, 자본주의적 생산의 입헌적 과정으로 인해 이전에는 다중에게 주어지지 않았던 역능과 창조성을 발견할 존재론적 가능성을 다중에게 부여하는 새로운 합리성으로 대체되었다.

다중은 이제 실질적 포섭 과정이 가능케 한 전례 없는 존재론적 구성에 의해 주어진 역능을 자신의 정치적 기획에 부여할 수 있다. 실질적 포섭 과정은 정치적인 것과 사회적인 것의 근본적 재접속을 전제로 하는 "활동하는 구성권력"(1999a : 333)이라는 발본적으로 새로운 정치적 패러다임을 자신의 결과로 낳았다.[16] 이처럼 중대한 변형과 결부된 변화들

---

15. 네그리는 맑스가 "구성권력에 대한 미래의 과학을 위한 어떤 근본적인 서문을 썼다"고 말한다(Negri 1999a : 326). 이 말이 의미하는 것은, 미래 세대의 맑스주의자들은 이 일반적 원리와 역사적 경향의 과학을 강화시켜야 하며, 이 과학은 그것의 대상이 끊임없이 변화하는 산노동의 창조성인 한에서 불가피하게 맑스가 자신의 생애에 도달했던 지점을 넘어서는 방식으로 변화되어야만 한다는 것이다.
16. 네그리는 이 새로운 정치를 "협력하는 특이성들인 다중의 존재론적 역능"(Negri 1999a : 326)의 진가를 인정하는 정치로 특징짓고, 이것을 정치적인 것에 관한 두 가지

에는 새로운 집단적 주체들의 창출을 고무하고, 자본주의적 착취의 중단이라는 표지를 가진 경로를 역사에 부여하게 될 지금까지와는 매우 다른 합리성의 구축이 포함된다. 네그리는 이 혁신적인 합리성이 다음과 같은 특징들을 갖고 있다고 말한다. 그것은 자신이 이제 막 넘어선 자본주의적 지배의 합리성이 부과한 한계에 맞서 창조성을 구현한다. 그것은 다중이 만들어낸 절차의 편에 서서 "이전" 합리성의 기초인 입헌적 장치와 권리의 교의를 폐기한다. 그것은 특권에 맞서 평등을 내세운다. 그것은 통일성을 부정하고 다양성을 촉진시킨다. 마지막으로 그것은 자본주의적 명령을 협력으로 대체한다(1999a : 329~32).

근대성 이후에 오는 이 새로운 합리성은 (전제적이기만 한 구성된 권력과 반대로) 역능에 기초한 다중의 활력과 결합된 똑같이 새로운 정치적 기획에 생명을 불어넣을 것이다. 그리고 그러한 일은 새로운 합리성이 구성권력의 리듬과 불가분하게 얽혀들어감으로써 이루어질 것이다. "산노동은 자본에 내재해있다. 산노동은 자신이 태어난 바로 그 제도들 속에 갇혀 있다. 그러나 산노동은 끊임없이 그것들을 파괴한다"(Hardt and Negri 1994 : 5) 그리하여 네그리는 맑스주의적 정치'기획'이라면 무

---

낡은 관념과 대비시킨다. 그 하나는 정치체에 대한 입헌적 명령이라는 관념을 기초로 하는 것이고, 다른 하나는 정치적인 것을 합법적 폭력이 행사되는 영역으로 보는 입장이다(같은 곳). 네그리(Negri 1998)는 후자, 즉 베버주의적이고 궁극적으로는 신칸트주의적인 국가관(이는 또한 레닌주의적 국가관과 동일한 것으로 파악된다)을 비판한다. 이 "새로운 정치"를 위한 실천적-이론적 기초는 "유물론이 근대성의 발전과 혼동되어서는 안 된다"는 사실을 전제로 한다. "유물론은 근대성이 발전하는 내내 하나의 대안으로, 즉 끊임없이 억압받지만 언제나 다시 솟아오르는 대안으로 존속했다. 르네상스는 노동, 즉 활력vis viva)의 자유를 발견했다. 유물론은 그것을 해석했고, 자본주의적 근대성은 그것을 예속시켰다. 오늘날 임금노동의 거부와 지성적 생산력의 발전은 근대의 여명에 뭉개지고 추방되었던 그 대안을 고스란히 다시 제안한다"(Hardt and Negri 1994 : 21) 그러므로 네그리의 기획은 가리워졌지만 완전히 삭제되지는 않은 유물론적 기획의 부활을 겨냥한 개념적 지도제작법을 제시하려는 시도인 것이다.

엇이든 그 중심에 품고 있어야할 것인 혁명과 구성권력이 맺고 있는 절대적으로 결정적인 연계를 계속해서 유지시킨다. 그리고 결과적으로 그는 혁명을 "연속적이고 가차없으며 존재론적으로 유효한 시간의 변형"에 대한 구성권력의 "항상 재개되는" 욕망의 정상상태로 규정한다(Negri 1999a : 334). 이러한 변형은, 구성권력의 존재론적 필연성을 부인해야만 하고, 제국의 곳곳에 스며있는 죽음과의 친연성에 대한 구성권력의 정언定言적 "응답"인 다중의 해방을 저지하기 위해 끊임없이 움직이는 허약하지만 잔혹한 제국을 상징하는 "죽음을 향한 존재"와 대립한다.[17]

## 혁명의 불가능한 가능성

해방의 역사적·존재론적 궤적이 자본주의적 생산의 지배적인 힘과 관계들이 갖는 구체적인 성격과 불가분하게 엮여있다는 것은 맑스주의에 있어서 언제나 자명한 이치이자 혹은 공리이다. 맑스주의의 핵심인 정치경제학 비판은 무엇보다도 만연한 "잘못 이름붙이기"misnaming를 통해 자본주의적 생산의 심장을 구성하는 착취 체제를 정당화하는 기능을

---

17. 네그리는 자본주의를 자신의 이전 형태들에 맞서 "창조적 파괴의 물결"을 불러일으킴으로써 스스로를 갱신하는 혁명적 힘으로 보는 슘페터의 생각을 진전시키고 수정한다. 슘페터가 자본 자신에게 겨누어진 "창조적 파괴"를 그리는 지점에서 네그리는 실질적 포섭 국면에서 슘페터가 확인한 과정은 "자본을 재가치화하기 위한 사회적인 것"의 자본주의적 "탈가치화"로 변화했다고 주장한다. 그러나 사회적인 것을 "탈가치화하는" 과정에서 자본은 그것의 적대자, 즉 프롤레타리아트/다중과 마주치는 것을 피할 수 없다. 따라서 이중의 운동이 발생한다. 한편에서는 자본의 구성된 권력이 프롤레타리아트의 구성권력과 대적한다. 그리고 다른 한편에서는 프롤레타리아트가 자신의 자본주의적 적과 맞서는 가운데 그것으로 하여금 자신의 구성권력을 고양시킬 수 있도록 해 주는 내적 동력학을 활성화시킨다. 슘페터에 대한 네그리의 견해와 관련해서는 Negri 1989 : 215~16을 보라.

수행하는 사유에 대한 비판이다. 따라서 정치경제학 비판의 과제는 이데올로기의 작동에 대한 비판을 통해(『독일 이데올로기』의 주된 과제), 그리고 자본주의적 착취 도구들의 구성과 기능을 서술함으로써(『요강』과 『자본론』의 주된 과제) 이러한 착취 체제에 "이름을 붙이는 것"이다.[18] 맑스와 네그리는, 자본주의적 착취에 대응하는 과정들은 자본가가 잉여가치를 실현하기 위해 이용하는 노동자의 노동을 본질적인 기초로 삼고 있다고 생각한다. 변화된 사회는 이 노동의 사회적 조직화가 더 이상 자본주의적 생산과 교환의 원조 하에 행해지지 않고, 그에 따라 인간 주체성이 자유로워질 때 비로소 출현할 수 있다. 맑스주의에게 이러한 자유 혹은 해방은 단순히 착취를 비판함으로써가 아니라 그것을 폐기함으로써만 가능해지는 것이다.[19] 그러나 착취는 어떻게 폐지될 수 있는가? 특히 편재하며 겉보기에 극복불가능해 보이는 자본주의가 실현가능한 해방의 기획이 개시될 수 있는 어떠한 '외부성'도 갖고 있지 않은 것처럼 보이는 자본주의적 발전의 국면에서 말이다. 표면상 혁명을 가능케 하는 일체의 조건들이 제거되고 있는 듯한 상황에서 혁명은 어떻게 가능한가?[20]

---

18. 그러므로 네그리가 데리다의 『마르크스의 유령들』에 대해 착취를 야기했고 계속해서 생산하고 있는 메커니즘들을 적절하게 다루지 못했다는 이유로 비판한다는 사실은 중요하다. 네그리는 착취에 대한 맑스의 존재론적 기술이 (이제는 다른 것에 의해 대체된 산업적 생산모델을 전제로 했기 때문에) 더 이상 유지될 수 없다는 해체론의 주장은 옳다고 인정한다. 그러나 그는 비록 새롭고 다른 형태로이긴 하지만 착취 메커니즘은 여전히 존재한다고 주장한다. Negri 1999b, 특히 10쪽을 보라. 네그리의 개념적 지도는 이러한 오늘날과 같은 모습의 착취 메커니즘의 실행가능성에 적합한 범주들을 제공하기 위한 것이다.

19. 네그리(와 하트)에 따르면 "코뮤니즘은 니체적 의미의 총체적 비판으로 생각되어야 한다. 그것은 현재적 가치들의 파괴일뿐만 아니라 새로운 가치들의 창조이며, 현존하는 것의 부정일 뿐 아니라 새롭게 생겨나는 것에 대한 긍정이기도 하다. …… 산노동은 끊임없이 자본주의적 생산과정의 전복뿐 아니라 대안의 구축 또한 제기하는 내재적 힘이다"(Hardt and Negri 1994 : 6).

이러한 문제들을 다룸에 있어서 네그리가 처음으로 눈을 돌리는 곳은 자본주의 생산관계들의 현재적 배치, 즉 자신의 변별적 모습(일정한 종류의 "유령과 같은 성격"spectrality — 이 점에서 네그리는 데리다에 제한적으로 동의한다)을 비물질적이고 유연한 노동에 몸담고 있는 새로운 종류의 생산적 주체의 노력에 의해 제공받는 배치이다.

오늘날 착취, 더 정확히 말하자면 자본주의적 생산관계는 지성과 협력적 힘 속에 축적된 노동하는 주체와 관계한다. 이는 새로운 패러다임 — 무엇보다 분명히 착취되고 있지만, 그럼에도 불구하고 새롭고 다른 힘, 노동하는 에너지의 새로운 일관성, 협력적 에너지의 축적 — 이다. 이것은 새로운 존재론, 탈해체론적인 존재론이다.[21]

네그리에게 이 새로운 노동 주체는 그 변별적 '계기'가 이중의 혁신인, 이론과 정치적 조직화 모두의 파열을 표지한다. 이 파열이 '새로운 해방의 유령'을 얼마간 구성한다.

---

20. 자본의 '외부성'의 부재에 대해서는 Guattari and Negri 1990 : 25를 보라. 알뛰세가 그만둔 곳에서 네그리가 '시작하는' 것에는 일정한 의미가 있는가? 1968년 5월 이후 알뛰세는 재생산과 혁명을 다루는 두 권의 저작을 계획했다. 그러나 (1969년 3월~4월에) 재생산을 다루는 첫 번째 책만이 결실을 맺었다. "자본주의적 사회구성체에서의 계급투쟁"에 관한 두 번째 책의 저술은 우리가 아는 한 시작되지도 않았다. 이러한 공백은, 1968년 5월과 그것의 (지금까지도) 흠집난 결과 이후에 발생했다는 점에서 아마도 징후적인 것으로 생각될 수 있을 것이다. 물론 1968년 5월은 아직도 자신의 정점을 기다리고 있는 혁명의 시작이었다. 그리고 네그리의 특별한 성취는 혁명적 가능성의 절단과 획기적인 '잃어버린 기회'가 초래한 깊은 정치적 불확실성으로 점철된 시간에 알뛰세를 비롯한 여러 사람들이 원했던 계급투쟁의 이론을 우리에게 주었다는 것이다. 알뛰세 후기 저작에서 나타나는 이러한 측면에 대해서는 매우 유익한 Elliot 1998을 참조하라.
21. Negri 1999b : 12. "노동의 비물질성"과 "생산의 정보화"에 관해서는 Hardt and Negri 2000 : 280~300을 보라.

······ 이론이 혁신되어야 하는 것은 당연하다. 이론은 실재적인 것의 변화에 따라 스스로를 혁신하기 때문이다. 비록 옛 이론이 그 변화의 근본적인 동인들 가운데 하나라 하더라도 말이다. ······ 코뮤니즘을 위해 싸우고 있거나 싸워왔던 사람은 분명 낡은 조직들에 대해 — 스탈린주의적 조직이건, 스탈린주의적 조직의 변두리에서 살아남은 전통적 조직이건 간에 — 향수를 갖지 않는다. 새로운 코뮤니즘적 실험은 기억과의 단절을 통해 탄생한다. 그리고 현재 모든 유령들 사이에서 그리고 어떠한 유령도 없는 가운데 유일하게 실제적인 연속성 — 투쟁의 연속성, 구성적 정신의 연속성, 변혁의 존재론적 폭력의 연속성 — 은 바로 그러한 단절을 통해 나타난다. 기다리던 사건은 과거를 폭발시킨다. "진정한 생성A real coming-to-be". 이와 동일한 정신 속에서 왜 발터 벤야민이 '최초의 맑스주의자'로 여겨져야 하는가?

······ 자본주의와 코뮤니즘은 유령적임에도 불구하고 실제적인 새로운 형상들과 새로운 운동들로 이루어진 지형 위에서 계속해서 싸우고 있다. 대중 지성의 새로운 사회적 힘과 함께 할 때, 발본적인 형태의 맑스주의는 자본 통제의 갱신된 형태들과 비물질적 노동의 착취에 구성적으로 응답할 수 있다.(Negri 1999b : 14~15)

네그리가 그리고 있듯이 앞으로 나아가는 길은 실험적이고, 새로운 사회적 운동과 (**제국**에 맞서는 반자본주의적 다중을 형성하는) 새로운 주체 및 특이성들을 수반한다. 그리고 그 길의 형이상학적 핵심은 파스칼적 내기의 단호하게 유물론적인 버전이다. 여기서 이 내기는 그 규정적 특징이 발터 벤야민의 환속된 메시아주의와 뚜렷이 공명하며, 역사의 연속체와 무조건적으로 단절하는 것을 결정적 전제로 하는 맥락(이 경우에는 표면상 해방을 향한 추구가 개시될 수 있는 어떠한 외부성도 없는 자본주의)에서 이루어져야 한다.[22] 이 유물론적 내기의 조건은 직접적이다

(그리고 '사회주의/코뮤니즘이냐 야만이냐'라는 오래된 반자본주의의 후렴구와 구조적으로 동일하다). 즉 문제는 반자본주의적 다중이 압도하느냐 자본이 압도하느냐이다. 만일 첫 번째 선택지가 선택된다면, 다중은 "기술과 생산을 자신의 기쁨과 힘의 증가를 돕는 쪽으로 돌려놓음으로써"(Hardt and Negri 2000 : 396) 스스로를 정치적 주체로 구성하는 기획에 착수할 수 있을 것이다. 이러한 방식으로 '상징적'이고 '상상적'인 '이성의' 물질적 '신화'가 창조되는데, 그것의 존재이유는 다중을 자본의 약탈로부터 분리하고, 그리하여 "다중의 활동이 스스로를 활동과 의식으로 표현"(Hardt and Negri 2000 : 396)할 수 있도록 하는 것이다.

그러나 이러한 내기가 어떤 신비나 '유토피아적인' 희망 내지는 환상('어린 아이들의 우화')에 근거를 두고 있는 것은 아니다. 왜냐하면 네그리에게 있어서, 자본주의적 생산과 축적의 동역학이 그보다 우선적이고 구성적인 노동계급의 활동에 대한 '체계적인' 응답이라는 사실은, 다양하고 보편적으로 불합리한 모습으로 나타나는 자본주의적 생산과 축적을 적절하게 기술하는 것을 목적으로 하는 일말의 적합성이라도 갖고 있는 정치적 합리성이라면 취하지 않을 수 없는 공리이기 때문이다. 앞서 살펴보았듯이 잉여가치 추출을 위해 필수적인 사회적 협력의 연결을 발생시키는 것은 노동계급이다. 그러므로 자본주의는 프롤레타리아트가 사회적 협력을 현실화시킬 때 이루어지는 프롤레타리아트의 활동에 대한 반응이며, 노동계급이 이 시작되는 협력의 조건과 토대를 세울 때 노동계급의 활동을 관리하고 수용하는 과정에서 자기 자신의 모습을 갖추게

---

22. 『제국』에 서술되어 있듯이, "혁명적 운동들이 확립해 왔던 리듬은 새로운 시대의 비트[박자], 즉 시대의 새로운 성숙과 변신의 비트이다"(Hardt and Negri 2000 : 394). 또한 Negri 1996a : 222에서 이루어지고 있는 벤야민의 새로운 천사(Angelus novus) 형상에의 호소도 참조하라.

된다. 자본은 이러한 노동계급의 활동을 구속하고 재구성해야만 한다. 이 억압적인 재구성이 없다면, 족쇄풀린 프롤레타리아의 사회적 협력은 스스로를 억제불가능한 해방의 도구로 조직하는 데까지 나아가게 될 것이다. 결론은 자본이 다중의 운동과정의 한 기능이 되는 것이지 그 반대는 아니라는 것이다.[23] 자본주의적 지배자들은 노동력 착취를 시작하기 위해 다중의 변형 능력이 발전하고 표현되는 것을 저지하려고 노력해야 한다. 그리고 이러한 과제는 지배자의 주체성에 반동적이고 비합리적이며 반복적인 비존재nonbeing의 성격을 부여한다. "제국은 오직 고립시키고 분할하고 격리시킬 수 있을 뿐이다"(Hardt and Negri 2000 : 399).『제국』에서 이 문제는 다음과 같이 서술된다.

> 제국의 구성은 [다중의] 새로운 힘의 성장의 원인이 아니라 결과이다. 따라서 제국이 자신의 노력에도 불구하고 사회적·경제적 관계들의 전지구화라는 새로운 현실에 적합한 권리 체계를 구축하는 것이 불가능하다는 사실을 깨닫는다는 것은 놀라운 일이 아니다. 이러한 불가능성의 출현은 …… 조절의 장이 광범위하게 확산되었기 때문이 아니며, 단순히 낡은 국제 공법 체계로부터 새로운 제국 체계로의 지난한 이행의 결과도 아니다. 오히려 이 불가능성은 다중의 혁명적 성격에 의해 설명된다. 다중의 투쟁은 다중 자신의 이미지의 전도인 제국을 생산해냈으며, 다중은 이제 이 새로운 무대 위에서 모든 권리 형태 및 법 형태와 관련하여 억제

---

23. 자본주의적 (정치적) 명령과 프롤레타리아의 활동을 규정하는 사회적 협력 간의 관계에 대한 전형적인 이해의 이러한 전도는 물론 네그리의 작업 뿐만 아니라 노동자주의(뜨론띠, 아소르 로싸, 카찌아리 등) 경향 전체의 핵심적인 특징이다. 이에 대해서는 Negri 1989에 붙인 얀 물리에(Yann Moulier)의 유용한 서문(특히 19~25면)을 보라. 『제국』에서 이러한 전도는 (산업노동계급이 반자본주의 투쟁의 지주였던, 이제는 지나간 자본주의 발전의 국면에서처럼) 자본과 산업노동계급 사이에서가 아니라 다중으로 지칭되는 확장된 집단성(즉, 자본에게 착취되는 노동을 하는 누구나)과 자본 사이에서 이루어지는 것으로 생각된다. 이에 대해서는 Hardt and Negri 2000 : 402를 보라.

할 수 없는 힘과 가치의 초과를 나타낸다.(Hardt and Negri 2000 : 394)

결론은, 자본은 결코 프롤레타리아트/다중으로부터 구성권력 — 다중이 자신의 해방 기획을 진전시킴에 있어서 반드시 필요로 하는 힘 — 을 빼앗는 데 진정으로 성공할 수 없다는 것이다. 다중은 언제나 투쟁의 새로운 순환을 만들어낼 수 있다. 그러나 자본주의의 힘에 대한 이 새로운 저항의 국면을 진전시키기 위한 어떠한 모델도 존재하지 않는다. "오직 다중만이 실천적 실험을 통해 모델을 제공하고 언제 그리고 어떻게 가능한 것이 현실이 되는지를 결정할 것이다"(Hardt and Negri 2000 : 411). 이 "실천적 실험"에서 결정을 행하는 형상이 투사 혹은 "평화의 게릴라", 즉 탈근대적인 아시시의 성 프란체스코Francis of Assisi이다. 구성적/삶정치적 권력의 이름으로 이루어지는 그들의 투쟁은 종종 주로 은밀한 방식으로 수행된다. 그 투쟁은 "적의 영토를 가로질러 …… 복합적이고 지속적인 방식으로 적이 자신의 기획을 규정하는 파괴적 힘을 최대한도로 집중시키지 못하도록 하고 끊임없이 그가 설득과 집중의 힘을 얻지 못하도록 방해한다"(Guattari and Negri 1990 : 99).


## 투쟁성

네그리는 가치형태가 다중의 구성을 위한 '물질적 초월자'material transcendental로 기능하며, 두 방향 중 어느 쪽으로도 움직일 수 있다고, 즉 생산양식의 요구에 굴복하여 스스로를 자본주의적 발전과정과 조화시키거나, 아니면 "혁명적 실천"과 결합할 수 있다고 주장했다(Negri 1996c : 150). 투쟁성은 분명 후자를 명한다. 그러나 가치가 어떤 형태를 취하던 간에, 그것의 환원 불가능한 핵심은 항상 노동력의 특정한 구현이다.

> …… 가치 형상의 측정불가능성이, 노동이 모든 사회 구성의 기초라는 사실을 부정하는 것은 아니다. 사실 노동의 축적을 기원으로 하지 않는 생산, 부, 문명을 (서술하는 것은 말할 것도 없고) 상상하는 것은 불가능하다. 이 축적이 아무런 척도도, (아마도) 합리성도 갖고 있지 않다는 것이 그것의 내용, 토대, 기능이 노동이라는 사실을 약화시키지는 않는다. 생산에서 점점 더 중심적인 것이 되어 온 지성적이고 과학적인 힘들도 결국 노동의 힘이다. 점증하는 비물질성은 노동의 창조적 기능을 제거하는 것이 아니라 오히려 그것의 추상성과 생산성을 드높인다. 가치의 실체가 그것이 취하는 형태들보다 더 중요하며, 그 실체는 (이제는 무색해지고 있는) 육체 노동과 지성적 노동 간의 분할 너머에서 정립된다. 추상적인 것이 구체적인 것보다 더 참되다. 다른 한편, 오직 노동의 창조성(표현의 힘 속에 있는 산노동)만이 가치의 차원에 상응한다.(Negri 1996c : 152)

우리는 맑스와 마찬가지로 네그리가 자본주의 하에서의 노동 조직화는 언제나 정치적 구성의 형태를 취하며, 이는 노동 조직화에 불평등과 위계의 논리를 부과하여 그것을 잉여가치 추출에 기능적으로 이용가능한 것으로 만든다고 생각한다는 점을 살펴 보았다. 착취가 존재할 수 있으려면 그 전에 지배가 먼저 존재해야만 한다. 그러나 또한 우리가 살펴 보았듯이, 네그리와 노동자주의 운동의 다른 사상가들에게 있어서 이러한 지배가 실행되는 장은 언제나 힘과 의지들이 각축을 벌이는 장이다. 그리고 이는 프롤레타리아트의 적대적 구성권력이 자본에 의해 노동 능력의 자본주의적 수탈에 필수적인 예변법豫辯法으로 중화되어야 하기 때문이다. 자본은 오직 그러한 적대에 대한 응답 속에서만 앞으로 나아간다.[24] 따라서 자본주의적 명령과 그것의 프롤레타리아적 적대자가 교전하고 있는 장 혹은 지형은, 반자본주의적 주체들이 그것의 궁극적 실현이 탈자본주의 사회로의 운동과 동일한 것인 해방을 위해 스스로를 동원하는 조건에 대한 어떠한 이해(이것에는 단호하게 프롤레타리아적이고 전투적인 이해도 포함된다)에 있어서도 결정적인 지반이라는 결론이 따라 나온다.

『제국』에서 자본주의적 명령이 저항을 받고 저지당하는 장은 생산의 정보화가 새롭고 전례없는 수준에까지 이른 현재의 탈근대 혹은 포스트포드주의적 자본주의 체제로 특징지워진다. 『제국』의 저자들은 마뉴엘 카스텔Manuel Castells과 유꼬 아오야마Yuko Aoyama를 따라 포스트포드주의적 정보화의 두 가지 모델 혹은 패러다임을 구분한다. 그 중 하나는 미국, 영국, 캐나다 등지에서 가장 전형적으로 찾아볼 수 있는 **서비스 경제 모델**service economy model이고, 다른 하나는 일본과 독일의 경제를 그 주된 사례로 하는 **정보-산업 모델**info-industrial model이다.[25] 서비스 지향적 경제들은 산업 부문의 두드러진 쇠퇴와 이에 상응하는 서비스 부문의 증가, 그리고 은행, 보험, 증권 등과 같은 금융부문(지난 20여년에 걸쳐 새로운 정보기술들이 이 영역에 혁명을 가져왔다)의 특기할 만한 강력한 성장을 특징

---

24. 네그리는 프롤레타리아 권력의 배열은 자본주의적 권력과의 관계에서 "비대칭적"이며, 따라서 프롤레타리아트/다중의 자율성은 자본의 범주들을 통해서는 파악될 수 없다고 주장한다. 프롤레타리아트/다중의 자율성은 자본주의적 명령의 입장에서 볼 때 수용 불가능한 것이고, 그 역도 마찬가지라는 것이다. Negri 1996c : 170을 보라.
25. Hardt and Negri 2000 : 286. 카스텔과 아오야마에 대해서는 「정보사회로 가는 길」(Paths Towards the Informational Society, 1994)을 보라. 로널드 도어(Ronald Dore)의 『주식시장 자본주의 · 복지 자본주의(일본과 독일 대 앵글로색슨 국가들)』(*Stock Market Capitalism : Welfare Capitalism(Japan and Germany versus the Anglo-Saxons, 2000*) 역시도 영국과 미국의 자본주의를 일본과 독일의 자본주의와 단순하게 대비시키고, 전자가 '시장화 더하기 금융화' 축적체제의 선두에 선다고 함으로써 자신의 가치를 스스로 깎아내리고 있다.

으로 한다. 정보-산업 경제들은 그들의 맞짝인 서비스 지향적 경제보다 산업적인 제조업 직종에서 상대적으로 더 적은 쇠퇴를 경험했다. 정보-산업 경제 역시 점점 더 정보화되는 급성장하는 서비스 부문들을 갖게 되기는 했지만, 이 경우 서비스 부문들은 보통 제조업 단위들로 하여금 컴퓨터화된 생산 방법에 의지하여 생산성 감소를 억제할 수 있도록 해줌으로써 변함없이 제조산업의 요구에 이바지하도록 만들어졌다. 두 가지 모델 모두에 있어서 정보화는 포드주의적 축적 체제의 위기에 대한 대응으로서 촉진된 것이다. 그리고 포드주의적 축적 체제의 위기는 높은 임금 수준과 일반적으로 적합한 복지제공의 도움을 받아 높은 수준의 사회적 협력을 창출하면서도 추상적이고 상대적으로 탈숙련화된 대중적 노동력을 발생시켜야 하는 포드주의의 모순된 필요가 야기한 것이었다. 이러한 모순은 1960년대와 1970년대에 선진 산업 국가들에서 점점 더 일반화된 '노동거부' 속에서 잇따라 그 모습을 드러냈고, 궁극적으로 노동과 자본 간의 포드주의-케인즈주의적 '협약'의 붕괴로 귀결된 산업 전반에 걸친 파업과 태업으로 나타났다. 노동의 '비물질화'를 수반하는 정보화를 비롯한 여타의 기술적 진보들은 포드주의 몰락을 예시豫示했던 대중 노동의 점증하는 통제불가능성에 대한 자본의 대응에 있어서 핵심적인 요소였다.[26] 소위 자본주의 '황금시대'(즉, 선진 산업 국가들에서 1945년에서 1973~4년경까지 계속된, 높은 고용률, 증대하는 임금 및 복지지출과 연결된 장기적 팽창, 일반적으로 높은 수준의 소비, 양호한 경기순환)의 종말의 기저에 놓여있는 원인들에 대한 이러한 설명은 일반적으로 문제가 없고 오늘날 꽤 널리 받아들여지고 있다.[27] 그러나 포드주의 몰락

---

26. 포드주의의 몰락에 대해서는 Negri 1996c : 162와 Negri 1989 : 75~88에 수록된 「대중 노동자에서 사회화된 노동자로, 그리고 그 너머」(From the mass worker to the socialized worker, and beyond)를 보라.

이후에 출현한 것에 대한, 카스텔과 아오야마의 두 가지 모델 이론으로부터 끄집어낸 『제국』의 설명은 다소 문제적이다. 정보화가 원인으로서 갖고 있는 중심성을 강조하는 이 두 가지 모델 이론은 분명 사회화된 노동자와 실질적 포섭에 대한 네그리의 설명에 있어서 중심적인 '노동의 비물질화' 테제를 뒷받침한다.[28] 정보화에 대한 서술이 1970년대 황금시대의 종말 이래로 자본주의적 축적을 규정해 온 핵심적인 발전들 가운데 하나를 파악하고 표현해 낸 것은 사실이다. 그러나 카스텔과 아오야마를 따라 G7과 OECD 국가들을 '정보-산업' 경제와 '정보-서비스' 경제로 이분하는 두 가지 모델 이론이 이러한 축적 체제의 구조 — 특히 그것의 최근 모습 — 를 적절하게 표현하고 있는지는 분명치 않다(그리고 물론 이 모델은 자본주의 세계체제의 나머지 부분은 고려에 넣지도 않고 있다).

## 세계체제의 현재 배치상태

---

27. 예컨대, Marglin and Schor 1990에 수록된 논문들을 보라. Brenner and Glick 1991은 포드주의의 몰락에 관한 강단 경제학자들 사이의 이 잠재적 합의에 있어서 주요한 예외를 구성한다. 브레너와 글릭은 1958년에서 66년에 걸친 기간(전후 경기급등의 정점) 동안 실질임금은 생산성에 조응하지 않았다고 주장하면서, 합의된 관점의 핵심에 예외없이 놓여있는 황금시대의 순조로운 이윤 고리(고임금-고소비-고이윤)에 대한 설명들에 도전한다. 브레너는 『전지구적 혼돈의 경제학』(*The Economics of Global Turbulence*)(Brenner 1998)에서 정기적으로 장기불황에 빠지기 쉬운 자본의 본래적 속성을 상기시킴으로써, 다시 말해 포드주의는 고정자본에 대한 과잉투자가 초래한 이윤율 하락에 의해 몰락했다고 주장함으로써 기존의 합의된 견해에 대한 이러한 비판을 확대한다. 브레너에 따르면 이러한 과잉투자는 이윤율의 추가하락을 가져오는 설비과잉과 과잉생산의 악순환으로 이어졌고, 이 모든 것은 임금인상률 뿐만 아니라 투자와 생산량의 성장률 하락으로 귀결되었다.
28. 네그리는 다음과 같이 말한다. "우리는 더 이상 노동력 그 자체 혹은 노동시간 그 자체의 현존 속에 있지 않다. 오히려 우리는 정보, 실로 거대한 양의 정보의 순환이 구성하는 우주 속에 존재한다." Negri 1989 : 216에 실려있는 「새로운 가치를 향해?」(Towards new values?)를 보라. 비물질적 노동에 관해서는 Lazzarato 1996 또한 참조하라.

1970년대 케인즈주의적 계획자국가의 소멸 이후 자본주의의 장치들과 지배적 공리들이 국제적 경쟁, 공급을 중시하는 방향으로의 조정, 생산방식 및 노동시장의 유연성 등이 가하는 압력에 의해 재형성됨에 따라 자본주의적 경제가 근본적인 재정향의 시기를 겪어왔다는 것을 부정할 수는 없다. 이 새로운 환경은 자본주의적 국가들의 경제로 하여금 엄청나게 확장된 초국가적 경제·정치 영역에 적응하지 않을 수 없도록 만들었다. 그들은 점점 극복하기 어려워지는 포드주의-케인즈주의 위기에 대응하여 축적의 새로운 기회를 찾기 위해서라도 그렇게 해야 했다. 최근의 저작들에서 네그리는 금융시장의 출현과 급성장이 현재 축적체제의 결정적인 특징들 가운데 하나라는 것을 인정했다. 그러나 네그리는 많은 자본주의 발전 이론가들과 마찬가지로 현대 자본주의의 확장에 있어서 금융주도적 착취 체제가 수행하는 역할을 중요하게 생각하지 않는 경향이 있다.[29]

지난 20여 년간 북/서구 국가들에서 금융자본이 산업자본에 대해 누리고 있는 우위는 대부분의 G7과 OECD 국가들(특히 미국)에서 주식기반 성장체제equity-based growth regime가 출현한 것과 밀접한 연관을 갖고 있다. 아마도 여전히 완전한 성장을 향해 나아가는 중에 있는 것으로 보이는 이 주식기반 체제는 미국이 다시 경제적 헤게모니(일반적으로 이야기되는 바와 같이 이것은 단명하게 될 수도 있다)를 주장하는 것을 가능케 했다.[30] 또한 이 금융주도 체제의 점증하는 중요성은 자본주의 발전의 현재와 (십중팔구) 미래 국면에 심대한 영향을 미칠 것이다. 따라서 미국이

---

29 금융주도적 체제의 중심성에 대한 이같은 상대적 경시는 조절학파 사유의 문제적 특징이기도 했다. 미셸 아글리에타(Michel Aglietta), 로베르 브와예(Robert Boyer) 등은 아주 최근에서야 포스트포드주의에 대한 조절학파의 설명의 중심적인 특징인 경쟁구조를 변형시키는 데 있어서 탈규제화된 금융시장이 수행하는 역할을 다루기 시작했다.
30. 이에 대해서는 Brenner 2000을 보라.

지배하는 이 주식기반 성장체제를 분석하는 것은 결정적으로 중요하다. 실제로, 이 체제가 현재의 성장체제들 가운데 가장 두드러지는 것이 사실이라면, 또한 금융시장이 모든 시장들 중에서 가장 전지구적으로 통합되어 있다는 것을 염두에 둔다면, 현재의 자본주의적 축적 국면에 대한 네그리의 서술의 전반적인 타당성은 이러한 자본의 이동성에 대한 분석결과에 좌우되게 될 것이다. 맑스는 가치증식에 있어서 자본이 경유하는 다양한 국면들 속에서 자본의 순환이 다음과 같은 공식을 따른다는 것을 보여주었다.

$$M - C - (LP + MP) \cdots\cdots P \cdots\cdots C' - M', \text{etc} \cdots$$

여기서 M은 일정량의 화폐자본을, C는 일정량의 상품을, LP는 노동력 상품을, MP는 자본의 힘을, P는 생산국면을, C'는 추가된 상품의 양을, 마지막으로 M'는 추가된 화폐자본의 양을 나타낸다. 다시 말해, 생산국면에서 노동력 상품과 자본의 힘의 어떤 집중이 일어나면 화폐는 자본가를 위해 상품들을 산출하고, 이 생산국면은 더 많은 상품의 창출로 이어지게 되며, 이는 이어서 자본가가 소유하는 화폐자본의 증가로 귀결된다.[31] 증식의 한 국면에서 다른 국면으로의 이행은 그 이행의 지점에 둘

---

31. 하비는 『자본의 한계』(*The Limits to Capital*, 1999) 373쪽 이하에서 맑스의 공식에 대한 유용한 설명을 제공한다. 하비(1999 : 83)는 맑스를 인용하여 다음과 같은 사실을 보여준다. "자본은 오직 자신이 통과하는 국면들이 서로 중단 없이 이어질 때에만 그것의 회로를 정상적으로 기술한다. 만약 자본이 첫 번째 국면인 M-C에서 멈춘다면, 화폐자본은 퇴장화폐라는 딱딱한 형태를 취하게 될 것이다. 만약 자본이 생산국면에서 멈춘다면, 한편으로는 생산수단들이 기능하지 않는 채로 놓여있게 될 것이고 다른 한편으로는 노동력이 사용되지 않는 채로 놀게 될 것이다. 만약 자본이 마지막 국면인 C'-M'에서 멈춘다면, 팔리지 않은 상품 더미가 쌓여서 순환의 흐름을 막을 것이다." Marx 1967a

혹은 그 이상의 자본형태와 노동력 형태가 병치되는 것을 수반한다. 데이비드 하비가 말하길, 그 결과는 다음과 같다.

> 각각의 이행은 …… 상이한 공간적 운동 능력들의 상호제약적 교차를 구성한다. 전체로서의 순환 과정은 몇 가지의 그러한 상호제약적 교차들을 포함하고 있으며, 그것들은 각자 특유한 문제를 갖고 있다. 예컨대 일반적인 규칙상 M에서 C로 가는 것은 C에서 M으로 가는 것보다 훨씬 쉽다. 화폐는 사회적 힘의 화신일 뿐만 아니라 지리적으로 돌아다니는 것이 더 쉽기 때문이다. 상호제약은 …… 자본과 노동력 모두의 전반적인 지리적 이동성을 필연적으로 제한한다.(Harvey 1999 : 405~6)

하비는 금융·신용 도구들이 이러한 자본의 증식과정에서 더 많은 분산의 기회를 제공하고, 이를 통해 그것들이 없었다면 자본 일반, 특히 다국적 자본의 순환을 억제하는 효과를 낳았을 시간적 제약을 우회하거나 완화하는 것을 가능케 한다는 점에 주목한다. 물론 국제적 자본 흐름이 급격하게 증가했던 10년 동안에도 어떤 제약들은 그대로 남았다. 예컨대, 각국의 정부들이 금융정책과 화폐정책을 입안할 때는 국가적 자기 이해가 반드시 동기로 작용한다. 또 신용과 외환거래를 초국적으로 규제하기 위한 브레튼우즈 협정과 같은 실행가능한 시스템이 계속해서 부재함으로 해서 각국 정부의 정책들은 자본의 공간적 이동성에 잠재적으로 답답한 영향을 미치게 된다. 그러나 『자본론』과 『요강』에서 맑스가 서술한 일반 원칙, 즉 화폐자본은 본질적인 유연성과 유동성을 갖고 있다는 원칙은 계속해서 유지된다. 이러한 맥락에서 맑스에게 있어서 특히 중요

---

: 48을 보라. 그러나 맑스가 이야기했듯이, 원래의 화폐자본금을 증대시키는 데는 상품의 교환만이 필요하다는 것, 즉 이윤의 실현을 위해 필요한 것은 M-C-M' 회로가 전부라는 것에 주목해야 한다.

한 것은 그가 '의제자본'fictitious capital이라 부른 자본 형태의 역할, 즉 상품이나 생산적 기업과 어떠한 특정한 관계도 맺지 않고 유통되지만, 상품에 나타난 잉여가치와 교환될 수 있다는 사실, 다시 말해 자본의 증식을 특징짓는 화폐 → 상품 → 더 많은 화폐(M - C - M') 회로에서 발견되는 수많은 교차점들 가운데 어느 곳에나 삽입될 수 있다는 사실 덕분에 스스로를 '가치화'할 수 있는 자본의 역할이다.[32] 이러한 자본의 증식회로에의 삽입과 함께 '의제자본'은 (새로운) 화폐자본이 되고 그 과정에서 '가치화'된다. 왜냐하면 이 (새로운) 화폐자본은 이제 생산에 기초한 부문들 속으로 흘러들어갈 수 있게 되었기 때문이다. 이것의 가장 주목할 만한 사례는 아마도 1998년과 1999년 미국 주식시장의 거품이 1997년 동아시아 금융위기에 의해 위협받던 자본주의 세계를 불황에서 끌어냈던 방식일 것이다. 나는 뒤에서 이 '가치화' 문제로 되돌아올 것인데, 이는 이 문제가 프롤레타리아트/다중의 구성권력의 형성(즉, 네그리의 탁월한 문제)을 위한 중요한 함의를 품고 있기 때문이다.

1970년대 초 이래 치외법권적인 금융시장과 제도들에서 일어난 획기적인 변화의 많은 측면들을 여기서 충분히 다루는 것은 어려운 일이다. 1973년에 시작된 국제적 자본 운동에 대한 규제들의 폐지와 더불어, 전지구적 외환시장의 거래규모는 1973년의 일평균 150억 달러에서 1980년 800억 달러, 1992년 8,880억 달러, 그리고 1995년에는 1조 2,600억 달러로 증가했다. 현재 이 거래량의 2% 미만만이 상품과 서비스 무역에 투여되고 있다(1973년의 15%와 비교해 보라). 해외직접투자(FDI)의 비율

---

32. '의제자본' 개념에 관해서는 Marx 1967b : part V를 보라. de Brunhoff 1990 : 186~7 또한 참조하라. Harvey 1999 : 239~82는 지금까지 제출된 '의제자본'에 대한 분석들 가운데 가장 상세하다. 전체 해외자본거래들 중 80%가 일주일 혹은 그보다 더 짧은 회전시간을 가지며, 대부분의 회전은 단 하루만에 이루어진다. 이에 대해서는 Tobin 1996 : xii를 보라.

도 그만큼 작다. 1990년대에 개발도상국가와 신흥시장국가들로의 해외 직접투자 흐름이 크게 증가했음에도 불구하고 그렇다. (전세계 중앙은행의 금과 외환 보유고 총계를 초과하는) 1일당 1조 달러 이상에 달하는 나머지 거래량은 통화시장을 비롯한 여타의 금융시장들에서 사적 개인들에 의해 이루어지는 거래 — 대부분 단기거래이다 — 에 사용되고 있다.[33] 미국의 시장자본화율은 기하급수적으로 증가했다. 1995년에 미국 주식시장의 가치는 GDP의 100%에 달했는데, 이는 그 이전에 딱 한번(1929년) 달성되었던 수준이다. 2000년 초 자본화는 GDP의 180%를 넘어섰고 그해 말에 150% 수준까지 떨어졌지만 이는 여전히 1990년 수준(대략 GDP의 55%)의 세 배에 달하는 수치였다.[34] 몇몇 저개발국가들(LDCs) 또한 주식시장 자본화에서 매우 급격한 성장을 보여주었다. 아지트 싱[Ajit Singh]은 미국과 저개발국들이 대략적으로 동일한 자본화율에 도달하는 데 각각 얼마만큼의 시간이 걸리는지에 대한 유익한 비교를 통해 다음과 같은 결론을 도출한다.

최근 제3세계 주식시장의 발전 속도가 얼마나 놀라운지는 미국의 자본화율(GDP에 대한 비율로서의 시장자본화)이 7%에서 71%로 상승하는 데 85년(1810~1895)이 걸렸다는 사실로 미루어 가늠해 볼 수 있다. 미국의 경우와 대조적으로, 대만의 시장자본화율은 1981년에서 1991년 사이의 단 10년만에 11%에서 74%로 뛰어올랐다. 이와 유사하게 1983년에서 1993년 사이에 칠레의 시장자본화율은 13.2%에서 78%로 상승했고, 한국의 경우 5.4%에서 36.2%로, 태국은 3.8%에서 55.8%로 상승했다.[35]

---

33. Bhaduri 1998 : 149~58, 특히 p. 152를 보라. 지난 20년간 전지구적 금융시장에서 일어난 변화들에 대한 유익한 개괄적 설명은 Helleiner 1994, Griffith-Jones 1998 그리고 Eatwell and Taylor 2000에서 찾아볼 수 있다.
34. 수치들은 Samuelson 2001에서 가져온 것이다.
35. Singh(1997 : 22~9, p. 23으로부터 인용)을 보라. 그는 또한 1992년 인도의 주식시장

유가증권, 선물先物, 옵션, 스왑, 국제 뮤추얼 펀드, 국제 채권(이러한 금융상품들을 위한 시장은 1990년대에 개발도상국들에게 개방되었다) 그리고 미국을 비롯한 전세계적인 예탁증권을 위한 완전히 새로운 국제 시장의 출현과 자유화는 미국 기업들에게 산업화되었거나 산업화 중에 있는 국가들의 주식시장에 대한 접근권을 주었다.[36] 영국에서 연기금의 총자산은 GDP의 93%에 달하며, 네덜란드에서는 89%, 스위스에서는 87%, 미국에서는 57%에 이른다(연기금 자산이 GDP의 5% 정도밖에 되지 않는 독일, 프랑스, 이딸리아와는 대조적이다).[37] 『가디언 위클리』 *Guardian Weekly*(1997)에 따르면, 미국에는 현재 4조 달러를 관리하고 있는 2,800개 이상의 뮤추얼펀드가 있으며 1996년 한 해에만 2,200억 달러가 그 펀드들에 투자되었다(이는 1995년 총계인 2,420달러의 거의 두배에 달하는 수치이다[38]). 1987년 10월 대폭락 당시에는 총 2,240억 달러를 관리하는 812개의 미국 뮤추얼펀드만이 있었다. 세계은행은 미국 연기금, 뮤추얼펀드, 그리고 보험회사를 합친 총 자산규모가 1994년에 8조 달러에 달했던 것으로 추정한다. 1994년을 기준으로 할 때 미국의 두 주요 연기금 ― 교원보험 및 연금협회-대학퇴직기금TIAA-CREF 그리고 캘리포니아주 공무원 퇴직연기금CALPERS ― 은 각각 1,400억 달러와 1,000억 달러의 자산을 보유하고 있었으며, 영국의 최대 연기금인 영국 우편 및 통신 연기금Post Office and British Telecom Fund은 350억 달러의 자산을 가지고 있었다.

---

에는 6,700개의 회사가 상장되어 있었는데, 이는 미국의 7,014개, 영국의 1,874개, 독일의 665개와 비교할 만하다고 강조한다. 더구나 "봄베이 주식시장의 하루 평균 거래량은 런던 주식시장의 거래량 ― 일평균 약 45,000건의 거래 ― 과 거의 동일하다"(p. 23).

36. Henwood 1997a는 이 수많은 새로운 금융상품들과 그것들이 움직이는 시장에 대한 유용하고 읽어볼 만한 설명을 제공한다. 또한 Griffith-Jones and Stallings 1995 : 143~73, 특히 p. 153도 참조하라.

37. 이 수치들에 대해서는 Clark 2000 : 31을 보라.

38. 통계를 잘못 인용했거나 오식, 혹은 계산착오인 것으로 보인다

1994년에 전세계 연기금의 자산 총계는 10조 달러에 달했다.[39] 그러나 이러한 변화들의 몇몇 눈에 띄는 특징들에 주목해 보면, 1973년에서 오늘날까지 일평균 외환거래량, 주식시장 자본화, 연금, 보험, 뮤추얼펀드 등의 급성장에서 목격할 수 있는 놀라운 성장 외에, 흐름들의 구성 그 자체에도 똑같이 뚜렷한 변화가 있었다는 것을 알 수 있다.

## 현재의 금융주도/주식기반 성장체제의 영향

연금, 보험, 뮤추얼펀드의 거대한 확산, 주식시장 자본화에 있어서 외환거래 규모의 급격한 증가 등은 '금융화'라는 이름 아래 이루어진 다른 발전들과 함께 현재 자본주의 시스템에 의해 좌우되고 있는 실현과 축적의 회로를 발본적으로 변화시켰다. 금융주도/주식기반 성장체제의 우위가 10년 간에 걸쳐 이뤄놓은 혁명적 변화들은, 다중/프롤레타리아트 구성권력에 대한 네그리의 설명의 핵심에 놓여있는 자본과 프롤레타리아트 간 적대의 성격을 규명하려는 일체의 시도에 있어서 적어도 두 가지 중요한 함의를 갖는다.

첫째, 이 적대의 장은 금융주도/주식기반 성장체제의 탄생이 실현과

---

39. 이 수치들에 대해서는 Minns 1996 : 43을 보라. 클라크는 미국 소매예금이 채 3배도 증가하지 못했던 기간 동안에(1994년 말까지), 갖가지 종류의 채권들은 5배, 기업증권은 3배, 연금/생명보험 자산은 6배 이상, 뮤추얼펀드 자산은 300배 가량 증가했다는 점을 지적한다(2000 : 28). 지난 몇 년간 지속된 주식시장 붐을 고려하면, 이들 자산총액은 훨씬 더 클 것으로 추정된다. 민스(1996)는 미국과 영국 이외에 다른 연기금의 대부분은 일본, 네덜란드, 아일랜드, 아르헨티나, 페루, 콜럼비아 그리고 몇몇 남아메리카 국가들에서 발견된다고 이야기한다. 연기금 운영자들의 '단기주의'(short-termism)에 대해서는 Minns 1996와 Clark 2000, Blackburn 2002에 실린 상세한 연구들을 참조하라.

증식의 회로에 자본이 삽입될 수 있는 잠재적 지점들을 엄청나게 증가시
켰다는 사실에 의해 심원하게 변화되었다. 금융화가 초래한 자본 이동성
의 엄청난 증가는 자본가로 하여금 네그리가 실질적 포섭 국면에서 나타
난 노동의 비물질화의 결과들 가운데 하나로 간주하는 (자본가에게) 결
정적인 난점에 맞설 수 있도록 함으로써 ‘가치화’의 추구에 있어서 자본
에게 영향을 미친다. 이 때 결정적인 난점이란, 실질적 포섭 국면에서 프
롤레타리아트는 자본가가 잉여가치를 추구하는 과정에서 불가피하게 촉
진할 수밖에 없으며, 잠재적으로 프롤레타리아트에 의해 구성권력을 증
대시키고 자본가의 약탈행위들에 저항하기 위해 사용될 수 있는 양도불
가능한 사회적 협력의 힘을 소유하고 있다는 사실이다. 이러한 이유로
프롤레타리아의 저항은 언제나 가능하며, 나아가 잠재적으로는 불가피
하기까지하다. 그러나 ‘의제자본’이 ‘가치화’되는 조건인 현존하는 실현
의 회로들 가운데 하나로 불가피하게 들어가야만 하고(즉 힐퍼딩<sup>Hilferding</sup>
이 오래 전에 지적했듯이 일정한 형태의 산업적 혹은 생산적 자본으로
전환되는 것이 ‘의제자본’이 실현되는 조건이다), 이러한 전환과 그것의
결과가 필연적으로 의제자본을 (좋든 싫든 생산적 자본의 구성에 본질적
인 노동력의 유일한 원천인) 프롤레타리아트와의 적대적 관계 속으로 밀
어넣는 것이 사실이기는 하지만, ‘의제자본’의 소유자에게 주어진 유연성
은 이 특정한 종류의 자본가가 프롤레타리아라는 자본의 적과 벌이는 싸
움의 조건과 상황에 대해 더 많은 통제력을 행사할 수 있음을 의미한다.
그리하여 예컨대 설립 이래 한 번도 이윤을 만들어낸 적이 없지만 그럼
에도 불구하고 그 기간 내내 주식시장에서 엄청나게 과대평가되어 온 아
마존닷컴<sup>Amazon.com</sup>과 같은 기업은 이러한 주식시장의 지속적인 과대평
가로부터 자신의 영업손실을 상쇄하고도 남을 만큼의 자본을 끌어내어

사용할 수 있었다. 이러한 막대한 금융자원을 이용할 수 있다는 사실은 또한 아마존닷컴으로 하여금 다루기 쉽고 회유가능한 노동력과 상대할 수 있도록 해 주었다(이는 노동조합 결성에 대한 그것의 반대에서 전형적으로 드러난다).[40]

둘째, 주식에 기반한 소득의 소유자는 프롤레타리아트 적대의 구성에 본질적인 임금관계의 규율로부터 스스로 자유로워진다. 물론 부유한 사람들은 지금까지 어떠한 자본주의 확장의 국면에서도 결코 임금관계의 규율에 구속되지 않았다. 그러나 선진 산업국가들에서 점점 더 큰 비율의 개인들이 주식에 기반한 원천으로부터 소득의 많은 부분을 얻으면 얻을수록, 임금관계의 규율적 힘을 (개인적으로든 집단적으로든) 제거하거나 무력화하려 노력함에 있어서 그러한 개인들에게 주어지는 여지는 점점 더 커지게 된다.[41] '제국'의 핵심에 놓여있는 주식에 기반한 부가 이

---

40. BBC 뉴스(2001)는 아마존닷컴이 노동력을 15% 감축할 것이라고 보도하면서 다음과 같이 말했다. "2000년 10월에서 12월까지의 기간동안 아마존이 올린 실적은 …… 월스트리트의 분석가들이 예상했던 것보다 약간 더 낮다. 아마존의 판매실적은 44%가 증가해서 자체 예상을 약간 상회하는 9억 7,200만 달러에 달했다. 그러나 온라인쇼핑몰은 여전히 9,040만달러(6,180만 파운드), 즉 주당 25센터의 손실을 냈다. 이는 작년 손실액 1억 8,490만 달러, 즉 주당 55센터에 비교할 만한 것이다. 일회성 비용을 포함시키면 손실액은 5억 4,500만 달러까지 상승한다." 거대한 주식시장가치는 또 다른 효과를 갖고 있다. 즉 소위 '신경제'가 '낡은' 경제와 맺는 관계를 왜곡시키는 것이다. 로널드 도어가 지적했듯이, (그가 책을 쓰던 시점에) 미국의 전체 철강산업을 사들이는 데에는 aol.com의 주식 5%만 있으면 된다. Dore 2000 : 3을 보라.
41. 『르몽드 디플로마티크』(*Le Monde Diplomatique*, 2000)는 "지난 2년간 가장 부유한 미국인 400명의 평균 재산은 한 사람당 9억 4천만 달러 증가했다"고 보고한다(p. 2). 이러한 증가분의 대부분은 주식으로부터 온 것이다. 그리고 이는 또한 400명의 미국인 각각이 지난 2년 동안 시에라리온(Sierra Leone)(7억 달러), 부룬디(Burundi)와 에리트레아(Eritrea)(8억 달러), 몽골(9억 달러)의 1999년 GNP보다 더 많은 돈을, 그리고 모리타니아(Mauritania)와 중앙아프리카공화국(10억 달러)의 1999년 GNP에 조금 못 미치는 돈을 벌어들였다는 것을 의미한다. 이러한 수치들에 대해서는 World Bank 2001 : 274~5를 보라. 이러한 주식에 기반한 부의 급증은 1980년과 1995년 사이에 뉴욕증권거래소(NYSE)의 주가지수가 4.28배 상승했으며, 세금을 공제한 이윤이 4.68배 증가했다는 사

처럼 급격하게 성장한 결과, 임금관계의 규율은 가면 갈수록 가장 착취받고 가장 적은 권리를 갖고 있는 이들에게만 적용되게 되었다. 더 많이 가진 자들에게 무언가가 주어지면 질수록, 더 적게 가진 자들은 무언가를 빼앗기게 된다는 것이 점점 더 사실이 되어가고 있다. 다중의 구성권력의 배치에 있어서 이러한 발전의 결과는 잠재적으로 매우 중요하다. 그러한 결과 중 하나는 기업 간부들에게 보수로 스톡옵션을 주는 사례가 늘어나고 있다는 것이다. 사회적으로 좀더 유익한 인센티브들을 소홀히 하면서 주식가치를 극대화하기 위해 간부들에게 기업 내부적인 인센티브를 제공하는 것이다. 지금까지는 월급을 받는 관리자였던 기업 간부들은 이제 사실상 관리자-자본가가 되었으며, 그 결과 자신들의 이해가 여전히 월급을 받는 피고용자들(물론 이들은 여전히 임금-노동 연계에 갇혀있다)의 이해보다는 주주들(즉, 다른 주식보유자들)의 이해와 훨씬 더 긴밀하게 연결되어 있다는 것을 알게 된다.[42]

여기서 언급한 금융주도/주식기반 체제는 선진국들의 경제에 다양하게 분포되어 있다. 그것은 다음과 같은 고유한 특징들을 갖고 있는데, 그

---

실을 반영한다. 1995년에 S&P 500 지수와 NYSE 지수는 각각 17.6%와 14.6% 뛰어올랐고, 1996년에는 23%, 그리고 1997년에는 각각 추가로 30%와 27%씩 성장했다. 1998년에 NYSE 지수는 20.5%, S&P 500 지수는 27% 상승했으며, 1999년에는 각각 12.5%와 19%씩 성장했다. 1995년과 1997년 사이 미국 서비스 부문의 수익률은 22% 상승했다. 미국 GDP는 1995년에서 1999년 사이에 4.5% 성장했으며, 이 성장비율의 1/3은 주식시장이 주도한 소비 덕분이라고 할 수 있다. 물론 지난 석 달 간 미국의 주식시장은 크게 하락했다. 같은 기간 미국의 소득불평등 정도가 심화되었다는 점 또한 주목되어야 한다. 1989년과 1997년 사이 상위 1%의 순자산은 11.3%, 상위 5%의 순자산은 10%, 상위 10%의 순자산은 4.1% 증가한 데 반해, 하위 90%의 수입은 4.4% 감소했다. 이 통계들에 관해서는 Brenner 2000을 보라.

42. 이러한 시스템 하에서 기업들은 주식시장의 만족스러운 가치평가를 기업이 성공을 거두고 있다는 표시로 간주하기 쉽다. 이러한 상황은 이제 국가경제로까지 일반화되어서, 국가증권거래소 자체가 나라의 번영과 안녕의 결정적인 척도가 되는 지경에 이르렀다. Dore 2000 : 10은 이 점을 잘 지적하고 있다.

중 많은 부분이 '신경제'라는 현상과 관련되어 있다.[43] 금융주도/주식기반 체제는 포드주의에서 임금-노동 연계가 담당했던 중추적 역할을 금융기관들과 혁신적 도구들의 회로망으로 대체하며, 체제의 안정성은 (포드주의의 전성기 때와 달리) 국가가 중재하는 자본-노동 간 단체임금협상이 아니라 중앙은행에 맡겨진다(Boyer 2000 : 112). 기업들은 이제는 낡아버린 기업 조직 및 운영원칙들에 기초한 실적 기준을 달성하기보다는 자본시장과 그 시장의 공적 가치평가 논리에 초점을 맞춘다. 그리고 이것은 기업들의 입장에서 '단기주의'를 부추기는데, 왜냐하면 "성공적인 기업들은 신용이 달려있는, 빠르게 확장하고 있는 최종 생산품 및 서비스 시장에서 흐름에 따라 준지대quasi-rent를 획득하면서도 동시에 상품 생산비용은 다른 기업들에게 떠넘기기" 때문이다.[44] 로베르 브와예는 금융주도/주식기반 체제의 다른 특징들을 다음과 같이 기술한다.

다수의 거대 인수합병, 국가 간 자본 이동성, 조합주의적 협치에 대한 압력, 이전보다 많은 사람들에 의한 주식보유 등과 같은 이 모든 변화들은 …… 완전히 새로운 조절양식으로 귀결된다. …… 이 조절양식은 노동시

---

43. 이러한 체제의 특징은 조절학파 구성원들의 많은 최근 저작들에서 다루어졌다. 예컨대, Aglietta 1998a, 1998b, 2000과 Boyer 2000을 보라. 이 맥락에서 조절학파의 저작들을 참조하는 것이 그것의 다른 이론적 · 실천적 입장까지 지지함을 의미하지는 않는다. 네그리는 조절학파가 경제과정을 개념적으로 파악할 때 "주체 없는 과정"에 의존하는 것은 "경제적 객관주의"를 함의한다고 비판했다(Negri 1996c : 178~9). 이러한 비판에는 진실이 존재한다. 조절학파는 경제적 변화와 발전을 설명함에 있어서, 프롤레타리아트의 능동적 역할을 상대적으로 덜 강조하는데 반해, 제도적 변화, 생산체계의 발전 그리고 사회적 생산관계의 역할을 압도적으로 강조하기 때문이다. 그러나 경제적 신자유주의의 무절제함에 저항하는 하나의 방식으로서 경제적 · 사회적 시민권의 부활을 주장하는 아글리에타의 입장(1998a)은 프롤레타리아트에게 전략적으로 좀더 능동적인 역할을 부여하는 방향으로 배치될 수 있다(아글리에타 자신은 네그리의 '노동자주의적 맑스주의'를 그리 편치 않게 여길 것이지만 말이다).
44. Aglietta 2000 : 148 and 150. 앵글로색슨적 자본주의 기업들의 '단기주의'에 대해서는 Singh 2000을 보라.

장 유연성, 가격 안정성, 첨단기술부문 개발, 급속한 소비성장을 유지하기 위한 주식시장과 신용의 급격한 팽창 그리고 기업에 대한 기대의 영구적인 낙관주의 등을 [결합한다.] 이러한 모델을 채택하고 실행하는 각국의 능력이 거시경제적 수행에 있어서 핵심적인 요소가 될 것이며, 금융화된 성장체제의 분포가 지배하는 위계적 세계경제 속에서 그 국가가 어떤 위치를 차지할지를 결정할 것이다.(Boyer 2000 : 116)

이와 동시에, 전례없는 수준의 생산혁신과 틈새시장 개발에 대응하여 소비자 수요의 구조가 재구성된다. 수요와 공급 모두 일반적으로 (이전 축적 체제의 자본-임금 연계에 의해서보다는) 자산가격기대asset price expectations에 의해 조절되기 때문에, 높아진 이윤기대가 자산가격에 대한 호의적인 평가로 이어지고, 이는 다시 소득과 소비자 수요를 부양시키며, 이것이 최초의 높은 이윤기대를 정당화하고 결과적으로 또 다른 자기충족적 이윤기대의 순환을 일으키는 선순환의 가능성이 존재한다. 앞서 지적했듯이, 이 새로운 이윤-추진 체제는 더 많은 특권을 가진 임금생활자들이 소득에 있어서 고정된 임금 이상의 것에 기댈 수 있도록 만든다. 왜냐하면 그들은 이제 주식과 연기금으로부터 발생하는 부에 대한 더 많은 접근권을 향유할 수 있기 때문이다. 또한 1990년대 미국 경제의 경우에서처럼, 금융시장에서 발생한 부는 이전 축적체제에서는 거의 생각할 수도 없었던 전체적인 규모로 소비에 활기를 불어넣을 수 있다. 그러므로 이 표면상의 선순환 속에서, "거시경제적 동역학 전체는 …… 금융시장에서 나오는 기대, 기업 이윤성장의 실재 그리고 이윤율의 동역학 간의 공존가능성에 의해 추동되며, 중앙은행은 그 공존가능성을 지휘하고자 노력하고 있다"(Boyer 2000 : 121).

이러한 금융주도 체제는, 미국이 이끌고 있기는 하지만 당연히 전지

구화되어 있으며, 그러므로 다른 국가들의 경제도 상대국가 경제의 재무
수익률에 대응해야만 한다. 자본의 운동은 환율에 영향을 미치고, 한 나
라의 환율 정책은 전지구적 금융시장에서 활동하는 주역 가운데 하나로
서 그 국가가 갖고 있는 신용에 영향을 미친다. 심지어 미국의 지속적인
대외무역적자도 다른 나라의 예금에서 나온 자금을 통해 벌충되어야 한
다. 이는 미국에 아시아와 유럽 국가들의 예금에 대한 접근권을 부여해
줄 개방적이고 '경쟁적인' 국제금융시스템을 촉진시킬 유인책(물론 다른
유인책들도 있다)을 제공하기 때문이다.[45]

　이처럼 국제 금융시장 체제는 1972년 이래로 일련의 구조적 변화를
겪어왔으며, 그것들 중 몇몇은 여전히 진행 중이다.[46] 이러한 변화들에는
국제신용원천의 변화와 새로운 자본 재생 메커니즘의 출현이 포함되며,
이것들은 함께 지속적인 영향을 미치는 혁명적인 변화들을 시작했다. 국
제신용원천의 변화는 잘 알려져 있다. 그러나 랜덜 저메인Randall Germain은
더 중요한 변화들이 자본 재생 메커니즘에서, 즉 "세계경제에 이용가능
하도록 만들어진 신용의 형태, 그러한 신용에 대한 접근을 통제하는 화
폐행위자들의 네트워크, 그리고 전지구적 금융시스템 내에서 공적 화폐
행위자들과 사적 화폐행위자들이 맺고 있는 관계에서 발생했다"고 말한
다(Germain 1997 : 136). 저메인은 계속해서, 그 결과 "탈중심화된 지구
화"라고 부르는 것이 적절할 국제금융의 새로운 시대가 출현했다고 말한
다. 그리고 이 새로운 시대는 새롭고 언제나 규제받는 것은 아닌 모든 종
류의 체계적 채권자들의 해방, 불안정한 제도적 배치들의 일반적인 등

---

45. 이에 대해서는 Brenner 2000을 보라.
46. 아래에서 나는 Germain 1997, Webb 1995, Harmes 1998에서 제시된 개괄적인 설명
　　을 꼼꼼히 따라갈 것이다. 하메스는 새로운 금융시장의 출현과 함께 투자 분배 기준에
　　서 나타난 변화들을 설명함에 있어서 특히 뛰어나다.

장,[47] 국가적·공적 화폐기구의 축소된 권위와 유효성(금융시장에 대한 규제를 철폐하는 일을 주도할 때는 예외다),[48] 국가적·공적 화폐제도의 쇠퇴를 보완하는 사적 화폐기구의 권위와 유효성의 성장(이제 권력의 균형은 이쪽으로 기울고 있다), 그리고 유동자본의 흐름에 대한 접근을 관리하는 데 이용되는 기준의 변화(이는 사적행위자들에게 유리한 쪽으로 변화해 왔다)[49] 등과 관련되어 있다. '탈중심화된 지구화'에서는, 거의 어떤 것이든 투기시장 활동의 초점이 될 수 있다. 이 시장이 생산적 능력의 실제적 혹은 기획된 확장과 관련되어 있는가라는 질문에 대한 어떠한 고려도 없이 말이다. 여기서 적절한 사례는 기후변화에 관한 1997년의 교토의정서인데, 이것은 '오염자' 국가가 탄소 오염률이 낮은 국가로부터 배출권을 사서 사실상 배출권 '신용'을 확보할 수 있도록 하는 메커니즘을 수립했다. 2008년까지는 이 메커니즘이 작동되지 않기로 되어있음에도 불구하고, 1999년을 기준으로 할 때 500억 달러에 이르는 배출권 중개시장이 번성하고 있고, 이 배출권 시장이 투기적 헤지펀드와 파생상품 시장과 연결됨에 따라 오는 수십년 이내에 시장 규모가 수조 달러대에 이를 것으로 전망되고 있다. 이 배출권 시장의 중추적 조직들 가운

---

47. 여기서 중요한 점은, 불안정성의 증가가 국제적 조정의 축소와 반드시 같은 것은 아니라는 점에 주목하는 것이다. 웹(1995 : 252 이하)이 지적하는 바와 같이, 오히려 1970년대 이후로 국제경제에서 이전보다 더 많은 조정행위들이 있었다. 비록 그것이 이전과 같은 수준의 안전성을 제공하지는 못했지만 말이다.
48. 이러한 전개과정에 대한 훌륭한 설명은 Helleiner 1994와 Goodman and Pauly 1993에서 찾아볼 수 있다. 헬라이너는 시장의 통합과 탈규제화를 촉진함에 있어서 국가가 수행한 두드러지는 역할을 강조한다. 굿맨과 폴리는 정부정책이 통합과 이동성을 증가시키고, 다시 이 새로운 상황이 사적 행위자들로 하여금 훨씬 더 많은 탈규제화를 요구하도록 만든다고 보는 좀더 변증법적인 접근법을 사용한다.
49. 웹은 다음과 같이 말한다. "정부들은 미래 국제시장 압력의 가능성과 정도를 감소시키기 위해 조정하기보다, 국가정책의 차이들에 대응하여 사적 시장이 부과하는 예측불가능한 부담과 함께 기회를 노리는 것을 선호해 왔다"(1995 : 259~60).

데 하나가 <국제배출권거래협회>International Emissions Trading Association인데,
여기에는 호주주식거래소Australian Stock Exchange, 국제석유거래소International
Petroleum Exchange, 셸Shell, BP, 아모코Amoco, 스타토일Statoil, 도쿄전력Tokyo
Electric Power 등과 같은 사적 기관들이 구성원으로 포함되어 있다.[50] 나는
뒤에서 생산력의 확장을 수반하는 자본과 이러한 형태의 자본 간의 분리
라는 문제로 되돌아올 것이다.

사적 기관들의 중요성이 증가하기는 했지만, 자본의 이동성이 완전
하지 않기 때문에 국가는 적어도 두 가지 측면에서 계속해서 일정한 역
할을 수행하고 있다. 하나는, 국가가 여전히 일정 정도의 거시경제 정책
자율성을 가지고 있다는 것이다. 비록 금융시장의 전지구적 통합, 그리
고 이러한 조건에서 사적 행위자들을 사실상 국가적·공적 권위의 대리
인으로 만드는 방식으로 사적 행위자들이 국가의 정책도구들을 사용하
도록 허용하는 국가의 경향이 다양한 측면에서 그리고 다양한 정도로 그
러한 자율성을 실행할 여지를 제한하고 있기는 하지만 말이다. 두 번째
는 전지구적 금융시장의 경로와 구성을 결정함에 있어서 미국이(그리고
이보단 못하지만 서구유럽국가들과 일본이) 차지하고 있는 우월한 지위
이다. 그리고 이는 뉴욕, 도쿄, 런던의 금융시장이 누리고 있는 상대적 우
위와 연결되어 있다. 이처럼 국가에 기반한 헤게모니는 여전히 국제금융
시스템의 핵심이다. 그러나 오늘날 어떠한 일개국가 혹은 공적 권위도
국제금융시스템을 효과적으로 통제할 수 없다(미국이 헤게모니를 갖고
있는 기관들과 OECD 가입국의 중앙은행들이 이 시스템에서 핵심적인
위치를 차지하고 있다고 해도 말이다). 그리하여 금융기관들이 점점 더
혼종화되고 그 결과 그것들의 재원이 점점 더 상호교환가능하게 됨에 따

---

50. Sinai 2001 : 15를 보라. 그는 500억 달러라는 수치를 2000년 10월 17일자 『유럽판
월스트리트저널』(*Wall Street Journal Europe*)로부터 인용했다.

라 이자율의 지역화가 심화되고 지급준비금의 중요성이 감소하게 된다
(Germain 1997 : 161).

이 금융주도 성장체제가, 그 존재이유가 금융자산의 축적이라기보다
는 상품의 생산과 교환인 다른 체제들과 관련되는 방식에 관한 통일된
모델은 없다. 브와예(2000)는 다수의 대안적인 포스트포드주의 성장체
제를 다음과 같이 구분한다. 도요타주의(1990년까지의 일본), 서비스주
도(1980년대 미국), 정보/통신기술주도(1980년대 중반 이후의 실리콘밸
리), 지식기반(1990년대 이후의 미국), 경쟁주도(1985년 이후 대부분의
OECD 국가), 수출주도(1997년 이전 동아시아의 '호랑이 경제'), 그리고
금융주도(1990년대 이후 미국과 영국). 이러한 유형학으로부터 분명해
지는 것은 혼종적 포스트포드주의 구성체가 있을 수 있다는 사실이다(미
국 경제는 금융주도가 가장 지배적인 위치를 차지하는 — 이는 금융이 미
국의 거시경제적 운영을 위한 재원 마련의 전략적 지점이기 때문이다 — 지식
기반, 정보/통신기술주도, 금융주도 경제이다).[51] 이와 동시에 저소득 저
개발 국가들이 이 시스템 속에서 자신의 전반적인 방향에 현실적으로 영
향을 미치기를 희망할 수 있는 위치를 차지하기란 사실상 불가능하다는
사실 또한 부인하기 힘들다. 근본적인 비대칭성이 극제금융시스템에 스
며들어 있다. 그리고 주식기반/금융주도 성장체제에 필수불가결한, '의
제자본'과 생산자본 간의 분리는 시초부터 자본주의적 축적의 특징이었
던 전세계적인 경제 양극화를 강화할 뿐이다.

금융주도 성장체제에서 발생하는 국제적 경제 양극화의 주된 원인은
바로 금융자본(그리고 '의제자본')이 생산자본으로부터 독립한 것이다.

---

51. 내가 보기에 네그리 입장의 문제는 주식기반 성장체제의 우위를 충분히 강조하시 않
　는다는 것이다. 앞시 살펴보았듯이 오히려 그의 모델은 지식기반, 정보/통신기술주도,
　경쟁주도 체제를 더 강조하며, 금융화와 그것의 영향에는 흘끗 눈길을 한 번 주는 정도
　이다.

금융자본과 '의제'자본, 즉 화폐 — 그것들은 언제나 화폐이다 — 는 자본의
생산회로와 소비회로가 동시에 움직이도록 한다. 그리고 이러한 동시화
는 생산과 소비 사이의 연결을 단축함으로써 잉여가치 실현 과정의 속도
를 높인다. 그러므로 동시화의 본질적 도구, 즉 금융/화폐에 대한 명령은
어느 정도 즉각적으로 이윤을 실현시키는 능력으로 변환되는데, 이는 생
산과정과 노동에 대한 직접적 착취 그 자체로부터 분리된 방식으로 이루
어진다.[52] 그러나 주식기반 성장체제에서 일어나는 금융(그리고 '의제')
자본의 생산자본으로부터의 이러한 근본적인 분리가 '의제'자본과 금융
자본이 생산과정에서 '가치화'의 수단을 찾아야 할 필요를 절대적으로 면
제해 주는 것은 아니다. 맑스가 지적했듯이, 만약 자본가들이 어떤 원천
으로부터든 화폐를 벌어 쌓아놓고 그 돈더미 위에 앉아있는 데 만족한다
면, 그 화폐는 단지 퇴장화폐가 될뿐, 자본을 구성하지는 않을 것이다. 이
화폐가 자본이 되기 위해서는 어떤 지점에서 생산과정 속으로 투입되어
야 한다. 사실 이것이 바로 미국이 주도하는 현재의 축적체제에서 일어
난 일이다. 주식시장이 추동한 확장은 오직 수입상품과 서비스에 의해서
만 충족될 수 있는 역사적으로 유례없는 수준의 소비자 수요를 불러일으
켰다. 이 과정에서 미국은 막대한 무역적자와 경상수지적자를 부담하게
됐지만, 아마도 동아시아 금융위기 이후에 일어났을지도 모를 심각한 세
계 경기침체를 방지하기는 했을 것이다. 그러나 이로부터, 서로에게 유

---

52. 사실 노동과 고정자산 보유자들은 불균형적으로 세 부담에 종속되어 있다. 금융자산
의 소유자들이 마음껏 활용할 수 있는 이동성이 그들에게는 결여되어 있기 때문이다.
신용/화폐를 이용하여 생산회로와 소비회로가 동시에 움직이도록 할 수 있는 능력이,
미국으로 하여금 다른 어떠한 나라도 할 수 없는 일, 즉 마이너스 저축률과 만성적인
대외무역적자에도 불구하고 상대적으로 높은 성장률을 기록하는 일을 할 수 있도록 해
주는 바로 그것이다. 기본적으로 미국은 투자와 저축을 분리할 수 있고, 또 금융자산
보유고로부터 얻은 수입을 투자와 소비를 보조하는 데 사용할 수 있다. 이러한 분리에
대해서는 Brenner 2000을 참조하라.

리한 세계적 노동분업이 확고해지기 시작하면서 이제 체계적으로 조율되는 국제적 확장이 실질적인 가능성으로 다가오고 있다고 결론내리는 것은 지나치게 낙관적인 태도일 것이다. 미국 자신의 '거품에 기반한' 확장은 이제 이전의 주요한 상승기만큼 뿌리깊지 못하고 불안정한 것으로 드러나고 있다. 그리고 1990년대 미국의 확장을 지탱했던 것으로 이야기되는 조건들이 부재하는 상황에서, 미국의 막대한 '의제자본' 축적분이 전지구적으로 통합된 노동분업에 순조롭게 투입됨으로써 '가치화'될 수 있을 것이라는 주장은 장기적인 관점에서 그리 신뢰할 만한 것이 못된다. 이러한 '거품에 기반한' 팽창은 아마도 그 자신의 위기를 발생시키게 될 것이다.

그럼에도 불구하고 부유한 나라와 가난한 나라들 간의 근본적인 권력 불균형에 기초한 세계적으로 통합된 노동 분업이 바로 이 '의제자본' 의 '가치화'를 위한 오늘날의 메커니즘이라는 것은 사실이다. 주식시장이 추동한 미국의 팽창은 소비를 크게 촉진시켰고, 이는 다시 교역상대국들의 수출기반 경제에 강력한 자극을 주었다. 이 교역상대국들은 이러한 주식기반 체제에서 선택적 기능을 수행함으로써 이익을 뽑아내기 위해 최선을 다할 수밖에 없다. 그러나 싱가폴이나 홍콩, 그리고 그보다 훨씬 덜한 정도로이기는 하지만 중국, 인도 혹은 두바이('아랍세계의 싱가폴') 가 이러한 방식으로 이익을 얻고 있기는 하지만, 부르키나파소나 콜롬비아 혹은 피지는 그러한 체계에서 최소한의 발디딜 곳을 확보하기 위해 할 수 있는 일조차도 거의 없다. 저개발국가들은 기본적으로 이 체계에 의해 1차상품생산(이 세계의 콜롬비아들이나 피지들에게 부여된 운명) 이나 낮은 수준의 자본구성으로 움직이며 여전히 테일러주의적 원리에 따라 조식되는 노동집약적 산업생산(예컨대 베트남, 말레이시아, 과테말라 등의 섬유, 전자, 완구 산업)을 담당하도록 강제된다. 이러한 국가들은 기본적으로 나이키Nike, 갭Gap 등과 같이 일반적으로 잘 알려진 선진국 [개발국]developed country(혹자는 '과잉개발'overdeveloped국이라고 말하기도 한다)의 제조업자의 하청업자들이다. 따라서 부르키나파소나 피지 같은 저개발국가들이 금융주도/주식기반 성장체제와 결부된 근본적인 비대칭성의 치명적인 효과들을 극복할 수 있는가라는 문제가 남는다. 이러한 비대칭성은 또한 다중/프롤레타리아트 구성권력에 대한 네그리의 논의의 핵심에 놓여있는 자본과 프롤레타리아트 간의 근본적 적대를 굴절시킨다. 그러므로 이 구성권력이 이러한 비대칭성을 충분히 고려하는 방식으로 다듬어질 수 있는지를 고찰해 볼 필요가 있다.

## 구성권력과 국제적 경제 양극화 극복의 기획

여기서 오늘날의 자본주의적 축적에서 금융주도/주식기반 성장체제가 차지하고 있는 중심적 위치에 두어지고 있는 강조가 이 체제의 명백한 특징, 즉 자본의 금융화가 지배하는 체제에서조차도 일자리 — 새로운 것이든 기존의 것이든 — 의 압도적 다수는 고숙련·고임금과 상관없는 고용부문들에 속한다는 사실을 가려서는 안 된다. '지성적 노동자'와 '노동의 비물질화'에 대한 네그리의 강조는, 포스트포드주의와 결부된 과정이 만들어내는 일자리의 대부분이 은행과 금융서비스 또는 고숙련·첨단기술 산업생산 영역이 아니라 평범하고 낮은 저급 서비스 부문에 속한다는 사실을 간과할 수도 있는 잠재적 위험을 품고 있다. 1994년에서 2005년에 걸친 기간 동안 가장 많은 일자리를 제공할 직업에 대한 미 노동부의 예측은, 가장 많은 새로운 일자리를 낳을 상위 직업들로 출납원,

관리인과 청소부, 소매점원, 웨이터와 웨이트리스, 공인간호사, 총지배인과 최고경영자, 시스템분석가, 재택건강보조원, 수위, 간호조무사, 잡역부, 안내원 등을 꼽고 있다. 이것들 가운데 오직 24%만이 중간관리자와 소유자 혹은 경영자 직종을 이룬다고 말할 수 있다.[53] 공정하게 말하자면, '노동의 비물질화'에 대한 네그리 주장의 요점은 주로 현재의 자본주의적 축적체제에게 그것의 동력 혹은 선도력을 제공하는 부문들이 나타내는 영향에 관한 것이다. 그리고 오늘날 선진자본주의 국가들의 경제를 이끌고 있는 것은 은행·금융서비스, 고숙련·첨단기술 산업생산 부문들이다. 포드주의의 전성기에 이 경제들에 추진력을 부여했던 것이 중공업 부문(자동차 생산, 조선 등)이었던 것과 마찬가지로 말이다(그러나 오늘날 자동차 생산과 조선은 기본적으로 말레이시아, 태국, 멕시코, 브라질 등과 같은 저개발국가들로 이관되었다). 그러므로 그것이 무엇이든 간에 생산성 향상을 이끌어내고 그 결과 발생하는 이윤을 지배적인 축적체제로부터 부여받는 것은 저급 직종의 '물질적 노동자들'이 아니라 이들 고급부문에 속하는 경제적 행위자들이다. 그리고 이는 아마도 금융주도/주식기반 성장체제의 고급 부문들이, 그 부문들에 투하되는 새로운 자본과 함께 생산성 향상의 장소가 될 수 있기 때문일 것이다(그리고 이것이 '노동의 비물질성' 테제를 해석하는 한 가지 방식이다).[54] 그러나 '비물질적 노동' 개념이 아무리 매력적이라 하더라도, 선진자본주의 국가들의 경제적 토대로 복무하는 것은 저급 서비스 직종의 '물질적 노동'이며, 반

---

53. 미 상무부, 『미국 통계요약집 : 1997』(*Statistical Abstract of the United States : 1997*), 표 646, Zweig 2000 : 44에서 인용.

54. 축적체제의 상이한 구성요소들(노동과 자본) 사이에서 벌어지는 생산성 향상과 이윤의 분배를 둘러싼 투쟁이 이윤의 생산 그 자체보다 더 중요해진 것은 다름 아닌 주식기반 성장체제가 누리고 있는 우월한 지위의 결과이다. 이에 대해서는 Weeks 1999 : 62를 보라.

자본주의적 구성권력에 대한 어떠한 그럴듯한 설명도 이러한 상황을 전제로 해야만 한다. 만약 이것이 OECD 국가들에게 진실이라면, 부자 나라와 가난한 나라들 간의 근본적인 권력 불균형에 기반한 전세계적으로 통합된 노동 분업의 처분에 전적으로 내맡겨진 저개발국가들의 경우는 말할 것도 없다. 그리고 현재의 시스템에서 그러한 노동분업이 수행하는 기본적인 기능은, 금융화 및 그것과 연관된 '노동의 비물질화'가 부자 나라들의 거의 배타적인 특권이 되어가고 있는 가운데, 저개발국들을 뚜렷이 '물질적인' 노동을 중심으로 하는 선택적 수출주도 생산부문에 한정시키는 것이다. 말하자면 현재 지배적인 주식기반 성장체제를 규정하는, 근본적으로 비생산적인 금융자본이 생산자본에 대해 누리고 있는 우위가 발생시키는 효과들 가운데 하나는, 선진국 경제에 속하는 금융자본이 저개발국의 경제발전 전망에 '체계적으로' 불리하게 작용하는 방식으로 자본의 구성부분들의 분배를 조직하는 능력이다.

사미르 아민을 비롯한 몇몇 논자들은 소위 주변부 경제들이 전지구적 시스템과 '절연'delinking할 것을 주장하는데, 이는 위에서 서술된 상황을 근거로 한 것이다. '절연'을 주장하는 이들은, 가난한 저개발국가들의 편에서 볼 때 세계자본주의 시스템과 점점 더 탈규제화되고 있는 시장에의 '개방성'은 경제발전을 위한 어떠한 의미있는 기회도 제공하지 못할 것이라고 생각한다. 아민의 절연 테제에 따르면, 부유한 자본주의 국가들의 경제발전은 언제나 '자기중심적'autocentric이며 부유한 당사국에 고유한 내적 동역학에 의해 결정되어 온 반면에, 저개발국가들은 주로 국제적 노동분업의 층위에서 기능하는 전세계적인 경제 양극화에 의해 '외향적인' 축적 정책들을 채택하도록 강제되며, 그 결과 저개발국들의 경제적 계획과 전망은 부유한 국가들에게 종속된다. 절연은, 세계시장에의

'개방성'을 우선적으로 선택하도록 하는 이 짐스러운 '외향적' 발전전략을, 신자유주의가 너무나 사랑하는 이 '개방성'을 만병통치약으로 여기지 않는 덜 무능한 '자기중심적' 대안으로 대체하는 것을 목표로 한다.

네그리는 항상, 불균등 발전 이론은 그것의 주창자들이 자신들이 반대하는 바로 그 관점과 결정적인 전제, 즉 모든 국가들을 포괄하는 위계적 본성의 단일한 발전 궤도가 있다는 전제를 공유하고 있기 때문에 문제적이라고 강력하게 주장해 왔다. '발전주의자들'은 저개발국들은 선진국을 모방하여 이 위계의 사다리를 올라가는 만큼 진보한다고 주장하는 반면, 불균등 발전론의 이론가들은 이 발전궤도의 위계적 성격이 선진경제들의 발전에 연료를 공급해 주는 원천을 제공하기 위해 몇몇 국가들이 경제적으로 후진적인 상태로 남아있을 것을 명령하기 때문에, 경제적 주변부화는 저개발국들의 피할 수 없는 운명이라고 주장한다는 점이 다를 뿐이다(Hardt and Negri 2000 : 282 이하). 만약 누군가가 불균등발전론을 주장한다면, 그의 입장은 필연적으로, 저개발국가들은 전지구적 경제 시스템을 규정하는 발전상의 위계로부터 스스로를 분리함으로써만 주변부화를 피할 수 있다는 주장으로 귀결된다. 네그리(와 하트)는 이러한 세계체제와의 '절연' 혹은 그것으로부터의 고립 전략이 쓸모없고 경솔한 것이라고 생각한다. "어떠한 고립 혹은 분리의 시도도 좀더 잔인한 세계체제의 지배, 무력함과 가난으로의 환원을 의미할 뿐"이라는 것이다(Hardt and Negri 2000 : 284). 그러나 절연 기획이 주장하는 이러한 단절이 전혀 설득력이 없는 것은 아니다. '무력함과 가난'은 이미 현재 자본주의 세계체제에 통합되어 있는 다수의 국가들이 겪고 있는 운명이며, 북과 남 사이의 불평등은 황금시대가 끝난 이래로 심각하게 증대되어 왔기 때문이다. 전세계 인구 중 가장 가난한 20%가 지구 전체의 수입에서 차지하는 몫은

1960년의 2.3%와 1991년의 1.4%에서 1996년의 1.1%로 떨어진 반면, 가장 가난한 20%의 수입에 대한 가장 부유한 20%의 수입의 비율은 1960년의 30 : 1에서 1991년의 61 : 1, 1994년의 78 : 1로 크게 증가하였다.[55]

이러한 수치들은 저개발국들이 처해있는 곤경을 있는 그대로 보여준다. 저개발국들이 팽창하는 노동인구(브라질이나 멕시코와 같은 나라들에서는 매년 약 3.5% 정도로 늘어나고 있다)에게 고용기회를 제공하려면 수년간 매년 6~7% 정도의 경제성장을 필요로 하며, 식량, 주택, 의복, 건강, 교육 등에 대한 국민들의 기본적인 욕구를 충족시키고자 한다면 20여 년간 같은 비율로 성장해야 하는 것으로 추정된다.[56] 1960년대와 1970년대 이래 많은 저개발국들이 구조조정 프로그램에 종속되었는데, 그것의 존재이유는 신자유주의적 자본주의의 옹호자들이 찬양해 마지않는 세계시장에 대한 '개방성'이다. 가난한 저개발국들의 '절연'에 대한 아민의 제안은 오직 이러한 경제적 곤경의 관점에서, 즉 저개발국들의 입장에서 보았을 때 세계 자본주의 체제에 대한 '개방성'이 최소수혜자들에게 개선의 희망이 거의 없거나 아주 없는 재앙적 수준의 가난을 가져다 주었다는 경제적 관점에서 이해되어야 한다. 가장 가난한 저개발국들 대부분에게는 국민들이 자신의 기본적인 욕구를 충족시킬 기회를 가질 수 있다는 희망조차도 합리적으로 향유될 수 있는 것이 아니다.

---

55. 1994년에 르완다와 모잠비크의 1인당 GNP는 각각 80달러와 90달러였는데 반해, 미국은 25,800달러, 일본은 34,630달러, 스위스는 37,930달러였다. 모잠비크의 평균 기대수명은 46세인데 반해(르완다에 관한 자료는 없다), 미국은 77세, 스위스는 78세, 일본은 79세이다. World Bank 1996 : 188~9를 보라.

56. 싱(1992)이 이러한 주장을 했으며, 본문의 수치들 역시 그의 책에서 가져온 것이다. 싱은 또한 사실상 경제불황기였던 1980년대 내내 순자산이전(net resource transfer)이 라틴아메리카와 아프리카 국가들로부터 선진국의 방향으로(그 반대방향으로가 아니라) 이루어졌다는 점에 주목한다. 1984~85년 동안에만도 라틴아메리카와 아프리카 국가들은 각각 400억 달러와 50억 달러를 선진국들에게로 이전했다(1992 : 104 이하).

네그리(와 하트)는 아민이, 그가 명백히 기각했던 알바니아 유형의 경제적 자급자족(Amin 1990b : 158을 보라)을 옹호하고 있다고 생각한다. 아민은, '외향적' 축적전략을 '자기중심적' 축적전략으로 대체하는 것을 목표로 하는 절연은 "자본주의를 넘어서는 매우 장기간에 걸친 이행"(1994 : 167)의 일부로서만 일어날 수 있다고 말했다. 더욱이, 절연은 "세계체제에 영향을 미쳐서 그것을 절연의 요구들에 맞게 조정하려는 평행적 행위를 배제하지 않는다"(1994 : 227). 이러한 진술은, 절연에 관한 그의 다른 언급들과 더불어, 아민이 절연을 결코 알바니아 유형이나 폴포트 유형의 자급자족이 아니라 사회적 생산관계에 초점을 맞춘 일단의 융통성있는 정책들로 생각한다는 것을 분명히 보여준다. 이러한 일련의 유연한 절차들, 즉 아민이 민족국가에 기반할 뿐만 아니라 지역적으로 연결된 독립적 경제들로 이루어진 '다중심적'polycentric 세계의 창조를 수반하는 것으로 생각하는 절차들의 핵심은 무엇인가?

이 정책 다발의 골자를 변별해냄에 있어서, 절연에 관한 아민의 제안이 현재 헤게모니를 쥐고 있는 금융주도 성장체제의 핵심 요소인 생산자본과 금융(혹은 '의제')자본 사이의 분리와 관련하여 더욱 상세하게 정교화될 필요가 있다는 사실을 인정해야 한다. 아민이 저개발국 노동 예비군(즉, 무급의 보장되지 않은 노동)의 규모와 구성이 잉여가치의 가능성을 규정하는 결정적 요소라는 가치있는 통찰을 보여주고 있기는 하다. 그러나 금융주도 체제의 지배라는 사실은 절연에 대한 어떠한 제안도 금융화 문제를 다루기 위한 폭넓은 전략을 포함해야 한다는 것을 의미한다(그리고 아민은 이러한 작업을 그렇게 상세한 방식으로 수행하지는 않는다). 어떻게 하면 절연에 대한 제안이 전지구적 경제의 금융화를 적절히 게 고려하도록 다듬어지고 확상될 수 있을까?

랜스 테일러Lance Taylor 역시 "엄밀하게 전문적인 근거"(Taylor 1991을
보라)에 기초한 부분적인 절연 전략을 옹호해 왔다. 테일러는 50개의 대
표적인 저소득 국가들의 개방무역 및 자본시장 전략에 관한 데이터를 광
범위하게(경제적으로 좀더 형편이 나았던 1960년대까지 거슬러 올라가
서) 분석하여, 외인外因지향적 정책들로부터는 이득은 거의 발생하지 않
고 일정한 손실이 초래된다는 것을 밝혀냈다. 그는 이 저개발국가들이
'최소한의 이익', 더 정확히 말하자면 '최대한의 비용'을 초래하는 선진국
시장과의 연결관계를 부분적으로 끊어가야 한다고 주장하면서, 이러한
종류의 제한적이고 선택적인 분리가 이들 저개발국에게 경제적 생존을
위한 더 나은 기회를 제공한다고 결론짓는다 — 테일러가 이야기하듯이,
"내부지향적 자원 배치 전략이 가장 위험성이 적은 것으로 보이며, 특히
큰 나라들은 더욱 그러하다".[57] 물론 그러한 저개발국가들의 "내부지향
적 자원 배치 전략" 사업에는 많은 어려움과 장애들이 따를 것이다. 이
전략의 초점은 저개발국들을 위한 대안적인 성장체제의 구축이 될 것이
며, 그러한 체제의 정당화 근거는 궁극적으로 이 국가들을 다시 한번 외
국에 팔아넘기는 것으로 귀결되는 과정의 폐지이다.[58] IMF, 세계은행,
WTO, OECD의 사고방식을 지배하는 소위 워싱턴 콘센서스에서 구체화

---

57. Taylor 1995를 보라. 테일러는 구조조정 프로그램들을 지지하는 워싱턴 콘센서스가
제시하는 처방들의 채택으로 인한 여러 결과들을 분석했다. 그는 그 처방들이 "높은
금리, 스태그플레이션, 탈규제화, 금융붕괴"의 조합을 제시하는 경향을 보이며, 개혁 패
키지로서는 최소한의 성공만을 거두었을 뿐이라고 판단한다. 이러한 판단에 기초하여
그는 저개발국가들은 자본시장을 신봉하는 대신에 개발은행들을 통해 제공되거나 정부
가 직접 개입하는 국가 제공 신용을 선택하는 편이 더 나을 것이라고 제안한다. 테일러
는 다음과 같이 결론내린다. "브레튼우즈 체제의 기구들은 …… (특히 재정, 규제, 투자
역할에 있어서) 최소한의 정부와 보이지 않는 손이 지속가능한 경제성장을 지지하기
위해 필연적으로 함께 행동하는 것은 아니라는 사실에 여전히 둔감하다"(1995 : 96, 강
조는 저자).
58. 재매판화를 피하는 문제에 대해서는, Amin 1990a : 160을 보라.

된 노선에 따른 금융개방성은 세계의 가난한 나라들에게 혜택을 가져다 주지 않을 것이다. 오늘날 세계경제체제 지배자들의 모양새를 고려할 때, 가난한 저개발국가들에게는, 재매판화再買辦化, recompradorization와 경제적 종속관계로 귀결되는 정반대의 상황이 더 가능성이 있다. 이렇게 저개발국가들에게 암울한 결과가 초래되지 않게 하려면, 적어도 '자기중심적' 발전에 유리한 많은 정책 주도권들이 필요할 것이다. 이러한 정책들은 미국이 주도하는 주식기반 성장체제와 연관된 약탈들을 저지하도록 기획될 것이다. 다시 말해 그 정책들에는 자본운동에 대한 통제, 채무탕감, 저개발국가들이 1차 상품 생산에 덜 의존하도록 만드는 것을 주된 목적으로 하는 적절한 투자전략, 그리고 자원들을 결합하고 저개발국들의 경제적 이익을 강화하는 지역블록과 파트너쉽의 창출 등이 포함될 것이다.[59] 물론 이 대안적 성장체제의 운용에 있어 핵심적인 요소는 저개발국들 내의 적절한 계급들과 계급 분파들이 사회적·정치적으로 활동하는 것일 것이다.

이러한 활동은 저개발국가들의 경제적·사회적 욕구와 밀접하게 관련되어 있는 구성권력의 구성을 위한 기초를 제공하며, 바라건대 만약 이러한 활동이 저개발국가들을 넘어서 일반화될 수 있다면, 자본주의에 대한 새로운 대항기획이 더욱 결정적인 현실성을 띨 수 있을 것이다. 이러한 대항기획은, 적어도 처음에는, 선진국에서 나타날 것 같지 않다. 왜냐하면 선진국들은 대체로 저개발국들의 희생을 대가로 발전을 이룬 전지구적 경제체제의 주된 수혜자이기 때문이다. 이 체제가 무자비하게 강제하는 수익성 기준과 '개방적' 시장의 수혜자인 이들은 (예외가 없는 것은 아니지만) 대항기획을 지지하는 사회세력과 손잡지 않을 것이다. 자

---

59. 이러한 정책들에 대한 아민의 옹호에 관해서는 Amin 1999b를 보라.

본에게 결정적 한계를 부과하는 것을 존재이유로 하는 이 대항기획은 자본의 논리 외부에 있는 원리와 힘들에 기초해야만 한다. 그러나 우리는 어떻게 이러한 외부성을 식별하고 그것에 기초해서 사회적·정치적 질서 즉 자본주의적 논리에 맞선 대항기획을 구성할 수 있을 것인가?

사미르 아민은 이러한 종류의 대항기획은, 만약 그것의 현실화 수단인 사회운동들이 민족국가의 수준에서 움직일 수 없다면 성공할 수 없을 것이라고 주장해 왔다. 오직 이러한 방식으로만 전지구화된 경제 양극화 체제가 무력화되고 궁극적으로 해체될 수 있다는 것이다(Amin 1999a : 2000을 보라). 물론 이러한 대항기획이 성공적일 수 있으려면, 교육, 과세, 관료제를 비롯한 다른 층위들에서도 효과를 발휘해야만 하며, "사회와 그것의 정치적·경제적 관리의 민주화라는 좀더 일반적인 전망"(Amin 2000 : 84)을 유지할 수 있다는 것을 보여주어야만 한다. 그러나 네그리와 하트가 『제국』에서 제시한 다중의 기획과 유사한 이러한 대항기획은, 어쨌든 저개발 국가들에게는 새롭고 다른 종류의 대중적 민족운동의 동원을 수반하는 기획이다. 여기서 국가기구와 민족 간의 중요한 구분이 이루어져야 한다. 아민은, 국가기구의 전유는 대개 민족적 부르주아지(이들은 재매판화가 국가기구를 그들의 수중에 남겨두는 한 재매판화를 받아들인다)의 목표인 반면, 민족해방 기획의 구축은 (재매판화를 저지하기 위해 필요한) 절연뿐만 아니라 인민들 간의 "대중적인 헤게모니적 연합"의 형성 또한 수반한다고 주장한다(Amin 1990a : 136).

국가체제로부터 자율적으로 기능하는 포괄적인 민족적 대중연합의 구성은 다른 종류의 배치 전략, 즉 앞서 언급한 정책 요소들을 포함하는 (선택적) 절연을 전제로 하여 국가기구를 변화시키는 것을 목표로 하는 전략 — 왜냐하면 국가는 성장체제에 대한 최종적 통제권을 갖고 있는 제도적 집합이며, 국가의 관여 없이는 어떠한 성장체제도 적절하게 구성될 수 없기 때문이다 ― 을 채택하기 위한 자극을 제공할 것이다. 그러므로 최우선순위는 '탈국가화된'destatized 집단적 민족해방기획이며, 이것의 성공은 다시 국가 그 자체의 재구성으로 이어질 것이다. 저개발국가의 경제적·정치적 개혁에 대한 현존하는 대부분의 제안들은 국가의 개혁과 재구성을, 그것의 달성이 다른 목표들('효율적인' 경제발전, 인권보호, 민주주의의 지지 등) 전체의 달성으로 귀결될 주요한 목표로 간주한다. 속담으로 표현하자면, 이것은 마차를 말 앞에다 두는 격이다. 왜냐하면 많은 저개발국가들에서 국가는 단지 (예외없이 워싱턴 콘센서스 등에 굴종하는 대가로 상당한 개인적 이익을 취하는 경향을 보이는) 지배 엘리트들이 마음대로 휘두르는 도구일 뿐이고, 따라서 국가 개혁 기획이 주장되고 지지될 수 있는 대안적이고 비국가지향적인 기반을 만들어내는 것이 필요하기 때문이다. 이러한 결과를 형성하거나 산출하는 미리 주어진 법칙은 없다. 오직 투쟁 ― 그리고 투쟁에서 실패는 늘 성공과 동행한다 ― 만이 이것을 가능케 한다. 다른 유일한 선택지는 현재의 금융주도, 주식기반 성장체제를, 그것이 수반하는 미국 헤게모니와 계속적인 전세계적 경제 양극화와 함께 받아들이는 것이다. 네그리 자신이 항상 이야기해 온 바와 같이, 세계의 가난한 인민들에게 이것은 만족스러운 대안이 될 수 없다.

물론 이것은 지구화된 경제 양극화라는 현실에 적합한 구성권력 개념에 대한 간단한 밑그림일 뿐이다. 이것이 네그리 자신의 설명으로부터 얼마나 멀리 떨어져 있는가의 문제는, 이러한 밑그림이 그의 변혁의 존재론과 형성하고 있는 근본적인 연속성에 비하면 부차적이다. 노동자주의 경향과 연관된 초기 저작에서부터 『제국』에 이르기까지 그의 전 저작에서 네그리는 이러한 변혁의 존재론이 갖는 중심성을 강조해 왔다.

새로운 코뮤니즘적 실험은 기억과의 단절을 통해 탄생한다. 어떠한 애수

혹은 원한과도 구별되는 단절. 그리고 현재 모든 유령들 사이에서 그리
고 어떠한 유령도 없는 가운데 유일하게 실제적인 연속성 — 투쟁의 연
속성, 구성적 정신의 연속성, 변혁의 존재론적 폭력의 연속성 — 은 바로
그러한 단절을 통해 나타난다. 기다리던 사건은 과거를 폭발시킨다. "진
정한 생성"A real coming-to-be(Negri 1999b : 15).

이 장에서 검토된 혁명적 변혁 모델에서, 이 기다리던 사건은 투쟁의
형태를 취한다. 그리고 이 투쟁은 모든 진보적인 세력들을 포함하지만,
그 중에서도 특히 자본의 논리에 덜 포섭된 지역들에 위치하여 국가를
재구조화할 수 있는 새로운 민족해방기획을 창조하는 진보적 세력을 중
심으로 한다.[60] 네그리가 저개발국들을 위한 이 특정한 국가 재구조화 기
획의 중심성을 충분히 강조하지 않았다 하더라도, 그것의 중심성에 대한
주장은, 적절한 수정과 함께, 혁명적 변혁에 대한 네그리의 생각과 양립
할 수 있을 것이다.

---

60. 여기서 나는 저개발국들은 이들 국가에서 형성된 매판중심적 동맹들에 맞서기 위해
   강력한 국가를 필요로 한다는 아민의 주장에 동의한다. 매판세력들은 자본주의의 전지
   구화된 새로운 세계질서에 동조한다. 오직 강력하고 따라서 재구성된 국가만이 이러한
   세계질서와 저개발국 내에서 그러한 질서를 지지하는 매판중심적 동맹들에 저항하기
   위해 필요한 경제적, 정치적, 문화적, 군사적 힘을 집결시킬 수 있다. Amin 1997 : 150
   을 보라.

:: 참고문헌


A (1977) 'Viva la confusione!', *A rivista anarchica* 7/7, October.

Acerenza, E. et al. (1977) *Operai e teoria* (Milan : Serostampa).

Aglietta, M. (1979) *A Theory of Capitalist Regulation : The US Experience* (London : New Left Books).

Aglietta, M. (1998a) 'Capitalism at the Turn of the Century : Regulation Theory and the Challenge of Social Change', *New Left Review,* First Series/232, 41~90.

Aglietta, M. (1998b) 'Le capitalisme de demain', *Notes de la Fondation Saint-Simon* 101, November.

Aglietta, M. (2000) 'Shareholder Value and Corporate Governance : Some Tricky Questions', *Economy and Society* 29,146~59.

Alejos García, J. (1994) *Mosjäntel. Etnografía del discurso agrarista entre ch'oles de Chiapas* (Mexico City : Universidad Autónoma de México).

Alejos García, J. (1999) *Ch'ol/Kaxlan : Identidades étnicas y conflicto agrario en el norte de Chiapas, 1914~1940* (Mexico City. Universidad Nacional Autónoma de México).

Alquati, R. (1975) *Sulla FIAT e altri scritti* (Milan : Feltrinelli).

Althusser, L. (1969) 'Marxism and Humanism', in *For Marx,* trans. B. Brewster (London : Penguin).

Althusser, L. (1971) *Lenin and Philosophy,* trans. B. Brewster (New York : Monthly Review).

Althusser, L. (1999) *Machiavelli and Us,* ed. F. Matheron, trans. G. Elliot (London : Verso).

Amin, S. (1990a) *Delinking : Towards a Polycentric World,* trans. M. Wolfers (London : Zed Books).

Amin, S. (1990b) *Maldevelopment : Anatomy of a Global Failure,* trans. M. Wolfers (London : Zed Books).

Arnin, S. (1994) *Re-Reading the Postwar Period : An Intellectual Itinerary,* trans. M. Wolfers (New York : Monthly Review Press).

Amin, S. (1997) *Capitalism in the Age of Globalization,* various translators (London : Zed Books).

Amin, S. (1999a) 'For a Progressive and Democratic New World Order', in F. Adams, S.D. Gupta, and K. Mengisteab (eds) *Globalization and the Dilemmas of the State in the*

*South* (London : Macmillan), 17~32.

Amin, S. (1999b) 'Regionalization in Response to Polarizing Globalization', in B. Hettne, A. Inotai, and O. Sunkel (eds) *Globalism and the New Regionalism : Vol. 1* (New York : St. Martin's Press), 54~84.

Amin, S. (2000) 'Conditions for Re-launching Development', in K. McRobbie and K. Polanyi (eds) *Karl Polanyi : The Contemporary Significance of 'The Great Transformation'* (New York : Black Rose Books), 73~84.

Andrew, X. (1999) 'Give Up Activism', in Reclaim The Streets (eds) *Reflections on J18* <http://www.infoshop.org/octo/j18_reflections.html>, accessed December 1, 2002.

Anonymous (1978a) 'Vicenza : II programma comunista si verifica dentro l'illegalità di massa e la crescita del contropotere proletario', *Rosso* 23~24, January.

Anonymous (1978b) 'Padova-massificare l'illegalità politica di massa', *Rosso* 23~24, January.

Antagonism (2001) 'Intervention→Communication→Participation' <http://www.geoci-ties.com/antagonisml/misc/intervention.html>, accessed December 7, 2003.

Aronowitz, S. (1985) 'Why Work?', *Social Text* 12, 19~42.

Aronowitz, S., and J. Cutler (eds) (1998) *Post-Work : The Wages of Cybernation* (New York : Routledge).

Aronowitz, S., and W. DiFazio (1994) *The jobless Future : Sci-Tech and the Dogma of Work* (Minneapolis : University of Minnesota Press).

Aronowitz, S., D. Esposito, W. DiFazio, and M. Yard (1998) 'The Post-Work Manifesto', in Aronowitz and Cutler 1998 : 31~80.

Arquilla, J., and D. Ronfeldt (1993) 'Cyberwar Is Coming!', *Comparative Strategy* 12.2 : 141~65.

Arsenale Sherwood (1997) 'Autonomia organizzazione : "Constitutio libertatis"', January 20 <http://www.ecn.org/pad/anni70/constit.htm>, accessed June 27, 1997.

Assemblea Autonoma di Porto Marghera (1972) 'Assemblea Autonoma di Porto Marghera', now in Comitati Autonomi Operai 1976a.

Associazione Ya Basta (n.d.) Documents online at <www.yabasta.it>, accessed January 13, 2004.

A/traverso (1977a) 'Per l'autonomia', *A/traverso,* March, now in Castellano 1980a.

A/traverso (1977b) 'La rete e il nodo : dopo la militanza', *A/traverso,* February.

A/traverso (1977c) 'Assemblea di Roma : sconfiggere il minoritarismo preparare subito la rivoluzione', *Finalmente il cielo è caduto sulla terra : la rivoluzione,* March 12.

Avilés, J. (2000) 'Marcos agradece a italianos la entrega de una turbina', *La Jomada* 4, December.

Baldi, G. (1985) 'Negri Beyond Marx', *Midnight Notes* 8.

Balakrishnan, G. (ed.) (2003) *Debating Empire* (London : Verso).

Balestrini, N. (1989) *The Unseen,* trans. L. Heron (London : Verso).

Balestrini, N. (2001) *La violenza illustrate!, seguita da Blackout* (Rome : DeriveApprodi). Balestrini, N., and P. Moroni (eds) (1997) *L'Orda d'oro 1968~1977,* new edition (Milan : Fetrinelli).

Balibar, E. (1999) 'Conjectures and Conjunctures : Interview with Peter Osborne', *Radical Philosophy, 97-.30~41.*

Barbrook, R. (n.d.) 'Cyber-Communism : how the Americans are superseding capitalism in cyberspace', Hypermedia Research Centre, University of Westminster, London. Available online at <www.hrc.wmin.ac.uk/theory-cybercommunism.html>.

Barbrook, R. (2001) 'The Napsterization of Everything' presented at the conference 'Class Composition of Cognitive Capitalism', February, Paris.

Bartleby the Scrivener (1985) 'Marx Beyond Midnight', *Midnight Notes* 8.

Bartra, A. (1972) *Regeneración 1900~1918. La corriente más radical de la revolución de 1910 a través de su periódico de combate* (Mexico City : Hadise).

Bartra, A. (1985) *Los herederos de Zapata. Movimientos campesinos posrevolucionarios en México 1920~1980* (Mexico City: Ediciones Era).

Baudrillard, J. (1975) *The Minor of Production,* trans. M. Poster (St. Louis: Telos Press).

BBC News (2001) <http://news.bbc.co.uk/hi/english/business/newsid_1145000/1145-333.stm>, accessed January 30, 2001.

Benvegnù, P. (2001) 'Intervista a Paolo Benvegnù', September 13, from the CD-ROM accompanying Borio, Pozzi, and Roggero 2002.

Berardi, F (2000) 'Intervista a Franco "Bifo" Berardi', November 19, from the CD-ROM accompanying Borio, Pozzi, and Roggero 2002.

Bernocchi, P. (1997) *Dal '77 inpoi* (Rome: Erre emme edizioni).

Bernocchi, P. et al. (1979) *Movimento settantasette: storia di una lotta* (Turin: Rosenberg & Sellier).

Bhaduri, A. (1998) 'Implications of Globalization for Macroeconomic Theory and Policy in Developing Countries', in D. Baker, G. Epstein, and R. Pollin (eds) *Globalization and Progressive Economic Policy* (Cambridge: Cambridge University Press), 149~58.

Bianchi, S. (2001) 'Intervista a Sergio Bianchi', October 21, from the CD-ROM accompanying Borio, Pozzi, and Roggero 2002.

Bierhorst, J. (trans.) (1985) *Cantares Mexicanos,* with an introduction by J. Bierhorst (Stanford: Stanford University Press [ca. 1560]).

Bifo [F. Berardi]. (1980) 'Anatomy of Autonomy', *Semiotext(e),* special issue on 'Autonomia: Post-Political Politics,' 3/3, 148~70.

Bifo and Comma (eds) (2002) *Alice è il diavolo. Storia di una radio sovversiva* (Milan: ShaKe).

Bihr, A. (1995) *Dall' 'assalto al cielo' all' 'alternativa'* (Pisa: BFS).

Blackburn, R. (2002) *Banking on Death, or Investing in Life: The History and Future of Pensions* (London: Verso).

Bloch, E. (1986) *The Principle of Hope,* trans. N. Plaice, S. Plaice, and P. Knight (Oxford: Basil Blackwell).

Bocca, G. (1980) *Il caso 7 aprile: Toni Negri e la grande inquiisizione* (Milan: Feltrinelli).

Bocca, G. (1985) *Noi terroristi* (Milan: Garzanti).

Bologna, S. (1976a) ' "Proletari e Stato" di Antonio Negri: una recensione', *Primo Maggio* 7.

Bologna, S. (1977a) 'The Tribe of Moles', *Semiotext(e)* 3/3 (1980).

Bologna, S. (1977b) 'An Overview', now in Red Notes (eds) (1978) *Italy 1977~78: Living with an Earthquake,* second edition (London: Red Notes).

Bologna, S. (1977c) 'What is "The Movement"?', now in Red Notes (eds) (1978) *Italy 1977~78: Living with an Earthquake,* second edition (London: Red Notes).

Bologna, S. (1978a) 'Amo il rosso e il nero, odio il rosa e il viola', in S. Bologna (ed.) *La tribù delle talpe* (Milan: Feltrinelli).

Bologna, S. (1978b) 'Editoriale', *Primo Maggio* 12, Winter.

Bologna, S. (1979)' "Primo Maggio": oltre il Movimento', *Primo Maggio* 13, Autumn.

Bologna, S. (1980) 'Composizione di classe e sistema politico', in R. Lauricella et al. (eds) (1981) *Crisi delle politiche e politiche nella crisi* (Naples: Libreria L'Ateneo di G. Pronti).

Bologna, S. (1981) 'Per una "società degli storici militanti" ', in S. Bologna et al. (eds) *Dieci interventi sulla storia sociale* (Turin: Rosenberg & Sellier).

Bologna, S. (2001) 'Intervista a Sergio Bologna', February 21, from the CD-ROM accompanying Borio, Pozzi, and Roggero 2002.

Borio, G. (2001) 'Intervista a Guido Borio', October 27, from the CD-ROM accompanying Borio, Pozzi, and Roggero 2002.

Borio, G., F. Pozzi, and G. Roggero (2002) *Futuro anteriore. Dai 'Quaderni Rossi' at movimenti globali: ricchezze e limiti dell'operaismo italiano* (Rome: Derive Approdi). Includes a CD-ROM of interviews.

Bosma, J. et al. (eds) (2000) *Readme! Filtered By Nettime: ASCII Culture and the Revenge of Knowledge* (New York: Autonomedia).

Boutmy, E. (1981) *Studies in Constitutional Law: France, England, United States,* trans. E.M. Picey (London and New York: Macmillan).

Boyer, R. (2000) 'Is a Finance-led Growth Régime a Viable Alternative to Fordism? A Preliminary Analysis', *Economy and Society* 29, 111~45.

Brenner, R. (1998) *The Economics of Global Turbulence,* a special issue of *New Left Review,* First Series/229.

Brenner, R. (2000) 'The Boom and the Bubble', *New Left Review,* Second Series/6, 5~43. Brenner, R., and M. Glick (1991) The Regulation Approach: Theory and History' in *New Left Review,* First series/188, 45~120.

Buck-Morss, S. (2000) 'Hegel and Haiti', *Critical Inquiry* 26/4, 821~65, Summer.

Butler, J., E. Laclau, and S. Žižek (2000) *Contingency, Hegemony, Universality: Contemporary Dialogues on the Left* (London, Verso).

Caffentzis, C.G. (1998) 'The End of Work or the Renaissance of Slavery? A Critique of Rifkin and Negri', presented at the 'Globalization from Below' conference, Duke University, February 6, 1998. Available online at <http://lists.village.virginia.edu/-/~spoons/global/Papers/caffentzis>.

Caminiti, L. (1997) 'L'autonomia meridionale: territorio di ombre, solarita delle lotte', in N. Balestrini and Moroni 1997.

Cantarow, E. (1972) 'Women's Liberation and Workers' Autonomy in Turin and Milan I', *Liberation,* October.

Cantarow, E. (1973) 'Women's Liberation and Workers' Autonomy in Turin and Milan II', *Liberation,* June.

Carpentier, A. (1967) *El reino de este mundo* (Barcelona: Seix Barral).

Carsen, L. (2000) 'Autonomía indígena y usos y costumbres: la innovación de la tradition', *Chiapas* 7 <http://www.ezln.org.revistachiapas/ch7/carlsen.html>, accessed January 1, 2004.

Carson, J., and D. Brooks (2000) 'Pozol y biopiratería', *La Jornada,* October 7.

Castellano, L. (ed.) (1980a) *Ant. Op. La storia e i document!: da Potere operaio all'Autonomia organizzata* (Rome: Savelli).

Castellano, L. (1980b) 'Living with Guerilla Warfare', *Semiotext(e)* 3/3.

Castellano, L. (1980c) 'Introduzione', in Castellano 1980a.

Castells, M. (1996) *The Rise of the Network Society* (Oxford: Blackwell).

Castells, M., and Y. Aoyama (1994) 'Paths towards the Informational Society: Employment Structure in G-7 Countries, 1920~90', *International Labour Rwiew* 133, 5~33.

Cazzullo, A. (1998) *I ragazzi che volevano fare la rivoluzione. 1968~1978: storia di Lotta continua* (Milan: Mondadori).

Ceceña, A.E. (2000) 'La resistencia como espacio de construcción del nuevo mundo', *Chiapas* 7 <http://www.ezln.org/revistachiapas/ch7cecena.htrnl>, accessed January 1, 2004.

Centre de Derechos Humanos Fray Bartolome de las Casas (1998) 'La legalidad de la injusticia', online at <www.laneta.apc.org/cdhbcasas>, accessed January 13, 2004.

Centre de Derechos Humanos Fray Bartolome de las Casas (1999) 'La disputa por la legitimidad. Aniversario de los ataques a los municipios libres' (includes a reproduction of the mural), at <www.laneta.apc.org/cdhbcasas>, accessed January 13, 2004.

Centro di Iniziativa Comunista Padovana (n.d.) 'L'Autonomia dopo Bologna', now in S. Acquaviva (ed.) (1979) *Terrorismo e guerriglia in Italia: la cultura della violenza* (Rome: Città Nuova Editrice).

Cevro-Vukovic, E. (1976) *Vivere a sinistra* (Rome: Arcana editore).

Chakrabarty, D. (1997) 'The Time of History and the Times of the Gods', in L. Lowe and D. Lloyd (eds) *The Politics of Culture in the Shadow of Capital* (Durham: Duke University Press), 35~60.

Chakrabarty, D. (2000) *Provincializing Europe: Postcolonial Thought and Historical Difference* (Princeton: Princeton University Press).

Ciaccio, T. (1982) 'Intervista a Teresa Ciaccio, operaia all Policlinico di Roma (3 novembre 1982)' <http://www.xs4all.nl/~welschen/Archief/ciaccio.html>, accessed September 2, 2002.

Clark, G.L. (2000) *Pension Fund Capitalism* (Oxford: Oxford University Press).

'Class Composition of Cognitive Capitalism' ('free university' seminars and related discussions), online at <http://www.geocities.com/CognitiveCapitalism/>.

Cleaver, H. (1979) *Reading Capital Politically* (Brighton: Harvester).

Cleaver, H. (1992) 'The Inversion of Class Perspective in Marxian Theory: From Valorisation to Self-Valorisation', in W. Bonefeld, R. Gunn, and K. Psychopedis (eds) *Open Marxism, Vol. II: Theory and Practice* (London: Pluto Press), 106~44.

Cleaver, H. (1994) 'The Chiapas Uprising', Studies *in Political Economy* 44.

Cleaver, H. (1999) 'Computer-Linked Social Movements and the Global Threat to Capitalism,' available at <http://www.eco.utexas.edu/faculty/Cleaver/hmchtmlpaprs.html>.

Cleaver, H. (2000a) *Reading Capital Politically,* second edition (Leeds and Edinburgh: AK Press and Anti/Theses).

Cleaver, H. (2000b) 'The Virtual and Real Chiapas Support Network', available at <http://www.eco.utexas.edu/Homepages/Faculty/Cleaver/chiapas95.html>.

Collegamenti (1974) 'Organismi autonomi e "area dell'autonomia" ', *Collegamenti* 6, December, now in Martignoni and Morandini 1977.

Collegamenti (1977) 'Editoriale: 1'organizzazione diretta degli operai dentro la crisi', *Collegamenti* 1, March.

Collegamenti (1978) 'Note sull'esperienza di lotta armata in Italia', *Collegamenti* 3~4, May.

Collegamenti (1979) 'Editoriale', *Collegamenti* 6~7, May.

Collettivi Politici Operai (1976a) 'Per una programma di massa', *Rosso* 3/8, April 24.

Collettivi Politici Operai (1976b) 'Compiti di fase dell'autonomia organizzata', *Rosso* 3/8, April 24.

Collettivi Politici Operai (1976c) 'Documento Politico della Segretaria dei Collettivi. politici di Milano', *Rosso* 7, March 13, now in Martignoni and Morandini 1977.

Collettivi Politici Veneti (1979) 'Appunti per un discorso di fase/linea politica e prassi di un progetto comunista/sul che fare: bozza di ipotesi', *Autonomia* 14, May 1.

Collettivo editoriale 10/16 (eds) (1979) *1923 Il processo ai comunisti italiani. 1979 Il 'processo' all'autonomia operaia* (Milan: Collettivo editoriale 10/16).

Collettivo editoriale di *Autonomia* (1979) 'Per il comunismo', *Autonomia* 14, May 1.

Collettivo Politico del Berchet (1974) 'Gruppi e organismi studenteschi', *Rosso* 11, June.

Comisión Nacional de Intermediación (CONAI) (1999), *San Andrés. Marco jurídico y normative del diálogo y negociación* (Mexico City: Serie 'Senderos de Paz', Cuaderno No. 2).

Comitati Autonomi Operai (1974) 'Autonomia operaia organizzata', *Rivolta di classe,* June 28, now in Martignoni and Morandini 1977.

Comitati Autonomi Operai (eds) (1976a) *Autonomia Operaia* (Rome: Savelli).

Comitati Autonomi Operai (1976b) 'Realismo della prassi rivoluzionaria', *Rivolta di classe* 3/1, October 15, now in Recupero 1978.

Comitati Autonomi Operai (1977) 'Una forza che vi seppellirà', *Rivolta di classe,* May, now in Castellano 1980a.

Comitati Autonomi Operai (1978a) 'BR e lotta armata', *I Volsci* 3, April.

Comitati Autonomi Operai (1978b) 'Un pò di massa, un pò violento, un pò illegale ed anche un poco armato', *I Volsci* 1, February.

Comitati Autonomi Operai (1978c) 'Per il Movimento dell'Autonomia Operaia', now at <http://www.tmcrew.org/memoria/mao/index.htm>, accessed January 26, 2001.

Comitati Autonomi Operai (1978d) 'Autonomia non è star sopra un albero', *I Volsci* 1, February.

Comitati Autonomi Operai (1978e) 'No alia clandestinità, nè per amore, nè per forza', *I Volsci* 3, April.

Comitati Autonomi Operai (1978f) 'II '68 compie dieci anni', *I Volsci* 3, April.

Comitati Autonomi Operai (1979a) 'Parole d'ordine magnifiche, attraenti, inebrianti, che non hanno nessun fondamento', *I Volsci* 8, April.

Comitati Autonomi Operai (1979b) 'Teorema sull'Autonomia Operaia', *I Volsci* 9, July.

Comitati Autonomi Operai (1979c) 'Tra le parole e I fatti: analisi e "ceto politico" ', *I Volsci* 9, July.

Comitati Autonomi Operai (1979d) 'L'impossibile Autonomia di Metropoli', *I Volsci* 9, July.

Comitati Autonomi Operai (1980a) '930', *I Volsci* 10, March, now online at <http://www.zzz.it/~ago/autonomia/ivolsci/10/9e30.htm>, accessed May 27, 2001.

Comitati Autonomi Operai (1980b) '1530', *I Volsci* 10, March, now online at <http://www.zzz.it/-ago/autonomia/ivolsci/10/15e30.htm>, accessed May 27, 2001.

Comitati Comunisti (1976) 'Resta in vigore il decreto operaio', *Senza Tregua,* now in Castellano 1980a.

Comitati Comunisti (1977a) 'Verso un processo superiore di organizzazione comunista', *Chiamiamo comunismo* 1, March 12.

Comitati Comunisti (1977b) 'Compagni', *Chiamiamo comunismo* 1, March 12.

Comitati Comunisti (1977c) 'Compagni', *Senza Tregua,* March, now in Recupero 1978.

Comitati Comunisti Rivoiuzionari (1977) *Potere Operaio per il comunismo* 1.

Comitati Comunisti Rivoiuzionari (1978), 'Che fare', April 25, now in Castellano 1980a.

Comitato 7 aprile e collegio di difesa (eds) (1979) *Processo all'Autonomia* (Cosenza: Lerici).

Comitato Politico ENEL e Collettivo Policlinico (1974) 'Centralizzazione e responsabilità delle avanguardie', *Rosso* 11.

Comité Clandestine Revolucionario Indígena—Comandancia General (CCRI-CG) (1995) Communiqué of October 19,1995, posted at <www.ezln.org>, <www.fzln. org>, and <www.ezlnaldf.org>, accessed January 1, 2004.

Convention No. 169 on Indigenous Peoples (1989), available at the web site of the International Labour Organization <www.ilo.org.htm>, consulted January 13, 2004.

Coronil, F. (1997) *The Magical State: Nature, Money, and Modernity in Venezuela* (Chicago: University of Chicago Press).

Critical Art Ensemble (2001) *Digital Resistance: Explorations in Tactical Media* (New York: Autonomedia).

Cuninghame, P. (2001) 'For an Analysis of Autonomia: An Interview with Sergio Bologna', *Left Histoiy* 7/2, Fall.

Cuninghame, P. (2002a) 'Autonomia: A Movement of Refusal. Social Movements and Social Conflict in Italy in the 1970s', doctoral dissertation, School of Health and Social Sciences, Middlesex University.

Cuninghame, P. (2002b) 'Autonomia: A Movement of Refusal: Social Movements and Social Conflict in Italy in the 1970s', paper presented at the Eighth International Conference on Alternative Futures and Popular Protest, Manchester Metropolitan University, April.

Dalla Costa, M., and S. James (1972) *The Power of Women and the Subversion of the Community* (Bristol: Falling Wall Press).

Dalmaviva, M., L. Ferrari Bravo, T. Negri, O. Scalzone, E. Vesce, and L. Zagato (1979) 'Dal carcere Rebibbia G8', *Autonomia* 15, May 19.

de Brunhoff, S. (1990) 'Fictitious Capital', in J. Eatwell, M. Milgate, and P. Newman (eds) *The New Palgrave Marxian Economics* (New York: Norton), 186~7.

de Certeau, M. (1988) *The Writing of History,* trans. T. Conley (New York: Columbia University Press).

de la Campa, R. (1999) *Latin Americanism* (Minneapolis: University of Minnesota Press).

de Sigüenza y Góngora, C. (1984) *Alboroto y motín de los indios de México. Seis obras* (Caracas: Biblioteca Ayacucho).

Del Bello, C. (ed.) (1997) *Una sparatoria tranquilla. Per una storia orale del '77* (Rome: Odradek).

Del Re, A. (1979) *Oltre il lavoro domestico: Il lavoro delle donne tra produzione e riproduzione* (Milan: Feltrinelli).

Del Re, A. (2000) 'Intervista a Alisa Del Re', July 26, from the CD-ROM accompanying Borio, Pozzi, and Roggero 2002.

Deleuze, G. (1983) *Nietzsche and Philosophy*, trans. H. Tomlinson (New York: Columbia University Press).

Deleuze, G., and F. Guattari (1983) *Anti-Oedipus: Capitalism and Schizophrenia*, trans. M. Seem et al. (New York: Viking).

Deleuze, G., and F. Guattari (1987) *A Thousand Plateaus: Capitalism and Schizophrenia*, trans. B. Massumi (London: Athlone).

Dendena, F. (2000) 'Intervista a Ferruccio Dendena', January 10, from the CD-ROM accompanying Borio, Pozzi, and Roggero 2002.

Derrida, J. (1994) *Specters of Marx: The State of the Debt, the Work of Mourning, and the new International*, trans. P. Kamuf (New York: Routledge).

Derrida, J. (1997) *Politics of Friendship*, trans. G. Collins (London: Verso).

Dore, R. (2000) *Stock Market Capitalism: Welfare Capitalism (Japan and Germany versus the Anglo-Saxons)* (Oxford: Oxford University Press).

Doubt, K. (2000) 'Feminism and Rape as a Transgression of Species Being', in *Sociology After Bosnia and Kosovo* (Oxford: Rowan and Littlefield).

Durán, D. (1984) *Historia de la Nueva España e islas de Tierra Firme*, 2 vols., ed. A.M. Garibay (Mexico City: Editorial Porrúa [ca. 1581]).

Dyer-Witheford, N. (1999) *Cyber-Marx: Cycles and Circuits of Struggle in High-Technology Capitalism* (Urbana and Chicago: University of Illinois Press).

Dyer-Witheford, N. (2002a) 'E-Capital and the Many-Headed Hydra', in G. Elmer (ed.) *Critical Perspectives on the Internet* (Lanham: Rowman and Littlefield), 129~164.

Dyer-Witheford, N. (2002b) 'Sur La Contestation du Capital Cognitif: Composition de Classes de L'Industrie des Jeux Vidéo et Sur Ordinateur', *Multitudes* 10, 53~64.

Eatwell, J., and L. Taylor (2000) *Global Finance at Risk: The Case for International*

*Regulation* (New York: New Press).

Elliot, G. (1998) 'Ghostlier demarcations: On the posthumous edition of Altnusser's writings', *Radical Philosophy* 90, 20~32.

Elson, D. 1979. 'The Value Theory of Labour', in D. Elson (ed.) *Value: The Representation of Labour in Capitalism* (Atlantic Highlands, N.J.: Humanities Press Inc.) 115~80.

Emery, E. (1999) Occasional paper No. 7, May 29 <http://www.emery.archive.mcmail.-com/public_html/occas/occas7.html>.

EZLN (1994) *EZLN: Documentor y Comunicados, 1 de enero/8 de agosto de 1994,* prologue by A. G. de León and 'crónica' by C. Monsiváis and E. Poniatowska (Mexico City: Editorial Era).

EZLN (1995) *EZLN. Documentos y Comunicados,* vol. 2, prologue by A.G. de León and 'crónica' by C. Monsiváis (Mexico City: Ediciones Era).

EZLN (n.d.) Documents available on websites <www.ezln.org>, <www.fzln.org>, and <www.ezlnaldf.org>.

Farnetti, P., and P. Moroni (1984) 'Collettivo Autonomo Barona: appunti per una storia impossibile', *Primo Maggio* 21, Spring.

Ferrari Bravo, L. (1984) 'Al Dott. Giovanni Palombarini giudice istruttore presso il tribunale di Padova', now in L. Ferrari Bravo (2001) *Dal fordismo alka globalizzazione. Cristalli di tempo politico* (Rome: Manifestolibri).

Fischer, L. (1964) *The Life of Lenin* (New York: Harper & Row).

Fondazione Bruno Piciacchia e Libreria Calusca di Padova (1997) 'I collettivi politici veneti', in Balestrini and Moroni 1997.

Formenti, C. (1999) 'Intervista a Carlo Formenti', December 13, from the CD-ROM accompanying Borio, Pozzi, and Roggero 2002.

Foucault, M. (1972) *The Archaeology of Knowledge,* trans. A.M. Sheridan-Smith (New York: Pantheon).

Foucault, M. (1973) *The Order of Things* (New York: Vintage Books).

Foucault, M. (1979) *Discipline and Punish: The Birth of the Prison,* trans. A. Sheridan (New York: Vintage).

Foucault, M. (1980a) *The History of Sexuality,* vol. 1, trans. R. Hurley (New York: Vintage).

Foucault, M. (1980b) *Power/Knowledge: Selected Interviews and Other Writings 1972~1977,* ed. C. Gordon (New York: Pantheon).

Foucault, M. (1980c) 'Truth and Power', in Foucault 1980b.

Frears, S. (2003) *Dirty Pretty Things* (film).

Fromm, E. (1961) *Marx's Concept of Man* (New York: Frederick Ungar Publishing).

Gaj, U. (1980) 'L'operaio "sociale", la frantumazione, il militarismo. Che prospettive ha l'autonomia milanese?', *Quotidiano dei lavoratori,* October 24.

Germain, R. (1997) *The International Organization of Credit: States and Finance in the World-Economy* (Cambridge: Cambridge University Press).

Ginsborg, P. (1990) *A History of Contemporary Italy: Society and Politics 1943~1989* (New York: Penguin).

Giovannetti, G. (1980) 'Il movimento e le leggi della guerra', *Collegamenti* 8, June.

Golding, P. (1996) 'World Wide Wedge: Division and Contradiction in the Global Information Infrastructure', *Monthly Review* 48/3.

Goodman, J., and L. Pauly (1993) 'The Obsolescence of Capital Controls? Economic Management in an Age of Global Markets', *World Politics* 46, 50~82.

Gorz, A. (1982) *Farewell to the Working Class* (London: Pluto).

Griffith-Jones, S. (1998) *Global Capital Flows: Should They be Regulated?* (New York: St. Martin's Press).

Griffith-Jones, S., and B. Stallings (1995) 'New global financial trends: implications for development', in B. Stallings (ed.) *Global Change, Regional Response: The New International Context of Development* (Cambridge: Cambridge University Press), 143~73.

Gruzinski, S. (1999) *La pensée métisse* (Paris: Fayard).

*Guardian Weekly* (1997), November 9.

Guattari, F., and A. Negri (1990) *Communists Like Us: New Spaces of Liberty, New Lines of Alliance,* trans. M. Ryan (New York: Semiotext(e)).

Guha, R. (1999) *Elementary Aspects of Peasant Insurgency* (Durham: Duke University Press; originally published 1983).

Hamacher, W. (1997) 'One 2 Many Multiculturalism' in H. de Vries and S. Weber (eds) *Violence, Identity, and Self-determination* (Stanford: Stanford University Press), 284~325.

Haraway, D. (1985) 'A Manifesto for Cyborgs: Science, Technology, and Socialist Feminism in the 1980s', *Socialist Review* 80: 65~107.

Hardt, M. (1993) *Gilles Deleuze: An Apprenticeship in Philosophy* (Minneapolis: University of Minnesota Press).

Hardt, M., and A. Negri (1994) *Labor of Dionysus: A Critique of the State-Form* (Minneapolis: University of Minnesota Press).

Hardt, M., and A. Negri. (2000) *Empire* (Cambridge: Harvard University Press).

Harmes, A. (1998) 'Institutional Investors and the Reproduction of Neoliberalism', *Review of International Political Economy* 5, 92~121.

Harvey, D. (1989) *The Condition of Postmodernity: An Enquiry Into the Origins of Cultural Change* (Oxford: Blackwell).

Harvey, D. (1999) *The Limits to Capital* (London: Verso).

Harvey, D. (2000) *Spaces of Hope* (Edinburgh: Edinburgh University Press).

Hegel, G.W.F. (1967) *The Phenomenology of Mind,* trans. J.B. Baillie (New York: Harper Torchbooks).

Helleiner, E. (1994) *States and the Reemergence of Global Finance: From Bretton Woods to the 1990s* (Ithaca, N.Y.: Cornell University Press).

Hellman, J. (1999) 'Real and Virtual Chiapas: Magic Realism and the Left', in L. Panitch and C. Leys (eds) *Socialist Register 2000: Necessary and Unnecessary Utopias* (London: Merlin). Also on-line at <http://www.yorku.ca/socreg>.

Henwood, D. (1995) 'Info Fetishism', in J. Brook and I. Boal (eds) *Resisting the Virtual Life: The Culture and Politics of Information* (San Francisco: City Lights) 163~72.

Henwood, D. (1997a) *Wall Street* (London: Verso).

Henwood, D. (1997b) 'Talking about Work', *Monthly Review* 49/3,18~30.

Hermann, E., and R. McChesney (1997) *The Global Media: The New Missionaries of Corporate Capitalism* (London: Cassell).

Hernandez Navarro, L., and R. Vera Herrera (eds) (1998) *Acuerdos de San Andrés* (Mexico City: Ediciones Era).

Holloway, J. (2002a) 'Time to Revolt: Reflections on Empire', *The Commoner* <http://www.commoner.org.uk/time_%20to_revolt.htm>, accessed April 19, 2003.

Holloway, J. (2002b) 'Zapatismo and the social sciences', *Capital and Class,* Autumn.

Holloway, J. (2002c) *Change the World Without Taking Power: The Meaning of Revolution Today* (London: Pluto Press).

Holloway, J. (2003) 'Los caracoles: Realismo Mágico y los agujeros en el Ozono', *Revista Memoria* 176 (October).

Insurrezione (n.d.) *Proletari, si voi sapeste …* (Milan).

James, C.L.R. (1962) *Black Jacobins: Toussaint L'Ouverture and the San Domingo Revolution,* second edition (New York: Vintage).

James, S. (1986) 'Marx and Feminism', *Third World Book Review* 1/6.

Kant, I. (1996a) 'An Answer to the Question: What is Enlightenment?', in *Immanuel Kant, Practical Philosophy,* trans. M. J. Gregor (Cambridge: Cambridge University Press), 11~22.

Kant, I. (1996b) 'Toward Perpetual Peace: A Philosophical Project', in *Immanuel Kant, Practical Philosophy,* trans. M. J. Gregor (Cambridge: Cambridge University Press), 317~51.

Kelly, K. (1994) *Out of Control: The Rise of Neo-Biological Civilization* (New York: Addison-Wesley).

Kidd, D. (2002) 'Which Would You Rather: Seattle or Porto Alegre?', available at <faculty.menlo.edu/-jhiggins/ourmedia/iamcr2002/papers2002/Kidd.IAMCR2002.pdf>.

Kolakowski, L. (1978) *Main Currents of Marxism: Its Rise, Growth, and Dissolution,* vol. 2, trans. P.S. Falla (Oxford: Clarendon Press).

Lacan, J. (1991) *Seminaire XVII. L'envers de la psychanalyse* (Paris: Seuil).

LaFargue, P. (1898) *The Right to Be Lazy: Being a Refutation of the 'Right to Work' of 1848,* trans. H.E. Lothrop (New York: International Publishing).

Larson, N. (1995) *North by South: On Latin American Literature, Culture and Politics* (Minneapolis: University of Minnesota Press).

Lazzarato, M. (1990a) '"Pas de sous pas de totos!": La greve des ouvriers Peugeot', *Futur Antérieur* 1, 63~76.

Lazzarato, M. (1990b) 'La "Panthère" et la communication', *Futur Antérieur 2,* 54~67.

Lazzarato, M. (1996) 'Immaterial Labor', in Virno and Hardt 1996a, 133~50.

Lazzarato, M., A. Negri, and G.C. Santilli (1990) *La Confection Dans le Quartier du Sentier. Restructuration des Formes d'Emploi et Expansion Dans un Secteur en Crise* (Paris: Rapport MIRE).

Lazzarato, M., and A. Negri (1991) 'Travail Immaterial and Subjectivité', *Futur Antérieur 6.*

Lazzarato, M., and A. Negri (1993) *Le bassin de travail immatériel dans la métropole parisienne: définition, recherches, perspectives* (Paris: Tekne-Logos).

Lebowitz, M.A. (1992) *Beyond Capital: Marx's Political Economy of the Working Class* (New York: St. Martin's Press).

Lenin, V.I. (1932) *State and Revolution* (New York: International Publishers).

Lenin, V.I. (1956) *The Development of Capitalism in Russia* (Moscow: Foreign Languages Publishing).

Lenin, V.I. (1967) *Selected Works,* 3 vols (New York: International Publishers).

Lenin, V.I. (1989) 'The Immediate Tasks of the Soviet Government', in *Lenin's Economic Writings,* ed. M. Desai (Atlantic Highlands, N.J.: Humanities Press International), 221~59.

Leonetti, F. (1976) 'Per l'orientamento del dibatitto leninista e maoista con Autonomia operaia: un altro appunto'. *La voce operaia* 291, July; now in Recupero 1978.

Leonetti, F. (1979) 'Per Balestrini, nel silenzio e nella nebbia', *Il Manifesto,* June 7; now in F. Leonetti and E. Rambalidi (eds) (1983) *Il dibattito sul processo dell'autonomia (Aprile 1979~Febbraio 1983)* (Milan: Multhipla edizioni).

Leonetti, F. (2001) *La voce del corvo. Una vita (1940~2001)* (Rome: Derive Approdi).

Léon Portilla, M. (1986) Review of Bierhorst, 'Una nueva interpretación de los Cantares Mexicanos?', *Estudios de Cultura Náhuatl* 18, 385~400.

Léon Portilla, M. (1992) *Literaturas indígenas de México* (Mexico City: Fondo de Cultura Económica).

Léon Portilla, M. (1994) *Quince poetas del mundo náhuatl* (Mexico City: Editorial Diana).

Lerner, G., L. Manconi, and M. Sinibaldi (1978) *Uno strano movimento di strani studenti* (Milan: Feltrinelli).

Levidow, L. (1990) 'Foreclosing the Future', *Science and Culture* 8, 59~79.

Levy, P. (1999) *Collective Intelligence: Mankind's Emerging World in Cyberspace,* trans. R. Bononno (Cambridge, Mass.: Perseus).

Lipietz, A. (1987) *Mirages and Miracles: The Crisis of Global Fordism* (London: Verso).

Lotringer, S., and C. Marazzi (eds) (1980) *Italy: Autonomia-Post-Political Politics* (New York: Semiotext(e)).

Lovink, G. (2002) *Dark Fiber: Tracking Critical Internet Culture* (Cambridge, Mass.: MIT Press).

Ludlow, P. (ed.) (2001) *Crypto Anarchy, Cyberstates and Pirate Utopias* (Cambridge, Mass.: MIT Press).

Lumley, R. (1990) *States of Emergency: Cultures of Revolt in Italy from 1968 to 1978* (London: Verso).

M.U. (1980) 'Padova: un esiguo spazio per l'Autonomia', *Quotidiano dei lavoratori,* November 14.

Magón, R.F. (1972) 'Actividad, actividad, más actividad es lo que reclama el momento', in Bartra 1972.

Mallet, S. (1975) *Essays on the New Working Class* (St. Louis: Telos).

Mandel, E. (1977) Introduction to 'Appendix: Results of the Immediate Process of Production', in K. Marx, *Capital,* vol. 1 (New York: Vintage).

Mangano, A. et al. (1998) *Le riviste degli anni settanta. Gruppi movimenti e conflitti sociali* (Rome: Massari).

Il Manifesto (1971) 'For Communism: Theses of the Il Manifesto Group', *Politics and Society,* August.

Marchand, M. (1988) *The Minitel Saga* (Paris: Larousse).

Marglin, S., and J.B. Schor (eds) (1990) *The Golden Age of Capitalism: Reinterpreting the Postwar Experience* (Oxford: Oxford University Press).

Martignoni, G., and S. Morandini (eds) (1977) *Il diritto all'odio: dentro/fuori/ai bordi dell'area dell'autonomia* (Verona: Bertani).

Martini, L., and O. Scalzone (1997) 'Fenomeni di lotta armata ai bordi e dentro il movimento', in Balestrini and Moroni 1997.

Marx, K. (1852) *The Eighteenth Brumaire of Louis Bonaparte,* now in K. Marx and F. Engels (1979) *Collected Works,* vol. 11 (London: Lawrence & Wishart).

Marx, K. (1964) *The Economic and Philosophical Manuscripts of 1844* (New York: International Publishers).

Marx, K. (1967a) *Capital,* vol. 2 (New York: International Publishers).

Marx, K. (1967b) *Capital,* vol. 3 (New York: International Publishers).

Marx, K. (1973) *Grundrisse: Foundations of the Critique of Political Economy,* trans. M. Nicolaus (New York: Penguin).

Marx, K. (1976) *Capital,* vol. 1, trans. B. Fowkes (New York: Penguin).

Marx, K. (1981) *Capital,* vol. 3, trans. D. Fernbach (London: Penguin Books).

Marx, K. and F. Engels (1948) *The Communist Manifesto* (New York: International Publishers).

Marx, K., and F. Engels (1970) *The German Ideology,* ed. C.J. Arthur (New York: International Publishers).

Mason, T. (1979) 'The Workers' Opposition in Germany', *History Workshop Journal* 9.

McArdle, L., M. Rowlinson, S. Procter, J. Hassard, and P. Forrester (1995) 'Total Quality Management and Participation: Employee Empowerment, or the Enhancement of Exploitation?', in A. Wilkinson and H. Willmott (eds) *Making Quality Critical: New*

*Perspectives on Organizational Change* (London: Routledge) 156~72.

McLellan, D. (1969) 'Marx's View of Unalienated Society', *Review of Politics* 31/4,459~65.

McLuhan, M. (1964) *Understanding Media: The Extensions of Man* (New York: McGraw Hill).

Mezzarda, S. (2001) 'Intervista a Sandro Mezzarda', April 3, from the CD-ROM accompanying Borio, Pozzi, and Roggero 2002.

Midnight Notes Collective (1992) *Midnight Oil: Work, Energy, War 1973~1992* (Brooklyn N.Y.: Autonomedia).

Mignolo, W.D. (2000) *Global Designs, Local Histories* (Princeton: Princeton University Press).

Miliucci, V. (2000) 'Intervista a Vincenzo Miliucci', July 11, from the CD-ROM accompanying Borio, Pozzi, and Roggero 2002.

Minns, R. (1996) 'The Social Ownership of Capital', *New Left Review,* First Series/219.

Modugno, E. (1981) 'Mattick in Italia', *Unità proletaria* 7/3~4, December.

*Le Monde Diplomatique* (2000) English edition, December.

Monsiváis, C. (2001) 'Marcos, "gran interlocutor" ', *La Jornada,* January 8.

Montaldi, D. (1971) *Militanti politici di base* (Turin: Einaudi).

Morales Padrón, F. (1979) *Teoría y leyes de la conquista* (Madrid: Ediciones Cultura Hispánica del Centro Iberoamericano de Cooperación).

Moroni, G. (2001) 'Intervista a Giorgio Moroni', July 7, from the CD-ROM accompanying Borio, Pozzi, and Roggero 2002.

Moroni, P. (1994) 'Origine dei centri sociali autogestiti a Milano: Appunti per una storia possibile', in F. Adinolfi et al., *Comunità virtuali: I centri sociali in Italia* (Rome: manifestolibri).

Moss, D. (1989) *The Politics of Left-Wing Violence in Italy, 1969~85* (London: Macmillan).

Moulier, Y. (1989) Introduction to Negri, 1989, 1~46.

Moylan, T. (1986) *Demand the Impossible: Science Fiction and the Utopian Imagination* (New York: Methuen).

Neg/azione (1976) 'Autonomia operaia e autonomia dei proletari', now in Martignoni and Morandini 1977.

Negri, A. (1971) 'Crisis of the Planner-State: Communism and Revolutionary Organization', in *Revolution Retrieved: Writings on Marx, Keynes, Capitalist Crisis and*

*New Social Subjects* (1967~83) (London: Red Notes, 1988), 91~148.

Negri, A. (1973a) 'Partito operaio contro il lavoro', in S. Bologna, P. Carpignano, and A. Negri (1974) *Crisi e organizzazione operaia* (Milan: Feltrinelli).

Negri, A. (1973b) 'Articolazioni organizzative e organizzazione complessiva: il partito di Mirafiori', in S. Bologna, P. Carpignano and A. Negri (1974) *Crisi e organizzazione operaia* (Milan: Feltrinelli).

Negri, A. (1973c) 'Rileggendo Pašukanis: note di discussion', in *La forma stato* (Milan: Feltrinelli, 1977), 161~95.

Negri, A. (1976a) 'Is there a Marxist doctrine of the state?', now in N. Bobbio (1987) *Which Socialism? Marxism, Socialism and Democracy,* trans. R. Griffin (Oxford: Polity).

Negri, A. (1976b) *Proletari e Stato: Per una discussione su autonomia operaia e compromesso storico,* second edition (Milan: Feltrinelli).

Negri, A. (1976c) *La fabbrica della strategia: 33 lezioni su Lenin* (Padua: CLEUP/LibriRossi).

Negri, A. (1977a) *La forma stato. Per la critica dell'economia politica della Costituzione* (Milan: Feltrinelli).

Negri, A. (1977b) *Il dominio e il sabotaggio. Sul metodo marxista della trasformazione sociale* (Milan: Feltrinelli).

Negri, A. (1978) *La Classe Ouvrière Centre L'Etat* (Edition Galilee: Paris).

Negri, A. (1979a) *Dall'operaio massa all'operaio sociale: Intervista sull'operaismo* (Milan: Multhipla edizioni).

Negri, A. (1979b) 'Negri's Interrogation', now in *Semiotext(e)* 3/3, 1980.

Negri, A. (1979c) *Capitalist Domination and Working Class Sabotage,* in *Working Class Autonomy and the Crisis* (London: Red Notes), 92~137.

Negri, A. (1980a) 'Crisis of the Crisis-State', in *Revolution Retrieved: Writings on Marx, Keynes, Capitalist Crisis and New Social Subjects 1967~83* (London: Red Notes), 181~97.

Negri, A. (1980b) *Del Obrero-Masa al Obrero Social* (Barcelona: Editorial Anagrama).

Negri, A. (1988a) 'Archaeology and Project: The Mass Worker and the Social Worker', in *Revolution Retrieved: Writings on Marx, Keynes, Capitalist Crisis and New Social Subjects 1967~83* (London: Red Notes), 199~228.

Negri, A. (1988b) 'Keynes and the Capitalist Theory of the State', in *Revolution Retrieved: Writings on Marx, Keynes, Capitalist Crisis and New Social Subjects 1967~83* (London: Red Notes), 9~42.

Negri, A. (1988c) 'Marx on Cycle and Crisis', in *Revolution Retrieved: Selected Writings on Marx, Keynes, Capitalist Crisis and New Social Subjects 1967~83* (London: Red Notes), 43~90.

Negri, A. (1988d) 'Interview with Toni Negri (conducted by B. Massumi and A. Jardine)', *Copyright* 1, 74~89.

Negri, A. (1989) *The Politics of Subversion: A Manifesto for the Twenty-First Century,* trans. J. Newell (Cambridge: Polity).

Negri, A. (1991a) *Marx Beyond Marx: Lessons on the Grundrisse,* trans. H. Cleaver, M. Ryan, and M. Viano (New York: Autonomedia).

Negri, A. (1991b) 'Interpretation of the Class Situation Today: Methodological Aspects', in W. Bonefeld, R. Gunn, and K. Psychopedis (eds) *Open Marxism, vol. 2: Theory and Practice* (London: Pluto), 65~105.

Negri, A. (1992a) 'Luttes Sociales et Control Systemique', *Futur Antérieur* 9/18, citations trans. N. Dyer-Witheford.

Negri, A. (1992b) *Il potere costituente* (Carnago: SugarCo, 1992).

Negri, A. (1996a) 'Constituent Republic', in Virno and Hardt 1996a, 213~22.

Negri, A. (1996b) 'Notes on the Evolution of the Thought of the Later Althusser', in A. Callari and D.F. Ruccio (eds) *Postmodern Materialism and the Future of Marxist Theory: Essays in the Althusserian Tradition* (Hanover, N.H.: Wesleyan University Press), 51~68.

Negri, A. (1996c) 'Twenty Theses on Marx: Interpretation of the Class Situation Today', trans. M. Hardt, in S. Makdisi, C. Casarino, and R.E. Karl (eds) *Marxism Beyond Marxism* (London: Routledge), 149~80.

Negri, A. (1998) 'What Can the State Still Do?', *Polygraph* 10, 9~20.

Negri, A. (1999a) *Insurgencies: Constituent Power and the Modern State,* trans. M. Boscagli (Minneapolis: University of Minnesota Press).

Negri, A. (1999b) 'The Specter's Smile' in M. Sprinker (ed.) *Ghostly Demarcations: A Symposium on Jacques Derrida's 'Specters of Marx'* (London: Verso), 5~16.

Negri, A. (2000) 'Intervista a Toni Negri', July 13, from the CD-ROM accompanying Borio, Pozzi, and Roggero 2002.

Negri, A. (2004) *Trentatre lezioni su Lenin* (Rome: ManifestoLibri).

Negri, A., et al. (1983) 'Do You Remember Revolution?', in *Revolution Retrieved* (London: Red Notes, 1988), 229~43.

Negri, A. (2005) *Books for Burning,* trans. T. Murphy et al. (London: Verso).

Nietzsche, F. (1967a) *On The Genealogy of Morals,* trans. W. Kaufmann (New York: Vintage Books).

Nietzsche, F. (1967b) *The Will to Power,* trans. W. Kaufmann (New York: Vintage).

Noble, D. (1995) *Progress Without People: New Technology, Unemployment and the Message of Resistance* (Toronto: Between the Lines).

Nordahl, R. (1987) 'Marx and Utopia: A Critique of the "Orthodox" View', *Canadian Journal of Political Science* 20/4, 755~83.

Ollman, B. (1971) *Alienation: Marx's Conception of Man in Capitalist Society* (Cambridge: Cambridge University Press).

Ollman, B. (1977) 'Marx's Vision of Communism: A Reconstruction', *Critique* 8, 4~41.

Palombarini, G. (1982) 7 *Aprile: Il processo e la storia* (Venice: Arsenale Cooperativa).

Pashukanis, E. (1951) 'The General Theory of Law and Marxism', in J. Hazard (ed.) *Soviet Legal Philosophy* (Cambridge: Harvard University Press).

Passavant, P.A., and J. Dean (eds) (2004) *Empire's New Clothes: Reading Hardt and Negri* (New York: Routledge).

Pelaez, E., and J. Holloway (1990) 'Learning to Bow: Post-Fordism and Technological Determinism', *Science and Culture* 8:15~27.

Petter, G. (1993) *I giorni dell'ombra* (Milan: Garzanti).

Pifano, D. (1995) 'Alcune riflessioni sugli anni '70', *vis-à-vis* 3.

Pifano, D. (1997) 'L'Autonomia operaia romana' in S. Bianchi and L. Caminiti (eds) *Settantasette* (Rome: Castelvecchi).

Piotte, J ,-M. (1986) 'Le cheminement politique de Negri', in Tahon and Corten 1986,17~35.

Postone, M. (1996) *Time, Labor, and Social Domination: A Reinterpretation of Marx's Critical Theory* (Cambridge: Cambridge University Press).

Potere Operaio (1973) 'Potere Operaio: Lo scioglimento', *Potere Operaio,* November; now in Martignoni and Morandini 1977.

Precari Nati (n.d.) 'Alcune considerazione sul documento delle assemblee autonome'; now at <http://www.left-dis.nl/i/autop.htm>, accessed May 29, 2001.

Progetto Memoria (1994) *La mappa perduta* (Rome: Sesibilie alle Foglie).

Puzz (1976) *Provocazione,* now in Martignoni and Morandini 1977.

Rabasa, J. (1993) *Inventing America* (Norman: University of Oklahoma Press).

Rabasa, J. (1996) 'Pre-Columbian Pasts and Indian Presents in Mexican History', in J. Rabasa, J. Sanjinés, and R. Carr (eds) *Subaltern Studies in the Americas,* special issue of *Dispositio/n* 46 (1994; published in 1996), 245~70.

Rabasa, J. (1997) 'Of Zapatismo: Reflections on the Folkloric and the Impossible in a Subaltern Insurrection', in L. Lowe and D. Lloyd (eds) *The Politics of Culture in the Shadow of Capital* (Durham: Duke University Press), 339~431.

Rabasa, J. (1998) 'Franciscans and Dominicans under the Gaze of a *Tlacuilo:* Plural-World Dwelling in an Indian Pictorial text', inaugural address, Lecture Series 14 (Berkeley: The Doe Library, University of California).

Ramirez, B. (1975) 'Self-reduction of prices in Italy', now in Midnight Notes (eds) (1990) *Midnight Oil* (New York: Autonomedia).

Recupero, N. (ed.) (1978) *1977; autonomia/organizzazione* (Catania: Pellicanolibri).

Red Notes (1979) *Working Class Autonomy and the Crisis* (London: Red Notes).

*La Repubblica* (1979) 'Il punto della situazione secondo il sostituto procuratore di Padova', *La Repubblica,* May 7; now in Collettivo editoriale 10/16 1979.

*Rethinking Marxism* (2001) 13/3-4, special issue on Hardt and Negri's *Empire.*

*Revista Memoria* 177 (2003) Dossier on the Caracoles, online at <http://www.memoria.com.mx/>, accessed January 1, 2004.

*Revista Memoria* 178 (2003), at <http://www.memoria.com.mx/>, consulted January 1, 2004.

Rifkin, J. (1995) *The End of Work: The Decline of the Global Labor Force and the Dawn of the Post-Market Era* (New York: Putnam).

Rosso (1975) 'Presupposti politici per l'organizzazione dell'autonomia operaia', *Rosso,* May-June; now in Martignoni and Morandini 1977.

Rosso (1976) 'Dopo il 20 giugno autonomia per il partito. Spariamo sui corvi', *Rosso* 3/10~11, June.

Rosso (1977a) 'Da "nuovi ribelli" a movimento politico contro lo stato', *Rosso* 19~20, June, now in Castellano 1980a.

Rosso (1977b) 'Autonomia operaia: dalla lotta della classe il processo di organizzazione proletaria sul terreno della guerra civile', *Rosso* special issue, September; now in Castellano 1980a.

Ryan, M. (1989) *Politics and Culture: Working Hypotheses for a Post-Revolutionary Society* (London: MacMillan).

Sabel, C., and M. Piore. (1984) *The Second Industrial Divide* (New York: Basic Books).

Sabrina and Chris (2002) 'Notes on Negri's *Empire*", manuscript, May 2.

Samuelson, R.J. (2001) 'Looming Storm?', at <http://www.msnbc.com/news/515993.a-sp>, accessed January 14, 2001.

Scalzone, O. (1978a) 'La congiuntura del movimento e i malanni della soggettività', *Pre-print* 1, December.

Scaizone, O. (1978b) 'Prefazione' to *Sulla violenza* (Rome: Savelli).

Schiller, D. (1999) *Digital Capitalism: Networking the Global Market System* (Cambridge, Mass.: MIT press).

Sinai, A. (2001) 'Lobbies derail climate accord', *Le Monde Diplomatique* (English edition), February, 15.

Singh, A. (1992) 'The Actual Crisis of the 1980s: An Alternative Policy Perspective for the Future', in A.K. Dutt and K.P. Jameson (eds) *New Directions in Development Economics* (Aldershot: Edward Elgar).

Singh, A. (1997) 'Portfolio Equity Flows and Stock Markets in Financial Liberalization', *Development* 40, 22~9.

Singh, A. (2000) 'The Anglo-Saxon Market for Corporate Control: The Financial System and International Competitiveness', in A. Singh and C. Howes (eds) *Competitiveness Matters: Industry and Economic Performance in the U.S.* (Ann Arbor: University of Michigan Press), 89~105.

Spinoza, B. (1995) *The Letters,* trans. S. Shirley (Indianapolis: Hackett).

Spinoza, B. (2000) *The Political Treatise,* trans. S. Shirley (Indianapolis: Hackett).

Spivak, G.C. (1988) 'Can the Subaltern Speak?', in C. Nelson and L. Grossberg (eds) *Marxism and the Interpretation of Cultiire* (Urbana: University of Illinois Press), 217~313.

Spivak, G.C. (1999) *A Critique of Postcolonial Reason: Toward a History of the Vanishing Present* (Cambridge, Mass.: Harvard University Press).

Spivak, G.C. (2003) *Death of a Discipline* (New York: Columbia University Press).

Stajano, C. (1982) *L'ltalia nichilista. II caso di Marco Donat Cattin, la rivolta, il potere* (Turin: Mondadori).

Stame, N., and F. Pisarri (1977) *I proletari e la salute. Lotte di massa al Policlinico di Roma: l'esperienza di un collettivo autonomo* (Rome: Savelli).

Stavehagen, R. (1963) 'Clases, colonialismo y aculturación', *América Latina* 6/4: 63~104.

Stavehagen, R. (1988) *Derechos indígenas y derechos humanos en América Latina* (Mexico City: El Colegio de México and Institute Interamericano de Derechos Humanos).

*Strategies: Journal of Theory, Culture and Politics* (2003) 16/2, November, special issue on Antonio Negri.

Subcomandante Marcos (1994) 'La Larga travesía del dolor a la esperanza', September 22, in ELZN (1995).

Subcomandante Marcos (2003) 'Chiapas: La Treceava Estela', posted on <www.ezln.org>, <www.fzln.org>, and <www.ezlnaldf.org>, accessed January 1, 2004.

Subcomandante Marcos (n.d.) Communiqués, available online at <www.ezln.org>, <www.fzln.org>, and <www.ezlnaldf.org>, accessed January 1, 2004.

Tahon, M.-B., and A. Corten (eds) (1986) *Actes du Colloque de Montreal, L'Italie: le Philosophe et le Gendarme* (Montreal: VLB Editeur).

Taussig, M. (1997) *The Magic of the State* (New York: Routledge).

Taylor, C. (1994) *Multiculturalism: Examining the Politics of recognition,* edited and introduced by A. Gutman (Princeton: Princeton University Press).

Taylor, L. (1991) 'Economic Openness: Problems to the Century's End', in T. Banuri (ed.) *Economic Liberalization: No Panacea (The Experiences of Latin America and Asia)* (Oxford: Oxford University Press), 91~147.

Taylor, L. (1995) 'The Rocky Road to Reform: Trade, Industrial, Financial and Agricultural Strategies', in A. de Janvry, S. Radwan, E. Sadoulet, and E. Thorbecke (eds) *State, Market and Civil Organizations: New Theories, New Practices and their Implications for Rural Development* (Basingstoke: Macmillan).

Terranova, T. (2000) 'Free Labor: Producing Culture for the Digital Economy', *Social Text* 63/18, 2.

Thoburn, N. (2003) *Deleuze, Marx and Politics* (London: Routledge).

Thompson, E.P. et al. (1982) *Exterminism and Cold War* (London: Verso).

Tlatli, M. (2000) *La Saison des hommes* (film).

Tobin, J. (1996) 'Prologue', in M. ul Haq, I. Kaul, and I. Grunberg (eds) *The Tobin Tax: Coping with Financial Volatility* (Oxford: Oxford University Press).

Townley, B. (1989) 'Selection and Appraisal: Reconstituting "Social Relations"?', in J. Storey (ed.) *New Perspectives on Human Resource Management* (London: Routledge) 92~108.

Tronti, M. (1971) *Operai e capitale,* second edition (Turin: Einaudi).

Unzueta, G. (1999) 'El Mural de Taniperla: Entrevista con Sergio Ruvalcaba', *Revista Memoria,* 130.

Vecchi, B. (2001) 'Intervista a Benedetto Vecchi', April 20, from the CD-ROM accompanying Borio, Pozzi, and Roggero 2002.

Vercellone, C. (1996) 'The Anomaly and Exemplariness of the Italian Welfare State', in Virno and Hardt 1996a, 81~96.

Vignale, G. (1978) 'Autonomia esistente: pregi e miserie', *Pre-print* 1, December.

Vincent, J.-M. (1991) *Abstract Labour A Critique,* trans. Jim Cohen (New York: St. Martin's Press).

Vincent, J.-M. (1993) 'Les automatismes sociaux et le "general intellect"', *Futur Antérieur* 16, citations trans. N. Dyer-Witheford.

Virno, P. (1992) 'Quelques notes a propos du "General Intellect"', *Futur Antérieur* 10.

Virno, P. (1996a) 'Virtuosity and Revolution: The Political Theory of Exodus', in Virno and Hardt 1996a: 189~210.

Virno, P. (1996b) 'Notes on the General Intellect', in Saree Makdisi, Cesare Casarino, and Rebecca E. Karl (eds) *Marxism Beyond Marxism* (London: Routledge).

Virno, P. (1996c) 'Do You Remember Counterrevolution?', in Virno and Hardt 1996a.

Virno, P., and M. Hardt (eds) (1996a) *Radical Thought in Italy: A Potential Politics* (Minneapolis: University of Minnesota Press).

Virno, P., and M. Hardt (1996b) 'Glossary of Concepts', in Virno and Hardt 1996a, 260~3.

La Voz de Cerro Hueco (2002), Communiqué released May 24, available at Enlace Civil <www.enlacecivil.org.mx>, accessed January 1, 2004.

Webb, M. (1995) *The Political Economy of Policy Coordination: International Adjustment Since 1945* (Ithaca: Cornell University Press).

Weeks, J. (1999) 'The Essence and Appearance of Globalization: The Rise of Financial Capital', in F. Adams, S. Dev Gupta, and K. Mengisteab (eds) *Globalization and the Dilemmas of the State in the South* (London: Macmillan).

Weeks, K. (1998) *Constituting Feminist Subjects* (Ithaca: Cornell University Press).

White, H. (1978) 'The Absurdist Moment in Contemporary Literary Theory', in *Tropics of Discourse* (Baltimore: Johns Hopkins University Press), 261~82.

Wildcat (n.d.) *Politics in the First Person: The Autonomous Workers' Movement in Italy. Wildcat*

*Inside Story 4* (London: Wicked Messengers).

World Bank (1996) *World Development Report 1996* (Oxford: Oxford University Press).

World Bank (2001) *World Development Report 2000~2001* (Oxford: Oxford University Press).

Wright, S. (1998) 'Missed Opportunities: New Left Readings of the Italian Resistance', in A. Davidson and S. Wright (eds) *'Never Give In': The Italian Resistance and Politics* (New York: Peter Lang).

Wright, S. (2001) 'Pondering Information and Communication in Contemporary Anti-Capitalist Movements', *The Commoner: A Web Journal for Other Values,* available at <http://www.commoner.org.uk/01-7groundzero.htm>.

Wright, S. (2002) *Storming Heaven: Class Composition and Struggle in Italian Autonomist Marxism* (London: Pluto Press).

Zagato, L. (2001) 'Intervista a Lauso Zagato', November 1, from the CD-ROM accompanying Borio, Pozzi, and Roggero 2002.

Zapatistas (2001) Speeches given at different stops of Zapatour and those addressing Congress, posted in <www.ezln.org>, <www.fzln.org>, and <www.ezlnaldf.org>, accessed January 1, 2004.

*Zerowork* (1977) 'Introduction', *Zerowork* 2, Fall.

Žižek, S. (2000) 'Melancholy and the Act', *Critical Inquiry* 26, Summer, 657~81.

Zupancic, A. (1998) 'The Subject of the Law', in S. Žižek (ed.) *Cogito and the Unconscious* (Durham: Duke University Press).

Zweig, M. (2000) *The Working Class Majority: America's Best Kept Secret* (Ithaca: ILR/Cornell University Press).